河南大学黄河文明与可持续发展研究中心
黄河文明省部共建协同创新中心　资助出版

炎帝、黄帝、蚩尤与西泰山研究

李玉洁◎著

科学出版社

北　京

内 容 简 介

本书用大量翔实的史料论述黄帝、炎帝、蚩尤三位人文始祖的发祥地、活动范围、分支部族、后裔,以及他们的历史贡献、之间的交往和战争等;认为蚩尤是炎帝族的分支部族,蚩尤是末代炎帝。

《韩非子·十过》载,蚩尤与黄帝会盟于西泰山。西周初,周公长子伯禽封在今河南尧山下的鲁地,称为鲁国,并把尧山北麓的大山封为望祭的太山,又称泰山。周公东征后,伯禽改封在山东奄,把原国名带到新的封国,仍称鲁国;把鲁国境内的岱宗改称为泰山。尧山北麓的太山被称为西泰山。《水经注》载,尧山脚下有潢水,当是末代炎帝蚩尤活动之地。《十过》记载的黄帝、蚩尤会盟之地西泰山是蚩尤居住之处,黄帝是客。黄帝、蚩尤会盟于西泰山,即炎黄会盟于西泰山。

本书适合中国古代史的研究工作者,以及大学历史专业的学生,以及对中国历史、文化感兴趣的广大读者阅读。

图书在版编目(CIP)数据

炎帝、黄帝、蚩尤与西泰山研究/李玉洁著. —北京:科学出版社,2022.11
ISBN 978-7-03-073669-7

Ⅰ.①炎⋯ Ⅱ.①李⋯ Ⅲ.①炎帝-关系-泰山-文化研究 ②黄帝-关系-泰山-文化研究 ③蚩尤-关系-泰山-文化研究 Ⅳ.①K827=1 ②K928.3

中国版本图书馆 CIP 数据核字(2022)第 203447 号

责任编辑:侯俊琳 唐 傲 刘巧巧 / 责任校对:王晓茜
责任印制:徐晓晨 / 封面设计:有道文化

科 学 出 版 社 出版
北京东黄城根北街 16 号
邮政编码:100717
http://www.sciencep.com

北京建宏印刷有限公司 印刷
科学出版社发行 各地新华书店经销

*

2022 年 11 月第 一 版　开本:720×1000 1/16
2023 年 9 月第二次印刷　印张:20
字数:336 000
定价:158.00 元
(如有印装质量问题,我社负责调换)

自 序

2004年笔者主持了一个教育部重点研究基地的重大课题"黄河文明的历史变迁",并于2010年在科学出版社将研究成果作为一套丛书出版。丛书中有一本《中国古史传说的英雄时代》。这本书对从盘古开天地直至大禹时期的英雄人物进行了论述。写完这本书之后,笔者仍觉得意犹未尽,认为炎黄二帝应该有更完整、系统的研究。之后有人提出蚩尤是"三祖"时,笔者感到非常震撼,认为蚩尤确实应在炎黄研究之列。

笔者在本书中较为详细地论述了炎帝、黄帝、蚩尤等族群的发祥、分支、活动范围,以及他们之间的交往和战争等。主要围绕两个主题进行研究:蚩尤也是一代炎帝,以及泰山与西泰山的关系问题。

炎帝与蚩尤、泰山与西泰山的关系问题:

笔者在阅读古籍文献以及考古调查中,发现蚩尤是炎帝一支伊耆氏的后裔、是末代炎帝。我国很多史籍都透露有关情况和细节,如炎帝在与黄帝的阪泉之战失败后,蚩尤继续与黄帝进行战争;炎帝、蚩尤之后裔在失败后皆大举南迁,赤帝之子刘邦首建蚩尤祠祭祀蚩尤等问题。这些皆是值得研究的。宋代罗泌《路史》更明确地认为"蚩尤,炎帝之裔也"。近代也有学者,如夏曾佑、吕思勉、丁山等先生提出蚩尤就是炎帝。但是这些一直没有引起学界足够的重视,也没有引起国人太多的共鸣,也没有更深入的研究。中国古代在"胜者王侯败者贼"的历史背景下,篡改、抹去蚩尤与炎帝的关系,抹杀蚩尤的贡献,对蚩尤冠以"作乱""篡逆"的罪名,是不公正的,也不尊重历史的真实。笔者在本书中尽量用更多的、较为翔实的史料证明蚩尤也是一代炎帝的问题。

本书还研究泰山与西泰山的关系问题。《韩非子·十过》云:昔者黄帝、蚩尤"合鬼神于西泰山之上"。这里所说的"西泰山",即今河南省汝阳县的西泰山。

近人傅斯年先生曾提出鲁国伯禽首封地在今河南省鲁山县。笔者在此基础上又补充了一些材料,论证鲁国的首封地在今鲁山县尧山脚下;并论证伯禽同时也把尧山北麓的大山封为鲁国望祭的泰山。尧山脚下的滍水流域是蚩尤部族及其同盟鹳兜部族的活动地域。当周公东征取得东方的广大辖地后,伯禽被改封奄国。伯禽不仅把鲁国之名带到新的封地奄,而且把新受封鲁国境内的岱宗封为泰山,即今山东之泰山。而原来尧山北麓的大山,就是《韩非子·十过》篇所记载的"西泰山"。

下面笔者再谈关于炎帝、黄帝、蚩尤的发祥及我国五帝时期的历史问题。如前所述,作者在本书中已经用较多的笔墨探讨了炎帝、黄帝、蚩尤的发祥、活动、交往、战争等,但这些都被认为是"史前史",或者认为就是神话传说。笔者认为,祖先的故事虽然在传说中往往被人们加上神奇的色彩,但这些传说绝不是空穴来风,向壁虚谈。如今我国考古事业迅速发展,已经发现新石器时期的 1000 多座古城址,而且郑州西山城址与黄帝、陶寺城址和帝尧活动的地域皆相符合。今天的考古活动在很多新石器遗址中发现有青铜器、古代的刻画符号和文字等。考古材料与古代史籍的记载形成较为完整的证据链。

19 世纪之前,当今赫赫有名的荷马史诗《伊利亚特》《奥德赛》,还被认为是不着边际的神话。"希腊神话""荷马神话"所说的皆为浪漫的神仙、荒唐的妖魔鬼怪,以及神奇的英雄、壮士和美女。无论怎样说,这也不能算作历史。19 世纪德国考古学家海因里希·谢里曼追寻着荷马史诗"木马计"中的记载的地点,从考古的角度,在今小亚细亚的土耳其境内找到了特洛伊古城,挖出了古城址、城墙、道路、金冕王冠、金银器皿等,揭开了特洛伊古城之谜。谢里曼又根据荷马史诗记载的又一个城堡,在希腊找到并挖出迈锡尼古城址、狮子门、"阿特柔斯宝库"、大量的金器宝物、精美的象牙雕刻、"线形文字 B"等。继谢里曼之后,英国考古学家伊文思根据希腊神话的记载,在地中海克里特岛上找到了米诺斯王宫。

希腊神话记载公元前 17 世纪~前 11 世纪的历史。而至公元前 10 世纪~前 8 世纪的希腊历史中断,文字毁灭,被称为"黑暗时期"。当考古材料出现,希腊神话的记载一跃而成为历史。

中国是世界上唯一的文明没有中断的国家,我们有上下 5000 多年的文明史,如今考古学已经形成了完整的证据链。我们有不间断的文献古籍的记载,在古籍文献所认为的地点,我们已经找到炎黄时期的城墙、宫殿遗址,那时已经出现了金属冶炼、文字刻画符号、文字等。文献中记载的我国古代历史,由于最初是口耳相传的历史，神化夸张是不可避免的，但是炎帝、黄帝、蚩尤时期，中华文明已经显现出灿烂的文明曙光。炎帝、黄帝、蚩尤是我国真实的历史人物，中华民族的祖先。

李玉洁

2022年2月26日

于河南大学闲云书屋

目 录

自序

绪论 ·· 1

    一、关于炎帝、黄帝与蚩尤 ·· 1

    二、炎帝、黄帝、蚩尤的友好关系与西泰山会盟 ······························ 3

    三、炎帝、黄帝、蚩尤之间的战争 ·· 5

    四、炎帝、黄帝、蚩尤后裔部族冲突与融合 ······························ 6

第一章 炎帝神农氏 ·· 9

  第一节 神农氏的发祥及与炎帝的关系 ······························ 9

    一、三皇时代的神农氏 ·· 9

    二、炎帝之名及其与神农氏的关系 ······························ 12

  第二节 炎帝部族活动区域与发祥 ·· 14

    一、炎帝神农氏故里在山西高平 ······························ 15

    二、炎帝的世系 ·· 18

    三、炎帝的女儿精卫 ·· 21

    四、"羊头山黍定黄钟"是对神农氏的尊敬与怀念 ······························ 23

    五、考古学见到的晋南古文明 ······························ 24

  第三节 炎帝的分支部族 ·· 26

    一、炎帝的分支部族——魁隗氏 ······························ 27

    二、炎帝的分支部族——烈山氏 ······························ 29

    三、炎帝的分支部族——朱襄氏 ······························ 30

    四、炎帝的分支部族——大庭氏 ······························ 32

　　　　五、炎帝的分支部族——伊耆氏……………………………………… 35
　　　　六、《山海经》中炎帝的分支部族……………………………………… 37
　第四节　炎帝十世后裔炎居……………………………………………………… 39
　　　　一、宜苏山的炎居遗迹…………………………………………………… 39
　　　　二、宜苏山周围古人活动的考古学遗存………………………………… 42
　　　　三、炎帝部族及分支后裔活动的地域…………………………………… 46

第二章　蚩尤研究……………………………………………………………………… 49

　第一节　蚩尤与炎帝……………………………………………………………… 49
　　　　一、第十六世炎帝——蚩尤……………………………………………… 50
　　　　二、蚩尤与炎帝有相同的形象…………………………………………… 52
　第二节　蚩尤氏当是炎帝的分支伊耆氏………………………………………… 54
　　　　一、蚩尤部族及其发祥活动的地区……………………………………… 54
　　　　二、蚩尤氏与伊耆氏当是同一部族……………………………………… 57
　第三节　蚩尤部族的贡献………………………………………………………… 61
　　　　一、蚩尤部族是最早认识天文历法的部族……………………………… 61
　　　　二、蚩尤部族是发明金属兵器的部族…………………………………… 64
　　　　三、炎帝蚩尤部族较神农氏做出更多的贡献…………………………… 66
　第四节　炎帝神农氏登上皇家祭坛……………………………………………… 68
　　　　一、伊耆氏始创"八蜡"祭祀柱以为稷神……………………………… 68
　　　　二、西周时期稷神之神主的演变………………………………………… 72
　　　　三、神农氏成为皇家祭坛唯一正统的农神……………………………… 73
　第五节　伊汝河流域"蚩尤文化圈"的考古学证据…………………………… 77
　　　　一、伊、溠水流域的考古文化…………………………………………… 77
　　　　二、"伊川缸"是"蚩尤文化圈"的重要内涵………………………… 80
　　　　三、释《鹳鱼石斧图》…………………………………………………… 83

第三章　黄帝的发祥与支系…………………………………………………………… 86

　第一节　黄帝的发祥地研究……………………………………………………… 86

一、黄帝发祥地的几种说法 ……………………………………… 86
　　二、黄帝当发祥在西部山地 ……………………………………… 90

第二节　《山海经》记载的黄帝分支部族 …………………………… 91
　　一、黄帝的分支部族——儋耳之国 ……………………………… 91
　　二、黄帝的分支部族——犬戎 …………………………………… 93
　　三、黄帝的分支部族——先夏、先周与先楚 …………………… 95

第三节　《山海经》记载的帝俊（或者黄帝）分支部族 …………… 96
　　一、《山海经》中黄帝与帝俊氏的关系 ………………………… 96
　　二、帝俊（或黄帝）的分支部族——中容之国 ………………… 98
　　三、帝俊（或黄帝）的分支部族——司幽、黑齿之国 ………… 99
　　四、帝俊（或黄帝）的分支部族——番禺、奚仲、吉光 ……… 100
　　五、帝俊（或黄帝）的分支部族——白民之国 ………………… 102
　　六、帝俊（或黄帝）的分支部族——晏龙、义均 ……………… 103
　　七、帝俊（或黄帝）的分支部族——季厘之国 ………………… 105

第四章　炎黄会盟与西泰山 …………………………………………… 107

第一节　炎黄二帝的友好关系 …………………………………………… 107
　　一、炎帝、蚩尤、黄帝皆在中华五帝之列 ……………………… 108
　　二、黄帝与炎帝、蚩尤等中原部族的友好往来 ………………… 110

第二节　炎黄在西泰山的友好会盟 …………………………………… 114
　　一、西泰山黄帝蚩尤会盟 ………………………………………… 114
　　二、西泰山黄帝蚩尤（炎帝）会盟与"清角"之音 …………… 117
　　三、炎黄会盟之西泰山当在何处 ………………………………… 119
　　四、西泰山当是先鲁之君伯禽所封 ……………………………… 121

第三节　鲁公伯禽受封及其疆域的变迁 ……………………………… 124
　　一、鲁公伯禽当受封两次 ………………………………………… 125
　　二、伯禽初封之先鲁在今河南鲁山县之尧山 …………………… 127
　　三、伯禽再封之奄亦称为鲁 ……………………………………… 128
　　四、先鲁"太山"之名被带到新受封的鲁国 …………………… 129
　　五、先鲁所辖之疆域——"常与许" …………………………… 130

第四节　先鲁地域的历史变迁 ·· 131
　　一、先秦时期先鲁之历史沿革 ·· 132
　　二、秦代郡县制之后先鲁地域的沿革 ································ 133
第五节　先鲁境内"许田"与泰山之关系 ································· 136
　　一、"许田"是周天子祭祀先鲁西泰山之田 ························ 136
　　二、郑国以"祊"与鲁交换"许田"的原因 ························ 138
第六节　中国的泰山信仰源于先秦鲁国 ···································· 140
　　一、"鲁礼"即王礼 ·· 141
　　二、泰山信仰从鲁国开始 ·· 143
　　三、中华民族的泰山信仰 ·· 145

第五章　炎帝与黄帝的战争 ·· 150

第一节　炎黄二帝与阪泉之战 ·· 150
　　一、炎帝与黄帝是否发生过战争 ····································· 150
　　二、阪泉之战的始末 ·· 152
第二节　炎帝的后代姓氏与陵墓 ··· 154
　　一、炎帝族的后代姓氏 ·· 154
　　二、炎帝的陵墓 ··· 157

第六章　蚩尤与黄帝的战争 ·· 159

第一节　涿鹿之战是继阪泉之战的战争 ···································· 159
　　一、蚩尤是否篡权炎帝探析 ·· 159
　　二、阪泉与涿鹿两地的战争是否为同一场战争？ ················ 161
第二节　涿鹿之战中黄帝蚩尤的阵容力量对比 ·························· 162
　　一、《山海经》关于涿鹿之战与"旱魃"传说 ··················· 163
　　二、黄帝之将应龙氏的功绩与活动地域 ···························· 165
　　三、涿鹿之战中蚩尤的阵容 ·· 167
　　四、涿鹿之战的惨烈 ·· 168
　　五、涿鹿之地今何处？ ·· 169

第三节 "战神"蚩尤及其冢墓···172
一、蚩尤是后代祭祀的"战神"及蚩尤旗·····························172
二、蚩尤被妖魔化的经过试析··176
三、蚩尤冢墓与后裔···178

第七章 黄帝立国研究···182

第一节 黄帝征伐四方与"合符釜山"·····································182
一、黄帝征伐四方与崆峒何处··182
二、黄帝"合符釜山"···185
三、黄帝建国之前活动的范围··188

第二节 黄帝与有熊国···191
一、黄帝建都于新郑···192
二、广求中原贤士建立有熊国··193
三、有熊国的职官机构···194
四、黄帝的史官——仓颉造字··198

第三节 黄帝元妃——蚕神嫘祖···201
一、关于蚕神嫘祖故里的几种说法·······································201
二、嫘祖被尊为蚕神考释··204
三、蚕神嫘祖享受皇家祭祀··206

第四节 黄帝治国思想与"升天成仙"··································210
一、黄帝寻仙问道··210
二、黄帝治国思想对后代的影响···212

第五节 黄帝的陵墓与后裔姓氏···214
一、黄帝的陵墓···214
二、黄帝后裔的姓氏···216

第六节 黄帝有熊国的考古学证据··218
一、西山城址当是有熊国国都··219
二、西山城址功能区布局及杀婴奠基风俗····························221
三、从考古学探讨黄帝文化圈··222

第八章 黄帝后裔的帝系分支 …… 227

第一节 黄帝的帝系分支颛顼氏 …… 227
一、颛顼氏"降居若水"缘由探析及其族属 …… 228
二、颛顼氏的都城 …… 229
三、西水坡遗址当是颛顼氏的考古学遗存 …… 232
四、颛顼氏的贡献 …… 233
五、颛顼氏时期的战争 …… 234
六、颛顼氏的陵墓 …… 236
七、颛顼氏后裔祝融氏 …… 237

第二节 黄帝的帝系后裔帝喾氏 …… 241
一、帝喾氏之都 …… 242
二、帝喾氏的战争与族属 …… 244
三、帝喾氏的贡献 …… 246
四、帝喾氏的后裔与冢墓 …… 247

第三节 黄帝的帝系后裔帝挚氏 …… 249
一、帝挚氏禅让的疑点 …… 249
二、后人对帝尧氏的质疑 …… 251

第四节 黄帝的帝系分支帝尧 …… 252
一、帝尧氏当是炎帝伊耆氏之裔 …… 253
二、帝尧氏"尧都平阳" …… 255
三、帝尧氏的对外战争 …… 256
四、帝尧"四岳"与禅让制 …… 257
五、帝尧氏的考古学依据 …… 260

第五节 黄帝的帝系分支帝舜氏 …… 262
一、帝舜的发祥地 …… 262
二、帝舜建立有虞国 …… 264
三、帝舜时期的战争与"流四凶族" …… 266

第九章 炎帝后裔与华夏族的冲突与融合 …… 267

第一节 炎帝后裔共工氏与华夏族的斗争和融合 …… 267

一、有地之君——共工氏活动的地望 ································ 267
二、共工氏和颛顼氏争为帝与"怒而触不周之山"传说 ············ 270
三、帝尧之臣共工氏被帝舜流放 ······································ 271
四、共工氏之子与华夏族融合后被称为后土 ························ 273
五、后土形象在后世的演变 ··· 274

第二节 夸父的传说 ·· 276
一、夸父与蚩尤皆死于涿鹿之战 ······································ 276
二、"夸父追日"的传说 ··· 277

第三节 少皞氏后裔与华夏族融合 ···································· 278
一、少皞与蚩尤部族的关系 ··· 279
二、少皞氏的迁徙及与华夏族的融合 ································ 279
三、《路史·小昊》记载的少皞后裔与姓氏 ························ 281

第四节 鹳兜氏与华夏族的斗争与融合 ······························· 282
一、鹳兜部族对共工氏的支持 ··· 282
二、鹳兜部族被放逐崇山 ·· 283

第五节 炎帝蚩尤的后裔分支三苗氏 ·································· 284
一、三苗氏的族属发祥及其第一迁徙洞庭彭蠡一带 ··············· 284
二、帝舜"窜三苗于三危" ··· 287
三、三苗族第三次被迁徙至大西南 ··································· 289
四、三苗之后裔 ·· 291
五、苗族服饰图形与洛书河图 ··· 295

后记 ··· 304

绪　　论

炎帝、黄帝、蚩尤皆是我们的祖先，是中华民族之根。由于炎黄时期尚未有成熟的文字记载，因此那段历史是通过口耳，一代又一代向子孙们传递的。我们的先人向后代讲述他们在通向文明的道路上，克服艰难困苦、奋力跋涉的历程；讲述他们怎样驯服野兽、发展农业的业绩；讲述他们的艰辛和眼泪、创造和奇迹；讲述他们的斗争和苦难、友谊和欢乐；讲述他们怎样在泥泞艰险的道路上一步步走向鼎盛和辉煌。

远古祖先的历史在代代口耳相传的过程中，肯定有被神化、夸张的成分，虽然这些不能影响我们对祖先的研究和认可，但是在很长的一段历史时期内，有些人把炎帝、黄帝、蚩尤的历史认为是神话、是传说，是不真实的，甚至认为这些是"史前史"，研究的价值不大，故至今尚未出现一部系统、完整的研究炎帝、黄帝、蚩尤的学术专著。本书抛砖引玉，希望能为研究关于炎帝、黄帝、蚩尤的历史尽一点绵薄之力。

一、关于炎帝、黄帝与蚩尤

祖先的故事尽管在传说中往往被人们加上神话的色彩，把我们的祖先神化，但这些应该都是有"史影"的，绝不是空穴来风、向壁虚构的。炎帝、黄帝、蚩尤的故事是真实历史的反映。

在我国的古老历史上，"三皇""五帝"是真有其人的。"三皇"，即钻燧取火的燧人氏（也称祝融氏）、驯服野兽的伏羲氏、开创农耕的神农氏。"三皇"之中，神农氏部族脱颖而出，其后世首领成为炎帝，称为"炎帝神农氏"。

我国史书对"五帝"的记载各不相同。例如，《世本》以"少暤、高阳、高辛、唐、虞为五帝"；《周礼》和《礼记》所记的五帝是太暤、炎帝、黄帝、少暤、颛顼；《史记·五帝本纪》所指的五帝是黄帝、颛顼、帝喾、帝尧、帝舜。

五帝时期部落的冲突与融合基本上是围绕炎黄二帝及其后裔展开的。

炎帝族据说发祥于山西高平一带，之后向中原地区发展，其分支与后裔（包括同盟部族）遍布中原地区。相传炎帝一支共历经七十世，《帝王世纪》记载八代，《路史》记载十五代，加上蚩尤共十六代。关于蚩尤与炎帝的关系，《路史》解释得很明白，"蚩尤，姜姓，炎帝之裔也……兴封禅，号炎帝"。蚩尤是炎帝族的重要分支，也是第十六代炎帝。

蚩尤与炎帝发祥在同一地区。《管子·地数》记载了蚩尤得金之处是葛卢之山、雍狐之山，所做兵器是剑、铠、矛、戟。《管子·地数》云："蚩尤受（金）而制之，以为雍狐之戟、芮戈。"蚩尤所制的兵器称为"雍狐之戟""芮戈"。

"雍""芮"当指的是地名。芮，当是今山西之芮城，古代曾为芮国，故山西当是蚩尤活动的重要地区。雍，即鄘，是《诗经·鄘风》中之"鄘国"。《通志·氏族略二》云："雍氏，去声；旧云河内山阳县。按山阳在怀州修武，范晔云：山阳有雍城，义王第十三子雍伯受封之国，其后裔为雍氏。"雍在今河南省修武县西、沁阳市东北，即太行山之东麓山口，有通路直达山西上党（即今山西晋城市）地区；故今河南省鲁山的滍水也是蚩尤活动过的地域。

《路史》记载十六代炎帝世系，即炎帝神农氏、炎帝柱、炎帝庆甲、炎帝临、炎帝承、炎帝魁、炎帝明、炎帝直、炎帝厘、炎帝居、炎帝节、炎帝克、炎帝戏、炎帝器、炎帝参卢（榆罔）、炎帝蚩尤。

《路史》所见炎帝世系比《帝王世纪》多出八世。《路史》还有"袭炎帝号"，或分支部族首领，如山西魁隗氏、烈山氏，山东大庭氏，河南东部朱襄氏，河南西北部伊耆（也称为伊祁、伊祈）氏、蚩尤氏、鹳兜（也称为驩兜、讙兜、欢兜、欢头、骧头）氏、夸父氏等。如果加上这些部族的世系，当就够七十世了。另外，河南淮阳地区的太皞氏、山东的少皞氏等东夷部族，是炎帝部族集团的同盟部族。

从文献可知，炎帝部族及其分支部族主要的活动区域是今山西南部（晋南）、陕西宝鸡地区、与晋南只隔一条省界的焦作地区（豫西北）、洛阳地区（豫西）、平顶山地区（豫西南）、商丘地区（豫东）、山东曲阜地区等。这些地区其实是连在一起的。炎帝、蚩尤部族失败之后，很大一部分退到山西，成为戎狄部族，如赤狄、白狄等，多是炎帝之裔。

黄帝部族相对炎帝部族较晚来到中原。《史记·五帝本纪》云：黄帝"迁徙往来无常处，以师兵为营卫"，黄帝部族当是发祥在我国西北地区的游牧民族。黄帝进入中原之后，还有很多黄帝的分支部族，如中容、司幽、黑齿、儋耳、番禺、奚仲、吉光、白民、晏龙、义均、季厘、犬戎，当皆为黄帝部族之分支留在西部地区，或者向其他地方迁徙。进入中原的黄帝部族，向中原部族学习先进的文化和技术，团结中原部族；之后与炎帝部族发生激烈的冲突和战争，从而统一天下取代炎帝，建立有熊国，定都轩辕丘（即今河南省新郑、新密境内）。

二、炎帝、黄帝、蚩尤的友好关系与西泰山会盟

黄帝部族初到中原之后，与中原部族有很好的往来与交流，并在交往中吸收了很多先进的中原文化和知识。

《管子》卷十四《五行》云：

> 昔者黄帝得蚩尤而明于天道，得大常而察于地利，得奢龙而辨于东方，得祝融而辨于南方，得大封而辨于西方，得后土而辨于北方。黄帝得六相而天地治，神明至。蚩尤明乎天道，故使为当时；大常察乎地利，故使为廪者；奢龙辨乎东方，故使为土师；祝融辨乎南方，故使为司徒，大封辨于西方，故使为司马；后土辨乎北方，故使为李。是故春者土师也，夏者司徒也，秋者司马也，冬者李也。①

《管子》卷十四《五行》记载，黄帝的天文历法知识、太常礼仪、土地收获之利、土木水利工程、以兵马保卫疆界、典狱诉讼等制度是从蚩尤、大常、奢龙、祝融、大封、后土等部族那里学来的。黄帝"得六相而天地治，神明至"，即说黄帝得到了中原部族首领蚩尤等，即"六相"的支持，而能够很好地治理天下。黄帝部族进入中原地区之后，受到炎帝文化的极大影响，迅速地进入文明时代，融进中原文明之中。

炎黄二帝曾经会盟于西泰山。《韩非子集解》卷三《十过》云：

> 昔者黄帝合鬼神于西泰山之上，驾象车而六蛟龙，毕方并辖。蚩尤居前，风伯进扫，雨师洒道，虎狼在前，鬼神在后，腾蛇伏地，凤皇覆

---

① 《管子》卷十四《五行》，转引自《诸子集成》（五），北京：中华书局，1983年版，第242页。

上，大合鬼神，作为清角。①

蚩尤就是一代炎帝，蚩尤与黄帝会盟于西泰山，当然可以说是炎帝与黄帝会盟于西泰山。炎黄会盟是在非常友好的气氛中进行的。炎黄会盟时，演奏只有圣明帝王才有资格听到的"清角"之音。炎黄会盟的西泰山，在西周时期的鲁国境内，最早被称为"太山"，又称"泰山"。

这次会盟，黄帝驾着象车②，赶着六蛟龙，毕方御辖，当是以宾客的身份来到西泰山。蚩尤当是以东道主的身份出现的，蚩尤身后有风伯扫路、雨师洒道，以及虎狼、鬼神、腾蛇、凤凰等众酋长和部族首领。风伯、雨师、虎狼、鬼神、腾蛇、凤凰皆是蚩尤的同盟部族。蚩尤与黄帝会盟，也可称为"炎黄会盟"。

《韩非子集解》卷三《十过》中记载的西泰山当在今河南省汝阳县境内，与河南省鲁山县的尧山是一座山的南北两坡。西泰山之得名与西周初年受封到此地的鲁国有关。

先秦时期的尧山一带称为鲁。《左传·昭公二十九年》曰：夏王朝后期，刘累"惧而迁于鲁县"。杜预注："鲁县，今鲁阳也。"《水经注·滍水》曰："尧之末孙刘累，以龙食帝孔甲，孔甲又求之，不得。累惧而迁于鲁县，立尧祠于西山，谓之尧山。"刘累所命名的尧山就在当时的鲁地，即今河南省鲁山县。

西周初年，周公长子伯禽被封于鲁，称鲁公，建立鲁国，即先鲁或者西鲁，在今河南省鲁山县。尧山北麓的大山之顶上有两个巨人像，直插云霄。我国古代有崇拜石头的习俗，又认为山是能够通天、通灵的，故周公及其长子伯禽把先鲁境内尧山北麓的大山封为太山，成为鲁国望祭的大山。

周公东征之后，伯禽改封于奄（今山东省曲阜市），于是把原来封国的国名鲁带到新的封国奄，把奄国称为鲁国；同时也把太山之名带到新的封国，把鲁国东部边境的岱宗称为太山，于是山东太山（或泰山）成为鲁国望祭的大山。《左传·昭公二年》曰："周礼尽在鲁矣。"③《礼记·郊特牲》郑玄注："周衰礼废，儒者见周礼尽在鲁，因推鲁礼，以言周事。"④于是鲁礼即周礼。山东泰山名气愈来愈大，为中华民族所敬仰。先鲁太山也随之被称为"西泰山"了。《韩非子集解》卷三《十过》中记载的西泰山，就是今尧山北麓的西泰山，也是蚩尤与黄帝

---

① 《韩非子集解》卷三《十过》，转引自《诸子集成》（五），北京：中华书局，1983年版，第44页。
② 象车是用山中有灵瑞的圆曲之木制成的，以为瑞应之物。
③ 杨伯峻：《春秋左传注》，北京：中华书局，1983年版，第1227页。
④ （清）阮元校刻：《十三经注疏》，北京：中华书局，1980年版，第1452页。

会盟或者也可以说是炎黄二帝会盟的西泰山。

《管子》与《韩非子集解》的记载说明，黄帝初到中原时，与炎帝蚩尤的关系是很好的。

三、炎帝、黄帝、蚩尤之间的战争

炎黄两部落曾经进行了非常激烈的战争，即阪泉之战。《史记·五帝本纪》记载："轩辕之时，神农氏世衰。诸侯相侵伐，暴虐百姓，而神农氏弗能征。于是轩辕乃习用干戈，以征不享，诸侯咸来宾从。而蚩尤最为暴，莫能伐。炎帝欲侵陵诸侯，诸侯咸归轩辕。轩辕乃修德振兵，治五气，艺五种，抚万民，度四方，教熊、罴、貔、貅、䝙、虎，以与炎帝战于阪泉之野。三战，然后得其志。"①《史记索隐》引《尔雅》曰："䝙，獌似狸。此六者，猛兽可以教战。"《史记正义》曰："言教士卒习战，以猛兽之名名之，用威敌也。"《史记索隐》认为是把这六种猛兽训练成用以打仗所需的猛兽，如古人训练"服牛乘马"一样。《史记正义》认为是对士卒教习训练战斗的技能，并以猛兽之名来命名这些士卒，用来威胁恐吓敌人。熊、罴、貔、貅、䝙、虎，当是以此六种猛兽命名的、臣属于黄帝的部族。炎帝榆罔末年，黄帝和炎帝发生了激烈的冲突和斗争。在战争中，炎帝部族失败，被迫迁徙到南方。

炎帝失败之后，炎帝部族的一支蚩尤部族继续与黄帝作战。《史记·五帝本纪》记载：黄帝"与炎帝战于阪泉之野。三战，然后得其志。蚩尤作乱，不用帝命。于是黄帝乃征师诸侯，与蚩尤战于涿鹿之野，遂禽杀蚩尤"②。蚩尤作乱是在阪泉之战后，对黄帝不服，才发生的涿鹿之战。涿鹿之战是黄帝与蚩尤之间具有决定性的战争，是远古时代最为惨烈的战争之一。在这次战争中，黄帝、蚩尤的力量皆是很强的。黄帝阵营以女魃、应龙为主将，还有"熊、罴、貔、貅、䝙、虎"部族；蚩尤阵营以风伯、雨师为主将，还有 81 个兄弟部族，兼有先进的金属兵器。涿鹿之战以蚩尤失败告终。蚩尤虽有众多的部族、先进的兵器，但最后以失败告终，这表现出农耕部族相比于游牧部族在战争中处于劣势。

涿鹿之战非常残酷。晋代王嘉《拾遗记》卷一曰："昔黄帝除蚩尤及四方群凶，并诸妖魅，填川满谷，积血成渊，聚骨如岳。数年中，血凝如石，骨白如

---

① （汉）司马迁撰：《史记》，北京：中华书局，1982年版，第3页。
② （汉）司马迁撰：《史记》，北京：中华书局，1982年版，第3页。

灰，膏流成泉。故南方有肥泉之水，有白垩之山，望之峨峨，如霜雪矣。又有丹丘，千年一烧，黄河千年一清，至圣之君，以为大瑞。丹丘之野多鬼血，化为丹石，则码磁（玛瑙）也。不可砍削雕琢，乃可铸以为器也。"①

《拾遗记》尽管有些夸张成分，如文中所言，部族成员之尸体，聚骨如岳、骨白如灰；民众之鲜血，膏流成泉、积血成渊，但这次战争死伤之惨重是不言而喻的。在古代，既无消炎药，又无较好的医疗条件，"一将功成万骨枯"是必然的。阪泉之战和涿鹿之战的残酷、死伤之惨重，在其之前是罕见的。蚩尤死后被肢解。在我国"成王败贼"的历史背景下，蚩尤被妖魔化，受到历史不公平的待遇。

黄帝通过这两次关键的战争打败了炎帝，杀死了蚩尤。炎帝、蚩尤部族，或战死被灭，或被迫迁徙他处。但是，黄帝最重要的大将应龙、女魃也受重创，或者被灭。《山海经·大荒东经》云："应龙处南极，杀蚩尤与夸父，不得复上，故下数旱。"②"魃不得复上，所居不雨……魃时亡之……"③女魃不能再回天上。

在涿鹿之战中，黄帝五十二战而得其志，建立有熊国。诸侯咸尊轩辕为天子，代神农氏，是为黄帝。黄帝成为统一中原的部族首领，被我国后世尊为"天子"。

四、炎帝、黄帝、蚩尤后裔部族冲突与融合

《史记·五帝本纪》所说的五帝，即黄帝、颛顼、帝喾、帝尧、帝舜。根据《史记·五帝本纪》的记载，黄帝之后的四帝皆是黄帝的后裔支脉。黄帝或传已为仙，或言寿300岁；帝颛顼在位78年，年98岁而崩；帝喾，在位70年，年105岁而崩；帝尧在位98年，摄政28年，年118岁而崩。帝舜年105岁，亦云112岁而崩。

黄帝、颛顼、帝喾、帝尧、帝舜的岁数加起来，约有733岁，平均每人活100多岁，按照古代的条件是不可能的。黄帝之后的四帝不仅仅是黄帝的后裔支脉，也有炎帝的后裔。

颛顼、帝喾有可能是少暤部族的后裔，帝尧有可能是炎帝、蚩尤的后裔，当然帝舜也可能与黄帝无关。黄帝是第一个实现统一的古帝王，统治时间较久，其他部族领袖在统一了天下后，为了自身统治的合法性，皆自称或自认是黄帝的后

---

① （晋）王嘉等：《拾遗记》，上海：上海古籍出版社，2012年版，第13页。
② 袁珂：《山海经校注》，上海：上海古籍出版社，1980年版，第359页。
③ 袁珂：《山海经校注》，上海：上海古籍出版社，1980年版，第430页。

裔分支。后代王朝为了天下的大一统，也把天下帝王皆拢在黄帝的血脉支系之中。黄帝之后的四帝由于各自利益的不同，与周边少数民族，包括炎帝、蚩尤、三苗氏的后裔，也发生过战争和冲突。

《山海经·大荒东经》说，颛顼氏是由少暤氏抚养长大的。这个少暤当是抚养蚩尤、涿鹿之战中被杀的少暤之后裔。颛顼氏在位时，曾与共工氏、少暤氏、九黎氏、三苗氏发生过战争。颛顼氏也做出了很大的贡献。

《竹书纪年》卷上曰：帝喾十六年，"帝使重帅师灭有郐"。

《帝王世纪》又云："帝尧，陶唐氏，伊祈姓。""伊祈氏"，又称"伊祁氏"。《帝王世纪》卷一曰："帝尧，陶唐氏，祈姓也。母曰庆都，出洛渚，遇赤龙，感孕十四月而生尧于丹陵。"①这个"赤龙"，当是赤帝、炎帝。帝尧当是炎帝伊耆氏、蚩尤氏之后裔。《史记·五帝本纪》认为，帝尧就是帝喾之子。帝尧当是假托自己是帝喾之子，以表示自己即位为帝的合法性。帝尧时期有许多战争。《淮南子·本经训》云："尧之时，十日并出，焦禾稼，杀草木，而民无所食。猰貐、凿齿、九婴、大风、封豨、修蛇，皆为民害。尧乃使羿诛凿齿于畴华之野，杀九婴于凶水之上，缴大风于青邱之泽，上射十日而下杀猰貐，断修蛇于洞庭，擒封豨于桑林。万民皆喜，置尧以为天子。"②猰貐、凿齿、九婴、大风、封豨、修蛇，当是一些作乱的民族，如凿齿，就是凿掉牙齿的民族。帝尧所任用的"四岳"是共工氏、鹳兜氏、三苗氏、鲧。"四岳"只是部落酋长身边的谋臣。这些部族基本都是炎帝、蚩尤部族的后裔。

据说，帝舜是通过帝尧的考验，通过禅让而登上帝位的。舜肯定是一个能力非常出众的人，才能够接替帝尧而成为新一代的帝王。帝舜建立的国家又称为有虞国。《史记·五帝本纪》记载：舜"流共工于幽陵，以变北狄；放驩兜于崇山，以变南蛮；迁三苗于三危，以变西戎；殛鲧于羽山，以变东夷。四辠（罪）而天下咸服"③。帝舜杀伐果断，流放四凶族，提拔才俊，天下同心戴舜以为天子，百揆时序，四门穆穆。

五帝时期天下还有很多部族，这些部族大多数是炎黄二帝的后裔。它们之间虽然有很多的战争，但是亦有更多的融合与交流。例如，共工氏之子句龙（亦写作"勾龙"），为黄帝土官，平水土，被尊为后土，死后祀以为社神，得到了后世

---

① 徐宗元辑：《帝王世纪辑存》，北京：中华书局，1964年版，第34页。
②《淮南子》卷八《本经训》，转引自《诸子集成》（七），北京：中华书局，1983年版，第117～118页。
③（汉）司马迁撰：《史记》，北京：中华书局，1982年版，第28页。

的祭祀。《国语·鲁语上》云："共工氏之伯，九有也。其子曰后土，能平九土，故祀以为社。"①《左传·文公十八年》有"舜臣尧，举八恺，使主后土，以揆百事，莫不时序，地平天成"②。杜预注："后土，地官；禹作司空，平水土，即主地之官。"《左传·昭公二十九年》云："共工氏有子，曰句龙，为后土。"后土是共工氏最令人尊敬的后裔。

中国远古时期的王称为"后"。《说文解字》云："君，后也。"后，就是向全国发布政令的国君。后土是管理天下土地的最高神灵和长官。中国古代农业是古代社会的重要部门，作为土地神的后土是受历代王朝祭祀的重要神灵。我国后代帝王祭拜后土祠，都用非常隆重的礼仪；祭祀后土与祭天、祭上帝的礼仪也是一样的，以拜上帝之礼拜后土。

颛顼曾平息东夷之乱，少皞氏的主要力量被流放到山西地区。其后裔台骀治服汾、洮二水，从而占据了太原一带，并得到颛顼氏的认可，"帝用嘉之"。之后，少皞氏亦与颛顼氏融合。

三苗氏作为部族在蚩尤死后的中坚力量，曾多次被中原统治部族所驱赶流放。被驱赶至"三危"（敦煌地区）的三苗氏逐渐与边疆地区戎狄部族融合，进入南方贵州、四川、云南的三苗氏成为苗族，至今苗族的服饰花纹还带有中原文化的痕迹，最后融于中华民族的大家庭之中。

---

① 上海师范学院古籍整理组点校：《国语》，上海：上海古籍出版社，1978年版，第166页。
② 杨伯峻：《春秋左传注》，北京：中华书局，1983年版，第638页。

第一章　炎帝神农氏

三皇时代，即伏羲氏、祝融氏、神农氏时期。炎帝神农氏在三皇时代脱颖而出，是占领中原时间最长的部族首领，直至黄帝时期。在这漫长的岁月里，据说有七十世炎帝。但是目前所见史书中，最多只有16世炎帝。然而炎帝有很多分支，如魁隗氏、大庭氏、朱襄氏、烈山氏、连山氏、伊耆氏当皆是炎帝的分支，或者"炎帝别号"的远古部族。这些分支加起来当有七十世炎帝。炎帝神农氏当是最早发祥于晋南地区的一支部族，并在晋南地区留下丰富的考古学文化和遗迹。

第一节　神农氏的发祥及与炎帝的关系

神农氏是三皇时代的部族首领，炎帝较神农氏晚。但是我国古代史书上总是把他们合称为炎帝神农氏。神农与炎帝当是同一个发展农业部族的先世与后裔的酋长。神农是炎帝部族的先世祖宗，而后来与黄帝发生战争的是后世的炎帝部族酋长。炎帝部族相对神农氏属于晚期的部族。

一、三皇时代的神农氏

远古时期，中华大地上活跃着许多部族，并各有领袖。这些部族领袖往往被神化成半人半神的英雄。我国古代有"三皇""五帝"的传说。《白虎通义·号》云："三皇者，何谓也？谓伏羲、神农、燧人也。或曰伏羲、神农、祝融也。"《潜夫论·五德志》云：三皇，"伏羲、神农为二皇，其一者，或曰燧人，或曰祝融，或曰女娲。其是与非，未可知也。我闻古有天皇、地皇、人皇"。《史记·秦始皇本纪》中的博士也提出："古有天皇，有地皇，有泰皇。泰皇最贵。"《史记·五帝本纪》"集解"云："《系本》并以伏羲、神农、黄帝为三皇。"

由以上记载可知，"三皇"即指伏羲、神农、燧人。祝融者，祝，大也；融，光明也。祝融是指带来光明、发明火的部族首领，当与"燧人"属同一含义。至于天皇、地皇、人皇（或泰皇），当是后期的说法。

但是，我国学界现在基本上都以燧人氏、伏羲氏、神农氏为三皇。这个时代称为三皇时代，包括三皇燧人、伏羲、神农和三皇时代的许多远古帝王。

远古时期，人们还未学会使用火，还吃生的食物，喝生水。可以想象人们吃了生肉，喝了生水，病菌丛生、疾病泛滥。明董斯张《广博物志》卷九云："燧明之国，不识昼夜。上有燧木。后世圣人游于日月之外，以食救物。至于南垂，观此燧木。有鸟类鹗啄其枝，则火出。取以钻火，号燧人氏。"燧人氏发明了火，从此人们开始吃熟食。

火的使用是人类文明史上的一大进步，使人的体质有了很大提升，也促进了人们智力的发展和成熟。《韩非子·五蠹》载：上古之世，"民食果蓏蚌蛤，腥臊恶臭而伤害腹胃，民多疾病。有圣人作，钻燧取火，以化腥臊，而民说之，使王天下，号之曰燧人氏"。①燧人氏钻燧取火，教民食熟食，把火种永远地存留在人间，使人们告别了茹毛饮血的时代，告别了自然火的时代。这是人类与自然斗争取得的伟大胜利。

燧人氏还教人们观星斗、看日月，以定东、南、西、北之方位；教人们把头发束起来挽成发髻，方便人们劳动，免去了因头发过长而带来的不便甚至危险，使人们更卫生、更美丽，之后，华夏民族被称为"束发"民族。

伏羲氏是最早教人驯服和饲养野兽、"以充庖厨"的部族。古代人们过着以渔猎为主的生活，但是有时打的野兽多，吃不完就腐烂了，有时又打不到野兽，食不果腹，生活极不稳定。于是，伏羲氏教人们把野兽圈养起来，将其驯养成家畜，人们可以随时宰杀。伏羲氏还制嫁娶之礼，创鸟兽之文，造书契，画八卦；带领人们迈上通向文明时代的第一道阶梯。《汉书·律历志》云："易曰：炮牺氏之王天下也。言炮牺继天而王，为百王先，首德始于木，故为帝太皞。作罔罟，以田渔，取牺牲，故天下号曰炮牺氏。"②伏羲在我国历史上被称为"百王之先"。相传，中国文字是伏羲氏根据黄河出现的河图而创造的。《周易·系辞》云："河出图、洛出书，圣人则之。"这里的圣人指的就是伏羲氏。

---

① 《韩非子集解》卷十九《五蠹》，转引自《诸子集成》（五），北京：中华书局，1983年版，第339页。
② （汉）班固撰，（唐）颜师古注：《汉书》，北京：中华书局，1962年版，第1011~1012页。

神农氏是教民农耕的英雄。农业是中国古代社会重要的生产部门。神农氏是中国历代祭祀的神灵。神农氏艺五谷，尝百草，教民农耕。《淮南子·修务训》云："古者民茹草饮水，采树木之实，食蠃蠬之肉，时多疾病毒伤之害。于是神农乃始教民播种五谷，相土地宜燥湿肥硗高下，尝百草之滋味，水泉之甘苦，令民知所避就。当此之时，一日而遇七十毒。"①《周易·系辞下》云：神农氏"斫木为耜，揉木为耒。木可以揉曲直，于斯得之，为象能动木也。其义益之大也。神而化之，得农之道，是以取诸益。"

神农氏也是最早发明中草药的部族。远古时期，民有疾病，未有药石，只能在痛苦中挣扎。宋人郑樵《通志·三皇纪》云："民有疾病，未知药石，乃味草木之滋，察寒温之性，而知君臣佐使之义，皆口尝而身试之，一日之间而遇七十毒。或云神农尝百药之时，一日百死百生，其所得三百六十物，以应周天之数。后世承传为书，谓之《神农本草》；又作《方书》以救时疾。"

宋人张杲《医说·本草》认为"百药自神农始"。引《世本》曰："神农和药济人，则百药自神农始也。"又引梁陶弘景《本草经集注》序曰："神农氏王天下……宣药疗疾，以拯夭伤之命。"

神农尝百草，一日而遇七十毒，这是我国家喻户晓的故事。神农氏在辨别五谷的过程中，不仅认识到可食的食物，还认识到某些植物的药用价值。这就是值得我国人民骄傲的中医、中药的来历。可以想象，神农时期，我国的中医、中药还非常质朴和原始，是我国中医学的基础和起源。神农氏在中华民族通向文明的进程中做出了巨大的贡献。

神农氏是最早实施交换的部族。《周易·系辞下》云：神农氏"日中为市，致天下之民，聚天下之货，交易而退，各得其所，盖取诸噬嗑"。交易也是神农氏之世开始的。当人们生产的产品有了剩余时，便将吃不完的东西用来交换，用粮食交换日用品、牲畜。交换使人们的生活向前发展了一大步，促进了社会分工的形成，也使社会生产力有了更快的发展。

《路史·禅通纪》记载："当世之人，甘其食，乐其俗，安其居，而重其生。意悉不见于色，坚白不刑于心，而渐毒不萌于动，形有动作，心无好恶，鸡犬之音相闻，而民至老死不相往来。令之曰：无怀氏之民，世用太平，凤凰降，龟龙阁，风雨节，而寒暑时。"《庄子·马蹄》曰："赫胥氏之时，民居不知所为，行不知所之，含哺而熙，鼓腹而游，民能以此矣。"三皇时代，民皆无相害之心，

---

① 《淮南子》卷十九《修务训》，转引自《诸子集成》（七），北京：中华书局，1983年版，第331页。

人们生活在一个非常和谐的环境中。和平是这个社会的特点。

二、炎帝之名及其与神农氏的关系

很多古史文献皆把神农氏与炎帝族当作一个部族。《左传·昭公十七年》："炎帝氏以火纪，故为火师而火名。"杜预注："炎帝神农氏，姜姓之祖也，亦有火瑞，以火纪事，名百官。"孔颖达疏曰："《帝系》《世本》皆为炎帝即神农氏，炎帝身号，神农代号也。谯周《考古史》以为炎帝与神农各为一人。"①《白虎通义·五行》云："其帝炎帝者，太阳也。"《淮南子·氾论训》亦云："故炎帝于火，而死为灶。"东汉高诱注："炎帝神农，以火德王天下，死托祀于灶神。"

炎帝部族也是一个发展农业的部族。笔者认为，炎帝部族当是最早实行刀耕火种的部族。刀耕火种，就是在长满杂草的土地上，放火把这些杂草烧光，当然大火也会把草籽和虫卵烧熟，几乎不需要除草治虫。杂草、草籽和虫卵被烧成草木灰，属于钾肥，当是对庄稼生长有益的肥料，可以很好地改良土质。土壤也会变得松软，不必再进行深耕。如果深耕，就会把草木灰肥料埋在土地深处，地下深处的草根和虫卵被翻在上面，反而起不到作用。刀耕火种的土地每年耕种一次，可以保证地力常新。之所以称为炎帝，当与放火烧荒、刀耕火种有关。

那么炎帝与神农氏有什么关系呢？神农氏和炎帝族都是教民农耕的部族。《淮南子》的许多篇目对神农氏时期的社会状况有所记述。例如，《氾论训》云："昔者神农无制令而民从。""夫神农、伏羲不施赏罚，而民不为非，然而立政者不能废法而治民。"《齐俗训》云："神农之法曰：丈夫丁壮而不耕，天下有受其饥者；妇人当年而不织，天下有受其寒者。故身自耕，妻亲织，以为天下先。其导民也，不贵难得之货，不器无用之物，是故其耕不强者，无以养生；其织不强者，无以掩形；有余不足，各归其身；衣食饶溢，奸邪不生；安乐无事，而天下均平。"《主术训》云："昔者神农之治天下也，神不驰于胸中，智不出于四域，怀其仁诚之心，甘雨时降，五谷蕃植，春生夏长，秋收冬藏。月省时考，岁终献功，以时尝谷，祀于明堂。明堂之制，有盖而无四方，风雨不能袭，寒暑不能伤，迁延而入之，养民以公。其民朴重端悫，不忿争而财足，不劳形而

---

① 《春秋左传正义·昭公十七年》卷四十八，第 381 页，转引自《十三经注疏》，北京：中华书局，1980 年版，第 2082 页。

功成。因天地之资而与之和同,是故威厉而不杀,刑错而不用,法省而不烦,故其化如神。"

以上《淮南子》诸篇目均记载的是神农氏,而无炎帝。更重要的是,"神农之世"人们"无有相害之心";神农氏对待人民是"教而不诛";"神农之世"是尚无战争和冲突的"天下均平""养民以公"的社会。

然而,人们在炎帝、黄帝时期却互相侵伐。如《庄子·盗跖》云:"神农之世,卧则居居,起则于于,民知其母,不知其父,与麋鹿共处;耕而食,织而衣,无有相害之心,此至德之隆也。然而黄帝不能致德,与蚩尤战于涿鹿之野,流血百里。"①《战国策·赵策二》记载,赵武灵王曰:"古今不同俗,何古之法?帝王不相袭,何礼之循?宓戏、神农教而不诛,黄帝、尧、舜,诛而不怒。"②

从《庄子·盗跖》《战国策·赵策二》《史记·五帝本纪》的记载可以看出,炎帝、黄帝之时,人们为了争夺领地和财物,进行了激烈的战争。黄帝与炎帝、蚩尤相战,"流血百里"。黄帝对人民是"诛而不怒"。由此可以明显地看出,神农氏与炎帝不是同一个时代的人,而且《史记·五帝本纪》所说的神农氏与炎帝很明显不是一人。与黄帝"战于阪泉之野"的是炎帝,而不是神农氏。有人说最后轩辕"代神农氏,是为黄帝",以为天子。那么神农氏就有可能是炎帝。

《庄子》《战国策》《史记》《淮南子》《山海经》等文献,分别记述了神农、炎帝。

神农氏与炎帝既不是一人,又不同时代,为什么他们会合在一起呢?神农氏、炎帝都是发展农业并以农业为主的部族首领的统称,而不是一个人的专称。《周易·系辞上》"包牺氏没,神农氏作,斫木为耜,揉木为耒。耒耨之利,以教天下,盖取诸益。炎帝为耒耜耕耨,以教民粒食,故号神农"中所说的神农氏就是炎帝。

有人认为,把神农氏和炎帝合在一起的原因可能是西汉时期五行学说的兴起。西汉末年,王莽为了篡夺西汉政权,利用五行学说以代汉,而刘歆就是为其代汉制造舆论的理论家。刘歆作《世经》,把古代的帝王放进金、木、水、火、土五行学说的理论框架,以制造代汉的舆论。

---

① 《庄子集解》卷八《盗跖》,转引自《诸子集成》(三),北京:中华书局,1983年版,第197页。
② (汉)刘向集录:《战国策》,上海:上海古籍出版社,1985年版,第663页。

唐司马贞《史记索隐》曰："有土德之瑞，土色黄，故称黄帝。犹神农火德王而称炎帝然也。"班固《汉书·律历志》引刘歆《世经》曰："炎帝：易曰：炮牺氏没，神农氏作。言共工伯而不王，虽有水德，非其序也。以火承木，故为炎帝。教民耕农，故天下号曰神农氏。"从此，神农氏与炎帝被认为是一人，火德，姜姓。南朝宋裴骃《史记集解》、唐张守节《史记正义》、司马贞《史记索隐》引《帝王世纪》等对《史记》进行解释。司马贞又作《补史记》等书，把神农氏与炎帝当作同一人。

笔者认为，如果认为神农氏与炎帝是同一个人，则有些不妥；但如果认为神农氏与炎帝是同一个部族的早期首领和后期首领，就很容易解释古史中的传说，也能说清当时发生的史实和传说。

在我国的古文献中，神农氏和炎帝在我国文明的进程中都是发展农业的部族首领。神农氏艺五谷，尝百草，造福于民；神农氏"兴农桑之业。春耕夏耘，秋获冬藏，为台榭而居，治其丝麻为之布帛。有子曰柱，能治百谷百蔬，与民并耕而食，发教于天下，使之积粟，国富民安，故号曰神农氏"。神农氏"有子曰柱"，这个"柱"，当是"二世炎帝柱"。

笔者认为，神农氏与炎帝族有可能是一个发展农业部族的先世与后裔。神农氏是炎帝族的先世，而后来与黄帝发生战争的是后世的炎帝族首领。

案：神农氏炎帝族是一个源远流长的古代部族，据说炎帝有七十世或十六世。神农氏是炎帝族的先世，与黄帝发生战争的十五世炎帝参卢是后世的炎帝族首领。神农氏和炎帝参卢是先后不同时代的农业部族的首领。神农氏是最早发展农业的部族首领，有可能就是炎帝神农氏和二世炎帝柱。而与黄帝战于阪泉之野的则是十五世炎帝参卢。他们生活的时代相距几百年之久，因此他们有不同的社会背景和生活环境。炎帝神农氏时期，"民结绳而用之"，"无有相害之心"；而炎帝参卢时期，则相互攻伐，"流血百里"。这种情况是因为炎帝神农氏与炎帝参卢所处的时代不同。

第二节　炎帝部族活动区域与发祥

晋人皇甫谧《帝王世纪》记载的炎帝有八世，宋人罗泌《路史》记载"炎帝有天下七十世"，能标明名号的炎帝有十六世。炎帝部族不断地发展壮大，部族成员不断地增多，分支部族不断地繁衍，开始逐渐地向外迁徙。这种迁徙应该说是良性的，是部族壮大的结果。

炎帝支裔繁多，活动的地域非常广泛，迁徙的地方也很多，如山西高平，陕西宝鸡，河南洛阳、平顶山、许昌、淮阳，山东曲阜。炎帝在与黄帝斗争失败后南迁，到达湖北随州、湖南茶陵等。炎帝迁徙的一些地方又往往被认为是炎帝故里等。

炎帝的史迹在我国古代的典籍中没有系统、完整的记载。《史记·五帝本纪》中关于炎帝事迹的记载并不是很多，只说炎帝被黄帝打败，而对炎帝族的起源、发展及其对中华民族的贡献都没有详细的记述。因此，有关炎帝的历史还需要从古代比较零乱的史料中去研究、分析。

一、炎帝神农氏故里在山西高平

炎帝活动的地域非常广泛，但是炎帝部族发祥地当在今山西高平羊头山。

《国语·晋语四》中记载的"黄帝以姬水成，炎帝以姜水成"之姜水，与《山海经·北山经》中之䢼水，是同一条河。姜水在今山西高平市境内。持山西高平说者认为，北魏郦道元在他的《水经注》中是解释错了。

《山海经·北山经》曰："又北二百里，曰发鸠之山，其上多柘木。有鸟焉，其状如乌，文首、白喙、赤足，名曰精卫，其鸣自詨。是炎帝之少女，名曰女娃。女娃游于东海，溺而不返，故为精卫，常衔西山之木石，以堙于东海。漳水出焉，东流注于河。"晋郭璞注"（发鸠之山）今在上党郡长子县西。炎帝，神农也"。[①]

持山西高平说者认为，发鸠之山在今山西省长治市长子县西，羊头山北麓的发鸠之山是炎帝的女儿精卫的居住之处，羊头山的南麓䢼水是炎帝发祥之处。这说明这里就是《国语·晋语四》所记载的炎帝发祥处"姜水"。

山西高平市境有羊头山（图1-1），明代朱元璋九世孙朱载堉《羊头山新记》曰："羊头山在今山西之南境，泽、潞二郡交界，高平、长子、长治三邑之间，自山正南稍西去高平三十五里。……山高千余丈，旁礴数十里，其巅有石，状若羊头，觑向东南；高阔皆六尺，长八尺余。山以此石得名焉。石之西南一百七十步有庙一所，正殿五间。殿中塑神农及后妃、太子像，皆冠冕，若王者之服……此殿以南属泽州高平县丰溢乡。……《寰宇记》云：'神农尝五谷之所，上有神

[①] 袁珂：《山海经校注》，上海：上海古籍出版社，1980年版，第92页。

农城,下有神农泉。'《后魏风土记》云:'神农城在羊头山,其下有神农泉。'皆指此也。……又西北三十里曰发鸠山,山下有泉,泉上有庙。"

图 1-1　羊头山顶之羊头

综合以上记载,炎帝故里在今山西高平有一定的道理。

山西南部位于大河流域的高地之上,是我国古代部族的发祥之地,旧石器时代的遗址在全国范围内要数山西最多。我国古代部族首领基本出自晋南。古史传说中的女娲氏、炎帝神农氏、蚩尤、共工氏、后土、尧、舜、禹、先周,皆发祥于冀州。文明之光最早出现在晋南。晋南,属于冀州。《尚书·禹贡》记载的第一个州,就是冀州。《尚书·禹贡》云:"冀州:既载壶口,治梁及岐。既修太原,至于岳阳;覃怀厎绩,至于衡漳。厥土惟白壤,厥赋惟上上错。"这里所说的冀州包括壶口、梁山、岐山之东侧、岳阳(即霍太山之南)、覃(今河南省沁阳市)、怀(今河南省沁阳市)、衡漳(漳水横流曰衡漳,流经今山西、河南)。《尚书·禹贡》所记载的冀州之地基本在今山西南部及河南焦作地区。《尔雅·释地》卷六曰:"两河间曰冀州。"晋郭璞注:"自东河至西河。"《夏书·五子之歌》云："惟彼陶唐，有此冀方。今失厥道，乱其纪纲。"

先秦时期的冀州主要指的是晋南河东地区及豫西北。西周时期，晋国封于此。西汉之后，河东地区称为河东或者晋，河北省简称为冀。我国传说中最古老的始祖女娲补天，就是止冀州之淫水。

《淮南子·览冥训》云："往古之时，四极废，九州裂，天不兼覆，地不周载。火燫炎而不灭，水浩洋而不息。猛兽食颛民，鸷鸟攫老弱。于是女娲炼五色石以补苍天，断鳌足以立四极，杀黑龙以济冀州，积芦灰以止淫水。苍天补，四极正，淫水涸，冀州平，狡虫死，颛民生。"①

宋人罗泌《路史·禅通纪·女皇氏》云："共工为始作乱，振滔洪水以祸天下，隳天纲，绝地纪，覆中冀。人不堪命，于是女皇氏役其神力，以与共工氏较，灭共工氏而迁之。然后四极正，冀州宁，地平天成，万民复生。"

炎帝族是神农氏发展起来的部族，与神农属于同一部族，早于黄帝族。宋魏了翁《古今考·高帝纪》云："炎帝姓姜，大昊之赐也。黄帝姓姬，炎帝之所赐也。"对于这种说法，也有人表示反对。明方以智《通雅·姓名》云："古未有姓，自炎帝之姜，黄帝之姬始，因所生地而为姓。则康成所云炎帝姓姜，太暤所赐；黄帝姓姬，炎帝所赐。赐，皆臆说也。"虽然方以智认为，"炎帝姓姜，太暤所赐；黄帝姓姬，炎帝所赐。赐，皆臆说也"，但是炎帝较黄帝早当属事实。炎帝是黄帝之前的拥有天下时间最长的古帝王，据说有七十世。

司马迁在《史记·货殖列传》中说："昔唐人都河东，殷人都河内，周人都河南。夫三河在天下之中，若鼎足，王者之所更居也，建国各数百千岁。"②唐人指的唐尧，河东即今蒲州一带；殷人指的是殷商王朝，河内即今河南安阳一带；周人指的是西周王朝，河南即今洛阳地区。也就是说，自尧、舜经夏、商直至西周所建的都城和政治文化的中心皆在河东、河内、河南，即三河地区。三河地区就是"天下之中"。宋苏轼在《书传·夏书》中说："尧都平阳、舜都蒲坂、禹都安邑，皆在冀州。"平阳，今临汾；蒲坂，今永济；安邑，今夏县。

河东是尧、舜、禹三代的帝王之都，因此是我国最早被称为"中国"的地区。《史记·五帝本纪》曰：舜"而后之中国践天子位焉，是为帝舜"。《集释》说："刘熙曰：'帝王所都为中，故曰中国。'"③

---

① 《淮南子》卷六《览冥训》，转引自《诸子集成》（七），北京：中华书局，1983年版，第95页。
② （汉）司马迁撰：《史记》，北京：中华书局，1982年版，第3262～3263页。
③ （汉）司马迁撰：《史记》，北京：中华书局，1982年版，第30～31页。

明末清初顾炎武《日知录》曰:"古之天子(尧、舜、禹)常居冀州,后人因之,遂以冀州为中国之号。"

"中国"一词最初的含义是指帝王建都之地,也就是帝舜建立国都的地方。舜所建立的国都就在河东地区,那么最早被称为"中国"的地区就是古河东地区。

神农氏的故里最早在晋南的高平地区,是与古代史籍记载相符的。

唐李吉甫《元和郡县图志》卷十九"长子县"条下云:"羊头山在县东五十六里。后汉安帝时,羌寇河东,以任尚为御史,击破于羊头山,谓此也。"

关于神农城,《后魏风土记》曰:神农城在羊头山上,山下有神农泉。即神农得嘉谷之所。武汔岭在县南四十五里。《后魏风土记》曰:秦赵战于长平,赵军败退,秦将白起逐至此,名曰武汔岭。①

宋乐史《太平寰宇记》卷四十五《河东道》六"潞州·长子县"条下云:"漳水源山县界,一名浊漳水,以涉县,有清漳之称;故此称浊,其源出刀山。又按《冀州图》云:刀黄山在县西六十里,亦名发瓮山,漳水出焉,即壶关三老上书明戾太子冤者,死于此,而冢存。神农井在县南五十里,出羊头山小谷中。《上党记》云:神农庙西五十步有石泉二所,一清一白,甘美,呼为神农井。《后魏风土记》:神农城在羊头山上,山下有神农泉,即神农得嘉谷之所。羊头山在县东五十六里,后汉安帝时,西羌入寇,以任尚为御史,击破于羊头山,即谓此也。废长平关在县南四十里平岭上。"②

《大清一统志》引晋程玘《上党记》云:"神农庙西五十步,有石泉二所,一清二白,味甘美,呼为神农井。"

从我国古代的文献记载来看,神农氏故里当在山西高平。现在山西高平还有炎帝中庙、炎帝寝宫、炎帝行宫等元代所修建的庙宇。

二、炎帝的世系

史书记载,炎帝族是神农氏发展起来的部族,与神农属于同一部族,早于黄帝族。炎帝是拥有天下时间最长的古帝王,据说有七十世。记载炎帝世

---

① (唐)李吉甫:《元和郡县图志》卷十九"长子县"条下云:清武英殿聚珍版丛书本,第182页。
② (宋)乐史:《太平寰宇记》卷四十五《河东道》六"潞州·长子县"条下,清四库全书补配古逸丛书本,第303页。

系的史籍主要有：战国时期的《山海经》，记载的炎帝有两个支系；晋代皇甫谧的《帝王世纪》，记载的炎帝有八世；宋代罗泌的《路史》，记载的炎帝有十五世。

《山海经·海内经》记载炎帝的两个支系：

> 炎帝之孙伯陵，伯陵同吴权之妻阿女缘妇。缘妇孕三年，是生鼓、延、殳。始为侯，鼓、延是始为钟，为乐风。
>
> ……
>
> 炎帝之妻，赤水之子听訞，生炎居，炎居生节并，节并生戏器，戏器生祝融。祝融降处于江水，生共工。共工生术器，术器首方颠，是复土穰，以处江水。共工生后土，后土生噎鸣，噎鸣生岁十有二。
>
> 洪水滔天。鲧窃帝之息壤以堙洪水，不待帝命。帝令祝融杀鲧于羽郊。鲧复生禹。帝乃命禹卒布土，以定九州。①

《山海经·大荒西经》记载炎帝的一个支系：

> 有互人之国。炎帝之孙名曰灵恝，灵恝生互人，是能上下于天。有鱼偏枯，名曰鱼妇。颛顼死即复苏。风道北来，天乃大水泉，蛇乃化为鱼，是为鱼妇。颛顼死即复苏。
>
> 郭璞注："《淮南子》曰：'后稷龙在建木西，其人死复苏，其半为鱼。'盖谓此也。"②

互人之国，据说是人面鱼身之国。

《帝王世纪》记载八世炎帝世系：炎帝娶莽水氏之女曰听訞，生炎帝魁，魁生帝承，承生帝明，明生帝直，直生帝来，来生帝衰，衰生帝榆罔。③

《路史》成书年代较晚，是在《山海经》《帝王世纪》基础上写成的。《路史》记载的炎帝世系十五世：炎帝部族的第一世就是炎帝神农氏。"姓伊耆，名

---

① 袁珂：《山海经校注》，上海：上海古籍出版社，1980 年版，第 464、471~472 页。
② 袁珂：《山海经校注》，上海：上海古籍出版社，1980 年版，第 415~417 页。
③ （晋）皇甫谧等撰，陆吉等点校：《帝王世纪 世本 逸周书 古本竹书纪年》，济南：齐鲁书社，2010 年版，第 4 页。

轨，一曰石年，是为后帝皇君，炎精之君也。母安登感神于常羊，生神农于列山之石室，生而九井出焉。"炎帝"长八尺有七寸，弘身而牛颠。……三岁而知稼穑般戏之事，必于黍稷曰。于淇山之阳，求其利民宜久食之谷而艺之。天感，嘉生菽粟诞芩，爰勤收拾刚壤地，而时焉已"。炎帝可能是一个以牛为图腾的部族。《路史》所记载的炎帝，与上古历史上所流传的神农氏一样，是一个发展农业的部族首领。

二世炎帝柱曾辅助神农氏使用耒耜以耕作，并也曾尝百草。如前所述，《路史》卷十三《后纪四》记载：炎帝柱"殖百疏，区百谷，别其疏邀，深耕圣作，以兴岁。天均时而地均财，于是神农之功广，而天下殷赈矣"。

三世炎帝庆甲，帝柱之伯也。自帝庆甲至帝临，书传蔑记，不得其考。

四世炎帝临。《通系外纪》认为，帝临就是帝魁。《路史》提出，但帝临与帝魁并不是一人。《路史》云："帝临在帝承前，而帝魁乃在帝承之后，盖自异代。《世本》《书》言：夙沙民叛以归帝魁，则非临也。"①

五世炎帝承：是时，神农氏部族开始征收赋税。《路史·炎帝纪下》云："其政因民之仞，发虚土，监贾区；储偫废举，以符其诡。盖五百而始收，于是贡胥之法行焉。"《神农书》云："承为民赋二十而一，按《管子》言，共工氏之霸，取民有法。而神农亦有终岁献贡之事，赋贡之来久矣。特神农教民稼而后有谷米之赋，帝承为之制尔。"

六世炎帝魁，"帝魁之立，祗修自勤。质沙氏始叛，其大臣锢职而哗诛，临之以罪而弗服；其臣箕文谏之，不听，杀之。三卿朝而亡礼，怒而拘焉。哗而弗加，哗卿贰，质沙之民自攻其主以归"。"质沙氏始叛"，后又"自攻其主以归"。神农氏的事件与《淮南子·道应训》所记载的"宿沙之民皆自攻其君，而归神农"，当属于同一个事件。高诱注曰："伏羲、神农之间，有共工、宿沙，霸天下者也。"这是发生在炎帝魁时期的一件重要的大事。

七世炎帝明，帝魁之子也。明生直。

八世炎帝直，直生厘，是为帝值。

九世炎帝厘，厘生居，是为帝来。

十世炎帝居，母曰听訞，承桑氏之子也。今河南省洛阳市孟津区发现新石器时期的遗址。由于这里是百姓开辟的荒地，遗址发现的又皆是石器，当地居民不

---

① （南宋）罗泌：《路史》卷四十七，清文渊阁四库全书本，第99页。

重视，遗址被破坏。据说这里就是孟津区的炎帝洞，是十世炎帝居，又称炎居活动的地域，炎居生节茎。

十一世炎帝节茎，节茎生克、戏。

十二世炎帝克。

十三世炎帝戏，戏生器及小帝，自庆甲以来疑年。

十四世炎帝器，"器生钜及伯陵、祝庸。钜为黄帝师，胙土命氏而为封钜。夏有封父，封文侯，至周失国。……祝庸为黄帝司徒，居于江水"。祝庸、共工皆炎帝之后裔。

十五世炎帝参卢是曰榆罔，居空桑。空桑，今河南省开封陈留。十五世炎帝参卢与黄帝在阪泉之野发生大战，参卢大败。从此以后，黄帝族取代炎帝族，成为统辖中原的正统君王。

从以上《山海经》、《帝王世纪》与《路史》的记载来看，其记载的炎帝名字有相似之处。例如，四世炎帝临当是"伯陵"；还有十世炎帝居，炎居生节茎，节茎生戏，戏生器。《山海经》把戏、器当作一代，而《路史》认作是两代。《帝王世纪》所记载的八代炎帝，基本被《路史》所采用。

> 案：罗泌在作《路史》时，当参考了《山海经》《帝王世纪》的内容。

根据以上记载，炎帝族最早当是发祥于陕西姜水流域的部族。炎帝族据说有七十世，但今天我们所见到文献记载有十五世，再加上蚩尤一代，则为十六代。在古代没有文字的情况下，人们口耳相传，没有系统的记载，只能记载大概情况。炎帝族在十五世炎帝榆罔时期，被黄帝族打败，向南迁徙，从此成为活动在南方的部族。

三、炎帝的女儿精卫

《山海经》记载的发鸠之山，是炎帝女儿女娃所处之山。《山海经·北山经》曰："发鸠之山，其上多柘木。有鸟焉，其状如鸟，文首、白喙、赤足，名曰精卫，其鸣自詨。是炎帝之少女，名曰女娃。女娃游于东海，溺而不返，故为精卫，常衔西山之木石，以堙于东海。漳水出焉，东流注于河。"晋郭璞注："（发鸠之山）今在上党郡长子县西。炎帝，神农也。堙，塞也。"①

南朝梁任昉《述异记》卷上云："昔炎帝女溺死东海中，化为精卫，其名自呼。每衔西山木石填东海。偶海燕而生子，生雌状如精卫，生雄如海燕。今东海精卫誓水处，曾溺于此川，誓不饮其水；一名鸟誓，一名冤禽，又名志鸟，俗呼帝女雀。"

精卫是炎帝的女儿，她住在发鸠之山。根据郭璞注，发鸠之山在上党郡长子县西。炎帝女儿精卫填海的神话传说就发生在发鸠之山上。今高平羊头山在南麓，而发鸠之山在今高平羊头山之北麓，也说明炎帝就发祥在这一带。

晋陶潜《陶渊明集》卷四有《读山海经》五言诗，其十曰：

精卫衔微木，将以填沧海。
刑天舞干戚，猛志故常在。
同物既无虑，化去不复悔。
徒设在昔心，良辰讵可待。

宋代王安石以"愚公""精卫"勉励自己，他的《精卫》云：

帝子衔冤久未平，区区微意欲何成？
情知木石无云补，待见桑田几变更。

又自注云：愚公老矣，益坚平险之心；精卫眇然，未舍填波之愿。

宋代张耒《柯山集》卷十有《山海》一诗，云：

愚公移山宁不智，精卫填海未必痴。
深谷为陵岸为谷，海水亦有扬尘时。
杞人忧天固可笑，而不忧者安从知。
圣言世界有成坏，况此马体之毫厘。
老人行世头已白，见尽世间惟叹息。
俯眉袖手饱饭行，那更从人问通塞。

---

① 袁珂：《山海经校注》，上海：上海古籍出版社，1980年版，第92页。

明末清初顾炎武《日知录》卷二十五云："子胥鼓浪怒未泄，精卫衔薪心独苦。"精卫是含着一腔悲愤而去填海的。炎帝的女儿精卫在我国历史上是一位非常了不起的女性，她至死不屈地向大自然挑战，是勇敢、顽强的象征。

四、"羊头山黍定黄钟"是对神农氏的尊敬与怀念

古史记载，神农城、神农井、神农泉、神农庙皆在古长子县（即今山西高平市境），而且自汉代起，我国的乐律、度、量、衡的长度、容积等皆是用上党羊头山黍的长度积累为准，以上党羊头山黍的重量校准量具。

自西汉起，我国用"子谷秬黍"核准"黄钟之长"，以定音律，以"羊头山黍"核定度量衡。

汉班固《汉书》卷二十一上《律历志第一上》曰："本起黄钟之长，以子谷秬黍中者。一黍之广，度之九十分。黄钟之长，一为一分，十分为寸，十寸为尺，十尺为丈，十丈为引，而五度审矣。"颜师古曰："子谷，犹言谷子，秬即黑黍。中者，不大不小也。言取黑黍谷子大小中者，率为分寸也。"①

《汉书·律历志》所使用的黑黍是上党羊头山之黍，是生长在山西的一种农作物，在后代的史籍中皆能看到这一点。

《隋书·律历志》云："上党羊头山黍，依《汉书·律历志》度之，若以大者稠累，依数满尺，实于黄钟之律，须撼乃容。若以中者累尺，虽复小稀，实于黄钟之律，不动而满。计此二事之殊，良由消息未善，其于铁尺，终有一会。且上党之黍，有异他乡，其色至乌，其形圆重，用之为量，定不徒然。"②

《续文献通考·乐考·度量衡》云："《尔雅》云：'秬，黑黍也。'颜师古云：'中者，不大不小。'后周时牛弘等议曰：'上党羊头山黍，其色至乌，其形圆重。'唐《礼乐志》曰：'黍真则尺定，尺定则律均。'宋窦俨、司马光等考定周尺，用上党黍十黍为一寸是也。"

唐代，以"上党羊头山黍"考定"斗、秤、尺度准式"。高平古代属于上党。《唐会要》卷六十六记载："大历十年三月二十二日敕：自今以后，应付行用斗秤尺度，准式取太府寺较印，然后行用。至十一年十月十八日，太府少卿韦光辅奏称，今以上党羊头山黍，依《汉书·律历志》，较两市时用斗，每斗小较八合三

---

① （汉）班固撰，（唐）颜师古注：《汉书》，北京：中华书局，1962年版，第966页。
② 《隋书·律历志》，清乾隆武英殿刻本，第209页。

勺有余，今所用秤，每斤小较一两八铢，每分六黍；今请改造铜斗、斛、尺、秤等行用。《制》曰：'可。'"①

宋代依照前朝之例，"羊头山黍定黄钟"、定度量衡。宋仁宗庆历中翰林学士宋祁论以尺定律奏曰："臣闻乐生于音，音生于律，律定于尺，尺成于黍；得黍不真，尺固不定，定尺无准，律亦自差……今以上党羊头山黍，依《汉书·律历志》度之，若以大者稠累，依数满尺，实于黄钟之律，须撼乃容。若以中者累尺，虽复小稀，实于黄钟，不动而满。计此二事之殊，良由消息未善，其于铁尺，终有一会。且上党之黍，有异他乡，其色略乌，其形圆重，用之为量，定不徒然。"②

这里是说，为什么我国历代核定黄钟之律、核准度量衡要用羊头山之黍呢？有人认为，"羊头山黍定黄钟"，是因为沁水县、高平市地区的黍，在汉代就作为国家制定度量衡器和乐律的标准。适宜农业生产的纬度，加上海拔 1000 米左右的丘陵地貌，使当地农作物品质大大优于其他地区。

笔者认为，这是现代人用科学的方法测定的纬度，当年未必如此。但是这个地区的黍很优良，倒是事实。更重要的是，这里是神农氏故里。神农氏在这里发展农业，培育了黍稷嘉谷，历经多少个世纪，中国以此为主要食物来源。我国历代以"羊头山黍定黄钟"、定度量衡，表达对神农炎帝的缅怀和尊敬。

五、考古学见到的晋南古文明

晋南地区作为黄河流域的高地，是最适于古人类生存的地区，故《尚书·禹贡》把冀州作为第一州。晋南地区是黄河农耕文明的重要起源地。山西省是目前中国发现旧石器地点和遗址最多的地区。

山西省垣曲县发现了曙猿化石，其是 4500 万年以前的遗存。曙猿，意为"类人猿亚目黎明时的曙光"，是迄今发现的最古老、体积最小的灵长类动物化石。曙猿家系"延续到今天形成了猴类、猿类以及人类"③。垣曲曙猿的发现意义重大。过去学术界认为，人类的起源是在非洲，这一观点遭到质疑。

晋南地区发现旧石器地点和遗址达 300 多处，经发掘的地点约 30 处。旧石

---

① (宋) 王溥：《唐会要》卷六十六，清武英殿聚珍丛书本，第 732 页。
② 《历代名臣奏议》卷二百八十，清文渊阁四库全书，第 5682 页。
③ 庄秀福：《人类远祖起源哪里》，《科学大众》，2001 年第 5 期，第 45 页。

器时代晚期地点，发现也达 90 余处。山西已在 40 多个县市发现旧石器时代遗址或地点，分布在宁武、朔州、偏关、阳城、平陆、霍州、大同、沁水、蒲县、晋中、襄汾、左云、吉县、古交、和顺、五台、陵川、榆社、昔阳、乡宁、大宁、高平、右玉、沁源、阳高、芮城 26 个县市，约占全省近 100 个县市的 1/4。这种情况显然表示旧石器时代晚期文化在山西地区有较为密集的分布。①

旧石器早期的遗址，如山西省芮城县西侯度遗址距今 180 万年，是目前我国发掘的年代最古老的遗址之一。在该遗址中，发现大批古脊椎动物化石，30 多件石制品，如核、石片、刮削器、砍斫器和三棱大尖状器，还有带有切痕的鹿角和一些被火烧过的骨、角和马牙。三棱大尖状器是采集工具，用它可以挖植物的块根。

芮城县匼河文化遗址距今 60 万年，位于山西省芮城县匼河村。匼河文化遗址出土有砍斫器、刮削器、三棱大尖状器、小尖状器和石球五种类型。匼河石球呈多面体，并不滚圆，具有早期石球的一般特征，是有一定效能的狩猎工具。

旧石器晚期的遗址主要有著名的晋东南沁水下川遗址群，以及晋西南蒲县薛关遗址、吉县柿子滩遗址等。

山西沁水县下川遗址位于中条山主峰历山山腰的一个山间小盆地内，盆地内共发现 6 个旧石器遗址，还在垣曲、沁水、阳城三县发现同类性质的地点 10 处，年代距今 1.2 万~3.2 万年。研究者认为，下川人过着以狩猎为主、采集为辅的生活。

下川遗址附近普遍发现粟类作物的野生祖本——狗尾草，其分布地点、海拔基本与文化遗存的海拔相一致。

卫斯通过对下川遗址的考察认为，下川遗址出土的石磨盘有可能是用来加工人工栽培的谷类作物——粟的原始种，即正在培育过程中的狗尾草。卫斯说："下川遗址地处黄河中游，而黄河中游是中华民族最早的发祥地之一，也是世界上农作物的主要驯育中心之一。它在世界农业起源中有着与尼罗河流域同样不可低估的地位。……下川遗址出土的与原始农业相关的生产工具不仅是三件残缺的石磨盘，而且还有七件锛形器和五件砍砸器，及一件有明显痕迹的磨制骨器用的砺石与两件作研磨用的磨锤等。"②

黄其煦也认为，无论从考古发现、野生分布，还是遗传关系证明，都有十足

---

① 陈星灿：《黄河流域农业的起源：现象和假设》，《中原文物》，2001 年第 4 期，第 26 页。
② 卫斯：《试论中国粟的起源、驯化与传播》，《古今农业》，1994 年第 2 期，第 8 页。

的把握可以断言：粟是在我国黄河流域首先被培育的。它在北方新石器文化的作物中，占据主要地位。黄河流域农业起源就是以粟的培育为主体的。①

石兴邦说，下川遗址出土的镞形器是中国新石器时代主要农业生产工具——石镞的先祖；又说晋东南沁水下川文化应是我国粟作农业的起源：①这一地区发现了下川文化以后，旧石器时代末期到新石器时代初期采猎文化遗存最丰富的史迹。②新石器时代粟作农业最发达的地区，有其完整的发展序列，早期遗存与下川文化有内在的历史的联系。③这一带至今仍为粟的原始祖本植物——狗尾草的繁生地和粟类种植发达地区。④这一地区有发达的石灰岩洞穴，应有保存完好的遗存。⑤有发达的林边草地和山麓坡地，是粟类早期生长和驯化的优良生态环境。②

根据黄其煦的研究，中国最早有关粟的考古遗存可追溯到 1931 年发掘的山西万荣县荆村新石器时代遗址（公元前 5000～前 4000 年，属仰韶文化类型），但当时的发掘者并没有做出明确的判断。1943 年，日本人和岛诚一进行过详细报告：在"新民教育馆"藏品中有董光忠氏当时出土的荆村谷类灰烬中的炭化物。这份东西经理学士高桥基生鉴定为粟和高粱。对于荆村出土的粟，我国学者大多同意和岛的意见。但国外学者对此有不同的看法，认为其出土的谷物应是黍。③

晋东南沁水下川文化发现了我国粟的原始祖本植物——狗尾草，很多学者认为这里就是粟作农业的起源。粟是我国最早培育出来的农作物，也是我国在小麦传入中国、成为我国人民主要食品来源之前，民众的重要食物来源；而炎帝又称为神农氏，是中国农业最早的发明者；那么晋东南的沁水、高平一带当是我国粟的起源地，也是炎帝部族活动的最早地区。

第三节　炎帝的分支部族

宋人郑樵《通志·三皇纪·炎帝第一》曰："榆罔凡七世，袭炎帝之号，皆神农之裔也。"又曰："炎帝神农氏起于烈山，亦曰烈山氏，亦曰连山氏，亦曰伊耆氏，亦曰大庭氏，亦曰魁隗氏，亦曰人皇少典之元子。"这里说神农七世，《路

---

① 黄其煦：《黄河流域新石器时代农耕文化中的作物（续）——关于农业起源问题的探索》，《农业考古》，1983 年第 1 期，第 40 页。

② 石兴邦：《下川文化的生态特点与粟作农业的起源》，《考古与文物》，2000 年第 4 期，第 28 页。

③ 何红中、惠富平：《古粟（Setaria italica Beauv.）研究综述》，《中国粮油学报》，2010 年第 4 期，第 121 页。

史》说是十六世。本书所说的烈山氏、连山氏、伊耆氏、大庭氏、魁隗氏、少典之元子当皆是"袭炎帝之号"的神农氏之裔,或者说是炎帝族之分支。有人认为,连山氏就是烈山氏,与连山氏是一族两名,其实,他们就是炎帝族,或者说是神农氏、炎帝族的分支。

一、炎帝的分支部族——魁隗氏

魁隗氏,其中的魁、隗二字,皆有"鬼"字。"鬼"在中文中有两种含义:①中国把生活中很精明的人称为"鬼",我国古代也把祖先的灵魂称为"鬼"。殷商时期的"鬼方"对于殷商王朝来说当是一个很精明、很难对付的部族,所以被称为"鬼方"或"鬼"。②中国人把与自己长相不一样的人蔑称为"鬼"。

笔者认为,古人所称的"鬼方"当是与自己长相不一样的人。根据考古材料,这个时期中亚地区的高鼻深目的人已经进入中原地带。例如,陕西、山西交界地区的石峁遗址,发现了"20余件特征明确、造型独特的石雕或石刻人像,均砂岩质地,大部分为头面部像,还有一些半身像或全身像,其中不乏头戴尖帽、高鼻深目者"①。另外,在新疆罗布泊地区还发现了小河墓地,是3000年前的遗存,在这个墓地中发现的人骨架基本上是高鼻深目者的骨架。这些现象都说明当时的中亚、西亚人已经进入中国境内。

炎帝的一支称为"魁隗氏",春秋时期的"隗氏"当是炎帝之后裔。《国语·郑语》云:"当成周者……西有虞、虢、晋、隗、霍、杨、魏、芮。"②

《左传·定公四年》云:"分唐叔以大路、密须之鼓、阙巩沽洗,怀姓九宗,职官五正。"③杜预注:"怀姓,唐之余民。九宗一姓,为九族;职官五正,五官之长。"根据杜预注,怀姓,当是唐尧之后。如果再向前追溯,怀姓,即媿姓,当与炎帝族的魁隗氏之"魁"有关,与唐尧亦有关(本书第七章第四节将详述)。"怀姓九宗",被认为是戎狄之部族。

宋人邓名世《古今姓氏书辩证》卷十一云:"皋落,出自隗姓,赤狄别种,居东山者,以国为氏。"卷三十云:"潞,出自隗姓,赤狄之种,曰潞氏;其爵为

---

① 陕西省考古研究院、榆林市文物考古勘探工作队、神木县文体局:《陕西神木县石峁遗址》,《考古》,2013年第7期,第16页。
② 上海师范学院古籍整理组点校:《国语》,上海:上海古籍出版社,1978年版,第507页。
③ 杨伯峻:《春秋左传注》,北京:中华书局,1983年,第1538~1539页。

子，其地上党潞县是也。春秋时潞子婴儿为晋所灭，子孙仕晋。又河南潞氏，后魏官氏志没路真氏改焉。"

《古今姓氏书辩证》卷二十四云："隗，《元和姓纂》曰：春秋时翟国，隗姓子孙氏焉。后汉隗嚣望出天水成纪，隗绍望出汝阴，此说有据，今从之。谨案春秋时狄人伐廧咎如，获其二女叔隗、季隗。晋公子重耳娶季隗，以叔隗妻赵衰。又周襄王以狄伐郑，王德狄人立女隗氏为后，则隗亦赤狄之姓。当时见于经传者凡五种：曰东山皋落氏、曰廧咎如、曰甲氏、曰潞氏、曰留吁铎辰，皆赤狄隗姓。唯甲潞皋落别以其部为氏，余二者有号无氏，则隗之为姓旧矣。《姓源韵谱》曰：天水成纪隗氏出自大隗之后，此误也。庄子言黄帝见大隗于具茨之山，盖寓言，非有是人，不可以为据。"

《穆天子传》也有与隗姓有关的记载。《穆天子传》卷一云：穆天子"辛丑，天子西征至于䣙人。河宗之子孙䣙柏絮，且逆天子于智之□，先（献）豹皮十，良马二六。天子使井利受之"。在这里见到䣙柏絮。根据《穆天子传》卷一的记载，这个䣙柏絮是"河宗之子孙"，即䣙是河宗氏的分支裔孙。

倗国君綮、倗国君夫人毕姬之墓皆在山西省运城市绛县横水镇一带出土，是西周中期墓，墓中出土铜器有人认为这当是周穆王时期的遗存，这里当时是西周时期的䣙国之地，也是周穆王西征所经之地。这里的倗国，当是《穆天子传》所说的"䣙国"。

山西省绛县横水镇发现多座西周时期的墓葬，其中有倗国墓葬，有关专家认为这就是《穆天子传》中的䣙国墓。绛县横水镇的 M1、M2 两座大墓，M1 在北，M2 在南，南北相距 4 米①。M1 出土的铜鼎 5 件，标本 M1：212 内腹壁有铭文，竖排两行，共 8 字，为"倗伯作毕姬宝旅鼎"。铜簋 5 件，标本 M1：199 内底有铭文，竖排两行，共 8 字，为"倗伯作毕姬宝旅簋"②。M1 是倗伯夫人毕姬墓。

M2 出土的铜鼎标本 M2：58 内腹壁有铭文，竖排两行，共 12 字，为"倗伯肇作䥐鼎其万年宝用享"。铜鼎标本 M2：103 内腹壁有铭文，竖排 4 行，共 24 字，为"唯五月初吉倗伯肇作宝鼎，其用享考于朕文考，其万年永用"③。M2

---

① 山西省考古研究所、运城市文物工作站、绛县文化局：《山西绛县横水西周墓发掘简报》，《文物》，2006 年第 8 期，第 4 页。

② 山西省考古研究所、运城市文物工作站、绛县文化局：《山西绛县横水西周墓发掘简报》，《文物》，2006 年第 8 期，第 10 页。

③ 山西省考古研究所、运城市文物工作站、绛县文化局：《山西绛县横水西周墓发掘简报》，《文物》，2006 年第 8 期，第 12 页。

的 2 件铜鼎和 1 件甗上的铭文表明这些铜鼎和甗是倗伯生前为自己作器。M2 铭文表明该墓是倗伯之墓。

绛县横水镇发现的倗伯墓当是《穆天子传》记载的䣙国，发现倗国铜器的绛县横水镇一带是西周时期的䣙国之地。

《毕媿鼎》铭文有"倗仲作毕媿媵鼎，其万年宝用"①。其意是说，倗仲把女儿嫁到毕国，并作这件鼎陪嫁女儿到毕国，其女称为毕媿，倗国当为媿姓。媿、怀，同音假借。媿姓，即怀姓，与炎帝魁隗氏之"魁"有关。

由此可见，隗姓、魁姓、怀姓、媿姓、路姓、官姓等，原是炎帝族之支脉，春秋之后已经皆属于"赤狄"之支脉。"赤狄"生活在今山西境内，春秋时期与晋国为邻；其后裔皋落氏、潞氏皆为晋国所灭。炎帝的后裔已经成为少数民族，戎狄之人。

二、炎帝的分支部族——烈山氏

烈山氏就是炎帝的别称，是夏代之前祭祀的农神。亦有人认为烈山氏是炎帝之子柱，夏代之前的农神是炎帝柱。《左传·昭公二十九年》曰："有烈山氏之子曰柱为稷，自夏以上祀之。"孔颖达疏曰："《鲁语》及《祭法》皆云：'烈山氏之有天下也，其子能殖百谷，故祀以为稷，言有天下则是天子矣。杜（预）注：不得为诸侯也。'贾逵、郑玄皆云：'烈山，炎帝之号；杜（预）言神农世诸侯者。案：《帝王世纪》神农本起烈山，然则初封烈山为诸侯，后为天子，犹帝尧初为唐侯然也。若然，烈山即神农。而云神农世为诸侯者。案：《世纪》神农为君总有八世，至榆罔而灭，亦称神农氏，是总号神农也。故烈山氏得于神农之世为诸侯，后为神农也。'刘炫以为烈山氏即神农，非诸侯而规杜非也。此及《鲁语》皆云：其子曰柱。《祭法》云：农者。刘炫云：盖柱，是名，官曰农，犹呼周弃为稷。"②

历史上有很多人认为厉山氏在今湖北随州市一带。如《水经注》卷三十二"漻水"条下曰："漻水出江夏平春县西"。"漻水北出大义山南，至厉乡西赐水入焉。水源东出大紫山，分为二水。一水西径厉乡南，水南有重山，即烈山也。山

---

① 张淑一：《两周金文女子称谓"规律"再探讨——兼论"杨姞壶"的问题》，《考古与文物》，2009 年第 5 期，第 64 页。

②《春秋左传正义·昭公二十九年》卷五十三，第 422 页，转引自《十三经注疏》，北京：中华书局，1980 年版，第 2124 页。

下有一穴，父老相传云是神农所生处也。故礼谓之烈山氏。水北有九井，子书所谓神农既诞，九井自穿，谓斯水也。又言汲一井，则众水动，井今堙塞，遗迹仿佛存焉。亦云赖乡，故赖国也；有神农社赐水西南流入于潕，即厉水也。赐、厉声相近，宜为厉水矣。一水出义乡西南入随，又注潕；潕水又南径随县，注安陆也。"①

唐人张守节《史记正义》引《括地志》曰："厉山在随州随县北百里，山东有石穴。昔神农生于厉乡，所谓列山氏也，春秋时为厉国。"

历史上有人认为，今湖北随州有厉山，就是炎帝部族的发祥之地。

> 案：湖北随州有厉山，当是某一代炎帝居住过的地方。湖北不产粟、稷，多水田，盛产大米。而粟、稷则是耐干旱的植物，是由狗尾草培育而来的，不适合在南方的水田种植，也不适应炎热的气候。而古代气候更温暖炎热，河南称为豫，就是因为古代有象生活在河南。古代的湖北更炎热，不是适合种植粟、稷的农业区，故粟、稷农业不可能在这里发展。

三、炎帝的分支部族——朱襄氏

朱襄氏亦是继无怀氏之后的古帝王。《吕氏春秋·古乐》高诱注："朱襄氏，古天子，炎帝之别号。"朱襄氏也是炎帝之别号。朱襄氏就是炎帝。

朱襄氏是发祥于今河南省柘城县境内的古老部族，《路史·国名纪》引《九域志》云："南京柘城，古朱襄氏之邑。"《路史》的作者是宋代人罗泌。今河南商丘在宋代被称为"南京"。《路史·国名纪》所说的"南京柘城"，就是商丘柘城。宋乐史《太平寰宇记》卷十二《河南道十二·宋州》曰："柘城县西南八十里，旧十乡，今七乡，即古朱襄氏邑。春秋时陈之株野之地。"《河南通志》卷五十三《帝王》曰："朱襄氏自庖牺氏后历十一世而至朱襄氏都柘城。"所有的古籍上基本都记载，朱襄氏发祥于今河南省柘城县境，似并无什么疑义。株邑有"株林"之称，亦称为"株野"。春秋时期，株邑、株林、株野是陈国的地名。朱襄氏当是因发祥活动在株邑，而被称为"朱襄氏"的。

朱襄氏的主要贡献有二："鼓五弦之瑟""创造六书"。

---

① 王国维校：《水经注校》，上海：上海人民出版社，1984年版，第1011页。

炎帝"削五弦之琴",当指的是炎帝朱襄氏"鼓五弦之瑟",当然也有说是炎帝创造的。

《吕氏春秋·古乐》曰:"乐所由来者,尚也,必不可废。有节有侈,有正有淫矣。贤者以昌,不肖者以亡。昔古朱襄氏之治天下也,多风而阳气蓄积,万物散解,果实不成,故士达作为五弦瑟以采阴气,以定群生。"①高诱注:"朱襄氏,古天子炎帝之别号。"士达,朱襄氏之臣。

上段话的意思是,远古时期,由于阳气蓄积、太盛,飞沙走石,干燥少雨,百物散解,草木不遂;或者可以说天气太热,发生了严重的旱灾;万物难于生长,树上长不成果实,严重地影响了人们的生活。朱襄氏曾经发明五弦瑟,使阴阳调和,以定群生。从这段记载可以看出,朱襄氏是与葛天氏、阴康氏属于同时期的部族首领。

朱襄氏为什么用"五弦之瑟"以召来阴气呢?宋罗泌《路史》卷九《前纪九·禅通纪》云:"乐者,阴阳之和也。圣人者,协阴阳之声,制其器,以宣其和而已。琴瑟者,乐之本和者也。琴统阳,瑟统阴,以阳佐阴,不可易也。是故登歌,惟王备琴瑟,诸侯则有瑟而无琴。燕礼登歌有瑟而已,所以别于王也。瑟,惟阴也,故朱襄鼓五弦之瑟,而群阴来;琴,惟阳也,故虞氏鼓五弦之琴,而南风至。阴阳之应,各从其类。"

在中国古代的概念中,"琴统阳,瑟统阴",只有阴阳调和,世间万物才能调和。当时人间阳气太盛,而"瑟,惟阴也",所以说"朱襄鼓五弦之瑟,而群阴来"。只有这样,才能万物和,果蓏草木遂。

我国古代著名的"六书"是传说中的朱襄氏创造的。六书,即象形、指事、形声、会意、转注、假借六种对中国文字的解读,也可以说是创造我国文字的六种原则和根据。

元舒天民《六艺纲目》卷下云:"古者庖牺氏之王天下也,始画八卦,乃命飞龙朱襄氏造六书。黄帝史仓颉与沮诵广伏羲之文,更造六书,是为古文,又名科斗书,用漆写则头大尾细,形似科斗,亦名漆书。"

明陶宗仪《书史会要》卷一《三皇》亦云:"(太暤伏羲氏)乃命飞龙朱襄氏造六书。六书,八卦之变也。卦以六位而成书,以六文而显。六书者:一曰象形,二曰指事,三曰谐声,四曰会意,五曰转注,六曰假借。"当我国古代的图画文字形成之后,六书是古代文字发展中的重要环节。

---

① 陈奇猷校释:《吕氏春秋校释》,上海:学林出版社,1984年版,第284页。

所谓六书，就是我国最早造字的根本准则，文字形体的结构是根据象形、象事、象意、象声原则而造的，具有象形、象事、象意、象声的性质；文字使用方式是根据转注、假借而成的。伏羲氏命"朱襄氏造六书"，提出造字的原则和根据。《汉书·艺文志》云："古者八岁入小学，故周官保氏掌养国子，教之六书，谓象形、象事、象意、象声、转注、假借，造字之本也。"

笔者认为，朱襄氏造六书之本，当还是比较粗糙的，不是太圆满，不像后世那么完整，但是朱襄氏可能已经提出造字原则，这是朱襄氏对我国文明发展的一大功绩。

宋郑樵《通志》卷一《三皇纪·第一》云：太暤伏羲氏时期，"朱襄、昊英常居左右。朱襄，即子襄；昊英，即子英也……伏羲之后，历夏商至周不泯，所谓盛德必百世祀者"。朱襄氏是居伏羲氏左右的高等辅政官员。

四、炎帝的分支部族——大庭氏

大庭氏也是炎帝的分支，或者说"袭炎帝之号"的古帝王。宋郑樵《通志·三皇纪》"炎帝"条下云："炎帝神农氏起于烈山，亦曰烈山氏，亦曰连山氏，亦曰伊耆氏，亦曰大庭氏，亦曰魁隗氏，亦曰人皇少典之元子。其母曰女登，有蟜氏之女也。"大庭氏就是炎帝或者炎帝的分支。

宋郑樵《通志·氏族略第四》又指出："大庭氏，《英贤传》曰：古天子号，一云炎帝时诸侯。大氏，《风俗通》：大庭氏之后。又大填、大山稽并黄帝师。大款为颛帝师。《礼记》：大连，东夷之子。"这里又说大庭氏是古天子号，是炎帝时期的诸侯。

东汉学者郑玄认为，大庭氏就是炎帝大庭氏，即神农氏。《礼记·月令》云："孟夏之月……其帝炎帝，其神祝融。"郑玄注："此赤精之君，火官之臣。自古以来，着德立功者也。炎帝，大庭氏也。"从郑玄为《左传》所做的注以及其为《礼记·月令》所做的注来看，郑玄很肯定地认为，大庭氏是一个古老部族，而且认为大庭氏就是炎帝。大庭氏在当时的社会是立有很大功勋者。这里认为炎帝就是大庭氏，是"赤精之君"，当是尚红色的部族。炎帝是发展农业的部族，那么大庭氏当然与发展农业有一定的关系。郑玄学术精湛，所言当有一定的道理，以后很多人从其说。相传炎帝七十世，那么大庭氏当是一代炎帝。

清代朱鹤龄《尚书埤传》卷一云："《礼记》疏引《春秋命历序》曰：炎帝，号大庭氏，传八世，合五百二十岁。"

后世基本延续郑玄的说法，认为大庭氏就是炎帝，传八世，共520多年。

《周礼·秋官·司寇》云："庭氏：下士一人，徒二人。"郑玄注："庭氏主射妖鸟，令国中洁清如庭者也。"郑玄认为，"庭氏"是一个射杀妖鸟的官，射杀了妖鸟，国中就会"洁清如庭"。但宋代的郑锷有不同的看法。郑锷注曰："郑以庭氏主射夭鸟，令国中洁清如庭，疑其不然。古有大庭氏，其所行之事久远，无传。窃疑用致日月之弓矢，以射夭鸟，自大庭氏始也。考：赐老者以杖，之官名曰伊耆氏，则取古天子之号，以为名，不为无证。""伊耆氏"，即神农氏之别称。

宋王应麟《通鉴地理通释·历代都邑考》云："神农氏亦都陈，又营曲阜，故《春秋》称鲁大庭氏之库，今兖州仙源县。"注："曲阜在鲁城中，委曲长七八里。大庭氏古国在城内，鲁于其处作库。"王应麟认为神农氏亦都陈，又营曲阜，神农氏与大庭氏是一个人。

宋罗泌《路史》卷六《前纪六·禅通纪·大庭氏》云："大庭氏之膺箓也，适有嘉瑞，三辰曾辉，五凤异色，都于曲阜。故鲁有大庭氏之库。昔者黄帝斋于大庭之馆，兹其所矣，治九十载，以火为纪，号曰炎帝。后有大氏、大庭氏。大填为黄帝师，大山稽为黄帝司徒，唐代勃海尚其世也。注：见《遁甲开山图》六帖韵海作五凤，误。库在鲁城中曲阜之高处，今在仙源县内东隅，高二丈。后世以其火德故以之为神农，因复谓神农都鲁，妄也。《外纪》知不可合，乃以神农为大庭，而谓与包羲后大庭氏异，而为二大庭益缪。见《姓纂》《风俗通》《英贤传》云：'古天子，唐渤海，姓大，太山稽世，音为泰，误。'"罗泌对"炎帝大庭氏，即神农也"的说法表示质疑。

大庭氏初受符命之时，"适有嘉瑞，三辰曾辉，五凤异色"，大庭氏于是以曲阜为都。也就是说，神农氏不仅曾以"陈"（今河南省周口市淮阳区）为都，也曾以曲阜为都。

从名字上看，大庭氏当是一个能够建筑并且居住着高大房屋的部族。《通志·三皇纪》又云：（伏羲）"命大庭氏主屋庐为民居处"。黄帝曾经在大庭氏之馆斋戒，说明大庭氏之馆是个大庭，或者说是宫室。因此，笔者以为这个大庭氏之国可能是较早的营建屋庐，而且是居住在大宫室（即大庭）中的古代部族。

梁萧统《文选》卷三《东京赋》唐李善注："大庭，古国名也，尚高也。"大庭氏尚高，而且其房屋也尚大，故有此美名。

关于大庭氏，《左传·昭公十八年》云："宋、卫、陈、郑皆火，梓慎登大庭氏之库以望之。"杜预注："大庭氏，古国名，在鲁城内。鲁于其处作库，高显，故登以望气，参近古以审前年之言。"《春秋左传正义》曰："大庭氏，古天子之国名也。先儒旧说，皆云炎帝号神农氏，一曰大庭氏。"《左传》所说的"梓慎登大庭氏之库以望之"，绝对指的是"古天子之国大庭氏"；而且这个地方是比较高的，可以望见"宋、卫、陈、郑皆火"之处。

关于大庭氏，毛亨《毛诗注疏·鲁颂谱》云："鲁者，少昊挚之墟也。国中有大庭氏之库，则大庭氏亦居兹乎？"疏引《正义》又引应劭云："曲阜在鲁城中，委曲长七八里，然则其都在此。曲阜，其地则名鲁也。昭十八年宋卫陈郑灾，《左传》称：'梓慎登大庭氏之库以望之。'经传之文虽不言大庭居鲁，而此库系大庭言之，故为疑。辞云则大庭氏亦居此乎。杜预曰：大庭氏，古国名，在鲁城内。鲁于其处作库，高显，故登以望气。然则大庭之居在于鲁城内，于其处作库，非大庭氏所作也。"

由此看来，大庭氏之墟当在鲁国都曲阜城内，已经被鲁国建造为"库"。

郑玄《诗谱序》云："大庭、轩辕逮于高辛，其时有亡，载籍亦蔑云焉。"大庭在史籍上并没有太多的记载。

大庭氏，又称为质沙氏，就是夙沙氏、宿沙氏。传说宿沙氏煮海水为盐，是最早教人们吃盐的部族。宿沙氏在哪里煮海水为盐呢？历史上有两种说法。

（1）山西安邑说。宋乐史《太平寰宇记·河东道七》云："按《地理志》云：盐池在安邑县西南。许慎谓之盐池。吕忱曰：宿沙氏煮海谓之盐。河东盐池谓之盐水。今池水紫色，湛然不流，造盐，贮水深三寸，经三日，则结盐。""盐宗庙在县东南十里。按吕忱云：宿沙氏煮海，谓之盐宗，尊之也。以其滋润生人，可得置祠。"

（2）春秋齐国说。宋高承《事物纪原》卷九《农业陶渔部》引："《世本》曰：'宿沙氏煮海水为盐。'宋衷曰：'宿沙卫，齐灵公臣。齐保海，故卫为鱼盐之利，或曰宿沙氏，炎帝时诸侯。'《唐韵》曰：'古者宿沙初作煮海为盐。'"

案：如果大庭氏是发祥于今山东曲阜，那么"宿沙氏煮海水为盐"，当是在齐国。齐国临海，宿沙氏在齐国煮海水为盐是理所当然的。而且春秋时期齐灵公有臣，名曰宿沙卫。宿沙，当是发祥于齐国的一个古姓。今山西安邑附近的盐池有盐宗庙，这里当然也是一个煮海水为盐之处。古代我国许多地方均有出盐之地，也都有把盐用于饮食的发明者，而不仅仅宿沙氏一个部族，这当是更符合历史的实际。

大庭氏与神农氏当属于同一个部族，他们有着很深的渊源。

大庭氏末期发生内乱。《邓子》是春秋战国人伪托邓析所作，但保存了先秦的许多史料。《邓子·转辞》云："宿沙君戮箕文。"宿沙君杀了部族内的贤臣箕文，于是引起了混乱。《吕氏春秋·用民》云："夙沙之民自攻其君而归神农。"高诱注："夙沙，大庭氏之末世也。其君无道，故自攻之。神农，炎帝。"即"夙沙"就是大庭氏之末世。大庭氏的后期，部族内部发生内乱。夙沙之民起来，自攻其君，神农氏乘机夺取了权力。

案：大庭氏是古代的一个帝王称号，"治九十载，以火为纪，号曰炎帝"。《礼记·月令》郑玄注曰："炎帝大庭氏，即神农也。"炎帝族已经绵延了很多世，那么大庭氏也可能是其源头之一。大庭氏与神农氏有着很深的渊源，当大庭氏发生内乱的时候，大庭氏之民才自攻其君，而归神农。

《通志·氏族略》记载，大填、大山稽曾为黄帝师；大款为颛帝师；大庭氏是有卓著功勋的远古部族。大庭氏的后裔以"大""大庭"为姓。《路史·禅通纪》云：大庭氏"后有大氏、大庭氏。大填为黄帝师，大山稽为黄帝司徒，唐代勃海尚其世也"。

唐林宝《元和姓纂》卷八引《风俗通》云："大庭氏之后，又大填、大山稽黄帝师，大颖为颛顼师。《礼记》曰：大连，东夷之子。案：古今人表'颖'作'款'。"

五、炎帝的分支部族——伊耆氏

伊耆氏是炎帝族的一支，亦有人认为是炎帝族继魁隗氏之后的首领。

宋人罗泌《路史·后纪三·禅通纪·炎帝》记载："炎帝长于姜水，成为姜姓。其初国伊，继国耆，故氏伊耆。长八尺有七寸，弘身而牛颠。"扶风姜阳《驳异义》云："炎帝姜姓，太皞所赐；黄帝姬姓，炎帝所赐。伊，即伊尹之邦；耆，即文王之所伐者，犹陶唐然。"颠，首也。

清人徐文靖《竹书统笺》卷首下记载：炎帝神农氏"其初国伊，又国耆；合而称之，又号伊耆氏"。

炎帝"初国伊，继国耆，故氏伊耆"，那么这个"伊"当是伊水之"伊"。伊，即今河南省洛阳地区伊水流域。洛阳有伊水，又名伊川；伊水之畔的山称为伊阙。这些称为"伊"的山川，孕育了一个伊氏部族，这是没有疑义的。

"伊尹之邦"当指伊尹辅助商汤灭夏之后，所居之处，即所建之国，当在伊水之滨。炎帝"初国伊"，当建国于伊水之滨。夏末商初，伊尹生于伊水之上，这里为"伊尹之邦"。《吕氏春秋·孝行览·本味》云："其母居伊水之上，孕，梦有神告之曰：'臼出水而东走，毋顾。'明日，视臼出水，告其邻，东走十里，而顾其邑尽为水，身因化为空桑，故命之曰伊尹。"清代毕沅曰："以其生于伊水，故名之曰伊尹，非有讹也。"① 伊尹生于伊水，当属实。《本味》又说：伊尹之母"身因化为空桑，故命之曰伊尹，此伊尹生空桑之故也"，"有侁氏女子采桑得婴儿于空桑之中，献之其君。其君令烰人养之"。这些都说明伊尹部族有可能是被洪水淹没或者被夏人灭亡的一支部族，然后伊尹部族在"空桑"被"有侁氏"收养。

《水经注·伊水》云："涓水又东南，注于伊水。昔有莘氏女，采桑于伊川，得婴儿于空桑中，言其母孕于伊水之滨，梦神告之曰：'臼水出，向东走。'母明视而见臼水出焉，告其邻居而走，顾望其邑，咸为水矣。其母化为空桑，子在其中矣。莘女取而献之，命养于庖，长而有贤德，殷以为尹，曰伊尹也。"

但是宋人乐史《太平寰宇记》卷一《河南道·开封府》"雍邱县"条下云："雍邱县东八十七里旧二十八乡，今八乡，古雍国；黄帝之后，姞姓。殷汤封夏后于杞，周武王克殷封夏后东楼公于杞，是为杞国，即此地也……空桑城在县西二十里。按《帝王世纪》云：伊尹生于空桑，此是伊尹生处。"

关于耆，《史记·周本纪》记载：周文王"明年，败耆国"。唐人张守节《史记正义》曰："即黎国也。邹诞生云：本或作'黎'。孔安国云：'黎在上党东北。'《括地志》云：'故黎城，黎侯国也，在潞州黎城县东北十八里。'《尚书》云：'西伯既戡黎，是也。'"②

由此可见，伊耆氏首先都伊，在今之伊水之滨；之后都耆。耆，就是黎，根据汉人孔安国与《括地志》所云，黎在今山西省长治市潞城区一带，故这支炎帝族的分支被称为伊耆氏。

《礼记正义·明堂位》曰："土鼓、蒉桴、苇籥，伊耆氏之乐也。"孔颖达疏："苇籥者，谓截苇为籥。"郑玄注："蒉，当为由（同'块'，即土块）声之误也；籥如笛，三孔。伊耆氏，古天子有天下之号也，今有姓伊耆氏者。"孔颖达疏引

---

① 陈奇猷校释：《吕氏春秋校释》，上海：学林出版社，1984年版，第739、742页。
② （汉）司马迁撰：《史记》，北京：中华书局，1982年版，第118页。

《正义》曰:"此一经明鲁用古代之乐,土鼓者,谓筑土为鼓;蒉桴以土块为桴;苇籥者,谓截苇为籥;此等是伊耆之乐;鲁得用也。注《正义》曰《经》云:蒉者,草名,与土鼓相对,故读为由;云'伊耆氏,古天子,有天下之号也'者。"土鼓,以瓦为框,以革为两面,可击也。

土鼓、蒉桴、苇籥,皆伊耆氏所发明。土鼓,就是用陶制成鼓框圈和鼓面(之后鼓面逐渐变为兽皮),然后再用草和土抟成的鼓槌,击打鼓面,发出各种声音。这就是我国鼓乐的起源。伊耆氏还在芦苇秆上钻孔如笛,可吹出各种声音,即最初的管乐器。土鼓、蒉桴、苇籥合称为"伊耆氏之乐也"。

《周礼》有"籥师"掌教国子舞羽龡籥,秋冬吹籥、代文舞之乐,所执羽籥是也。"籥师"所掌教舞羽龡籥,是伊耆氏所发明。

《礼记·郊特牲》云:"天子大蜡八,伊耆氏始为蜡。蜡也者,索也。岁十二月,合聚万物而索飨之也。蜡之祭也,主先啬而祭司啬也,祭百种以报啬也;飨农及邮表畷,禽兽,仁之至,义之尽也。古之君子,使之必报之。迎猫,为其食田鼠也;迎虎,为其食田豕也,迎而祭之也。祭坊与水庸,事也。曰:土反其宅,水归其壑,昆虫毋作,草木归其泽。皮弁、素服而祭,素服,以送终也。葛带、榛杖,丧杀也。蜡之祭,仁之至,义之尽也。黄衣、黄冠而祭,息田夫也。野夫黄冠,黄冠,草服也。"①

伊耆氏所创造的蜡祭,是我国最早祭祀农神的祭奠;在祭奠上用土鼓、蒉桴、苇籥等"伊耆氏之乐"进行祭祀。这些都是吉礼,是我国出现最早的吉礼。

六、《山海经》中炎帝的分支部族

《山海经》中记载了炎帝的许多分支,主要有互人之国、逢伯陵之国等,另外还记载了炎帝的直系后裔,与《帝王世纪》《路史》记载的世系基本相同。

《山海经》记载了炎帝之孙灵恝的儿子互人之国。

《山海经》卷十六《大荒西经》云:"有互人之国。炎帝之孙名曰灵恝,灵恝生互人,是能上下于天。有鱼偏枯,名曰鱼妇。"晋郭璞注:"人面鱼身,炎帝,神农。言能乘云雨也。"恝,无忧筹,淡然貌。②

---

① 《礼记正义》卷二十六《郊特牲》第 225 页,转引自《十三经注疏》第 1453 页,北京:中华书局,1980 年。
② 袁珂:《山海经校注》,上海:上海古籍出版社,1980 年版,第 415 页。

互人之国，互，本为深入或者相互交错之意。互人之国之人，当是人面鱼身，大概互人之国的人水性很好，能够在水里像鱼一样自如地活动。或许炎帝后裔是在水边生活的一支部族。

《山海经》卷十八《海内经》云："炎帝之孙伯陵，伯陵同吴权之妻阿女缘妇。缘妇孕三年，是生鼓、延、殳。始为侯，鼓、延是始为钟，为乐风。"晋郭璞注："同犹通，言淫之也。吴权，人姓名。孕，怀身也。三子名也。殳音殊。《世本》云：'母句作磬，倕作钟'。作乐之曲制。"①

《左传·昭公二十年》晏子对齐景公曰："昔爽鸠氏始居此地，季萴因之，有逢伯陵因之，薄姑氏因之，而后太公因之。古若无死，爽鸠氏之乐，非君所愿也。"②

《国语·周语下》云："我姬氏出自天鼋，及析木者，有建星及牵牛焉，则我皇妣大姜之侄，伯陵之后，逢公之所冯神也。"韦昭注："姬氏，周姓；天鼋，即玄枵星，齐之分野也。周之皇妣王季之母大姜者，逢伯陵之后齐女也。故言出于天鼋。《传》曰：有逢伯陵因之，蒲姑氏因之，而后太公因之。又曰：有星出于须女，姜氏、任氏实守其地。"③

元代梁益《诗传旁通》卷三"齐"条下云："爽鸠当在太昊时，季萴，夏之季伯陵；薄姑氏，商之末。齐有二：其一北齐，逢伯陵之后，伯陵先封逢，后改封齐，故称逢伯陵。伯益，《书》曰：'炎帝生器，器生伯陵。'《周语》曰：'天鼋之分，我之皇妣太姜之侄伯陵之后、逢公之所凭神伯陵'。"

《左传》《国语》的意思是，曾在逢地建国的伯陵，是周人女性先祖大姜之祖逢伯陵，表明了炎帝、伯陵与周部族、姜齐部族有密切的关系。《诗传旁通》是说"伯陵先封逢，后改封齐，故称逢伯陵"，是对"逢伯陵"名称和居地的解释。

《山海经》还记载炎帝的另一支系后裔，"炎帝之妻，赤水之子听訞，生炎居，炎居生节并，节并生戏器，戏器生祝融"，这一支应该说是炎帝的直系，与《路史》记载炎帝的世系基本相同。但是这个记载认为鲧、大禹是炎帝之后。然而，《山海经》卷十八《海内经》亦云："黄帝生骆明，骆明生白马，白马是为鲧。"那么，鲧、大禹又是黄帝之后，也许在炎黄战争爆发之前，炎黄之族已经有融合了。

---

① 袁珂：《山海经校注》，上海：上海古籍出版社，1980年版，第464～465页。
② 杨伯峻：《春秋左传注》，北京：中华书局，1983年版，第1421页。
③ 上海师范学院古籍整理组点校：《国语》，上海：上海古籍出版社，1978年版，第138页。

第四节　炎帝十世后裔炎居

如前所述,《路史》记载"炎帝有天下七十世",但能标明名号的炎帝只有十六世。这十六世炎帝,有些能够在古籍上找到其迁徙或者居住、活动的地方,但是很多已经不见于古籍了。洛阳地区地处黄土高原的东端,人们多居住在窑洞中。今洛阳市孟津区宜苏山、新安县青要山皆有炎帝洞,就是炎帝居住过的窑洞。根据《路史·赫胥氏》、清代嘉庆年间《孟津县志》的记载,十世炎帝炎居在今河南省洛阳孟津区的宜苏山上居住、活动。今宜苏山上有很多炎帝遗迹,如炎帝洞、炎帝宝殿、炎帝高庙等,而且宜苏山的周围有很多与炎帝基本同时期的考古遗址。无论古文献或者考古学都说明孟津区宜苏山是十世炎帝炎居居住、活动过的地方。

一、宜苏山的炎居遗迹

宜苏山是古人类活动的重要地区,很多古籍都有记载。《山海经》卷五《中山经》云:"蔓渠之山,其上多金玉,其下多竹箭。伊水出焉,而东流注于洛。"晋郭璞注:"今伊水出上洛卢氏县熊耳山东北,至河南洛阳县入洛。"《中山经》的这段话记载的当是洛阳周围的地域环境。而《中山经》又载:"又东十里,曰青要之山,实维帝之密都……又东十里,曰騩山……又东四十里,曰宜苏之山,其上多金玉,其下多蔓居之木。滽滽之水出焉,而北流注于河,是多黄贝。"

《中山经》"中山六经"条下云:"平逢之山,南望伊洛,东望谷城之山。"清人吴任臣注:"郏山在河南郡西南,逶迤至城北二里,曰芒山,一名北邙,一名平逢山……《一统志》:谷城山在河南府西北五十里,连孟津县界,旧名替亭山,瀍水出此。"这里的替亭山,就是潜亭山,也就是宜苏山。

《中山经》记载,今河南省新安县的青要山之东是平逢山,平逢山之东是騩山,騩山之东是宜苏山。其中平逢山、騩山、宜苏山均在今河南省洛阳市孟津区横水镇境内。

郦道元《水经注》卷四《河水》云:"河水又东,合庸庸之水。水出河东垣县宜苏山,俗谓之长泉水。《山海经》曰:'水多黄贝,伊、洛门也。'其水北流,分为二水,一水北入河,一水又东北流注于河。"

《大清一统志》卷一百六十二《河南府》"山川"条下曰："庸庸水，源出新安县北，东入孟津县界。《水经注》：庸庸水出河南垣县宜苏山，俗谓之长泉水，伊、洛门也。其水北流分为二：一水入北河，一水又东北流注于河。《寰宇记》：庸庸水，在河清县西南六十里。《新安县志》：长泉在县北六十四里，有长泉村。《孟津县志》：今有横水在县西，源出洛阳、新安二县界，二沟中分，北流三里许相合，又北流五里许入河，横水镇以此为名。"

《山海经》《水经注》《大清一统志》所记载的宜苏山，皆是今河南省洛阳市孟津区横水镇之宜苏山。

宜苏山，又称为潜山、潜亭山、苏山等。宜苏山是一座土山，地处黄土高原东端，自古就是人类生活繁衍之地。这座山当是高原上堆积很高的黄土，而土山下面的沟壑处是最适宜挖窑洞之地。我国远古时代的居民多居住在地穴、半地穴的房屋中，窑洞也是当时这种地穴、半地穴房屋的形式之一。今孟津区西北部宜苏山有相传炎帝居住过的窑洞，称为"炎帝洞"。

如前所述，炎帝部族是发祥在山西高平一带，也就是晋东南的部族。晋东南与豫西北相邻。在我国没有划分行政区域之前，这里原是连成一片的，并没有什么省界、县界之分。炎帝有一个分支部族迁向今豫西地区。

今宜苏山地处河南省西北部，与山西省垣曲县、济源市相邻。随着炎帝族人口的不断繁衍，其活动地域扩展到今洛阳市孟津区宜苏山是完全有可能的。

宜苏山是古人类活动的重要地域。宜苏山上有一个古庙群，有商代汤王庙、西周成王庙等。另外，宜苏山是炎帝活动的重要地区。这里有炎帝洞、炎帝高庙、炎帝宝殿等，炎帝洞内有一座石人像。虽然由于石料问题，这座石像只是一座半身像，但可以看出，这当是一座炎帝像。这座石像头上有两只短短的角，右手握着一束谷物，谷物秆上面的谷穗已经断掉，似乎断痕尚新；左手拿的似乎是食物。《帝王世纪》卷一云："炎帝……人身牛首，长于姜水……有圣德，以火承木，故号炎帝。""人身牛首"是传说中炎帝的形象。炎帝是传说中的农神，手握谷物，当也是炎帝的主要表征。

炎帝部族在宜苏山活动，古文献中也有记载（图1-2）。宋代罗泌《路史·前纪七·禅通纪·赫苏氏》云："赫苏氏，是为赫胥。赫胥氏之治也，尊民而重事。方是之时，人居不知所为，行不知所之，鼓腹而游，含哺而嬉，昼而动，夕而息，渴则求饮，饥则求食。莫知作善而作恶也。出三入一，怊怳如遗，光曜赫奕而隆名。有不居，即以胥而自况，九洛泰定，爰脱洒于潜山。"况，善也。潜山，就是宜苏山。

(a)宜苏山炎帝石像　　(b)宜苏山修复后的炎帝洞　　(c)宜苏山炎帝洞旧址

图 1-2　宜苏山炎帝石像、炎帝洞

清代嘉庆年间编的《孟津县志·沿革考》云："上古为赫苏氏之都。赫苏是为赫胥。《路史》曰：'赫苏氏之为治也，光曜赫奕而隆名。有不居而自况，九洛泰定，爰脱洒于潜山。'今津之西境有潜亭山，苏山其故墟也。"[①]潜山、潜亭山、苏山，皆指的是宜苏山。

清人吴玉搢《别雅》卷一云："盖古于疏、胥、苏，皆相通，犹姑苏亦作姑胥。古帝王有赫胥氏，亦作赫苏氏也。"

很明显，《孟津县志·沿革考》是根据《路史·赫苏氏》的记载而来的。

《路史·赫苏氏》和《孟津县志·沿革考》都记载，赫胥氏与不居先后在这里活动。孟津西部的潜山，也就是宜苏山，是上古时期赫胥氏之都。赫胥氏时期，人们还处在较混沌的状态，渴饮饥食，不知什么是善恶；赫胥氏"尊民而重事"，把他的部族治理得如阳光照耀，而赫赫有名。赫胥氏之后，有"不居"在

---

① 清代嘉庆二十一年《孟津县志》卷一《沿革》，第27页。

这里居住，以赫胥氏为名而行善事，他把这里治理得也很好，使人们生活得非常洒脱、惬意，"九洛泰定，爰脱洒于潜山"。

有文献认为，赫胥氏是炎帝。唐代陆德明《经典释文》卷二十七《庄子·外篇·骈拇》云："赫胥氏，司马云：'赫胥氏，上古帝王也。'一云'有赫然之德，使民胥附，故曰赫胥，盖炎帝也。'"雍正五年（1727年）张廷玉牵头编的《子史精华》卷二十《帝王部》亦云："赫胥，炎帝也。"

当然，也有学者认为赫胥氏不是炎帝。如《路史·赫苏氏》云："赫苏氏，是为赫胥。胥，苏也。《传》谓赫然之德，为人胥附而号之也。又以为即炎帝，妄矣。"

晋代皇甫谧《帝王世纪》卷一云："大庭氏、柏皇氏、中央氏、栗陆氏、骊连氏、赫胥氏、尊卢氏、混沌氏、昊英氏、有巢氏、朱襄氏、葛天氏、阴康氏、无怀氏，凡十五世，皆袭庖牺之号。"

笔者认为，《帝王世纪》记载有八世炎帝，《路史》记载有七十世炎帝，可查名者有十六世，那么赫胥氏既然是上古帝王，是一代炎帝也是有可能的。

下面我们再研究《路史·赫苏氏》和《孟津县志·沿革考》记载的"不居"。

"不居"之"不"，当是定语；居，当是一个人名。

"不居"之"不"通"丕"，大也。清人朱骏声《说文通训定声·颐部》曰："不，假借为丕。"清人翟灏《尔雅补郭》云："《诗》《书》及古金石文多通丕。丕，大也。"《诗经·周颂·清庙》云："不显不承。"《孟子·滕文公下》作"丕显""丕承"。《逸周书·小开》曰："汝恭闻不命。"朱右曾《校释》云："不，读为丕，大也。"

"不"通"丕"，大也。大，也可释为"霸""伯"。可以称"霸""伯""大"者，也可训为"帝"。那么"不居"，则可训为"大居""帝居"。赫胥氏、炎帝时期，名"居"的部族领袖只有十世炎帝"炎居"。《路史·赫苏氏》记载的在宜苏山活动的"不居"，当是十世炎帝的"炎居"。"大居""炎居"，即炎帝居。

二、宜苏山周围古人活动的考古学遗存

宜苏山周围有非常多的古人类活动的遗址和遗存，与我国古史记载的炎帝基本在同时期。这些遗址和遗存当与在这里活动的炎帝部族有关。

小浪底水库在建成之前曾进行过一次大规模的文物考察和发掘，发现在小浪

底和宜苏山周围布满了新石器时代的遗址和遗存，如小浪底、赤河滩、清河、妯娌、寨根、相留、马屯、上村等遗址。如今很多遗址都已经淹没在小浪底水库里了，宜苏山距离小浪底水库大约10公里，在同一个文化圈内。

宜苏山周围的上村遗址发现仰韶文化的泥质褐陶钵、夹砂泥质褐陶罐、敲砸石器各1件；龙山文化的夹砂灰陶折沿罐残片、夹砂灰陶罐底、泥质灰陶小口高领罐器耳等。马屯遗址发现龙山文化的石铲1件，龙山文化的泥质灰陶罐残片、泥质灰陶盆残片，还有一些方格纹的陶片。①

小浪底水库附近的寨根遗址是一处叠压着裴李岗文化、仰韶文化、龙山文化的遗存。寨根遗址的一期文化主要是裴李岗文化遗存，发现7个灰坑、12座墓葬，出土陶器有三足陶钵、深腹陶罐、筒形陶罐，出土的石器有石磨盘5件、石磨棒2件、石凿1件、石刀2件、敲砸器8件、石片10件、石饼3件等。寨根遗址二期文化主要是仰韶文化遗存，发现有4座房基，平面呈长方形，室内居住面由黄土、粗砂、料礓粉末混抹而成；墙壁下面发现有柱洞，当是木骨草拌泥墙；居住面与墙壁经过火烧，较坚硬；门道不明。该遗址发现3个灰坑，灰坑中有石片、石纺轮、石杵、蚌刀；陶器有深腹陶罐、卷沿陶罐、筒形陶罐、大口瓮、陶缸、陶钵、陶壶、陶盆、陶碗。还有一件存放火种的器物，发掘者称之为"火种器"。寨根遗址三期文化主要是龙山文化遗存，出土有石片、石铲、石斧、石刀、石矛、石镞、石凿、石锛等，出土的陶器主要有陶甑、陶鬶、深腹陶罐、折沿陶罐、小口高领陶罐、双腹盆、大口平底盆、盘、豆、碗、纺轮等。

妯娌遗址距离宜苏山只有10公里左右，是小浪底考古发现的最大的一个仰韶文化遗址。妯娌遗址位于河南省洛阳市孟津区煤窑乡妯娌村，该村是孟津区西北边缘的一个自然村。妯娌遗址距离寨根遗址1公里左右，该遗址共发现15座房基遗址、55座墓葬、103个灰坑等。

房基大多是圆形半地穴式的。15座房基中有9座带有台阶，门向不一。55座墓葬中有50座是单人墓葬，M3是4人合葬墓，1座没有埋葬人骨。55座墓葬均为长方形，是竖穴土坑墓。墓葬方向皆是东南和西北方向。单人墓一般没有棺木。有棺者一般有二层台，墓底有朱砂。妯娌遗址发现很多石器，多集中在丁区。H133、H140、H141这3个灰坑中发现很多石器，H141发现555件石器，其中包括很多半成品。成品有245件，如石刀、石斧、石凿、石铲、石锄、石

---

① 刘德胜：《洛阳市不可移动文物名录》（第2册），郑州：中州古籍出版社，2014年版，第1083页。

球、石锤、石网坠、砍伐器、敲砸器、石片、石环、石杵、石础等，还有大量废料。这里当是一个石器加工作坊。

在这些石器中，很多是农业生产工具，其中石杵、石础当是粮食加工工具。

妯娌遗址的三期文化中共发现石环68件，青灰色细砂岩或者青黑色细砂岩，个别有青白色细砂岩，褐色细砂岩磨制，通体磨光，直径6~9厘米不等，截面直径0.4厘米或者0.5厘米。

二期文化出土玉环1件，直径6厘米，厚0.9厘米。三期文化出土玉环1件，直径8厘米，厚0.9厘米。两件玉环皆为青白色。

二期文化出土玉璧1件，黑色，外径12厘米，内径7厘米，厚0.6厘米。

三期文化出土石璧1件，F12：7清灰细砂岩磨制，通体磨光，中有一孔，直径18.5厘米，孔径6厘米，周边厚1.6~1.8厘米，中厚2.4厘米。

妯娌遗址出土的石环、玉环、石璧、玉璧当是礼器。《三礼》(《周礼》《仪礼》《礼记》)是记载西周以后礼制的古籍。《仪礼·觐礼》云："设六玉，上圭、下璧、南方璋、西方琥、北方璜、东方圭。"《周礼·春官·宗伯》云："以玉作六器，以礼天地四方；以苍璧礼天，以黄琮礼地，以青圭礼东方，以赤璋礼南方，以白琥礼西方，以玄璜礼北方。"

璧，当是由纺轮演变而成的，用玉器制成，成为礼拜天的礼玉。其形式圆形、中间带孔。孔与边之间的部分称为"肉"。根据孔与肉的不同，可分为璧、瑗、环等。璧的肉是孔的两倍；如果孔是肉的两倍，则称为瑗；如果肉与孔直径一样，称为环。

环，由于体量较小，在商周时期的礼器中逐渐被淘汰，但是在此之前，生产力还较低下，石环、玉环当是作为一种祭器出现的；而石璧、玉璧一直是我国古代祭天的礼器。

妯娌遗址出土了大量的陶器，有陶鼎、大口陶瓮、陶缸、陶钵、陶碗、陶盆、陶豆、陶杯、小口尖底陶瓶、陶器盖，以及彩陶罐、高领陶罐、折沿陶罐、小陶罐等各种陶罐。

在这些陶器中，有3件很可能是礼器。H153出土了3件褐陶质地的铙形器。铙，是一种打击乐器，是侈口圆筒喇叭形，上为斜壁圆筒形，下体为喇叭形，中空。上腹与下腹的陶坯黏接为一体。其编号为H153：8、H153：9、H153：10。

H153：8，口径31厘米，底径12.5厘米，高23.5厘米。

H153：9，口径32厘米，底径13厘米，高24厘米。

H153：10，口径 34.5 厘米，底径 14.5 厘米，高 27 厘米。①

有学者认为，这 3 件陶器形制相同，大小依次，可视为成套器具，均不见熏烤、磨损等使用痕迹（图 1-3）。②

图 1-3　H153 出土的 3 件褐陶质地的铙形器③

笔者认为，这 3 件铙形器形制相同，但是 H153：8 与 H153：9 呈 0.5 厘米的等差，而 H153：10 形体较大，与前二者不成等差。但考虑到 3 件铙形器是打击乐器，虽不成等差，但三者大小基本依次递减，是可以奏乐的。这是我国出现最早的复合乐器，也可算是礼制的一种形式。

《礼记正义·明堂位》曰："土鼓、蒉桴、苇籥，伊耆氏之乐也。"孔颖达疏："苇籥者，谓截苇为籥。"郑玄注："蒉，当为由（同'块'，即土块）声之误也；籥如笛，三孔。伊耆氏，古天子有天下之号也，今有姓伊耆氏者。"伊耆氏发明土鼓，还在芦苇秆上钻孔如笛，可吹出各种声音，称为"伊耆氏之乐"。伊耆氏当是活动在洛阳地区伊水流域的炎帝部族的分支。十世炎帝炎居当与伊耆氏有一定的关联。

宜苏山周围密布裴李岗文化、仰韶文化、龙山文化的遗址，是古人类生活繁衍的重要地区，而且古籍记载这里是赫胥氏、炎居（不居）居住之地。如今宜苏山还保存有炎帝洞、炎帝高庙、炎帝宝殿等，发现有新石器时期的陶片、石器。

十世炎帝炎居时期，生产力进一步发展，出现了祭祀的礼器、复合乐器，如玉璧、石璧、玉环、石环、铙形器等，说明礼制已经出现，这是非常值得注意的现象。宜苏山当是十世炎帝炎居生活繁衍的重要地区。

---

① 河南省文物管理局：《黄河小浪底水库考古报告》（二），郑州：中州古籍出版社，2006 年版，第 91～92 页。

② 李国强、卓庆跃：《妯娌遗址出土的铙形器》，《中原文物》，2009 年第 4 期，第 103 页。

③ 李国强、卓庆跃：《妯娌遗址出土的铙形器》，《中原文物》，2009 年第 4 期，第 103 页。

三、炎帝部族及分支后裔活动的地域

炎帝部族经过世世代代的努力，不仅统治天下的时间长，而且活动的地域非常广泛。《帝王世纪》云："诸子称神农之王天下，地东西九十万里，南北八十五万里。"目前仅见于文献记载的就多达数十处，如山西高平，陕西宝鸡，河南洛阳、平顶山、许昌、淮阳，山东曲阜，湖北随州，湖南茶陵等地，其实可能会更多。

（1）陕西宝鸡说。陕西宝鸡说主要源于《国语·晋语四》的记载："昔少典娶于有蟜氏，生黄帝、炎帝。黄帝以姬水成，炎帝以姜水成。成而异德，故黄帝为姬，炎帝为姜。二帝用师以相济也，异德之故也。"这被认为是最早记载炎帝、黄帝诞生地的史料。炎帝生于姜水流域。

关于姜水，北魏郦道元在《水经注·渭水》中说："岐水又东，径姜氏城南为姜水。按《世本》：'炎帝，姜姓。'《帝王世纪》曰：'炎帝，神农氏，姜姓，母女登，游华阳，感神而生炎帝，长于姜水。'是其地也。"郦道元指出，姜水为今宝鸡渭水流域的一条支流。明清之际的《明一统志》《凤翔府志》《宝鸡县志》等志书均记载"姜水"是指今宝鸡市区渭河南的"清姜河"。"姜氏城"是指今"姜城堡"。陕西宝鸡肯定也是炎帝部族活动的区域。

徐旭生说："现在宝鸡县城南门外就临着渭水，过渭水南一二里，在黄土（高）原边上有一村，叫作姜城堡。堡西有一小水，从秦岭中流出，叫做清姜河。堡的东面约有一里地的光景有一个很大的神农庙。庙前面有一个泉，叫作九圣泉。俗传为神农皇帝洗三的地方。这一个姜城堡，《宝鸡县志》说它就是《水经注》所说的姜氏城。实则，宝鸡与岐山虽属邻县，而宝鸡在西，岐山在东，相距将近百里。并且，姜氏城在渭水北，《水经注》中说得很清楚，姜城堡在渭水南，而渭水在这几百里内全在原中间走，没有改道的可能。"①

陕西宝鸡有清姜河、神农庙、姜氏城、姜城堡，应该是炎帝活动的重要地区。

（2）河南鲁山、汝阳、嵩县交界处的尧山、西泰山一带也是炎帝活动的重要地区。蚩尤是炎帝之裔，《路史》认为，蚩尤也是一代炎帝（第二章第二节将详述）。《说文解字》云："滍水出南阳鲁阳尧山，东北入汝。从水，蚩声。"魏郦道元《水经注》卷三十一《滍水》云："滍水出南阳鲁阳县西之尧山。"东汉至魏晋时期，鲁阳属于南阳。今河南鲁山县之尧山有滍水、滍阳镇等。在古代，无论滍

---

① 徐旭生：《中国古史的传说时代》，北京：文物出版社，1985年版，第41~42页。

水以蚩尤为名，或者蚩尤以潕水为名，说明这一带是蚩尤，也就是炎帝曾经活动的范围。

（3）河南洛阳孟津区宜苏山、新安县青要山都有炎帝洞，即传说炎帝住过的窑洞，如炎帝高庙、炎帝宝殿等。

（4）炎帝曾都于今河南淮阳。《帝王世纪》卷一云："神农氏，姜姓也……人身牛首，长于姜水……有圣德，以火承木……都于陈。"陈，就是今河南省周口市淮阳区。

（5）《帝王世纪》卷一云："炎帝居空桑，空桑为陈留。故《归藏·启筮》云：'蚩尤伐空桑，帝所居也。'"陈留，即今河南省开封市杞县境。

（6）《帝王世纪》卷一云："炎帝初都陈，又徙鲁。"鲁，当是炎帝分支大庭氏活动的地区。

（7）河北涿鹿是炎帝与黄帝、黄帝与蚩尤发生阪泉之战、涿鹿之战的地方，当然也是炎帝活动的区域。

（8）湖北随州说。《国语·鲁语》记载春秋初年鲁国大夫展禽的话说："昔烈山氏之有天下也，其子曰柱，能植百谷百蔬。夏之兴也，周弃继之，故祀以为稷。"《左传·昭公二十九年》记春秋末年晋国太史蔡墨谈到这段历史时说："有烈山氏之子曰柱为稷，自夏以上祀之。周弃亦为稷，自商以来祀之。"大约成书于战国或汉初的《礼记·祭法》几乎全文引用了上述展禽的话，所不同的只是把"烈山氏"改为"厉山氏"，把"其子曰柱"改为"其子曰农"。其原文为："是故厉山氏之有天下也，其子曰农，能殖（植）百谷；夏之衰也，周弃继之，故祀以为稷。"对于《礼记·祭法》改"烈山氏"为"厉山氏"，东汉郑玄在注中作了说明。他说："厉山氏，炎帝也。起于厉山，或曰有烈山氏。"

先秦及汉代史料虽然皆说烈山氏和厉山氏"能植百谷百蔬"，但没有说烈山、厉山在何处。唐宋以后，如唐代萧德言《括地志》、唐代李吉甫《元和郡县图志》、北宋王存等主编的《元丰九域志》皆说：厉山在随州随县北百里，山东有石穴。昔神农生于厉乡，所谓烈山氏也，春秋时为厉国。

南宋罗泌《路史》记载："神农宅，神农生此。神农既育，九井自穿。旧说汲一井则八井皆动。《寰宇记》：在县北百里，人不敢触。按：今惟存一穴，大木傍荫，人即其处，为神农社，年常祠之。亦引《荆州记》所言：厉乡村，厉山下之穴，神农所生，穴口方一步，容数人。上有神农庙。"

笔者认为，湖北随州当是炎帝迁徙之处。在我国的地理分布方面，湖北随州当属于南方，南方是不种黍稷之类的谷物的，炎帝当是活动在北方的一个部族，自被黄帝打败之后,可能向南方迁徙,湖北随州是炎帝迁徙之地。

(9)《路史》引《帝王世纪》:"神农葬茶陵。"宋人罗泌《路史·后纪三·禅通纪·炎帝》云:炎帝"盖宇于沙,是为长沙。崩,葬长沙茶乡之尾,是曰茶陵,所谓天子墓者"。罗泌自注引《郡国志》云:"炎帝神农氏,葬长沙,长沙之尾,东至江夏,谓之沙羡,今郡有万里沙祠,故曰长沙。"湖南茶陵也当是炎帝失败后的迁徙之地。

(10)山西高平说。《国语·晋语四》中记载的"黄帝以姬水成,炎帝以姜水成"是现在寻找炎帝故里的依据,找到姜水位于何处,是解决炎帝故里的关键。而郦道元《山海经》卷三《北山经》记载:"又北三百里,曰高是之山,滋水出焉,而南流注于虖沱。其木多棕,其草多条,滱水出焉,东流注于河。又北三百里,曰陆山,多美玉,郪水出焉。而东流注于河。"

《水经注》卷十一《滱水》又曰:"滱水出代郡灵丘县高氏山……《山海经》曰:'高氏之山,滱水山焉,东流注于河者也。'其水东南流,山上有石铭,题言:冀州北界,故世谓之石铭陉也。"

根据《北山经》的记载,滱水在"冀州北界"。滱水距离郪水不远,那么郪水当在冀州境内,即今山西高平的羊头山的郪水。

炎帝的分支、后裔活动的地域更是广阔,当然前面所述也是炎帝后裔的活动之处。因为炎帝发祥地应该在今山西高平,其他多是炎帝分支后裔的活动之处。

第二章 蚩尤研究

蚩尤是炎帝的一支，与炎帝有一样的形象，即人身牛首，头上皆有两只牛角；牛角，象征耕牛，这是农业的象征。在阪泉之战中，炎帝败于黄帝，蚩尤遂自号炎帝与黄帝继续战斗，即涿鹿之战，最后战败被杀。亦有书籍说蚩尤是篡权又自号炎帝的。无论是自号或是篡权，蚩尤皆是一代炎帝，当是第十六世炎帝。蚩尤部族与炎帝神农氏一样是最早从事农业的部族，发明了天文历法。蚩尤是最早发明金属兵器的部族首领。蚩尤与伊耆氏活动的地域相同，战败于黄帝后，皆迁徙至山西，又皆是炎帝的分支。"蚩尤"之名当是蚩尤在涿鹿之战失败后，黄帝恨之而为其重新起的名字，原来应该是伊耆氏。伊耆氏创祀农业的蜡祭，蜡祭祭祀的"八蜡"，即八位农神。八位农神之中的神农氏是我国历代皇帝祭祀的农神。

第一节 蚩尤与炎帝

《路史·炎帝纪下·蚩尤传》记载："阪泉氏，蚩尤，姜姓，炎帝之裔也。"蚩尤"兴封禅，号炎帝"。《史记·五帝本纪》记载得很清楚，在炎帝与黄帝的阪泉之战中，炎帝失败之后，蚩尤作为"炎帝之裔"，对黄帝不服，于是"蚩尤作乱"，继续与黄帝作战，又失败，最后被杀。

虽然有史籍认为，蚩尤是篡权成为炎帝的，但无论蚩尤是篡权成为炎帝，或者说自号炎帝的，他都是以一代炎帝的身份与黄帝作战的。因此，蚩尤就是一代炎帝。

《水经注》《路史》皆后代著作，但是就算《左传》《国语》《史记》也不是炎黄二帝的当代之作。《水经注》作者郦道元、《路史》作者罗泌皆是很认真谨慎的史学家。他们的书中既然记载了这些史料，说明他们所处的时代还存在关于炎帝和黄帝的史书。

一、第十六世炎帝——蚩尤

炎帝与蚩尤是同一部族,蚩尤是炎帝部族的后裔。《山海经》卷十八《海内经》说:"伯夷父生西岳。西岳生先龙,先龙是始生氐羌。氐羌,乞姓。"晋代郭璞注:"伯夷父,颛顼师,今氐羌其苗裔也。"明代曹学佺《蜀中广记·边防记第一》引《四夷传》曰:"西羌之本,出自三苗,其先为伯夷甫,炎帝之裔。帝母育于姜水,而以姜为姓,故诸羌亦姓姜。"伯夷父当是夷族的部族首领,当是蚩尤失败、"窜三苗于三危"之后,被赶到西羌的夷族首领,已经与戎狄融合。伯夷父为三苗之裔,当然也是蚩尤、炎帝之裔。

《路史·炎帝纪下·蚩尤传》记载:"阪泉氏,蚩尤,姜姓,炎帝之裔也。"①并引《(太白)阴经·遁甲》云:"蚩尤者,炎帝之后;与少皞治西方之金,故《祭蚩尤文》云:'将军敢以牲牢祭尔,炎帝之裔,蚩尤之神。'蚩尤出于炎帝,代弗知也。"也就是说,蚩尤,姜姓,也是炎帝之后裔,但不知是哪一代。

宋人罗泌《路史》记载"炎帝有天下七十世",但《帝王世纪》卷一记载的炎帝只有八世:神农炎帝、帝承、帝临、帝明、帝直、帝来、帝衰、帝榆罔。《路史》所见的有十六世炎帝:炎帝神农氏、炎帝柱、炎帝庆甲、炎帝临、炎帝承、炎帝魁、炎帝明、炎帝直、炎帝厘、炎帝居、炎帝节、炎帝克、炎帝戏、炎帝器、炎帝参卢、炎帝蚩尤。

也就是说,《路史》所载炎帝的世系要比《帝王世纪》多出八世,而且《帝王世纪》所载的八世炎帝,《路史》基本也有。这说明《路史》所见史料比《帝王世纪》多一些。《路史》另外还有"袭炎帝号"的部族首领,如朱襄氏、赫胥氏、大庭氏等。如果加上这些部族的世系,可能就够七十世了。虽然《路史》较为晚出,但这是能够找到炎帝世系最多的史书,说明罗泌是费了一番工夫进行研究的,可能在宋代有些文献尚在。

如前所述,《逸周书·尝麦解》云:"昔天之初,□作二后,乃设建典。命赤帝分正二卿,命蚩尤宇于少皞,以临四方。司□□上天末成之庆,蚩尤乃逐帝,争于涿鹿之河,九隅无遗。"

《路史·炎帝纪下·蚩尤传》记载:蚩尤"出羊水,登九淖,以伐空桑",也说明蚩尤与炎帝皆是活动在山西高平羊头山一带的部族。

《逸周书》记载:命蚩尤"宇于少皞"是赤帝榆罔。《路史·炎帝纪下》记

---

① (南宋)罗泌:《路史》卷十三《后纪四·禅通纪·炎帝纪下·蚩尤传》,文渊阁四库全书。

载：炎帝"命蚩尤宇于小颢"。

由此可见，《逸周书》所说的"赤帝"，就是《路史·炎帝纪下》记载的炎帝；"少暤"就是"小颢"。

既然炎帝可以命蚩尤到东夷的少暤氏那里去发展壮大，说明炎帝与蚩尤是同一部族，炎帝与少暤氏是同盟部族。蚩尤是"炎帝之裔"当无误，是可信的。

关于蚩尤与炎帝关系的记载，很多史书较为回避、模糊，较为详细的资料是《山海经》《史记》《路史》《帝王世纪》《逸周书》等。

《史记·五帝本纪》则有很清晰的记载：黄帝因"炎帝欲侵陵诸侯，诸侯咸归轩辕"。轩辕先征炎帝氏，"与炎帝战于阪泉之野。三战，然后得其志。蚩尤作乱，不用帝命。于是黄帝乃征师诸侯，与蚩尤战于涿鹿之野，遂禽杀蚩尤"。《史记·五帝本纪》记载得很清晰，"蚩尤作乱"是在炎帝与黄帝的阪泉之战后；当然是对黄帝的不服，又发生的涿鹿之战。关于蚩尤与炎帝的关系，《路史》解释得很明白，"蚩尤，姜姓，炎帝之裔也"。

汉代戴德《大戴礼记》卷七《五帝德》记载："（黄帝）抚万民，度四方，教熊、罴、貔、貅、䝙、虎，以与赤帝战于阪泉之野；三战然后得行其志。黄黼黻衣、大带黼裳，乘龙扆云，以顺天地之纪，幽明之故，死生之说，存亡之难……死而民畏其神百年，亡而民用其教百年，故曰三百年。"①赤帝，就是炎帝。《大戴礼记》记述了黄帝与炎帝的阪泉之战，说明炎帝与黄帝确实发生过战争。

《帝王世纪》云："神农氏衰，黄帝修德抚民，诸侯咸去神农而归之。黄帝于是乃扰驯猛兽，与神农氏战于阪泉之野，三战而克之。又征诸侯，使力牧、神皇直讨蚩尤氏，擒之于涿鹿之野，使应龙杀之于凶黎之丘。凡五十二战而天下大服。"②《帝王世纪》记载，似乎是黄帝修德，使诸侯归之；然后首先攻打炎帝，在阪泉之野打败炎帝之后，又征伐诸侯，"使力牧、神皇直讨蚩尤氏"，然后五十二战打败蚩尤氏。

《逸周书·尝麦解》云："蚩尤乃逐帝，争于涿鹿之河，九隅无遗。赤帝大慑，乃说于黄帝，执蚩尤，杀之于中冀。以甲兵释怒，用大正顺天思序，纪于大帝，用名之曰'绝辔之野'。"③《逸周书》似乎也认为蚩尤是篡位成为炎帝的。

---

① （汉）戴德《大戴礼记》卷七《五帝德》，文渊阁四库全书。

② （晋）皇甫谧等撰，陆吉等点校：《帝王世纪 世本 逸周书 古本竹书纪年》，济南：齐鲁书社，2010年版，第6～7页。

③ 王云五《万有文库》第二集，朱佑曾：《逸周书集训校释》，商务印书馆，2020年版，第102～103页。

《逸周书》是汲冢周书的一种，经过西晋学人的整理；而且此后又散失，又重新辑佚。所以有些史料只能当作参考，但即使是篡位，蚩尤也是一代炎帝。

《路史》卷十三《后纪四·禅通纪·炎帝纪下·蚩尤传》云："蚩尤产乱，出羊水，登九淖，以伐空桑。逐帝而居于浊鹿，兴封禅，号炎帝。乃驱罔两兴云雾，祈风雨，以肆志于诸侯。顿戟一怒，并吞亡亲，九隅亡，遗文亡，所立智士寒心，参卢于是与诸侯委命于有熊氏。……（有熊氏）传战执尤，于中冀而诛之。"

在上段文字中，参卢，即榆罔；羊水，如前所述，就是炎帝发祥地上党羊头山之水，羊头山在今山西高平市。浊鹿，即涿鹿。这段文字是说，蚩尤作为炎帝的一支，曾经发动叛乱。《路史》说，蚩尤为炎帝之裔，自号炎帝，当是可信的。

《路史》注释说："蚩尤，炎帝之后，恃亲强恣逐帝而自立，篡位号炎帝。邓展谓神农后子孙，亦称炎帝而登封者，故史言炎帝欲侵陵诸侯。《大戴礼》言，黄帝与赤帝战于阪泉之野。《后周书》云：炎帝为黄帝所灭。文子亦谓赤帝为火灾，故黄帝禽之，皆谓蚩尤而书传，举以为榆罔，失之。《集仙录》云：言黄帝克榆罔于阪泉。黄帝非与榆罔（即榆罔）战也。至《世纪》遂谓黄帝与神农战，而炎帝克蚩尤，非也。陆德明云：神农后第八帝曰榆罔，时蚩尤强与罔争王，逐榆罔。罔与黄帝合谋，击杀蚩尤，此得之。"蚩尤在炎帝失败之后，从羊头山出发，跨过了很多崎岖的沟坎，在涿鹿称炎帝。

蚩尤无论是篡权当炎帝，或者说自号为炎帝，皆是一代炎帝。如果说榆罔是第十五世炎帝，那么蚩尤当是十六世炎帝。

二、蚩尤与炎帝有相同的形象

《帝王世纪》卷一云："神农氏，姜姓也，母曰任姒，有蟜氏女登为少典妃，游华阳，有神龙首感生炎帝，人身牛首，长于姜水，有圣德，以火德王，故号炎帝。初都陈，又徙鲁，又曰魁隗氏，又曰连山氏，又曰列山氏。"

唐司马贞《补史记·三皇本纪》云："炎帝神农氏，姜姓，母曰女登；有娲氏之女，为少典妃，感神龙而生炎帝，人身牛首，长于姜水，因以为姓。"

相传炎帝"人身牛首"（图 2-1）。明代王世贞《弇州四部稿》卷一百六十四《说部·宛委余编九》云："神农人身牛首，戴玉英玉胜。"此处"神农"指的是炎帝。

(a) 蚩尤像　　　　　　　　　　　　　　(b) 炎帝像

图 2-1　蚩尤和炎帝像

古文献记载的以及古图画见到的炎帝皆是"人身牛首",头上两只牛角,是炎帝的特征。笔者曾在高平一家专门收集炎帝相关文物的商店见到历代各种不同木刻炎帝像,头上皆有两只牛角。

同样,古文献记载的以及古图画所见到的蚩尤头上也皆有两只牛角,成为蚩尤的特征。

南朝梁任昉《述异记》卷上曰:"轩辕之初立也,有蚩尤氏兄弟七十二人,铜头铁额,食铁石。轩辕诛之于涿鹿之野。蚩尤能作云雾。涿鹿,今在冀州。有蚩尤神,俗云人身牛蹄,四目六手。今冀州人掘地得髑髅如铜铁者,即蚩尤之骨也。今有蚩尤齿,长二寸,坚不可碎。秦汉间说蚩尤氏耳鬓如剑戟,头有角,与轩辕斗,以角抵人,人不能向。今冀州有乐名蚩尤戏,其民两两三三,头戴牛角而相抵。汉造角抵戏,盖其遗制也。太原村落间祭蚩尤神,不用牛头。今冀州有蚩尤川,即涿鹿之野。汉武时,太原有蚩尤神昼见,龟足蛇首,首疫,其俗,遂为立祠。"

宋陈旸《乐书》卷一百八十六"角抵戏、蚩尤戏"云:"角抵戏本六国时所造,秦因而广之。汉兴虽罢,至武帝复采用之……或曰蚩尤氏头有角,与黄帝斗,以角抵人。今冀州有乐名蚩尤戏,其民两两载牛角而相抵。汉造此戏,岂其遗象邪。"

由以上论述及史籍记载可知,炎帝"人身牛首",蚩尤"人身牛蹄""头有角""太原村落间祭蚩尤神,不用牛头""蚩尤戏,其民两两载牛角而相抵"。这些都说明炎帝和蚩尤在后世流传的形象是一致的，头上皆有两只角，可以说明炎帝和蚩尤皆是以牛为图腾的部族。而且历史文献皆记载，蚩尤是炎帝的后裔，他们皆与黄帝有过战争。罗泌《路史》又记载蚩尤“兴封禅，号炎帝”。根据记载，蚩尤不仅是炎帝后裔，而且确实是一代炎帝。

第二节 蚩尤氏当是炎帝的分支伊耆氏

蚩尤氏当是伊耆氏。《路史·后纪三·禅通纪·炎帝》记载：伊耆氏“初国伊，继国耆，故氏伊耆”。宋罗泌自注：“伊，即伊尹之邦；耆，即文王之所伐者，犹陶唐然。”就是伊耆氏先在洛阳附近的伊水流域建国，后来又迁到“耆”（今山西黎城县）。而蚩尤曾在今河南省鲁山县的尧山脚下滍水一带活动，滍水也属于伊水流域。当蚩尤失败之后，一部分回到山西耆城。蚩尤是失败之后、黄帝所起的带贬义的名字。鉴于蚩尤氏与伊耆氏活动的地域一致，之后迁徙的地点一致，皆是炎帝之分支；笔者曾认真考虑，排比对照，认为蚩尤氏当与伊耆氏是同一个部族。

一、蚩尤部族及其发祥活动的地区

《吕氏春秋·荡兵》高诱注：“蚩尤，少皞氏之末，九黎之君名也。”《战国策·秦一》高诱注：“蚩尤，九黎氏之君子也。”《史记·五帝本纪》“正义”引孔安国曰：“‘九黎君，号蚩尤’是也。”九黎之“九”即“多”的意思。九黎，有可能是由多个有亲缘关系的部族而组成的部落，大约从黄帝至夏商之间存在的一个强大的诸侯国，蚩尤就是强大的九黎部族领袖。

在这里解释一下九黎之“黎”。黎，《说文解字·黍部》云：“黎，履黏也。从黍，㓠省声。㓠，古文利，作履黏以黍米。”《尔雅·释诂下》云：“黎，众也。”《说文解字·黑部》云：“黔，黎也。从黑，今声。秦谓民为黔首，谓黑色也。周谓之黎民。”清人段玉裁注曰：“黎与骊、黧同音，故借为黑义。‘耇下’曰：‘老人面冻黎若垢，谓冻黑也。’俗作黧，小徐本作黧，乃用俗字改许也。”

笔者认为，中国古字很多为象形文字，“黎”由禾、勹、氽组成，即由黍、刀、众人组成。黎字不仅与骊、黧同音，而且与“犁”同音。黎，当为耕田之人。耕田农夫在烈日下耕作，脸当然是黑的。"九黎"当是农耕部族的代名词，那么蚩尤所领导的九黎当是农耕部族。如前所述，蚩尤是炎帝的一支，当然无疑是农业部族。

我国历史上关于蚩尤发祥或活动的地区主要有以下几种说法。

1. 蚩尤是活动在东夷地区的一个部族

《逸周书·尝麦解》云："（黄帝）执蚩尤，杀之于中冀。"这里所说的"中冀"，当在冀州之中。

《路史·后纪四·禅通纪·炎帝纪下》云："炎帝参卢是曰榆罔……命蚩尤宇于小颢。"

少皞属于东夷族，"蚩尤宇于少皞"。徐旭生认为，蚩尤亦属于东夷族。但是《逸周书·尝麦解》《路史·炎帝纪下》还记载有"赤帝""命蚩尤宇于少皞"。赤帝，当为炎帝；他能命蚩尤，说明他职位高于蚩尤，当是酋长与分支的关系。

《国语·楚语下》云："及少皞之衰也，九黎乱德，民神杂糅，不可方物。夫人作享，家为巫史，无有要质。民匮于祀，而不知其福。烝享无度，民神同位。民渎斋盟……其后，三苗复九黎之德。"韦昭注："九黎，黎氏九人也。""三苗，九黎之后也。高辛氏衰，三苗为乱，行其凶德，如九黎之为也。尧兴而诛之。"九黎，继少皞氏发生叛乱。三苗被认为是九黎之后。

综合以上记载，小颢就是少皞。少皞氏是东夷地区的古老部族，"蚩尤宇于小颢"，当然蚩尤也是活动在东夷地区的一个部族。

2. 蚩尤在今河南省汝阳、鲁山、嵩县交汇地区活动

今河南鲁山县之尧山有滍水、滍阳镇等。《说文解字》云："滍水出南阳鲁阳尧山，东北入汝。从水，蚩声。"魏郦道元《水经注》卷三十一《滍水》云："滍水出南阳鲁阳县西之尧山。"《水经注》卷二十一《汝水》又云：汝水至"尧山西岭下，水流两分。一水东径尧山南，为滍水也，即经所言滍水出尧山矣。一水东北出为汝水……""滍水""滍阳"当是因蚩尤部族在此居住而留下的地名。清顾栋高《春秋大事表·舆图》云："滍水出鲁山县西之尧山。"自注："滍水，即泜水。《滍水》：滍水出南阳鲁阳县西之尧山。"

《左传·襄公十八年》云："楚师伐郑，次于鱼陵……涉于鱼齿之下。甚雨及之。楚师多冻，役徒几尽。"杜预注："鱼陵，鱼齿山也；在南阳犨县北，郑地。"

"鱼齿山下有滍水，故言涉。"①杜预《春秋释例》卷七《土地名》第四十四之三云："鲁阳县有滍水，东注襄城，至定陵县入汝。"滍水从今鲁山县尧山流经郑国的鱼齿山之下。

3. 河北涿鹿县是蚩尤活动的重要地区

《史记·五帝本纪》记载："黄帝乃征师诸侯，与蚩尤战于涿鹿之野。"涿鹿，今河北省张家口市涿鹿县。

4. 蚩尤当发祥在山西高平地区

上文所举《逸周书·尝麦解》云："赤帝分正二卿，命蚩尤宇于少昊。"很多人只注意到"蚩尤宇于少昊"，因少昊活动在东夷地区，就认为蚩尤也属于东夷地区；其实这句话还有"赤帝分正二卿"，即"蚩尤宇于少昊"，是赤帝所命。赤帝能够命蚩尤，说明蚩尤至少是炎帝的同盟部族，或者如《路史·炎帝纪下·蚩尤传》所记载："蚩尤，姜姓，炎帝之裔也。"又云：当蚩尤在少昊那里，"宇于小颢，以临西方，司百工，德不能驭。（于是）蚩尤产乱，出羊水，登九淖，以伐空桑"，九淖，今不知何处。羊水，注曰"上党羊头山水"，也说明蚩尤与炎帝皆是活动在山西高平羊头山一带的部族。如本书第一章第一节所云，炎帝发祥于上党羊头山，蚩尤是炎帝的后裔分支，那么蚩尤之发祥地当也在山西高平。

山西省境内有许多关于蚩尤城的传说。例如，《太平寰宇记·河东道七·解州》云："解州解郡，今理解县。本蒲州解县，唐天授二年析虞乡所置也。即夏桀鸣条之野，蚩尤之封域。有盐池之利。"《大清一统志·宣化府》云："蚩尤城在保安州东南。《水经注》：蚩尤泉，水出蚩尤城，城无东面。魏《土地记》：涿鹿城东南六里有蚩城。"《大清一统志·解州》云："蚩尤城在安邑县南十八里。见《寰宇记》《县志》，蚩尤村在盐池东南二里许。"

  案：综合以上资料，蚩尤当是发祥在山西，而且是炎帝之裔的部族。

《吕氏春秋·孟秋纪》亦云："其帝少昊，其神蓐收。"《左传·昭公二十九年》云："少昊氏有四叔，曰重、曰该、曰修、曰熙……该为蓐收。"故《吕氏春

---

① 杨伯峻：《春秋左传注》，北京：中华书局，1983年版，第1042～1043页。

秋·孟秋纪》高诱注曰:"少暤氏裔子曰该,皆有金德,死托祀为金神。"通过以上记载可知,少暤号为金天氏,为西方之帝。少暤与其后裔蓐收皆为西方之神,受西方民族祭祀。

东汉袁康《越绝书》卷四《计倪内经》亦云:"少昊治西方,蚩尤佐之,使主金。玄冥治北方,白辩佐之,使主水。太暤治东方,袁何佐之,使主木。祝融治南方,仆程佐之,使主火。后土治中央,后稷佐之,使主土。"这个记载说明,蚩尤辅佐少暤之时,也可能是在西方。

当然,东夷,河北涿鹿,河南汝阳、鲁山、嵩县等皆是蚩尤活动的地区,而其发祥当在山西。

二、蚩尤氏与伊耆氏当是同一部族

伊耆氏与蚩尤氏的活动地域是相同的。伊耆氏是炎帝部族的重要分支,其活动的地域在今晋南、豫西一带。

《路史·后纪三·禅通纪·炎帝》云:"其初国伊,继国耆,故氏伊耆。"宋罗泌自注:"伊,即伊尹之邦;耆,即文王之所伐者,犹陶唐然。"

清人徐文靖《竹书统笺·卷首下》:炎帝神农氏"育于姜水,故以姜为姓。其起本于烈山,号烈山氏。其初国伊,又国耆,合而称之,又号伊耆氏"。

山西学者谷峰说:"实际上伊氏和耆氏是两个不同的部族,伊耆氏,很可能是伊氏和耆氏融合后的部族名称。""炎帝族到底是从河南伊川迁徙到安泽的,还是从安泽迁徙到河南伊川的。从目前两地的考古出土文物的相关材料来看,伊川缸的年代为距今6000年,而安泽仰韶文化的早期年代可推前至距今7000年。炎帝神农氏从安泽迁徙到伊川的可能性较大。"[①]

关于伊耆氏,山西学者谷峰说的有一定道理。炎帝族当发祥在山西地区,其中一支伊耆氏从山西羊头山向外发展,来到豫西地区的伊水之滨,在一个更适合部族发展的地方建立国家,即"初国伊";涿鹿战败之后,又"继国耆",迁往耆,即黎,今山西黎城县。《史记·周本纪》所说的文王败耆国之耆,《括地志》所云:"故黎城,黎侯国也,在潞州黎城县东北十八里。"

所谓的"初国伊",当在今河南省汝阳县。今河南省汝阳县,自隋朝开始称为"伊州",隋、唐、两宋、明、清时期的县名为"伊阳县"。明、清时期"伊阳

---

① 高成锁、高剑锋:《溯源炎帝初国伊》,太原:三晋出版社,2017年版,第41页。

县"归嵩州管辖。后来因为与相临近的"宜阳县"同音,容易混淆;又因该县处在汝水之南,故1959年改县名为"汝阳县"。古代的伊阳县包括伊川、伊阳两个县。

明正德年间《汝州志》云:"隋初置伊州……天宝初改州为临汝郡……乾元初,仍为汝州。国朝洪武初以梁县省入汝州……成化甲午巡抚副都御史张公瑄奏请析汝州东南境,复置宝丰县,西南境复置伊阳县。"即汝州原来并不比伊州早,但是后来伊州降为伊阳县,归汝州管辖。

清乾隆年间《重修伊阳县志》又云:

> 伊阳之由来旧已县名,肇始于唐。有仍、有改,或分、或合,其地大半多入嵩境。明成化中,复析置伊阳。本朝因之。伊阳,古豫,入地周襄王时,秦晋迁陆浑之戎于伊川。即谓古陆浑地,其实本是伊川,属王畿内也。……隋开皇初改郡为伊州,领陆浑、伊阙二县;又废。东魏所置郡县析置伊川,大业初改伊州为汝州,伊川并入洛阳。唐初仍治伊州,太宗改复河南郡,领陆浑、伊阙;先天时,以陆浑析置伊阳县。
>
> 五代以陆浑省入伊阳。宋兴,伊阙、伊阳并建领治河北,熙宁中又以伊阙省入伊阳。建炎末刘豫画据洛东诸邑,惟伊阳。……成化十二年,析嵩县东四保十二里,并析汝州之西南隅,复置伊阳县,隶汝州。①

《重修伊阳县志》云:"东魏置伊川郡……隋开皇初改郡为伊州,析置伊川。大业初改伊州为汝州,伊川并入洛阳。"伊川原来就是"伊州",是从伊州"析置伊川"。

明嘉靖年间《鲁山县志》云:"贞观九年州废,省滍阳,以县属汝州……成化十二年改属河南汝州鲁县。"而在五代、宋代时期,滍阳、鲁山皆归属伊阳管辖。

从以上三本县志的记载看,应该说伊阳为最早称"伊"的。隋开皇初改伊郡为伊州,而汝州"隋初置伊州……天宝初改州为临汝郡……乾元初,仍为汝州"。汝州是后来由"伊州"改称的,明朝成化年间,"复置伊阳县"。

由此可见,先秦时期,伊阳曾为伊川、陆浑,秦置伊阳隶属三川郡,两汉、曹魏称为河南郡,东魏置伊川郡,隋开皇初改郡为伊州,领陆浑、伊阙二县;大业初改伊州为汝州、伊川,并入洛阳。唐玄宗先天年间(712~713年),以陆浑

---

① 《重修伊阳县志》卷一,清乾隆三十一年刻本,第84~86页。

析置伊阳县，始有伊阳之县名。宋、元仍有伊阳，元至正属于嵩州，属南阳路。明朝成化年间复置伊阳县，隶汝州。清朝因之。

由以上论述可知，伊耆氏"初国伊"，当是伊阳、伊川一带，而现在则是在汝阳的西南方，即尧山一带。

更重要的是，隋、唐、北宋、南宋时期，这里皆称为"伊阳县"，那么罗泌《路史》所说的"初国伊"之"伊"，指的当是今河南省汝阳县，即原来的伊阳县。既然前面论证了蚩尤就活动在尧山滍水附近，伊耆氏"初国伊"，伊耆氏不会无缘无故地迁回山西耆。伊耆氏的迁徙当是蚩尤战败之后。伊耆氏所迁回之耆与黎在古代是同一个字，伊耆氏与蚩尤氏是同一时代的部族，而他们又皆是炎帝之分支和后裔，故笔者认为，伊耆氏与蚩尤氏是同一部族。

蚩尤氏与伊耆氏活动的地域基本上相同，也是在今河南省汝阳境内。从唐德宗贞元八年（792年）到明成化十二年（1476年）的数百年中，今汝阳称为伊阳。清朝时至民国初，伊阳县与宜阳县同音，1959年改为汝阳县，因新县治位居汝河之北，故名汝阳县。今汝阳的辖地大部分是伊阳、临汝，并包括鲁山县的一部分。

魏郦道元《水经注》卷二十一《汝水》云：汝水至"尧山西岭下，水流两分。一水东径尧山南，为滍水也，即经所言滍水出尧山矣。一水东北出为汝水……""滍水""滍阳"当是因蚩尤部族在此居住、活动而留下的水名和地名。

尧山下有滍水，我国有的山水以人名来命名，有的人以山水名来命名，蚩尤氏的名字由来当与在滍水之畔活动有关。

伊耆氏曾在伊阳、伊川建国，蚩尤也在尧山一带活动。更重要的是，伊耆氏"初国伊，继国耆，故氏伊耆"。

关于耆，《史记·周本纪》云：周文王"明年败耆国"。《史记正义》曰："即黎国也。邹诞生云：'本或作黎。'孔安国云：'黎在上党东北。'《括地志》云：'故黎城，黎侯国也，在潞州黎城县东北十八里，《尚书》：'云西伯既戡黎'是也。"也就是说，"耆"就是"黎"。

蚩尤是"九黎之君"。那么伊耆氏"初国伊，继国耆"，当是在"伊国"被黄帝打败之后，被逼迫迁徙到"耆"，其实就是九黎氏又建立的国家。

如是，蚩尤氏当是伊耆氏无疑。

"蚩尤"是很难听的名字，即使古人也不会认为这个名字好听。古人一般把族名与地名或者所从事的事业贡献相结合，或者为表示自己的凶猛而以猛兽名命名自己的族名，如伏羲氏、神农氏、炎帝、黄帝、伊耆氏、有熊氏等。

而"蚩""尤"二字在汉语语言中皆是贬义词。蚩，《说文解字》云："蚩，虫也。"《广雅·释诂三》云："蚩，乱也。"《方言》卷十二云："蚩，悖也。"尤，从字形上看，也像虫。尤，《说文解字》云："尤，异也。"《左传·昭公二十八年》云："夫有尤物，足以移人。"《玉篇·乙部》云："尤，过也。"《诗经·小雅·四月》云："废为残贼，莫知其尤。"郑玄《笺》云："尤，过也；言在位者贪残，为民之害，无自知其行之过者，言状于恶。"《玉篇·乙部》又云："尤，责也，怨也。"《论语·宪问》云："不怨天，不尤人。"邢昺疏："尤，非也。"

从以上记载来看，无论是"蚩"还是"尤"，皆有"虫"之意，皆是贬义词，有污蔑、损毁之意。

战胜者对失败者予以诋毁，在历史上是常有之事。如唐朝高宗的王皇后、贵妃萧良娣与武则天争宠，武氏胜利之后，就把王皇后的"王"姓改为"蟒"姓，把萧良娣的"萧"姓改为"枭"姓。《旧唐书·后妃传》记载："后姓为蟒氏，萧良娣为枭氏……中宗即位，复后姓为王氏，枭氏还为萧氏。"王皇后、萧贵妃皆生活在盛唐时期，有文字记载，姓氏早已分明，武则天仅在位二十余年，唐中宗即位之后，皆复王皇后之姓为王氏，萧贵妃之姓为萧氏。

案：在涿鹿之战前，蚩尤氏当不是这个名字，当是被黄帝族灭之后，黄帝给改的带有侮辱性的族名。

而在蚩尤氏的时代，姓氏的观念尚未完全形成，但是以山水为姓氏是普遍认定的、约定俗成的方式。蚩尤氏绝不会把自己的姓氏定格为如此的恶名。

蚩尤氏在被灭之前已经是一个很强大的部族了，那么蚩尤氏在未战败之时、未被黄帝命为如此恶名之前，蚩尤氏的名字为何，也是学界需要探究的问题。

蚩尤氏与伊耆氏有相同的活动地域、相同的活动年代。笔者认为，在蚩尤氏得此恶名之前，当是强大的部族伊耆氏。伊耆氏就是涿鹿之战战败后的蚩尤氏。

在炎帝族发展历史上，魁隗氏、大庭氏、朱襄氏、烈山氏、连山氏都可以找到其发展或者迁徙的线索，如魁隗氏当在山西中部，殷商时期的鬼方、鬼侯，以及后来的隗姓、魏姓、魁姓皆当与此有关；大庭氏在山东曲阜留下了活动轨迹；朱襄氏是活动在今河南省柘城县株邑的古老部族，是"鼓五弦之瑟""创造六书"的部族，至今柘城县仍有朱襄氏的陵墓。

伊耆氏炎帝族是非常强大的分支，曾发明鼓乐和创祀蜡祭，对当时和后世的文明发展都做出了重要的贡献。但是，伊耆氏活动的范围和轨迹，以及后裔在哪里，历史上很少有记载，至少迄今未发现相关记载。蚩尤氏在被灭之前，曾为九黎之君，迁徙到伊水之滨、尧山之下称为伊耆氏。

第三节　蚩尤部族的贡献

蚩尤部族是炎帝的分支与后裔，并且蚩尤也曾"兴封禅，号炎帝"，自称炎帝，所以炎帝所有的贡献，当有蚩尤的一份。炎帝部族对人类的贡献有发展农业、开创中医、发现中药，开创交易的集市，促进了社会分工的形成。除此之外，蚩尤部族还有多于炎帝的贡献，即农业历法的发明，还有金属兵器的发明。这两项重要的发明大大提高了蚩尤的地位，还为蚩尤赢得了"战神"的称号。

一、蚩尤部族是最早认识天文历法的部族

中国是一个农业国家，创造出了灿烂的农耕文化，而天文历法是农耕文化的重要组成部分。蚩尤部族是我国最早发明天文历法或者可以说是发现"天道"的部族。

蚩尤是九黎之君。《吕氏春秋·荡兵》高诱注："蚩尤，少暤氏之末，九黎之君名也。"《战国策·秦一》高诱注："蚩尤，九黎氏之君子也。"《史记·五帝本纪》"正义"引孔安国曰："'九黎君，号蚩尤'是也。"蚩尤就是强大的九黎部族领袖。

九黎部族就是我国最早发明天文历法，能够"绝地天通"、识"天道"的部族。

《国语·楚语下》云："及少暤之衰也，九黎乱德，民神杂糅，不可方物。夫人作享，家为巫史，无有要质。民匮于祀，而不知其福。烝享无度，民神同位。民渎齐盟，无有严威。神狎民则，不蠲其为。嘉生不降，无物以享。祸灾荐臻，莫尽其气。颛顼受之，乃命南正重司天以属神，命火正黎司地以属民，使复旧常，无相侵渎，是谓绝地天通。其后，三苗复九黎之德，尧复育重黎之后，不忘旧者，使复典之。以至于夏、商，故重、黎氏世叙天地，而别其分主者也。其在周，程伯休父其后也，当宣王时，失其官守，而为司马氏。宠神其祖，以取威于民曰：重实上天，黎实下地。遭世之乱，而莫之能御也。不然，夫天地成而不变，何比之有？"①韦昭注："九黎，黎氏九人也。同位故杂糅……巫主接神，史

---

① 上海师范学院古籍整理组点校：《国语》，上海：上海古籍出版社，1978年版，第562~564页。

次位序,言人人自为之。质,诚也;言民困匮于祭祀而不获其福。……其后,高辛氏之季年也。三苗,九黎之后也。高辛氏衰,三苗为乱,行其凶德,如九黎之为也。尧兴而诛之。育,长也;尧继高辛氏平三苗之乱,绍育重黎之后,使复典天地之官,羲氏、和氏是也。叙,次也;分,位也;程,国也;伯,爵也;休,父名也。失官守,谓失天地之官,而以诸侯为大。司马诗曰:王谓尹氏,命程伯休父是也。宠,尊也;言休父之后世,尊神其祖,以威耀其民。言重能举上天,黎能抑下地,令相远,故不复通也。乱,谓幽平以下也。御,谓止也;言天地体成,不复改变也,言不相比近也。"

上段话的意思是,少暤之末年,九黎乱德,民神混杂,嘉谷不生。即当蚩尤后裔九黎部族与黄帝后裔发生战争时,没有人管理编订历法。直至九黎被灭,颛顼重新任命九黎族之裔,即"命南正重司天以属神,命火正黎司地以属民,使复旧常,无相侵渎,是谓绝地天通……尧复育重黎之后,不忘旧者,使复典之。以至于夏、商,故重、黎氏世叙大地,而别其分主者也。其在周,程伯休父其后也"。这里所说的"重""黎""重黎氏""程伯休父",皆是九黎之后裔。也就是说,中国历代掌天文历法者,皆是九黎部族及其后人。

蚩尤部族才是我国古代历法的制定者,司马迁也有记载。《史记·历书》记载:"太史公曰:神农以前尚矣。盖黄帝考定星历,建立五行,起消息,正闰余,于是有天地神祇(祇)物类之官,是谓五官。各司其序,不相乱也。民是以能有信,神是以能有明德,民神异业,敬而不渎,故神降之嘉生,民以物享,灾祸不生,所求不匮。少暤氏之衰也,九黎乱德,民神杂扰,不可放物,祸灾荐至,莫尽其气。颛顼受之,乃命南正重司天以属神,命火正黎司地以属民。使复旧常,无相侵渎。其后,三苗服(即'复')九黎之德,故二官咸废所职,而闰余乖次,孟陬殄灭,摄提无纪,历数失序。尧复遂重黎之后,不忘旧者,使复典之,而立羲和之官。明时正度,则阴阳调,风雨节,茂气至,民无夭疫。年耆禅舜,申戒文祖,云:'天之历数在尔躬。'舜亦以命禹。由是观之,王者所重也。"①

司马迁所述,有个别地方与先秦史籍相抵触。如上所云:"盖黄帝考定星历",但当"九黎乱德","三苗服九黎之德,故二官咸废所职,而闰余乖次,孟陬殄灭,摄提无纪,历数失序"。这种现象说明,管理历法之官当为三苗九黎之族,"九黎乱德",马上天官废职、闰余乖次、历数失序,直至帝尧"复遂重黎之

---

① (汉)司马迁撰:《史记》,北京:中华书局,1982年版,第1256~1258页。

后"，才"复典之"。这说明蚩尤氏之族人是时代制定并管理历法的"天官"，最早的历法当是蚩尤氏所创造的。

《管子》卷十四《短语》云："昔者黄帝得蚩尤而明于天道。"这些记载都说明黄帝的天文历法知识是从蚩尤处学习来的。蚩尤及其九黎部族才是天文历法的创造者。

相对司马迁《史记·历书》来说，《管子·短语》属于先秦文献，当以先秦文献为准。

宋人张君房《云笈七籤》卷一百《轩辕本纪》云："黄帝得蚩尤始明乎天文。"

宋人王钦若等《册府元龟》卷七十一《帝王部·命相》云：黄帝"得六相而天地治，神明至"。很明显这条史料也是从《管子·短语》中所得的，是说黄帝得到了蚩尤、大常、奢龙、祝融、大封、后土等六相，而能够很好地治理天下。还有人认为，蚩尤是黄帝的重臣，是六相之首，名字排列在大常、奢龙、祝融、大封、后土之前。蚩尤是否在黄帝那里做过相，现在只有这一条史料，当有之。其实从《管子·短语》这条史料中看不出蚩尤曾在黄帝处做过相，但是可以看出黄帝的天文历法知识是从蚩尤那里而来的。蚩尤教黄帝"明天道"，天文知识是黄帝得到蚩尤之后才有的新知，说明黄帝与蚩尤曾经有过合作，并任用蚩尤为"当时"，指导黄帝族的天文历法。黄帝族是后起的部族，在科学技术等很多方面不如炎帝族先进。

自黄帝之后，颛顼、尧、舜，直至夏、商、周，制定天文历法的官员皆由九黎部族的后人担任。《尚书·尧典》："乃命羲和，钦若昊天，历象日月星辰，敬授人时。分命羲仲，宅嵎夷，曰旸谷。寅宾出日，平秩东作。日中星鸟，以殷仲春。厥民析，鸟兽孳尾。申命羲叔，宅南交。平秩南讹，敬致。日永星火，以正仲夏。厥民因，鸟兽希革。分命和仲，宅西，曰昧谷。寅饯纳日，平秩西成。宵中星虚，以殷仲秋。厥民夷，鸟兽毛毨。申命和叔，宅朔方，曰幽都。平在朔易。日短星昴，以正仲冬。厥民隩，鸟兽氄毛。帝曰：'咨！汝羲暨和，期三百有六旬有六日，以闰月定四时，成岁。'"①

《尧典》所载，帝尧命羲和、羲仲、羲叔、和仲分别到嵎夷、南交、昧谷、幽都等东、南、西、北去"钦若昊天，历象日月星辰，敬授人时"，管理农作物在春、夏、秋、冬各个季节的种植和生长，以及鸟兽繁殖等情况。羲和、羲仲、羲叔、和仲就是司马迁在《史记·历书》中所说的"尧复遂重黎之后，不忘旧

---

① 《尚书正义》卷二《尧典》第7页，转引自《十三经注疏》第119页，北京：中华书局，1980年版。

者，使复典之；而立羲和之官"。重黎等制定管理天文历法的官员也是原以蚩尤为首领的九黎之后裔。

史籍记载，蚩尤是九黎之君。九黎是我国最早掌握天文历法的部族。蚩尤曾宇于少暤。当少暤衰弱之时，九黎也被击垮。而九黎正是管理巫史祭祀之族群。在九黎部族中，人人皆可以为巫史，"民神同位。民渎斋盟"。颛顼之时，才又"命南正重司天以属神，命火正黎司地以属民，使复旧常，无相侵渎，是谓绝地天通"，"至于夏商，故重、黎氏世叙天地，而别其分主者也"。重、黎氏"绝地天通""世叙天地"，就是管理主持天文历法之长官。

天文历法的出现，使中国农耕文明向前大大迈进了一步。农业生产中的播种、除草、收成，各种不同类型农作物有不同的播种收获季节。天文历法对农作物有重大的意义。

蚩尤部族就是最早懂得天文历法的部族，黄帝部族的天文历法知识是从蚩尤部族那里得到的。

二、蚩尤部族是发明金属兵器的部族

蚩尤部族虽然在涿鹿之战中失败，但是蚩尤部族的勇敢、在战争中的表现，以及他们在军事上的贡献都永远留在中华民族的记忆中。蚩尤部族是最早制造金属兵器的部族，也是最早制定军法和军事策略的部族。

蚩尤之前，人们还没有掌握冶炼技术，而蚩尤在从山上流下的水中发现含有金属成分的石块，于是用以制造（当是锻制）兵器，从而使蚩尤部族成为最强大的部族。蚩尤是最早使用兵器的部族首领，也是最早用金属制造五兵器械的军事家。

《管子·地数》记载："葛卢之山发而出水，金从之。蚩尤受而制之，以为剑、铠、矛、戟。是岁，相兼者诸侯九。雍狐之山发而出水，金从之。蚩尤受而制之，以为雍狐之戟、芮戈。是岁，相兼者诸侯十二。故天下之君，顿戟一怒，伏尸满野，此见戈之本也。"①蚩尤得到"葛卢之山""雍狐之山"之金。这里把蚩尤所制的兵器称为"雍狐之戟""芮戈"，其中的"雍""芮"，当指的是地名。

芮，当是今山西芮城。而且山西省南部的中条山（即古代的雷首山）在古代有铜矿，故山西当是蚩尤重要的活动地区。

---

① 《管子校正》卷二十三《地数》第382页，转引自《诸子集成》（五），北京：中华书局，1983年版。

雍，《通志·氏族略二》云："雍氏，去声；旧云河内山阳县。按山阳在怀州修武。范晔云：山阳有雍城，文王第十三子雍伯受封之国，其后裔为雍氏。"这里所说的雍氏，即文王第十三子雍伯受封之"雍"，在今河南省修武县西，沁阳市东北；就在太行山之东麓山口，有通路直达山西上党地区，距离山西晋城仅有百里之遥。

蚩尤把在芮城用金属制造的戈称为"芮戈"，在雍狐制造的戟称为"雍狐之戟"。

"雍""芮"之地皆在今山西太行山区，所谓的"葛卢之山""雍狐之山"，可能是"雍""芮"之地的山脉。《太平寰宇记·河东道七·解州》云："蚩尤城在县南一十八里。《管子》记曰：雍狐之山出金，蚩尤受之，以为剑、戟。"

另外，明人陈耀文《天中记》卷五十"金"条目之下云："金起汝汉，玉起于禹氏山。金起于汝汉，珠起于赤野，此宝相去之七十里。汤以杜山之金以赎民之卖子者，禹以历山之金赎卖子者。江阳之珠天下至美，上有丹沙，下有黄金；上有慈石，下有铜金；上有陵石，下有铅锡；上有赭，下有铁。葛卢山发而出金，蚩尤取以为铠；雍狐山发而出金，蚩尤取以为戟。"这段史料尽管晚出，但这是历史上对"葛卢之山""雍狐之山"唯一的解释，认为这两座山在"汝汉"之间，即汝水和汉水之间。

《天中记》一书之所以"称《天中记》者，以耀文所居近天中山故也"。作者陈耀文，字晦伯，号笔山，明代确山县人。该书"以逮僻典遗闻，广事搜罗，实可为博闻多识之助。且每条下间附案语，如《玉篇》《广韵》之解'诞'字为'生'；《水经注》之以'苗茨堂'为'茅茨堂'；《世说》注以'钱唐'为'钱塘'；唐《逸史》之记孙思邈年代舛错，《新唐书》之载安禄山死日乖互，皆为抉摘其失。""此书援引繁富，而皆能一一著所由来。"[①]

《天中记》有一定的参考价值，而且"汝汉"之间曾是蚩尤活动的地域，在这里有"濛水"，当是以蚩尤名字命名的（见本章第一节第一小节之下）。蚩尤所用制兵器之金，来自汝水流域的"葛卢之山""雍狐之山"当是有可能的。

根据以上关于《管子·地数》的记载，蚩尤所用"金"是从山中流出的水中见到的。这"金"当是铜矿石。蚩尤用这些铜矿石制成金属兵器。

那么，蚩尤是怎么制作兵器的呢？

《事物纪原》卷九"五兵"条下云："兵者：戈、戟、矛、剑之总名也。《太

---

① 纪昀：《天中记提要》，文渊阁四库全书。

白阴经》曰：神农以石为兵，黄帝以玉为兵，蚩尤乃铄金为兵，割革为甲，始制五兵。《吕氏春秋》曰：蚩尤作五兵：戈、殳、戟、酋矛、夷矛也；《世本》：蚩尤以金作兵器，然则兵盖始于炎帝，而铸金为刃，即自蚩尤始矣。"

《事物纪原》引《太白阴经》认为，"蚩尤乃铄金为兵"，蚩尤当是用金属制造的兵器。

是时，我国已经出现铜的冶炼技术，仰韶文化半坡遗址就出土黄铜块，龙山文化时期的遗址中多发现有铜器。例如，在郑州牛寨遗址中发现了附有铅锡青铜块的熔铜炉壁①，淮阳平粮台三期H15内发现了铜渣②，登封王城岗四期H617内出土青铜器残片③，临汝煤山遗址中出土铜坩埚、熔铜炉残壁及铜液痕迹④，鹿邑栾台遗址二期早期发现青铜器等⑤。这些资料表明，黄河中游龙山文化时期，青铜器的冶炼和使用已经比较普遍，这个时期已经进入早期铜器时代。

这些出土的考古遗址皆在蚩尤后期所活动的地域。考古遗址的年代也与蚩尤活动的年代相符，因此有些遗址当与蚩尤有关。

《吕氏春秋·荡兵》云："蚩尤作兵，蚩尤非作兵也，利其械矣。未有蚩尤之时，民固剥林木以战矣，胜者为长。"

这些都表明，神农氏以石为兵器，黄帝以玉为兵器，而蚩尤因得到了葛卢之山的金属以为兵器，是最早用金属制造兵器的人。

据传蚩尤是最早制定军法和军事策略的人，所以中国古代每当有战争的时候，统治者都要祭祀蚩尤，祈祷战争取得胜利。

三、炎帝蚩尤部族较神农氏做出更多的贡献

如前所述，炎帝是发展农业的部族首领。宋代郑樵《通志·三皇纪第一》记载："炎帝神农氏……长于姜水，故为姜姓，以火德王天下，故为炎帝。古者民

---

① 王震中：《中国文明起源的比较研究》，西安：陕西人民出版社，1994年版。
② 河南省文物研究所、周口地区文化局文物科：《河南淮阳平粮台龙山文化城址试掘简报》，《文物》，1983年第3期，第21～39页。
③ 河南省文物研究所、中国历史博物馆考古部：《登封王城岗遗址的发掘》，《文物》，1983年第3期，第8～21页。
④ 中国社会科学院考古研究所河南二所：《河南临汝煤山遗址发掘报告》，《考古学报》，1982年第4期，第427～486页。
⑤ 河南省文物研究所：《河南考古四十年》，郑州：河南人民出版社，1994年版。

不粒食，未知耕稼，于是因天时相地宜，始作耒耜，教民艺五谷。"

《皇王大纪》《路史》《尚史》《绎史》等皆记载了炎帝的贡献。由于炎帝和神农氏是同一个部族的先世和后裔，那么神农氏所做出的贡献，应该也传到了炎帝。例如，神农乃始教民播种五谷，相土地宜燥湿肥硗高下，尝百草之滋味，艺五谷，尝百草，教民农耕。神农氏以木揉曲直，"斫木为耜，揉木为耒"，神而化之，得农之道。神农氏也是最早发明中草药的部族。神农尝百药之时，一日之间而遇七十毒。后世承传为书，谓之《神农本草》。这就是值得我国人民骄傲的中医、中药的来历。神农氏是最早实施交换的部族。《周易·系辞下》云：神农氏"日中为市，致天下之民，聚天下之货，交易而退，各得其所"。交换，使人类社会生活又向前迈进了一大步，促进了社会分工的形成。

炎帝是神农氏的后世部族，除去神农氏时期的农耕、耒耜、医药、交换等，至炎帝时，所做的贡献较神农氏又向前迈了大大的一步。有关炎帝的记载，表现了我国古代人民与大自然斗争的艰辛，以及我们的祖先在通向文明的道路上所付出的努力，彰显出了中华民族百折不挠的精神。

宋人胡宏《皇王大纪》卷一《三皇纪》记载炎帝族主要有以下贡献。

（1）炎帝族已经"知天地之道，明于人之性，以有天下"，即初步了解天地运行规律，明白人自身的情况，只有把天道与人性结合起来，才能够符合自然之道。《管子》卷十四《短语》亦云："昔者黄帝得蚩尤而明于天道。"炎帝蚩尤部族是明于天地之道，即懂天文历法的部族。

（2）炎帝蚩尤部族对百物进行探索，知道哪些是可食的，哪些是可用的，哪些是可以医治疾病的；以"陶冶合土范金，制斤、斧、耒、耜、枷、芟、枪、刈、耨、鎛等，相土田燥湿肥硗，兴农桑之业，春耕、夏耘、秋获、冬藏"。

（3）炎帝"为台榭而居，治其丝麻为之布帛"。

（4）炎帝柱不仅植百谷百蔬，与民并耕而食；并且教育天下民众，积居粟、稷，懂得国富民安的道理。

（5）炎帝蚩尤部族开始创祀蜡祭。蜡祭，就是每年十二月进行八蜡之祭，对有益农耕之万物进行合祭。蜡祭的对象主要有八神：先啬、司啬、农、邮表畷、猫虎、坊、水庸、昆虫（后面将详述）。

（6）炎帝蚩尤部族制乐器土鼓、五弦之琴，"黄桴而土鼓，截苇为籥，绳丝、削桐为五弦之琴，咏丰年之歌，以通神明之德，合天人之和，法省而不烦，威厉而不杀，俗朴而不争，不令而人化。南至交趾，北至幽都，东至旸谷，西至三危，莫不服从。神农居天位百有四年而殁，号曰炎帝"。炎帝蚩尤部族较神农氏在文明发展的道路上又向前迈进了一大步。

第四节 炎帝神农氏登上皇家祭坛

蚩尤氏与伊耆氏当是同一个部族。伊耆氏最早创祀农神，炎帝才作为神农氏登上中国皇家的祭坛。伊耆氏创造蜡祭，把炎帝之子柱祀以稷神。《礼记·郊特牲》云："天子大蜡八，伊耆氏始为蜡。"伊耆氏始创"蜡祭"，祭祀八位农神，即"八蜡"：先啬、司啬、农、邮表畷、猫虎、坊、水庸、昆虫。其中，先啬，亦称田祖、神农。西周时期，还有农神后稷等。之后，后稷及其他神灵逐渐退出神坛，神农氏登上皇家的祭坛，独占中国农神的神位。

一、伊耆氏始创"八蜡"祭祀柱以为稷神

炎帝时期是中国从狩猎向农业过渡的时期，而且农业地位逐渐上升。在万物有灵的世界中，从事农业是要祭祀农神的，于是稷神出现了。稷神，就是谷神。我国古代被祀以为稷神的有两个，一个是炎帝之子柱，另一个是周部族的祖先后稷。

商代之前，神农氏接受人们的祭祀。"八蜡"祭祀的农神就是二世炎帝柱。

《国语·鲁语》亦云："昔烈山氏之有天下也，其子曰柱，能植百谷百蔬。夏之兴也，周弃继之，故祀以为稷。"韦昭注："烈山氏，炎帝之号也，起于烈山。《祭法》以烈山为厉山，柱为后稷，自夏以上祀之。《草实》曰：蔬。夏之兴，谓禹也。弃能继柱之功，自商以来祀之。"①

先秦文献《左传》《国语》皆认为，夏代之前，炎帝之子柱就被祀为稷神，即"烈山氏之子曰柱为稷，自夏以上祀之"。

《礼记·祭法》云："夫圣王之制祭祀也，法施于民，则祀之；以死勤事，则祀之；以劳定国，则祀之；能御大灾，则祀之；能捍大患，则祀之。是故厉山氏之有天下也，其子曰农，能殖百谷。"

有人认为《礼记》是先秦文献，有可能受战国、西汉文献的影响。《礼记》也认为，厉山氏子曰农，是曾有天下的天子，因"能殖百谷"，而受到夏及夏之

---

① 上海师范学院古籍整理组点校：《国语》，上海：上海古籍出版社，1978年版，第166~167页。

前历代的祭祀。

《后汉书·祭祀志》引《孝经·援神契》曰："社者,土地之主也；稷者,五谷之长也。"又云："《礼记》及《国语》皆谓共工氏之子,曰句龙,为后土,官能平九土,故祀以为社。烈山氏之子曰柱,能植百谷蔬,自夏以上祀以为稷。"

《左传·昭公二十九年》云："共工氏有子,曰句龙,为后土。此其二祀也。后土为社。稷,田正也。有烈山氏之子曰柱为稷,自夏以上祀之。"社代表土神,祭后土句龙；稷代表五谷神,祭后稷。古代的社神与稷神是一起被祭祀的。后土是共工氏之子,也是炎帝之后裔。

东汉人蔡邕《独断》卷上云："厉山氏之子柱及后稷,能殖百谷以利天下,故祠此三神,以报其功也。……稷神,盖厉山氏之子柱也。"

汉人应劭《风俗通义》卷八《祀典》云："稷神,《孝经》说,稷者,五谷之长,五谷众多,不可遍祭,故立稷而祭之。谨按《春秋左氏传》：有烈山氏之子曰柱,能殖百谷蔬果,故立以为稷正也。"

先秦、秦汉时人皆认为,厉山氏之子名柱,柱被封为稷神,即"稷神,盖厉山氏之子柱也"。

炎帝分支伊耆氏创造蜡祭,最早把炎帝之子柱作为稷神进行祭祀。《礼记·郊特牲》云："天子大蜡八,伊耆氏始为蜡。蜡也者,索也。岁十二月,合聚万物而索飨之也。蜡之祭也,主先啬而祭司啬也,祭百种以报啬也；飨农及邮表畷,禽兽,仁之至,义之尽也。古之君子,使之必报之。迎猫,为其食田鼠也；迎虎,为其食田豕也,迎而祭之也。祭坊与水庸,事也。"

郑玄注曰："伊耆氏,古天子号也。"唐陆德明《经典释文》云："或云即帝尧是也。"宋卫湜《礼记集说》引孔颖达云"伊耆氏,神农也",则认为是神农氏。"伊耆氏",郑玄以为是"古天子号",陆德明认为是帝尧,孔颖达认为是神农氏。

《路史·禅通纪》记载：神农氏"姓伊耆",宋刘恕编《资治通鉴外纪》卷一云："神农氏,姜姓,长于姜水……天下号曰神农。本起烈山,称烈山氏；一曰连山氏、伊耆氏、大庭氏、魁隗氏。"因此,"伊耆氏"就是神农氏。

蜡祭的仪礼非常原始古朴,当始于炎帝之后的原始农业开创时代。祭祀的农神主要是二世炎帝柱。蜡祭的目的是"以其初为田事,故为蜡祭,以报天也"。所谓"蜡也者,索也。岁十二月,合聚万物而索飨之也",就是在每年的十二月祭祀那些对农作物有益的人、动物或者物之神。郑玄注："飨者,祭其神也。万物有功加于民者,神使为之也,祭之以报焉。"

蜡祭的八个对象,即"大蜡八",是先啬、司啬、农、邮表畷、猫虎、坊、水庸、昆虫。《诗经·小雅·甫田》，郑玄《笺》云："八蜡云：先啬一也，司啬二也，农三也，邮表畷四也，猫虎五也，坊六也，水庸七也，昆虫八也。此八蜡为其主耳，所祭不止于此，四方百物皆祭之。"

根据《礼记·郊特牲》的记载，蜡祭所祭的万物之神"八蜡"，就是我国最早的八位农神，他们都是与农业生产有直接关系的神。"八蜡"农神的具体情况如下。

（1）先啬：亦称田祖、神农，就是蜡祭中"主先啬而祭司啬"者。啬，《仪礼·少牢馈食礼》郑玄注"收敛曰啬"。啬事，即农事；啬夫，即农夫。先啬，就是最先从事农业耕作的人。《诗经·小雅·甫田》亦有祭祀田祖的诗歌，云："以我齐明，与我牺羊，以社以方。我田既臧，农夫之庆。琴瑟击鼓，以御田祖。以祈甘雨，以介我稷黍，以谷我士女。"朱熹《诗经集传》曰："田祖，先啬也。谓始耕田者，即神农也。"《礼记·郊特牲》云："蜡之祭也，主先啬而祭司啬也，祭百种以报啬也。"

（2）司啬：即后稷。郑玄注："司啬，后稷是也。"司啬就是后稷，亦是教民稼穑之神。稷，是稷神、谷神之意。稷为百种之先。这个稷神，就是炎帝之子柱。

在祭祀先啬、司啬的同时也要"祭百种"以报啬功。所谓"百种"，指各种农作物品种之神。这个祭典是人们用酒醴及新收获的农产品祭祀"百种"，报谢"百种"给人们生殖所需的农产品，提供食物，滋养人们的生命。报谢"百种"，当然也是报谢神农、后稷等农神之恩德。

（3）农：即田畯。古代有田畯，就是管理农田的官员。《周礼·春官·大宗伯》郑玄注："农，谓田畯，典田大夫。"《诗经·小雅·甫田》云："曾孙来止，以其妇子。馌彼南亩，田畯至喜。攘其左右，尝其旨否。"飨农，就是报谢田畯曾经领导和督促农事的功劳。

（4）邮表畷。《礼记·郊特牲》唐孔颖达疏曰："邮表畷者，是田畯于井间所舍之处，邮若邮亭屋宇处所表田畔。畷者，谓井畔相连畷于此；田畔，相连畷之所造此邮舍田畯处焉。"所谓"邮表畷"，"邮"是亭舍，供田畯往来歇息和存放农具等用；"表"是田界标志，用以划分不同的耕作区；"畷"是田间小道，便于交通运输，都是便农设施，祭邮表畷，指的是祭田间设施诸神。

（5）猫虎。《礼记·郊特牲》郑玄注曰："迎猫，为其食田鼠也；迎虎，为其食田豕也，迎而祭之也。"农业益虫神如猫虎之类。"迎而祭之"，是迎其神而祭之。这是外出到田野阡陌上建有棚舍的地方摆放食物祭祀猫虎等有功于农业的禽兽，故曰"迎而祭之"，报谢它们捕杀田鼠、野猪等有害的虫、兽而保护庄稼之功。

（6）坊。《周礼·春官·大宗伯》唐孔颖达疏："坊者，所以畜水，亦以鄣水。""坊"同"防"，指川河堤坝。

（7）水庸。《周礼·春官·大宗伯》唐孔颖达疏："庸者，所以受水，亦以泄水。""水庸"指沟渠。所谓"坊与水庸"，指的是水利设施神。它们有防洪和排灌之功。

（8）昆虫。《礼记·郊特牲》唐孔颖达疏曰："昆虫不为物害，亦是其功。"

"大蜡八"的祭祀应该分为两种：①在祭祀先啬、司啬、农、邮表畷之神时，要穿黄衣，戴黄冠。《礼记·郊特牲》记载："黄衣黄冠而祭，息田夫也。"郑玄注："祭谓既蜡，腊先祖五祀也，于是劳农以休息之。"也就是说，在慰劳农夫以休息，唐孔颖达疏引《正义》曰："此觧（解）上息田夫用黄衣黄冠之意。田夫，则野夫也。野夫着黄冠，黄冠是季秋之后草色之服，故息田夫而服之也。"②在祭祀坊、水庸、猫虎、昆虫之神时，要皮弁素服而祭。《礼记·郊特牲》记载："皮弁素服而祭。素服以送终也，葛带、榛杖，丧杀也。蜡之祭，仁之至、义之尽也。"郑玄注："送终丧杀，所谓老物也，素服，衣裳皆素。"这里是为水灾、昆虫灾害的送终之义。为之送终，还具有"仁之至、义之尽也"的心怀。

《礼记·郊特牲》祭祀时候的祝辞曰："土反其宅，水归其壑，昆虫毋作，草木归其泽。"祝辞的意思是：土安则无崩坏，水归则无泛溢，昆虫谓螟蝗之属害稼者，毋起；草木各归根于薮泽，不得生于耕稼之土也。

《礼记·郊特牲》云："天子大蜡八。"所谓"蜡"，是一个祭名。《礼记·礼运》云："昔者仲尼与于蜡宾。"郑玄注："亦祭宗庙。"陆德明《释文》云："蜡，祭名，夏曰清祀，殷曰嘉平，周曰蜡，秦曰腊。"蜡祭的对象，不仅是指蜡祭八神，而且是"合聚万物而索飨之"，所指万物之神。"蜡"之意为"索"，有云"八蜡以祀四方"，则"大蜡八"就是"大索于八方"的意思。《礼记·月令》云："天子乃祈来年于天宗，大割祠于公社及门闾，腊先祖五祀。"蜡祭的主要神灵除上举数例以外，还包括天神、社神、先祖、五祀神等，而《礼记·郊特牲》没提及。后世的礼书仅仅依据《礼记·郊特牲》旧注，把其他神灵排斥于蜡祭之外，其实《礼记·郊特牲》的"天子大蜡八"，也包括天神、社神、先祖、五祀神等万物之神。

蜡祭的核心就是祭祀稷神，祈祷与农业生产生活有关的事物，如稷神、猫、虎、水庸、各种有益的昆虫，让他（它）们受到祭享，保护庄稼和收成。蜡祭是一种古老的祈求农业丰收的祭祀遗俗。

在我国古籍记载中还有"息老物"一词,《周礼·春官·籥章》云:"国祭蜡,则龡《豳颂》,击土鼓,以息老物。"这段话的意思是,吹豳(邠)地之颂歌,击土鼓,以息老物。"息老物",清人张次仲《周易玩辞困学记·说卦传》解释为"休田夫,养国老,皆所以劳之也",即慰劳国老,使国老休息之意。

亦有解释为"复本反始"之意,其实就是杀死老物,来年新的谷物生命诞生,即重新开始之意。宋代章如愚《群书考索·乐门·乐器类》云:"颂击土鼓,以息老物;盖乐之作本于籥,始于土鼓;而周家王业之兴本于豳,逆暑逆寒祈年皆本始民事。蜡,息老物,则息使复本反始而已。"

蜡祭的仪式盛大而热烈,《周礼·春官·籥章》云:"凡国祈年于田祖,龡《豳雅》,击土鼓,以乐田畯;国祭蜡,则龡《豳颂》,击土鼓,以息老物。"击鼓、吹乐、跳舞,献上祭品去祭祀诸位农神。蜡祭的对象没有上帝和天神,也不是祖先神的祭祀;蜡祭之目的就是祭祀稷神,保佑农业的丰收,充满古朴的原始遗风。

神农氏是我国农业的发明者,因此后代又把神农氏称为先农,接受历代帝王的祭祀。农业是古代最重要的生产部门,是贵族赖以生存的经济基础。我国对农神的祭祀自神农时期就开始了。但神农氏最早祭祀的是蜡祭的八神,而后代则把神农氏尊为农神。

宋人陈旉《农书》卷上云:"《尔雅》谓田畯,乃先农也。于先农有祈焉,有报焉,则神农、后稷与夫俗之流传所谓田父、田母,举在所祈报可知矣。"元人王祯《农书·农桑通诀》云:"先农而及于猫虎,祭坊水庸而及于昆虫,所以示报功之礼大小不遗也。"

这里所说的先农、农神包括了神农、后稷、田父、田母,甚至猫、虎、祭坊与水庸,而及于昆虫,凡被认为对农作物有益者,皆是祭祀的对象和农神。

二、西周时期稷神之神主的演变

西周时期,稷神已经不是炎帝之子柱了,而是周部族的祖先弃。弃继承柱而成为后稷,即稷神。《史记·周本纪》曰:"弃为儿时,屹如巨人之志。其游戏好种树麻菽,麻菽美。及为成人,遂好耕农,相地之宜,宜谷者稼穑焉,民皆法则之。"①

---

① (汉)司马迁撰:《史记》,北京:中华书局,1982年版,第112页。

周部族的男性祖先弃,对百谷的生产做出了巨大的贡献,所以周王朝建立之后,弃被尊为后稷,就是管理百谷的农官。《后汉书·祭祀志》引《孝经·援神契》曰:"社者,土地之主也;稷者,五谷之长也。……至殷以柱久远,而尧时弃为后稷,亦植百谷,故废柱,祀弃为稷。"所以,殷周时期的稷神是周人之祖弃,虽然弃被立为稷神,是自商代开始的,如《礼记·祭法》云:"夏之衰也,周弃继之,故祀以为稷。"

汉人应劭《风俗通义》卷八《祀典》云:周弃"故立以为稷正也,周弃亦以为稷,自商以来祀之"。

虽说殷周时期弃被祀为农神,但是在甲骨文中似没有看到殷商人祭祀周人祖先后稷的记载,故周王朝的祖先弃为后稷当在西周、春秋时期。

后稷,后,主也。《说文解字》云:"后,继体君也,象人之形,从口。《易》曰:后以施令以告四方。"后,就是向全国发布政令的国君。《国语·周语上》载:"《夏书》有之曰:众非元后,何戴?后非众,无与守邦。"即民众如果没有"后",去拥戴谁,受谁的号令呢?后,就是主、王、国君,就是黍、稷之中的帝王,后稷就是黍、稷之神。

周王朝为天下共主之世,即西周春秋之时,柱不再作为稷神接受人们的祭祀。但是战国之后,周王朝的统治衰弱,后稷崇拜也逐渐衰落。

三、神农氏成为皇家祭坛唯一正统的农神

战国以降,诸侯各国相继称王。公元前334年,魏惠王、齐威王"徐州相王"。公元前325年,秦惠文王称王。公元前323年,魏、韩、燕、赵、中山五国相互尊称为王。

"五国相王"运动是战国史上的一件大事。在这之前,虽然楚、吴、越等国国君皆已称王,但是这些"王"都是按传统习俗的自称,中原国家非但不予承认,而且把它们当作夷、狄看待。而战国之后,魏、齐、韩、燕、赵、中山等作为中原地区的重要诸侯国称王,不仅与周王室平起平坐,而且战国时期的诸侯相对周王室来说,又强大得多,在国势与国力方面占绝对优势。随着周王朝的衰微,周王室"天下共主"地位从"不绝如线"到完全丧失。"五国相王"运动等于明确地否定了周天子独尊的天下共主地位。

强大起来的诸侯国为了实现自己的政治目的,必须破除后稷这种崇高的神格

地位。所以，到战国时代，很少能见到关于农神后稷的记载。后稷作为周人始祖神彻底失去了社会政治基础。周人之祖后稷也失去了农神地位。

中国作为一个农业国，农业收成主宰着国家的命运。人们对农神的畏惧和依赖，以及其在农业社会存在的意义和价值并未消散。中国又是一个权力社会，几千年来的封建专制帝王只崇拜最高的至上神，而不会把所谓的田父、田母、猫、虎、坊与水庸、昆虫等放在祭祀之列，于是能够被帝王祭祀的只有神农与后稷。而战国之后，随着周王室政治基础的消失，周人的祖先后稷的神农地位也随之失去。神农氏是皇家最高祭坛所祭祀神灵的最佳人选。东汉以后，神农氏作为先农和农神而受历代封建王朝的祭祀。汉人蔡邕《独断》卷上云："南方之神，其帝神农，其神祝融……先农神，先农者，盖神农之神。神农作耒耜，教民耕农。"中国历史上祭祀的先农和农神皆指的是神农氏。把远古时期的神农氏请出，又尊为正统的农神，于是炎帝神农氏登上了祭祀的神坛，接受后代的祭祀，直至明清时期。

西汉时期开始对先农祭祀。宋人高承《事物纪原》卷二云："先农，汉文制，春始耕于藉田，官祀先农，以一太牢。则其祀由汉兴也。"皇家用太牢祭祀先农，比民间用羊豕（属少牢）的礼仪提高了一个等级，并且复返其先秦时期的古礼。《后汉书·祭祀志》还记载了民间的祭先农之礼："县邑常以乙未日祠先农于乙地，以丙戌日祠风伯于戌地，以己丑日祠雨师于丑地，用羊豕。"

汉代开始把藉田之礼与祭祀先农之礼合在一起。"至汉以藉田之日祀先农，而其礼始著。汉旧仪：春耕藉田，官祠先农，百官皆从，置藉田令丞。东汉藉田仪：正月始耕，常以乙日祠先农于田所。先农已享，耕于其地。自晋魏至唐宋，其礼不废。"①

《宋书·礼一》记载了晋武帝时期祭祀先农和藉田的礼仪情况，云："晋武帝泰始四年，有司奏始耕祠先农，可。令有司行事。……立先农坛于中阡西陌南，御耕坛于中阡东陌北；将耕，宿设青幕于耕坛之上。皇后帅六宫之人，出穜稑之种付藉田，令耕日太祝以一太牢告祠先农，悉如祠帝社之仪。孟春之月，择上辛后吉亥日，御乘耕根三盖车，驾苍驷，青旗，著通天冠、青帻，朝服青衮，带佩苍玉。蕃王以下至六百石皆衣青。唯三台武卫不耕，不改服章。车驾出，众事如郊庙之仪。车驾至藉田，侍中跪奏：尊降车。临坛，大司农跪奏：先农已享，请皇帝亲耕。太史令赞曰：皇帝亲耕，三推三反。于是群臣以次耕，王公五等、开

---

① （清）孙承泽：《四库全书·春明梦余录》，台北：台湾商务印书馆景印本文渊阁，1986年版。

国诸侯五推五反，孤卿大夫七推七反，士九推九反。藉田令率其属耕，竟亩，洒种，即釀，礼毕。魏氏虽天子耕藉，其蕃镇诸侯并阙百亩之礼。晋武帝末有司奏：古诸侯耕藉百亩，躬秉耒耜以奉社稷宗庙，以劝率农功。"①这里记载了晋武帝所行的藉田亲耕之礼的礼仪。南朝宋太祖也按晋武帝泰始四年（268 年）时祀先农和藉田之礼仪进行。

《宋书·礼四》云："宋文帝元嘉二十一年，春亲耕，乃立先农坛于藉田中阡西陌南。高四尺，方二丈，为四出陛。陛广五尺，外加塼，去阡陌各二十丈。车驾未到，司空、大司农率太祝令及众执事质明，以一太牢告祠，祭器用祭社稷器，祠毕。班余胙于奉祠者。旧典先农又常列于郊祭云。"并且，"宋太祖东耕后乃班下州郡县，悉备其礼焉"②。

隋唐以后，开始把祭天与祈谷分开。如《隋书·礼仪一》云："圆邱自是祭天，先农即是祈谷。但就阳之位，故在郊也。冬至之夜，阳气起于甲子，既祭昊天，宜在冬至。祈谷时可依古，必须启蛰，在一郊坛，分为二祭。自是冬至谓之祀天，启蛰名为祈谷。"③

明清以后，封建王朝已经不再在田中设坛祭祀先农了，而是始在京师建永久性的祭天、祈谷的建筑。清人孙承泽《春明梦余录》卷十五云："永乐建坛京师，一如其制。建于太岁坛傍之西南为制，一成石包，砖砌方，广四丈七尺，高四尺五寸，四出陛。西为瘗位，东为斋宫，銮驾库东北为神仓，东南为具服殿。殿前为观耕台，用木方五丈，高五尺，南东西三出陛。台南为藉田，护坛地六百亩，供黍稷及荐新品物。又地九十四亩有奇，每年额税四石七斗有奇。太常寺会同礼部收贮神仓，以备旱潦。又令坛官种一百九十亩，坛户二百六十六亩七分，上耕藉田，亲祭余年。"

《大清一统志》卷一云："先农坛在太岁坛西南，明嘉靖中建，本朝因之。乾隆十九年重修制，一成方广四丈七尺，高四尺五寸，四出陛。东为斋宫，乾隆二十年改为庆成宫，享先农前一日。"在古代，农业是重要的生产部门。中国又是一个以农业为主的国家，所以对农业的重视超过了其他任何产业。因此，历代王朝的帝王特别重视对农神的祭祀，在农神祭祀的建筑方面也投入了巨大的精力，如建筑先农坛等。神农氏在我国有着深远而巨大的影响。

---

① （梁）沈约撰：《宋书》，北京：中华书局，1974 年版，第 354~355 页。
② （梁）沈约撰：《宋书》，北京：中华书局，1974 年版，第 481 页。
③ （唐）魏征、令狐德棻撰：《隋书》，北京：中华书局，1973 年版，第 108~109 页。

对神农氏设坛而祭，是由古时祭田祖于藉田之制演变而来的。藉田即国君之田，需借民力而耕。①"《国语》曰：司空除坛于藉。《汉旧仪》：春始东耕，官祠先农，以一太牢。先儒谓先农神农也。立坛于田所，祠之，其制度如社之坛……坛或祭先农，或祭社。祭或以太牢，或以羊，此历代之礼所尚异也"②，并且坛祭时天子会举行亲耕之礼。宋陈祥道《礼书》卷二十九《耕藉》云："月令孟春之月乃择元辰。天子亲载耒耜措之于参保介之御间，帅三公九卿诸侯大夫躬耕帝藉。天子三推，三公五推，卿诸侯九推，反执爵于大寝，三公九卿诸侯大夫皆御命曰劳酒。"《礼记·乐记》云："耕藉，然后诸侯知所以敬。"《礼记·祭义》曰："天子为藉千亩，冕而朱纮（系于颈下的冠带），躬秉耒；诸侯为藉百亩，冕而青纮，躬秉耒，以事天地、山川、社稷、先古，以为醴酪齐盛，于是乎取之，敬之至也。……耕藉，所以教诸侯之养也。"

《礼记·祭统》曰："天子亲耕于南郊，以共斋盛。王后蚕于北郊，以共纯服。诸侯耕于东郊，亦以共齐盛。夫人蚕于北郊，以共冕服。天子诸侯，非莫耕也。王后夫人，非莫蚕也。身致其诚信，诚信之谓尽，尽之谓敬，敬尽然后可以事神明，此祭之道也。"③

北京的祈年殿，设在南郊天坛正符合《祭统》"天子亲耕于南郊，以共斋盛"之义。

祈年殿，始建于明永乐十八年（1420年），是天坛最早的圆形建筑。祈年殿，高38米，直径32.72米，在天坛的北部，也称为祈谷坛，原名大祈殿、大享殿。清乾隆十六年（1751年）修缮后，改名为祈年殿。光绪十五年（1889年）毁于雷火，数年后按原样重建。

每年的孟春之月，明、清两代皇帝都会在祈年殿祈谷。祈年殿不用大梁和长檩，仅用楠木柱和枋桷相互衔接支撑屋顶。殿内有楠木柱28根，象征二十八星宿；中央4根龙柱象征四季，中圈12根金柱象征一年12个月，外层12根巨柱象征一天12个时辰，中层和外层相加象征二十四节气。殿内正中有一块圆形大理石，带有天然的龙凤花纹，使整座殿堂显得十分富丽堂皇。坛边还有祈年门、神库、神厨、宰牲亭、走牲路和长廊等附属建筑。

---

① 徐元浩撰，王树民、沈长云点校：《国语集解》，北京：中华书局，2002年版，第15页。
② （宋）陈祥道：《礼书》卷二十九"先农坛"条，文渊阁四库全书。
③ （清）孙希旦撰，沈啸寰、王星贤点校：《礼记集解》，北京：中华书局，1989年版，第1238页。

第五节 伊汝河流域"蚩尤文化圈"的考古学证据

蚩尤氏,当就是伊耆氏,在伊水、汝水、尧山滍水流域活动,即今汝阳、汝州、鲁山、伊川、嵩县等地,考古材料也能为"蚩尤文化圈"提供证据。近年来,在这一地区发现数百处的考古遗址,而这些考古遗址所表现的内涵皆有相似之处,说明这一地区的文化是同一部族所创造的文化,而且有些文化还能够显现出是与蚩尤有关系的同一部族所创造的。我们可以把这一地区称为"蚩尤文化圈"。

"蚩尤文化圈"最突出的内涵,就是汝州阎村遗址中发现的彩陶缸上的鹳鸟叼鱼和有柄石斧的大型彩陶画。"伊川缸"、尖底缸、特长型尖底瓶等富有特色的器物,以及石斧几乎在这一地区所有的遗址中皆有发现。"蚩尤文化圈"应该说是存在的,这一地区的文化当是蚩尤部族所创造的。

一、伊、滍水流域的考古文化

1959年夏,中国考古工作者考察了河南省洛阳地区六县:洛宁、宜阳、嵩县、伊川、汝阳、临汝(1988年临汝县改为汝州市)。

伊川县城东南8公里发现土门遗址,位于土门村西伊河东岸的台地上。遗址东西宽约500米,南北长约600米,文化层厚3米左右。遗址东北部发现有白灰面,白灰面上压着仰韶灰层,距今6000～5000年,是仰韶文化与龙山文化交替时期的遗存。遗物有尖底瓶、彩陶盆、钵、罐、粗红陶鼎、甗、灶以及骨镞、骨锥和石斧等。土门遗址有一重要的发现,就是瓮棺葬。瓮棺葬具的形状如下:

第一种葬具是圆柱形粗红陶罐,有盘状盖,罐内放有成人的头骨和四肢骨,当是二次葬。

第二种是以粗红陶鼓腹平底罐做葬具,内有小孩骨骸。

第三种是以小口尖底瓶做葬具,瓶长约1米,腹侧有耳,瓶内放置小孩头骨。

《1959年豫西六县调查简报》称这种葬具是罐形,后来又有人提出更确切的观点,认为是缸形。后来考古发现这种"缸形瓮棺葬具"是这一地区的重要特点,这种瓮棺最早在伊川发现,于是称之为"伊川缸"。

汝阳县城南约1.5公里有一城东村遗址,东距城东村约1公里,在汝河南岸的第二台地上（高出河床 26~30 米）。遗址东西长约 900 米，南北宽约 800 米，文化层厚 2~3 米。遗物有红陶钵、罐、彩陶盆、尖底瓶及长方形、椭圆形石斧等。遗址中尚有属于龙山文化晚期的方格纹、篮纹陶片和早商的泥质灰陶绳纹罐。

汝阳县上店遗址，西南距南寨村约半公里，北距汝河不到半公里。灰层厚 1~1.5 米，地表下 0.5 米即见灰层。遗物有薄胎小口彩陶罐、泥质灰陶彩绘碗、粗灰陶带流罐、鼎和器盖、泥质红陶盆和尖底瓶、泥质灰陶豆和罐，以及石斧、石刀等生产工具，具有从仰韶文化向龙山文化过渡的特点。①

这类遗址出土的遗物特点是陶质以细泥红陶和粗红陶为主，器物种类有尖底瓶、钵、罐、粗红陶鼎、甗和灶等；纹饰有绳纹、划纹和弦纹以及较繁缛的彩绘。石制生产工具有两侧带缺口的石刀、长方形和椭圆形的石斧。这些特点都表明是属于仰韶文化庙底沟类型的，在豫西一带是比较早的。

1978 年 11 月，在汝州东 25 里处发现阎村遗址。遗址南北长 250 米，东西宽约 100 米，面积共约 25 000 平方米，文化层堆积厚 1~3 米。当地百姓在不到 30 平方米的范围内，挖出了 11 座瓮棺葬。阎村遗址采集陶器共 19 件，其中尖底器 1 件、尖底罐 1 件、红陶钵 1 件、三足形陶盆 2 件、釜形陶鼎 1 件、小陶碗 1 件、石斧 2 件、陶缸 10 件。其中一件彩陶缸就是赫赫有名的绘有《鹳鱼石斧图》的陶缸（后面将详述）。另外还有带花纹的、破碎的彩陶片等。②

伊川县白元遗址位于县城西南约 7 公里伊河东岸的台地上。遗址南北长约 500 米，东西宽 400 余米。白元第一期文化房基 2 处：F81、F82。房基面经火烧烤，有柱础和灶坑。

墓葬 7 座，M73、M75 为瓮棺葬，葬具为一篮纹陶鼎。M74 为土坑竖穴墓，方向 68°，仰身直肢，为一男性。墓圹长 1.57 米、宽 0.4 米、深 0.3 米。无随葬品。M81、M82、M61、M24 为乱葬，埋于灰土中，深 0.75~1.75 米。其中 M61、M24 墓主身首异处，肢体残缺。M61、M24 的墓主当是被用于祭祀的战俘或者奴隶。

石器有石刀、石斧、石铲、石凿、石镞、棱锥。陶器有陶鼎、陶罐、陶甑、澄滤器、陶杯、陶钵、陶豆、陶碗、陶盘、陶纺轮、器盖等。白元第一期属于河

---

① 中国科学院考古研究所洛阳发掘队：《1959 年豫西六县调查简报》，《考古》，1961 年第 1 期，第 30 页。
② 临汝县文化馆：《临汝阎村新石器时代遗址调查》，《中原文物》，1981 年第 1 期，第 3 页。

南龙山文化晚期，陶质以夹砂灰陶为主。①

1978 年，临汝县城东 7.5 公里的北汝河上游发现中山寨遗址，遗址依山傍水，地势北高南低，遗址南北长约 500 米，东西宽约 300 米，面积共约 150 000 平方米。中山寨村就位于该遗址的中心。遗址区内的文化堆积较厚，发现很多墓葬。这些墓葬都很浅，一般在 0.3 米左右就见墓口。墓葬形制一般有两种：一种为成人墓，单身，竖穴；另一种为小孩墓。两种都有葬具，葬具有深腹罐或尖底器，均为直立放置。很多葬具已碎，有 2 件葬具较为完整：一件是平沿，唇外卷，深腹平底，中有一孔，在腹上部有对称的四个纽，下有四条红褐色条纹，中间施白陶衣，周身加六组竖排圆点，夹砂粗红陶，手制；高 39 厘米、口径 31.5 厘米、底径 20 厘米。另一件是敞口，高领内敛，鼓腹尖底，在腹部有三周凸弦纹。整个器形除弦纹中间夹施陶衣外，其余部分均施有一层深红色陶衣，磨光。高 51 厘米、口径 39 厘米。这些葬具在出土时，里面均置有小孩骨架。遗物主要是陶器，石器仅有石斧、石铲各一件，均为花青石，磨制。同类器在巩义市赵城遗址和临汝大张遗址均有出土，属于仰韶文化盛期或稍晚的遗存。②

1985~1986 年，考古工作者在 1978 年临汝县中山寨遗址稍东处的纸坊乡，对中山寨遗址进行了两次小规模的发掘，先后开探沟（2.5 米×6 米）1 条、探方（5 米×5 米）20 个，揭露面积共计 515 平方米。发现裴李岗文化的窖穴和墓葬，仰韶文化的居住面、窖穴、陶窑，以及战国时期的窖穴和水井等。经过对遗址探方的研究，考古工作者认为中山寨遗址的第一期属于裴李岗文化层，第二至第五期属于仰韶文化层。

第一期文化遗存有窖穴 9 座，有大口小底和直壁两种，其中出土遗物较多的有 2 座：H20、H36。出土砍砸器、石镰、石网坠、石磨盘（残）、磨石和陶纺轮等。墓葬 4 座，出土石斧 4 件、石镰 5 件、石铲 1 件、石磨盘 1 件、石磨棒 1 件、骨针 1 件、陶钵 4 件。

第二至第五期属于仰韶文化，在这四期文化中，以第三期文化遗存为例，研究汝州市中山寨遗址的内涵。第三期文化遗存有窖穴 21 个，陶窑 1 座，石斧 13 件、石锛 5 件、石刀 13 件、石铲 11 件、石磨盘 3 件、石磨棒 3 件、石凿 3 件、石弹丸 2 件、陶弹丸 2 件、陶纺轮 33 件、石网坠 2 件、骨锥 1 件、蚌镰 1 件、陶钵 1 件、陶碗 1 件、陶盆 10 件、陶罐 3 件、陶豆 2 件、陶鼎 5 件、陶釜 1

---

① 洛阳地区文物处：《伊川白元遗址发掘简报》，《中原文物》，1982 年第 3 期，第 8~9 页。
② 方孝廉：《河南临汝中山寨新石器时代遗址》，《考古》，1978 年第 1 期，第 139 页。

件、器盖1件、器座1件、石璜1件、玉环2件、陶环42件，等等。第二期文化遗存有窖穴5个、墓葬1座。第四期文化遗存有窖穴16个，居住面3处。第五期文化遗存有窖穴4座。其他与第三期文化遗存有相似之处。①

中山寨遗址包含裴李岗文化（第一期文化遗存）和仰韶文化（第二至第五期文化遗存）两种遗存，它们是一脉相承的。目前，在第一期和第二期之间还存在缺环。经碳十四测定，遗址第一期的年代为距今4480年（±100年）至7390年（±100年）。②

鲁山县邱公城新石器时代遗址位于县城西约13公里的保安庄附近，处在沙河与荡泽河的汇合处，像一座孤岛。这个小岛南北长约200米、东西宽约400米，海拔150米左右。遗址中发现房基1座，还有陶钵、小口尖底瓶、折口盆等器物，以及一些陶片。邱公城遗址发现陶缸瓮棺葬共22个。伊、汝河流域发现丰富的考古学文化。

二、"伊川缸"是"蚩尤文化圈"的重要内涵

伊川土门遗址发现陶缸形式的瓮棺葬。在最初的考古调查报告中把这种瓮棺称为圆柱形粗陶罐。如《1959年豫西六县调查简报》中报道这些瓮棺是"圆柱形粗红陶罐"，是成人瓮棺葬，如直腹缸、鼓腹缸、斜腹缸等；或者还有称之为"粗红陶鼓腹平底罐"的。在这些瓮棺中，除去小孩的瓮棺是"小口尖底瓶"之外，其他所谓的直腹缸、鼓腹缸、斜腹缸、"圆柱形粗红陶罐"或"粗红陶鼓腹平底罐"，更确切地说，应该是一种陶缸。后来在伊水、滍水流域发现大量的这一类瓮棺葬具陶缸。由于这类陶缸葬具是1959年首先在伊川土门发现的，故学术界称之为"伊川缸"（图2-2）。③

伊川土门遗址发现了瓮棺葬，葬具有三种：第一种有2座，葬具是圆柱形粗红陶罐，上有盘状盖，罐内放有成人的头骨和四肢骨，可能是二次葬。第二种是以粗红陶鼓腹平底罐做葬具，内有小孩骨骸。第三种是以小口尖底瓶做葬具，瓶长约1米，腹侧有耳，瓶内放置小孩头骨。④

---

① 中国社会科学院考古所河南一队：《河南汝州中山寨遗址》，《考古学报》，1991年第1期，第70~72页。
② 中国社会科学院考古所河南一队：《河南汝州中山寨遗址》，《考古学报》，1991年第1期，第88页。
③ 洛阳市第二文物工作队、伊川县文化馆：《伊川土门、水寨新石器时代遗址调查简报》，《中原文物》，1987年第3期，第22页。
④ 中国科学院考古研究所洛阳发掘队：《1959年豫西六县调查简报》，《考古》，1961年第1期，第30页。

1985年，伊川土门遗址又发现15件完整的、全为泥质红陶的"伊川缸"瓮棺葬，上腹或口沿下往往有3～9个为数不等的鹰嘴状泥纽。[①]水寨遗址发现"伊川缸"2件，形质均同。泥质红陶、尖唇、直口、深腹、平底有孔，口沿下饰弦纹，有3个对称的鹰嘴状泥纽。腹部饰划纹。口径26厘米、底径17.5厘米、高44.5厘米。另一件口径24厘米、底径16厘米、高40.5厘米。[②]

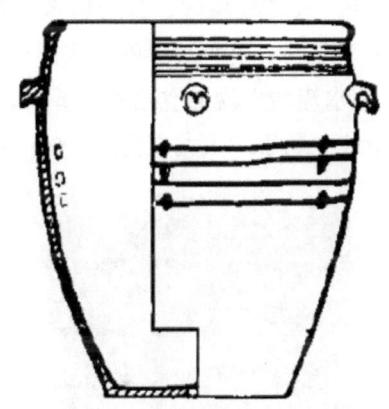

图2-2　汝州中山寨遗址出土的"伊川缸"

资料来源：方孝廉：《河南临汝中山寨新石器时代遗址》，《考古》，1978年第1期，第139页

1978年，临汝县城东7.5公里的北汝河上游发现中山寨遗址。中山寨村西发现过一批竖穴土坑墓，在村东北部发现有两排瓮棺葬。成人瓮棺葬和小孩瓮棺葬，其葬具皆为瓮棺，即深腹罐或尖底器，均为直立放置。很多瓮棺已碎，有2件葬具较为完整。一件是平沿，唇外卷，深腹平底，中有一孔，在腹上部有对称的4个纽，为夹砂粗红陶，手制；高39厘米、口径31.5厘米、底径20厘米。另一件敞口，高领内敛，鼓腹尖底，高51厘米、口径39厘米。这些葬具在出土时，里面均置有小孩骨架。遗物中的石器仅有石斧、石铲各1件，均为花青石，磨制。

鲁山县邱公城新石器时代遗址发现瓮棺葬共22个，样式可分为3种：一种是用黑褐色夹砂陶质的敛口折沿鼓腹罐做葬具，如M1。腹径28.8厘米、高29厘米。罐内尚存一个婴儿的头盖骨、肋骨和股骨等。一种是用夹砂红陶鼎做葬具，如M12，鼎足做锥状三角形，鼎内葬婴儿骨骼一具。一种是用夹砂红陶罐

[①] 洛阳市第二文物工作队、伊川县文化馆：《伊川土门、水寨新石器时代遗址调查简报》，《中原文物》，1987年第3期，第19页。

[②] 洛阳市第二文物工作队、伊川县文化馆：《伊川土门、水寨新石器时代遗址调查简报》，《中原文物》，1987年第3期，第21页。

为葬具，如 M9，罐为直口、微敞、沿外卷、腹部较直、下部向内微缩，平底。罐的口沿处安有 5 个矩状泥纽。口径 32 厘米、高 44 厘米。器盖做半球状，盖顶亦附有 5 个泥纽。罐内葬成人骨骼一架，保存较好。头骨位于罐的中央，其下为盆骨，脊椎骨依靠着瓮棺的东南壁，股骨紧靠瓮棺的西北壁。这些骨头似为二次葬入罐内的。这种瓮棺葬共有 5 个。①

邱公城遗址瓮棺葬的葬具夹砂红陶罐，就是后来所谓的"伊川缸"，因为这是 1962 年发表的发掘报告。是时，这种葬具的说法尚未统一，"伊川缸"的名字尚未提出，其实与伊水、滍水流域发现的瓮棺葬的葬具就是同一种形式的"伊川缸"，说明鲁山县邱公城遗址也属于"蚩尤文化圈"的一部分（图 2-3）。

图 2-3　河南省鲁山县邱公城出土的瓮棺"伊川缸"
资料来源：河南省文化局文物工作队：《河南鲁山邱公城古遗址的发掘》，《考古》，1962 年第 11 期，图版三

阎村遗址出土 11 座瓮棺葬。这些瓮棺葬具与伊川土门遗址一样，瓮棺就是陶缸，或者用大口尖底器和尖底缸之类的陶缸。

汝州洪山庙遗址发现 1 座多人合葬墓 M1。墓口东西长 6.3 米、南北宽 3.5 米，墓底东西长 6.1 米、南北宽 3.3 米，坑深 0.3～0.65 米。底部铺有一层厚约 10 厘米的细黄土。

墓坑内有秩序地放置有 136 件瓮棺。棺均为大口直壁缸与半球状器盖相扣，缸与器盖的口沿下多有鸟喙状纽。M1 是一个瓮棺排葬坑，坑中共 13 排瓮棺。

---

① 河南省文化局文物工作队：《河南鲁山邱公城古遗址的发掘》，《考古》，1962 年第 11 期，第 559 页。

北部的第三排排列较整齐，南部 9 排，每排瓮棺是 3～16 个成组紧密排列；除第九排瓮棺为 3 个外，其余各排的瓮棺均在 16 个以上；虽呈一列，但前后有些错落。儿童瓮棺形制较小，放置于墓坑的西部及西南部。瓮棺内一般都有人骨，均为二次葬，故人骨不全，大多数置有头骨、盆骨和肢骨等。摆放方式一般是盆骨置底，头骨居中。四肢骨竖置于头骨的周边。少数缸内只有肢骨，不见头骨。瓮棺内人骨保存较差，经鉴定男、女、老、幼均有，年龄最大者已逾 60 岁，最小者在 10 岁以下。一般的瓮棺内没有随葬品，有随葬品的仅 4 个，且都是随葬 1 件小陶杯、小器盖等。瓮棺缸的底部均有一个圆形穿孔，为烧前穿透，当是为死者的灵魂出入而留的孔。缸的腹部多饰彩绘，少数缸上塑人物（绘出人体外形）、鸟、熊、龟、鹿、蜥蜴、鱼纹等；还有宽带、弧形三角、圆点、斜线、同心圆、太阳纹和极少的梳形纹等；这些陶缸是专门为死者制作的葬具。①

汝州阎村遗址出土 10 座"伊川缸"的瓮棺葬，在目前发现的"伊川缸"中，只有 3 件彩陶缸。其中一件陶缸高 47 厘米、口径 32.7 厘米、底径 19.5 厘米。这件陶缸在形体上是最大的一个。陶缸上画有鹳鸟叼鱼和有柄石斧的大型彩陶画，被称为《鹳鱼石斧图》。②

汝州地区出土过成人瓮棺葬"伊川缸"的遗址有中山寨、阎村、北刘庄一期遗存等，其中不少瓮棺有彩绘图案。洪山庙遗址出土的陶器，如罐形鼎、釜形鼎、钵、盆等与中山寨三期的同类器物大体一致，属于同一种文化类型。河南的中西部、嵩山西南的伊洛流域、淮河支流汝河的上游及支流等地区都发现有不少用瓮棺合葬的墓葬，类似洪山庙遗址的成排合葬墓在伊川土门、汝州中山寨遗址内均有发现，少则三五成群，如鲁山邱公城的 M9 等。③

同类器巩义市赵城遗址和汝州大张遗址均有出土，属于仰韶文化盛期或稍晚的遗存。④

三、释《鹳鱼石斧图》

如前所述，伊水、滍水流域的汝州阎村遗址以及中山寨遗址等出土的遗物皆

---

① 河南省文物考古研究所：《河南汝州洪山庙遗址发掘》，《文物》，1995 年第 4 期，第 6～9 页。
② 临汝县文化馆：《临汝阎村新石器时代遗址调查》，《中原文物》，1981 年第 1 期，第 3～4 页。
③ 河南省文物考古研究所：《河南汝州洪山庙遗址发掘》，《文物》，1995 年第 4 期，第 10 页。
④ 方孝廉：《河南临汝中山寨新石器时代遗址》，《考古》，1978 年第 1 期，第 139 页。

有"伊川缸"和石斧。故笔者认为,"伊川缸"和石斧当是伊水、滍水流域"蚩尤文化圈"的重要内涵和标志。

阎村遗址出土的一件陶缸上画有鹳鸟叼鱼和有柄石斧的大型彩陶画是非常值得研究的。这件陶缸高 47 厘米、口径 32.7 厘米、底径 19.5 厘米,在形体上是最大的一个。陶缸敞口、圆唇、深腹、平底,红陶砂质,沿下有 4 个对称的鼻纽,腹部一侧画有一幅高 37 厘米、宽 44 厘米的彩色画,画面约占缸体面积的 1/2,是迄今发现的最大的一幅原始社会时期的彩陶画。彩陶画是一个鹳鸟叼鱼,鹳是一种水鸟,以食水中的鱼虾为生。画面上鹳鸟身健体肥、眼睛圆睁、昂首挺立,长长的嘴巴叼着一只毫无反抗能力的鱼。鹳鸟的对面是一把带木柄的石斧,石斧木柄的中间有一个 X 形符号,在我国绘画史上是一件罕见的珍品(图 2-4)。

图 2-4 河南省汝州阎村出土的《鹳鱼石斧图》彩绘陶缸
资料来源:汤丽萍:《我国最早的陶画——"鹳鱼石斧图"鉴赏》,《文物鉴定与鉴赏》,2010 年第 7 期,第 15 页

一般来说,在陶画上出现动物并不奇怪,但是鹳鸟叼鱼与石斧同在一个画面上,并且画在专为装殓成人尸骨的陶缸上,确实有点奇怪、不伦不类。

斧、钺皆是我国古代打仗所用的武器,而且这把石斧画在死者的葬具陶缸上。甲骨文中的"王"犹如斧、钺,画中的石斧当是王权的象征。那么这个陶缸中所葬的死者当是一个"王",或者说部落酋长。

考古学家严文明说:"在酋长的瓮棺上画一只白鹳衔一尾鱼,决不单是为了好看,也不是为着给酋长在天国玩赏。依我们看,这两种动物应该都是氏族的图腾。白鹳是死者本人所属氏族的图腾,也是所属部落联盟中许多有相同名号的兄弟氏族的图腾，鲢鱼则是敌对联盟中支配氏族的图腾。这位酋长生前必定是英武善战的，他曾高举那作为权力标志的大石斧，率领白鹳氏族和本联盟的人民，同鲢鱼氏族进行殊死的战斗，取得了决定性的胜利。"①严文明把鹳鸟认作白鹳，也是可以的。更重要的是严文明认为鹳鸟"是死者本人所属氏族的图腾"，"鲢鱼则是敌对联盟中支配氏族的图腾"是有一定道理的。

郑杰祥认为，这件《鹳鱼石斧图》中的鹳鸟是鹳兜部族的图腾。②笔者认为这种说法是很有见地的。

《山海经·大荒北经》云："西北海外，黑水之北，有人有翼，名曰苗民。颛顼生驩头，驩头生苗民，苗民厘姓，食肉。"③郭璞注曰：苗民，"三苗之民"。苗民又是蚩尤的后裔。《国语·楚语下》曰："其后，三苗复九黎之德。"吴韦昭注："三苗，九黎之后也。"那么鹳兜也当是蚩尤的一支。

《山海经·海外南经》云："讙头国在其南。其为人，人面、有翼、鸟喙，方捕鱼。一曰在毕方东，或曰讙朱国。"讙头即鹳兜，以捕鱼为生，与画中形象相符。

鹳兜部族是蚩尤部族的分支和后裔，根据这一地区在伊水、瀍水流域，是蚩尤氏活动的地区，那么这一地区可称为"蚩尤文化圈"。这里所发现的"伊川缸"和石斧当是"蚩尤文化圈"的重要文化内涵。

"伊川缸"不是伊川独有的，目前在豫中地区仰韶文化的区域内已发现近20处；发现"伊川缸"的遗址主要有偃师昌湾、巩义赵城、禹州谷水河、鲁山邱公城、南召三郎岗、新密马鞍河、伊川土门、汝州阎村、洛阳王湾④。另据笔者所见有伊川水寨、临汝中山寨、偃师酒流沟、荥阳点军台、新密程庄、郑州大河村等。⑤其实新密程庄、郑州大河村所见瓮棺葬具并不是"伊川缸"，只是小孩的瓮棺葬具——尖底瓶。

汝州、伊川、洛阳等地的成人瓮棺葬与豫西庙底沟的相比差异较大。当是同一种文化的另一种类型。

---

① 严文明：《〈鹳鱼石斧图〉跋》，《文物》，1981年第12期，第81页。
② 郑杰祥：《〈鹳鱼石斧图〉新论》，《中原文物》，1982年第2期，第50页。
③ 袁珂：《山海经校注》，上海：上海古籍出版社，1980年版，第436~437页。
④ 严文明：《〈鹳鱼石斧图〉跋》，《文物》，1981年第12期，第79~82页。
⑤ 洛阳市第二文物工作队、伊川县文化馆：《伊川土门、水寨新石器时代遗址调查简报》，《中原文物》，1987年第3期，第97页。

第三章 黄帝的发祥与支系

在我国历史上，黄帝是五帝之首，有非常重要的地位，但是关于黄帝发祥地的记载大都语焉不详，《史记·五帝本纪》说：黄帝"迁徙往来无常处"。笔者认为，黄帝当发祥于我国西部山地。《山海经》记载黄帝较多的事情。根据《山海经》记载，黄帝与帝俊当为同一个人。《山海经》记载帝俊有五个分支，这些分支很多散布在西部地区。当黄帝统一天下之后，即位成为我国的正统帝王。其分支后裔成为少数民族。

第一节 黄帝的发祥地研究

黄帝是炎帝之后的又一个远古帝王。而按照司马迁《史记·五帝本纪》的记载，黄帝当为五帝之首，是我国第一个帝王。关于黄帝发祥何地，笔者认为黄帝当发祥于西部山地。

一、黄帝发祥地的几种说法

黄帝是炎帝之后的一个远古帝王。在黄帝之前，炎帝族在中国已经有七十世，还有很多分支。黄帝进入内地之后，打败了炎帝榆罔，又打败了继称炎帝的蚩尤。司马迁在《史记·五帝本纪》中将其列为五帝之首，黄帝从而成为第一个统一中国的古帝王。

《国语·晋语四》云："昔少典娶于有蟜氏，生黄帝、炎帝。黄帝以姬水成，炎帝以姜水成。"韦昭注："神农，三皇也；在黄帝前。黄帝灭炎帝、灭其子孙耳，明非神农，可知也。言生者，谓二帝本所生出也。……姬、姜，水名也；成，谓所生长以成功也。"

《史记·五帝本纪》"索隐"引皇甫谧云:"黄帝生于寿丘,长于姬水,因以为姓;居轩辕之丘,因以为名,又以为号。是本姓公孙,长居姬水,因改姓姬。"黄帝因居于姬水,故而改姓姬。那么黄帝之前姓什么呢?按皇甫谧云"本姓公孙"。但是笔者认为,我国在春秋战国之前,似乎没有"公"的爵位,当然也没有对"公孙"的尊称。"公"当是一种对男性的称呼。那么可以说,黄帝在姬水一带活动,故以姬为姓。

《史记·五帝本纪》记载:"黄帝者,少典之子。"《索隐》云:"少典者,诸侯国号,非人名也。又案《国语》云:'少典娶有蟜氏女,生黄帝、炎帝。'然则炎帝亦少典之子,炎黄二帝虽则相承,如《帝王代纪》中间凡隔八帝,五百余年。若以少典是其父名,岂黄帝经五百余年而始代炎帝后为天子乎?何其年之长也!"[①]

唐代司马贞《史记索隐》认为,黄帝不可能与炎帝是弟兄;炎帝在黄帝之前,这是毫无疑问的。《国语·晋语四》说他们是兄弟,可能也是谬传。

关于黄帝的发祥之处,史书记载纷纭,莫衷一是,主要有以下五种说法。

1. 东夷地区说

《艺文类聚》引《帝王世纪》:"黄帝,有熊氏,少典氏之子,姬姓也;生寿丘,长于姬水,龙颜,有圣德。受国于有熊,居轩辕丘,因以为号。"《史记·五帝本纪》"正义"引《舆地志》云:"黄帝,有熊国君,乃少典国君之次子,号曰有熊氏,又曰缙云氏,又曰帝鸿氏,亦曰帝轩氏。母曰附宝,之祁野,见大电绕北斗枢星,感而怀孕,二十四月而生黄帝于寿丘。寿丘在鲁东门之北,今在兖州曲阜县东北六里。生日角龙颜,有景云之瑞,以土德王,故曰黄帝。封泰山,禅亭亭。亭亭在牟阴。"

《舆地志》认为,黄帝生于寿丘,"寿丘在鲁东门之北,今在兖州曲阜县东北六里",那么黄帝当生于东夷地区。

有人认为,曲阜城东4公里的旧县村东的寿丘,为黄帝诞生地。宋真宗曾在寿丘建景灵宫祭祀,尊黄帝为始祖。景灵宫供奉玉雕黄帝像,用太庙礼仪祭祀,礼制是当时最高的。可惜该庙毁于元末。现这里辟为公园,园里石碑是我国最大的石碑。现在公园占地37亩,插云双碑,倒映一池。

之后,又有宋代罗泌、程公说,清人徐文靖从其说。如罗泌《路史·国名

[①] (汉)司马迁撰:《史记》,北京:中华书局,1982年版,第2页。

纪》曰："寿丘，在兖之曲阜东北六里，高三丈，今仙源。《广记》云：黄帝所生之地，此本《史记索隐》记载说皇甫谧说在鲁东门外。"程公说《春秋分记·疆理书·鲁地总说》云："鲁，本寿丘，黄帝所生之地，亦为少昊氏之虚。"清人徐文靖《竹书统笺》卷一云："二十五月而生（黄）帝于寿丘。"按：《水经注》渭水又东合泾谷，水又西北。轩辕谷水注之。姚瞻以为黄帝生于天水，在上邽县东七十里轩辕谷。皇甫谧以黄帝生寿邱，在鲁东门北，今在兖州曲阜县东北六里。"

古文献中黄帝早期活动的足迹似乎没有到达东夷地区，黄帝生于寿丘的说法是不成立的。首倡其说的是汉代曲阜人孔安国，之后晋朝皇甫谧在《帝王世纪》中从其说。

2. 天水说

《水经注·渭水》云："渭水又东南合泾谷水……乱流西北，出泾谷峡，又西北，轩辕谷水注之，水出南山轩辕溪。南安姚瞻以为黄帝生于天水，在上邽城东七十里轩辕谷。皇甫谧云生寿丘，丘在鲁东门北，未知孰是也。"《水经注》的作者郦道元不敢确证，只好存疑说"未知孰是也"。

3. 长沙说

有学者提出，《竹书纪年》《帝王世纪》《路史》等皆云：黄帝生于寿丘。"寿丘"之地名，所体现的特征就在"寿"字上。《史记·天官书》云："角、亢、氐，兖州……轸、翼，荆州。"古长沙属楚，粗言之，属轸、翼所控制之范围，可属轸、翼所在的鹑尾之次。但细言之，则又确属寿星之次。《帝王世纪》曰："自张十八度至轸十一度，曰鹑尾之次……今楚分野。自轸十二度至氐四度，曰寿星之鹑尾、寿星两个次。"其实十二次之一的"寿星"之次名，原本来源于长沙星名。既然长沙星又别称"寿星"，那么长沙之地当然便可别号"寿丘"了，更何况旧属长沙的南岳衡山一直被称为"寿岳"。清时善化县（今长沙）有万寿山之名。至今洞庭湖边还有汉寿县。汉时为汉寿县，至吴时则改为吴寿县，"湖南境内。总之，黄帝出生地在古长沙国，当今湖南境"①。以星名来推测地名，把"寿星"理解为"寿丘"，笔者认为此说似牵强。

4. 宝鸡说

《国语·晋语四》云："昔少典娶于有蟜氏，生黄帝、炎帝。黄帝以姬水成，

---

① 刘俊男：《黄帝史迹考》，《山东师范大学学报》，2004年第2期，第104页。

炎帝以姜水成。成而异德，故黄帝为姬，炎帝为姜。二帝用师以相济也，异德之故也。"黄帝生于陕西武功。《史记·五帝本纪》"索隐"引皇甫谧云："黄帝生于寿丘，长于姬水，因以为姓；居轩辕之丘，因以为名，又以为号。是本姓公孙，长居姬水，因改姓姬。"黄帝长于姬水，姬水是陕西宝鸡一带的一条小河，今已经干涸。

唐太宗李世民有一次到武功县庆善宫时，曾作诗一首：

幸武功庆善宫

寿丘惟旧迹，酆邑乃前基。粤予承累圣，悬弧亦在兹。
弱龄逢运改，提剑郁匡时。指麾八荒定，怀柔万国夷。
梯山咸入款，驾海亦来思。单于陪武帐，日逐卫文㮰。
端扆朝四岳，无为任百司。霜节明秋景，轻冰结水湄。
芸黄徧原隰，禾颖积京畿。共乐还乡宴，欢比大风诗。

李世民的诗很明显说，寿丘旧迹乃是酆邑之前基。寿丘在酆邑，较为可信。黄帝部族可能从西方来，陕西曾为黄帝部族的居地是非常可能的。

《路史·后纪五·疏仡纪·黄帝纪上》罗泌自注："今宝鸡，故陈仓。姚睦云：'黄帝都陈仓，非宛丘。'故今陇右黄帝遗迹甚多。《水经注》：'上邽有轩辕溪、轩辕谷。睦云黄帝生处。'《遁甲》：太皞亦治陈仓。岂三皇同在西乎。"

应该说，黄帝是来自西部的一支部族。

5. 新郑说

《帝王世纪》记载："受国于有熊，居轩辕丘，因以为号。"那么黄帝所居的轩辕丘位于何处呢？目前主要有新郑说。

一种观点认为新郑就是轩辕丘，即黄帝的发祥地和故里；另一种观点认为新郑不是黄帝的故里，是黄帝所建立的有熊国的国都。

宋人潘自牧《记纂渊海·郡县部》记载："轩辕丘在新郑县境，黄帝生此。"

《明一统志》卷二十六《河南布政司》云："轩辕丘，在新郑县境，古有熊氏之国，轩辕黄帝生于此，故名。"

《大清一统志·开封府》云："轩辕邱，在新郑县西北故城。《史记》：黄帝居轩辕之邱。《后汉书·郡国志》：河南尹新郑，黄帝之所都。《通典》：新郑，祝融之墟，黄帝都于有熊，亦在此也。"

由以上记载可知，新郑是黄帝所建的有熊国的国都，当是没有异议的。但说是黄帝故里似乎根据薄弱。

二、黄帝当发祥在西部山地

黄帝的传说遍布于天下。黄帝是中华民族的祖先，我国到处都以是黄帝的故里为荣，这是可以理解的。从文献记载来看，黄帝部族是一个迁徙流动频繁的部族，"迁徙往来无常处"①，活动范围是非常大的。

《山海经》中的《大荒西经》《大荒北经》《海内经》以及《穆天子传》都是我国先秦时期的著作，都记载了黄帝活动的地域。从这些文献中也可以看出黄帝活动地域的广阔。

有人曾认为，《山海经》中的帝俊就是黄帝。《山海经》记载的帝俊分支，皆"使四鸟、虎、豹、熊、罴"，有的还"食兽"（后面将详述）。《史记·五帝本纪》也记载：黄帝"教熊、罴、貔、貅、䝙、虎"。这些虎、豹、熊、罴可能是一些部族的名字或者说图腾。这些记载说明黄帝与以猛兽命名的部族有密切的关系。以猛兽命名的部族，当与高山大川有关，那么黄帝也当与我国西部高山有关。

《大荒西经》云："西北海之外，赤水之西，有先民之国。食谷，使四鸟。有北狄之国。黄帝之孙曰始均。始均生北狄，有芒山、有桂山、有榣山。其上有人，号曰太子长琴。颛顼生老童，老童生祝融，祝融生太子长琴，是处榣山，始作乐风。有五采鸟三名：一曰皇鸟，一曰鸾鸟，一曰凤鸟。有虫状如菟，胸以后者裸不见，青如猿状。"这里所说的当是在我国的西部，大约是新疆地区。

《大荒北经》云："大荒之中，有山名曰不句，海水入焉。有系昆之山者，有共工之台，射者不敢北向。有人衣青衣，名曰黄帝女魃。"

《海内经》云："流沙之东、黑水之西，有朝云之国，司彘之国。黄帝妻雷祖，生昌意。"

《穆天子传》卷二云："吉日辛酉，天子升于昆仑之丘，以观黄帝之宫，而丰□隆之葬，以诏后世。癸亥，天子具蠲斋牲全，以禋□昆仑之丘。甲子，天子北征，舍于珠泽，以钓于流水，曰：珠泽之薮，方三十里。爰有藿苇、莞蒲、茅

---

① （汉）司马迁撰：《史记》，北京：中华书局，1982年版，第6页。

薋、蒹蒌，乃献白玉□只，角之一□三，可以□沐，乃进食，□酒十，□姑劖九，□亓味中糜胃而滑。因献食马三百，牛羊三千。天子□昆仑，以守黄帝之宫，南司赤水，而北守舂山之宝。天子乃之□人□吾，黄金之环三五，朱带贝饰三十，工布之四。□吾乃膜拜而受。天子又与之黄牛二六，以三十□人于昆仑丘。"晋郭璞注："黄帝巡游四海，登昆仑山，起宫室于其上。"这里是说，穆天子登上昆仑之丘，昆仑丘上有黄帝之宫。穆天子对黄帝的衣冠冢加土封高，又用经过斋戒的牺牲对黄帝进行禋祀。禋祀，就是燎祭，即在地上燃起柴火，再把牲体、玉帛放在柴上面，使气味达于天，以祀黄帝。又命昆仑之人"守黄帝之宫"。

《山海经》《穆天子传》记载，黄帝所在之处在"西北海之外，赤水之西""流沙之东、黑水之西""昆之山""昆仑之丘"，这些地方皆在我国的西北地区。黄帝游于"赤水之西"，登乎昆仑之上。黄帝曾经活动的地区，至今有些还不能确指，但是确实到了甘肃、新疆地区。所以不能否定黄帝发祥于西部、是来自西方的一个部族的说法。

过去曾有人认为黄帝到过那些地方是不可能的，但是随着考古事业的发展，人们的学术视野也逐渐地扩大。《山海经》《穆天子传》也记载黄帝到过那些地方。黄帝族的活动范围很大、很广，但绝不是空穴来风。

第二节　《山海经》记载的黄帝分支部族

我国学术界把《史记》作为正史，但是《史记》记载黄帝的事迹，特别是黄帝的出身和分支非常简略，而不被认为是正史的《山海经》记载的黄帝的后裔分支却比较多。因此，今本书以《山海经》中的记载研究黄帝的后裔分支。

一、黄帝的分支部族——儋耳之国

儋耳，就是人的耳朵很大、两耳垂肩的意思。据说黄帝之子禺貌，是东海之神；黄帝之孙禺京，是北海之神。禺貌的耳朵很大，故称其国为"儋耳之国"。

《山海经·大荒东经》记载："东海之渚中，有神，人面鸟身，珥两黄蛇，践两黄蛇，名曰禺虢。黄帝生禺虢，禺虢生禺京。禺京处北海，禺虢处东海，是惟海神。"

禺虢，当是黄帝的分支。黄帝之子是禺虢，黄帝之孙、禺虢之子是禺京。禺虢是东海之海神，禺京是北海之海神。

《史记·五帝本纪》云：黄帝"教熊、罴、貔、貅、䝙、虎，以与炎帝战于阪泉之野"。《史记索隐》引"《书》云：'如虎如貔。'《尔雅》云：'貔，白狐。'《礼》曰：'前有挚兽，则载貔貅'是也。《尔雅》又曰：'䝙獌似狸，此六者猛兽可以教战。'《周礼》：'有服不氏，掌教扰猛兽，即古服牛乘马，亦其类也'"。《史记正义》引郭璞云："貔，执夷虎属也。按：言教士卒习战，以猛兽之名名之，用威敌也。"

禺虢，根据字形当与虎有关，可能就是《史记·五帝本纪》中"貔，执夷虎属也"的"貔"，是以猛兽命名的黄帝的分支部族。

《山海经·大荒北经》云："有儋耳之国，任姓，禺号子，食谷。北海之渚中，有神，人面鸟身，珥两青蛇，践两赤蛇，名曰禺强。"晋郭璞注："其人耳大下儋，垂在肩上，朱崖儋耳，镂画其耳，亦以放之也。言在海岛中种粟给食，谓禺强也。"①

《左传·僖公二十一年》云："任、宿、须句、颛臾，风姓也，实司大皞与有济之祀，以服事诸夏。"任姓是大皞之后，儋耳之国，亦任姓。儋耳之国当与大皞有一定的联系，或许二者有融合的情况。

禺虢，即禺号、禺强，是北海之神。

儋，即聸也，两耳垂肩为聸。《说文解字》云："聸，垂耳也。从耳，詹声，南方聸耳之国。"儋耳之国，即国民将两耳垂在肩上。这两个耳是做的，并加上图画的假耳。晋左思《吴都赋》云："聸耳、黑齿之酋。"

郦道元《水经注》卷三十六《温水》记载："《林邑记》曰：'汉置九郡，儋耳与焉。民好徒跣，耳广垂以为饰。虽男女裸露，不以为羞。暑褻薄日，自使人黑，积习成常，以黑为美。'《离骚》所谓玄国矣。然则儋耳即离耳也。……《异物志》曰：'儋耳、朱崖俱在海中'。"

两耳能够垂肩的，恐怕只有神话中人了。但是《说文解字》认为，这两耳是假的，是画的。郦道元《水经注》引《林邑记》所说，笔者才明白，所谓的"其人耳大下儋，垂在肩上"，原来是"耳广垂以为饰"，垂的是饰，即耳坠。笔者曾

---

① 袁珂：《山海经校注》，上海：上海古籍出版社，1980年版，第425～426页。

到云南西双版纳考察民俗，傣族人确实是戴着长长的耳坠。若此，傣族人有可能就是"儋耳之国"之人了。

《史记·货殖列传》云："苍梧以南至儋耳者，与江南大同俗，而杨越多焉。番禺亦其一都会也，珠玑、犀、玳瑁、果、布之凑。"《史记正义》云："今儋州在海中，广州南去京七千余里，言岭南至儋耳之地，与江南大同俗，而扬州之南越民多焉。"

笔者曾查阅了历代史书，如《水经注》《史记·货殖列传》《汉书》等，都认为"儋耳之国"在南海之中，可是《山海经·大荒北经》云："儋耳之国"是"北海之渚中"的神。《吕氏春秋·任数》也云："南抚多颗，西服寿靡，北怀儋耳。"汉高诱注：多颗，"南极之国"；寿靡，"西极之国，靡亦作麻"；儋耳"北极之国"。儋耳在"北极之国"。

案：上面所引史书，当该说有一定的根据。那么黄帝之子禺貌所做的海神，最初当是北海之神，之后又迁徙到南方，这种可能是有的。

二、黄帝的分支部族——犬戎

《山海经·大荒北经》云："大荒之中，有山名曰融父，山顺水入焉。有人名曰犬戎。黄帝生苗龙，苗龙生融吾，融吾生弄明，弄明生白犬。白犬有二牝，是为犬戎，肉食。有赤兽，马状无首，名曰戎宣王尸。"戎宣王尸，晋郭璞注："犬戎之神名也。"

上段话中"白犬有二牝，是为犬戎"一句，晋郭璞注："言自相配合也。"清代吴任臣注："白犬，黄帝之曾孙，其名若后世犬子、佛狸、虎狙，非狗犬也。又云：有牝牡，盖若今之婆罗门半释迦，具阴阳二体者。应劭《书》：遂以为高辛犬，名盘瓠，妻帝女，生六男六女，自相夫妇。赵氏《说文长笺》亦云：盘瓠之种犬也。其说实衍于此。"

《大荒北经》又云："西北海外，流沙之东，有国曰中輻。颛顼之子，食黍。有国名曰赖丘。有犬戎国。有神，人面兽身，名曰犬戎。"

当然《大荒北经》所说的有人名曰犬戎，现代人谁也不会认为是犬、狗，而是华夏族对少数民族的称呼。

但是，我们由此可以得知，犬戎与华夏族是同一个祖先——黄帝。

《史记·匈奴列传》云："周西伯昌伐畎夷氏。"《史记索隐》引韦昭云："春秋以为犬戎。按畎，音犬，大颜云即昆夷也。《山海经》云：'黄帝生苗龙，苗龙生融吾，融吾生弄明，弄明生白犬。白犬有二牝，是为犬戎。'《说文解字》：'赤狄，本犬种，故多从犬。'又《山海经》：'有人面兽身，名犬夷。'贾逵云：'犬夷，戎之别种也'。"

《史记·周本纪》云："西伯盖受命之君，明年，伐犬戎。明年，伐密须。明年，败耆国。"这里所说的"犬戎"，就是《山海经》所说的"有神，人面兽身，名曰犬戎"之"犬戎"。

经过西周文王的征伐，犬戎成为西周王室的臣属。周王室还曾派大毕、伯仕到犬戎那里去辅助犬戎之君。犬戎是天性淳朴之族，表里如一，能帅旧德，对西周王室非常勤于职责。但是周穆王对犬戎不满意，认为犬戎贡享不够，准备征伐犬戎。《国语·周语上》云："今自大毕、伯仕之终也，犬戎氏以其职来王。天子曰：'予必以不享征之，且观之兵。'其无乃废先王之训而王几顿乎？吾闻夫犬戎树惇，能帅旧德而守终纯固，其有以御我矣。"韦昭注："大毕、伯仕，犬戎氏之二君。终，卒也。以其职，谓其嗣子以其贵瑶（宝）来见王也。享，宾服之礼。以责犬戎，而示之兵法也。几，危也。顿，败也。言犬戎立性惇朴。帅，循也。纯，专也。固，一也。言犬戎循先王之旧德，奉其常职，天性专一，终身不移，不听穆王责其不享也。御，犹距也。"

自周穆王始，西周王朝又开始征伐犬戎；周懿王二十一年，虢公帅师北伐犬戎，以失败告终。《竹书纪年》卷下云：周穆王"十二年，毛公班、共公利、逢公固帅师从王伐犬戎。冬十月，王北巡狩，遂征犬戎。……二十一年，虢公帅师北伐犬戎，败逋"。

《史记·匈奴列传》云："穆王伐犬戎，得四白狼、四白鹿以归。自是之后，荒服不至。于是周遂作甫刑之辟。穆王之后二百有余年，周幽王用宠姬褒姒之故，与申侯有郄。申侯怒而与犬戎共攻杀周幽王于骊山之下。"《史记正义》：故申城在邓州南阳县北三十里，周宣王舅所封。《史记集解》引韦昭曰："戎后来居此山，故号曰骊戎。"

由上段文字记载可知，自周文王始，就伐犬戎；周穆王伐犬戎；至周幽王时，由于内部出现矛盾，申侯勾结犬戎，攻杀周幽王于骊山之下，导致西周王朝的灭亡。

西周、春秋时期，犬戎对西周王室不断地进行侵扰。

三、黄帝的分支部族——先夏、先周与先楚

根据《史记·五帝本纪》的记载，颛顼、帝喾、帝尧、帝舜，以及帝尧之前在位九年的帝挚，皆是黄帝之后裔分支。关于黄帝的后裔分支，笔者将写在黄帝仙逝之后（此处不再赘述）。《山海经》记载的黄帝（帝俊）的分支部族，皆是黄帝之子孙。而且据《山海经》记载，先夏部族、先周部族、先楚部族皆是黄帝分支部族。当然先夏部族、先周部族、先楚部族是否是黄帝之分支，还有研讨的空间，本书只是根据《山海经》记载论述黄帝的分支部族。

《山海经》卷十八《海内经》云："黄帝生骆明，骆明生白马，白马是为鲧。"鲧，是夏王朝开国君主大禹的父亲，属于先夏部族酋长。夏王朝，姒姓；夏部族是否是黄帝之裔，还需要考证，但是大禹的天下和江山是从黄帝传下来的，这是肯定的。所以夏王朝被认为是黄帝之后裔也不为过。

《山海经》卷十六《大荒西经》云："西北海之外，赤水之东，有长胫之国。有西周之国，姬姓，食谷。有人方耕，名曰叔均。帝俊生后稷，稷降以百谷。稷之弟曰台玺，生叔均。叔均是代其父及稷播百谷，始作耕。有赤国妻氏，有双山。"意思是，西北海之外，有西周之国，姬姓，食谷。西周之国，很明显是一个农业部族。该文又云：帝俊之子曰后稷。后稷经营百谷之农业。后稷之弟曰台玺，生叔均。叔均是代其父及稷播百谷，始作耕。这当然是周部族先祖的情况，后稷属于先周部族酋长。他们是否有这种前后的血缘关系，还不好确定，但是与夏王朝一样，西周的天下和江山是从黄帝传下来的，这也是肯定的。所以把周部族认为是黄帝之裔也不为过，而且西周也是姬姓部族。

《大荒西经》又云："有北狄之国。黄帝之孙曰始均。始均生北狄，有芒山、有桂山、有榣山。其上有人，号曰太子长琴。颛顼生老童，老童生祝融，祝融生太子长琴，是处榣山，始作乐风。"

《大荒西经》记载：黄帝之孙曰始均，始均生北狄。北狄有一人名曰"太子长琴"。而太子长琴是颛顼之后裔。颛顼生老童，老童生祝融，祝融生太子长琴。那么太子长琴也是黄帝之后裔。老童、祝融皆楚部族的先祖。

湖北荆州一带发现的《包山楚简》《卜筮祭祷记录》考释中的简文却有"举祷楚先老僮（童）、祝融、媸酓（鬻熊）各两羖"[①]。在楚人祭祀的先祖中，老童最早，其后就是祝融和鬻熊。

---

① 湖北省荆沙铁路考古队：《包山楚简》，北京：文物出版社，1991年版，第36页。

《左传·僖公二十六年》载："夔子不祀祝融与鬻熊，楚人让之。"夔是楚的同姓小国，楚人以夔人不祭祀祝融为理由而出兵灭之，说明祝融是楚人心中神圣的先祖。

老童、祝融是楚人之先祖，鬻熊是楚开国之祖，皆是楚人的百世不替之祖。

老童、祝融是楚部族先祖，是先楚部族酋长，他们与黄帝是否有血缘关系不好确定，但是根据《山海经》的记载，楚部族也是从西方来到中原，又南迁到江汉流域而立国的。在西方之时，也许黄帝部族就与先楚部族有一定的联系。

第三节 《山海经》记载的帝俊（或者黄帝）分支部族

我国有的学者把黄帝与《山海经》的帝鸿氏当作同一个人，当然《左传》与《史记》语焉不详，杜预注、裴骃《史记集解》把黄帝与帝鸿氏认为是一人。对此，罗泌《路史》坚决反对，认为黄帝与帝俊才是一人，帝鸿氏是黄帝之子。如果把《山海经》帝俊、帝鸿氏与黄帝加以对照，《路史》之说是较有道理的。本书暂且把帝俊作为黄帝后裔。《山海经》记载，帝俊共有五个分支。这是黄帝尚未坐天下时期的分支。这些分支很多散布在西部地区，成为少数民族。

一、《山海经》中黄帝与帝俊氏的关系

《左传》与《史记》的记载也未把黄帝与帝鸿氏当作一人，只是《左传》杜预注、《史记集解》、贾逵等，把黄帝与帝鸿氏当作一人。然而，罗泌《路史》根据《山海经·海内经》的记载，坚决反对把黄帝与帝鸿氏当是一人。罗泌说："《山海经》云：帝律生帝鸿。律，黄帝之字也。杜预以帝鸿为黄帝，陋矣。"①下面我们谈谈这两种看法。

1. 认为黄帝与帝鸿氏为一人

《史记·五帝本纪》云："昔帝鸿氏有不才子，掩义隐贼，好行凶慝，天下谓之浑沌。"《史记集解》引贾逵曰："帝鸿，黄帝也。"

《左传·文公十八年》云："昔帝鸿氏有不才子，掩义隐贼，好行凶德，丑类恶物，顽嚚不友，是与比周。天下之民谓之浑敦。"杜预注："帝鸿，黄帝；谓驩

---
① （南宋）罗泌：《路史》卷十五《后纪六·疏仡纪·黄帝纪下·帝鸿氏》，文渊阁四库全书。

兜，浑敦，不开通之貌；丑，亦恶也；比，近也；周，密也。"

《史记·五帝本纪》记载："黄帝者，少典之子。姓公孙，名曰轩辕。……有土德之瑞，故号黄帝。"《牵引》云："有熊者，以其本是有熊国君之子故也。都轩辕之丘，因以为名，又以为号。又据《左传》亦号帝鸿氏也。"

东汉经学家贾逵、西晋杜预皆把黄帝与帝鸿氏当作一人。

2. 认为黄帝与帝俊为一人

罗泌依据《山海经》的记载在《路史》中对此问题进行了纠正，认为黄帝与帝俊才是一人，帝鸿氏当是帝俊之子，也就是黄帝之子。笔者细读《山海经》，觉得罗泌说的确实有道理。

《路史》卷十五《后纪六·疏仡纪·黄帝纪下·帝鸿氏》云："帝鸿氏，厘姓，帝律生帝鸿，是为帝休。母方累氏，感掖晶而生，生而多祥，黄帝厌，帝休是立。正朔服度，一仍黄帝之故。故亡思亡，为不虑不图，而臻至治。治四十有七载卒，葬雍。雕之鸿冢是矣。在秦汉，皆列祀典。生白民及嘻，嘻生季格，季格生帝魁。白民，销姓，降居于夷，是为白民之祖。其别为防风氏，守封禺之间。厘姓，至商为汪沴氏，漆姓。"罗泌自注："《山海经》云：帝律生帝鸿。律，黄帝之字也。杜预以帝鸿为黄帝，陋矣。（方累氏）即方雷，故郁累亦为郁雷。"

罗泌《路史》修改《左传·文公十八年》杜预注、《史记集解》与贾逵的注，接受了《山海经》卷十四《大荒东经》中的"帝律生帝鸿。律，黄帝之字也。杜预以帝鸿为黄帝，陋矣"的观点。笔者对此文进行查对，皆没有"帝律生帝鸿"之语。《大荒东经》有"有白民之国。帝俊生帝鸿"。"帝俊"当与"帝律"不同。

今人神话学家袁珂说："或罗氏所见本与今本异。古代神话传说，由于辗转相传，历时既久，错综纷歧之处必多，此经帝俊生帝鸿，帝鸿不必即黄帝，纵帝鸿即黄帝矣，帝俊不必即少典，要在阙疑可也。"①

> 案：袁珂所说的"阙疑"，也许不一定为现代一些学者所接受，但是至少是袁珂也没有见过《山海经》"帝律生帝鸿"的本子。然而当笔者阅读了《山海经》中关于帝鸿氏的记载，觉得帝鸿氏根本没有我们所

---

① 袁珂：《山海经校注》，上海：上海古籍出版社，1980年版，第347页。

认为的中华第一帝——黄帝那么大的影响，倒是帝俊支系众多，有可能与黄帝属于同一级别的人物。《山海经》记载：帝鸿氏是帝俊之子，仅是帝俊的一个支系。罗泌对杜预注《左传》、《史记集解》与贾逵注《史记》，认为黄帝与帝鸿氏为一人非常不满，而且袁珂也是把帝俊与黄帝认作一人。笔者也暂且认为，黄帝与帝俊当是一人。将来如果有新的材料，也许会有新的观点出现。

3. 认为帝俊就是帝喾

如《帝王世纪》说："帝喾自言其名曰夋。"笔者认为，把帝俊认为是帝喾也不靠谱。帝俊的许多后代当是黄帝之裔，而不是帝喾之裔。亦有学者把帝俊认为是帝舜。俊与舜可以同声假借，亦有一定道理。

二、帝俊（或黄帝）的分支部族——中容之国

《山海经·大荒东经》记载："大荒之中，有山名曰合虚，日月所出。有中容之国。帝俊生中容，中容人食兽、木实，使四鸟、豹、虎、熊、罴。"

《左传·文公十八年》云："昔高阳氏有才子八人：苍舒、隤敳、梼戭、大临、龙降、庭坚、仲容、叔达，齐圣广渊，明允笃诚，天下之民谓之八恺。……（舜）举八恺，使主后土；以揆百事，莫不时序，地平天成。"①

《山海经》中说"帝俊生中容"。中容为帝俊，即黄帝所生，当是黄帝族的分支。《左传》则认为仲容是高阳氏颛顼所生。中容在帝尧时没有被重用，而在帝舜时，才被举任为后土。但是《左传》杜预注："后土，地官；禹作司空，平水土，即主地之官。"《疏》因《正义》曰："用禹为主后土之官，令以揆度百事，百事无不揆度，于是皆有次序；得地平，其化天成；其施言有成功也。"后土是一个管理土木水利工程的官名。中容、八恺、禹大约都做过后土。直至共工氏之子勾龙，被祀为后土社神，才固定勾龙为"后土"，即社神。

但舜举任的"八恺"为后土，而《杜预注》却说"用禹为主后土之官"，中容当然不是大禹。宋代程公说《春秋分记》卷四十八曰："中容，八凯乃高阳氏

---

① 杨伯峻：《春秋左传注》，北京：中华书局，1983年版，第636页。

之子，而禹则鲧之子也。左氏既已失，而预又并失之矣。"①如果把后土认为是一个官名、一个职务，大禹与中容是不同时期的后土，就可以理解了。

《吕氏春秋·孝行览·本味》云："昆仑之苹、寿木之华，指姑之东、中容之国，有赤木，玄木之叶焉。"汉高诱注："昆仑，山名，在西北，其高九万八千里。苹，大苹，水藻也。寿木，昆仑山上木也。华，实也。食其实者，不死，故曰寿木。（指）一作枯。指姑，乃姑余山名也，在东南方。《淮南记》曰：轶题难于姑余是也。赤木，玄木。其叶皆可食，食之而仙也。"②上面的话是说，昆仑山上有苹、寿木，"食其实者，不死"；而中容之国则有"赤木，玄木之叶焉"，这些赤木、玄木的叶子亦可以食，并且"食之而仙"。

如果说《左传》所云的"仲容"与《山海经》中的"中容"不是一个人，或者不是一回事，那么《吕氏春秋·孝行览·本味》所记载的"中容之国"与《山海经》所说的"中容之国"完全是一个地方。

按照《山海经》的记载，"中容人食兽、木实，使四鸟、豹、虎、熊、罴"，完全是山地部族的名称和习俗，与黄帝族是一致的。《山海经》说，"中容之国"是帝俊所生，但是也有人认为"帝俊"当为"帝舜"，"俊"与"舜"同声假借，帝俊、帝舜当为一人，那么中容是帝舜之裔。但是中容在帝尧时没有被举用，帝舜时才被任用，那么中容是帝舜之子。根据《左传·文公十八年》，似乎不是原文之意。根据"中容之国"是帝俊之分支更为恰当。

笔者认为，"中容之国"当是黄帝的分支部族。

三、帝俊（或黄帝）的分支部族——司幽、黑齿之国

《山海经·大荒东经》记载："有司幽之国。帝俊生晏龙，晏龙生司幽，司幽生思士，不妻；思女，不夫。食黍，食兽，是使四鸟，有大阿之山者。"晋代郭璞注："言其人直思感而气通，无配合而生子。此庄生所谓白鹄相视，眸子不运，而感风化之类也。"司幽，当是黄帝的孙子。

《列子·天瑞》云："思士不妻而感，思女不夫而孕。"晋张湛注："《大荒经》曰：'有思幽之国，思士不妻，思女不夫。精气潜感，不假交接而生子也。此亦白鹍之类也。'"

---

① （宋）程公说：《春秋分记》卷四十八，文渊阁四库全书。
② 陈奇猷校释：《吕氏春秋校释》，上海：学林出版社，1984年版，第741页。

据估计，思幽之国部族当还处于母系社会。

《山海经·大荒东经》记载："有黑齿之国。帝俊生黑齿，姜姓，黍食，使四鸟。有夏州之国。有盖余之国。有神人，八首人面，虎身十尾，名曰天吴。"

如前所引，《逸周书·王会解》云："黑齿，白鹿、白马。"晋孔晁注："黑齿，西远之夷也。"黑齿，当是西方之民族。

但是，有人又认为是南方"瓯越之民"。例如，《史记·赵世家》曰："瓯越之民也，黑齿雕题。"《正义》曰："按属南越，故言瓯越也。《舆地志》云：'交趾，周时为骆越，秦时曰西瓯；文身、断发、避龙，则西瓯。骆又在番吾之西，南越及瓯骆皆芈姓也。'《世本》云：'越，芈姓也，与楚同祖是也。'以草染齿，用白作黑。郑玄曰：'雕文，谓刻其肌，以青丹涅之。'"

宋代乐史《太平寰宇记》卷一百六十五《岭南道九》亦云："槟榔树如棕榈，高七八丈，无柯枝，上有十许叶。正月结房，一房二百余子，花甚香。每生即落一箨，箨堪为扇。至五月熟，大如鸡子。以海蚕壳烧作灰，名曰蛤奔灰，共扶留藤叶和而嚼之，香美，除口气。久食令人黑齿，故南中有'雕题黑齿'之俗。"意思是说，南方盛产槟榔。槟榔非常好吃，但是吃多了，就会黑齿。

《管子》亦认为，黑齿是南夷之国。《管子·小匡》云：齐桓公"九合诸侯，一匡天下。北至于孤竹、山戎、秽貉、拘秦夏；西至流沙、西虞；南至吴越、巴、牂牱、□不庾、雕题黑齿、荆夷之国，莫违寡人之命"。吴越、巴、牂牱、□不庾、雕题黑齿、荆夷，皆南夷之国号。

《吕氏春秋》认为，黑齿是东方人。如《吕氏春秋·慎行论·求人》曰："攒树之所，播天之山，鸟谷青丘之乡，黑齿之国。"汉高诱注："东方其人齿黑，因曰黑齿之国也。""攒树之所，播天之山"，即山上的树可以指向天，言山高至天。

黑齿之民在南方、东方、西方皆有，但是黄帝的分支部族司幽之国、黑齿之国当在西方。

四、帝俊（或黄帝）的分支部族——番禺、奚仲、吉光

《山海经·海内经》云："帝俊生禺号，禺号生淫梁，淫梁生番禺，是始为舟。番禺生奚仲，奚仲生吉光，吉光是始以木为车。"

《海内经》云：番禺造舟，吉光作车。"番禺造舟"能够得到古文献的认证，

而"吉光作车",似乎就没有史书的记载,很多史籍认为"奚仲作车"。也可能父子两人合作造车。还有人认为,在奚仲之前就已经有车。

在这里,笔者先探讨"奚仲作车"或"吉光作车",然后再研究"番禺造舟"。

《左传·定公元年》薛宰曰:"薛之皇祖奚仲居薛,以为夏车正。奚仲迁于邳,仲虺居薛,以为汤左相。"①杜预注:"皇,大也;奚仲为夏禹掌车服大夫。"薛,故城在今滕州市东。《荀子·解蔽》云:"奚仲作车。"《左传》《荀子》皆记载,奚仲居薛以为夏车正,那么作车的,应该说是奚仲。

《管子·形势解》云:"奚仲之为车器也,方圜曲直皆中规矩钩绳,故机旋相得,用之牢利,成器坚固,明主犹奚仲也。"汉代陆贾《新语》卷上云:"奚仲乃桡曲为轮,因直为辕。"其意也是"奚仲作车"。

荀子是战国的学者,《管子》亦在战国时期成书,《左传》是为学术界认可的正史,皆先秦时期的史料,本书就以先秦史料为准,认为是奚仲作车。

晋杜预《春秋释例》卷九《世族谱》云:"薛国,任姓,黄帝之苗裔。奚仲封为薛侯,今鲁国薛县是也。奚仲迁于邳,仲虺居薛,以为汤左相。"

宋代陈旸《乐书》卷二十一《礼记训义》云:"《世本》云:'奚仲始造车';考之易理,伏牺画卦,寓大舆之象。有虞氏之路,有鸾车之制。奚仲,夏之车正而已,安得谓之始造乎?"②陈旸认为,在奚仲之前就已经有车了。

目前从考古学上研究,淮阳平粮台古城址已经发现有车辙的痕迹,可能是轮辐马车之辙。商代已经有了马车,郑州小双桥遗址南部有 3 条东西向的道路。其中一条东西向的道路,其上分布有 15 组车辙。所以黄帝时造车也有可能,但是现在考古学尚未发现遗迹。

下面笔者继续探讨"番禺造舟"的史实。

帝俊的重孙子番禺,是一个造船的专家。《周易·系辞下》云:"神农氏没,黄帝、尧、舜氏作。通其变,使民不倦,神而化之,使民宜之。易,穷则变,变则通,通则久。是以自天佑之,吉无不利。黄帝、尧、舜垂衣裳而天下治,盖取诸乾坤。刳木为舟,剡木为楫。舟楫之利,以济不通,致远以利天下,盖取诸涣。"宋高承《事物纪原》卷八云:"黄帝氏作,刳木为舟,剡木为楫,盖以黄帝为是筏。"根据《周易·系辞下》《事物纪原》等的记载,我国在黄帝时期已经会制造水上的交通工具——独木舟了。

---

① 杨伯峻:《春秋左传注》,北京:中华书局,1983 年版,第 1524 页。
②(宋)陈旸:《乐书》卷二十一《礼记训义》,文渊阁四库全书。

目前，我国黄帝时期，甚至更早制造的独木舟已经得到考古学的支持。浙江萧山跨湖桥遗址发现一条残长 5.6 米的独木舟，它的一端因当地砖瓦厂的取土工程而遭到破坏。船身最宽处为 53 厘米，船体深 20 厘米，船帮有部分被损坏，因而宽窄不一。在船体凹面内有多条支撑横木的痕迹。该船所在的跨湖桥遗址距今已有 7000～8000 年的历史，而古船又是在该遗址的偏早期发现的，因此保守估计其年代应该在 7500 年以前。这是迄今为止世界上发现的最早的船。这一发现把世界造船纪录向前推进了 2000 多年，它对研究中国和世界新石器时代人类水上交通工具史起到了重要作用。另外，江苏常州地区曾经发现过 3000 年前左右的独木舟和 6000 年前左右的木船桨。[①]

五、帝俊（或黄帝）的分支部族——白民之国

如前所述，黄帝与帝俊就是同一个人。《山海经》记载帝鸿氏是帝俊之子，帝俊氏、帝鸿氏的几支世系与我国其他古代史书记载的黄帝世系有相同之处，只不过《山海经》记载得更详细、系统一些。因此笔者认为，帝俊氏就是黄帝。

《山海经·大荒东经》记载："有白民之国。帝俊生帝鸿，帝鸿生白民。白民销姓，黍食，使四鸟、虎、豹、熊、罴。"白民之国是帝鸿氏之裔。

关于白民之国在哪里，史书上也有两种说法。

1. 南方说，认为白民之国在南方

《逸周书·王会解》云："黑齿，白鹿、白马。白民乘黄，乘黄者似骐，背有两角。"晋孔晁注："黑齿，西远之夷也。贡白鹿、白马。白民亦南夷。"

《吕氏春秋·有始览·有始》云："白民之南，建木之下，日中无影，呼而无响，盖天地之中也。"汉高诱注："白民之国在海外极内，建木在广都南方，众帝所从上下也。复在白民之南，建木状如牛豕，（引）之有皮，黄叶若罗也。日正中将下，日直，人下皆无影。大相叫呼，又无音响人声，故谓盖天地中也。"

《逸周书·王会解》"孔晁注"记载，"白民亦南夷"；《吕氏春秋·有始览·有始》"高诱注"记载："白民之国在海外极内，建木在广都南方。"这些记载都说白民之国在南方。

---

① 汪建根、粟丹：《7500 年前古船浮出水面后》，《中国文化报》，2002 年 12 月 12 日，第 2 版。

2. 西方说，认为白民之国在西方

《淮南鸿烈解·墬形训》云："凡海外三十六国，自西北至西南方，有修股民、天民、肃慎民、白民、沃民、女子民、丈夫民。"汉高诱注："修，长也；股，脚也。天民、肃慎，皆国名，一曰肃敬也。慎，畏也。白民，白身；民被发，亦白女子民，其貌无有须，皆如女子也。丈夫民，其状皆如丈夫，衣黄衣，冠，带剑。皆西方之国。"即认为，白民之国在西方。

笔者认为，黄帝发祥于西部山地，那么白民之国在西方应该说有一定道理。

白民，顾名思义，当是长得很白的人。

《山海经》卷七《海外西经》云："白民之国在龙鱼北，白身披发。有乘黄，其状如狐，其背上有角，乘之寿二千岁。肃慎之国在白民北，有树名曰雄常，先入伐，帝于此取之。"晋代郭璞："言其人体洞白。《周书》曰：'白民，乘黄似狐，背上有两角，即飞黄也。'《淮南子》曰：'天下有道，飞黄伏皂。'其俗无衣服，中国有圣帝代立者，则此木生，皮可衣也。"

宋李昉《太平御览》卷七百九十《四夷部》十一云："白民国，《山海经》曰：白民之国在龙鱼北，白身披发。又曰白民之国。帝俊生帝鸿，帝鸿生白民。《博物志》曰：日南有野女，群行不见夫，其体晶白，裸坦无衣。"

宋罗泌《路史》卷十五《后纪六·疏仡纪·黄帝纪下》"帝鸿氏"条下云："生白民及嘻，嘻生季格，季格生帝魁。白民，销姓，降居于夷，是为白民之祖。其别为防风氏，守封嵎之间。"注："《西荒经》云：南岳娶州山氏曰女虔，生季格；季格生寿麻之国。嘻，其南岳矣。有《本纪》言《汲冢书》有白民之国，出乘黄。孔晁云：是东南夷，与白州相接。《天宝军（防）录》云：'日南厥山连接不知几千里，裸人所居，白民之后也。去前二齿，刺其胸为花葩，以粉紫画两目下为饰'。"

从这些记载可以看到，"白民之国"之民"人体洞白"，"其体晶白，裸坦无衣"；白民之后也是"裸人"。可能这是一些披发、裸体、胸上刺有花纹，并画有眼圈，并且以虎、豹、熊、罴为族名的白人。

白民之国当是归附于黄帝的白人部族。

六、帝俊（或黄帝）的分支部族——晏龙、义均

黄帝之子晏龙是做琴瑟的人，黄帝之孙义均是我国上古时期有名的能工巧

匠，被人称为"巧倕"。巧倕把技巧教给天下之民，使民百巧。晏龙、义均，特别是义均在古代影响是非常大的。

《山海经·海内经》云："帝俊生晏龙，晏龙是为琴瑟。帝俊有子八人，是始为歌舞。帝俊生三身，三身生义均，义均是始为巧倕，是始作下民百巧。""晏龙是为琴瑟"，即晏龙始做琴瑟。

帝俊之子晏龙始为琴瑟，就是最早做琴瑟的人。但是我国历史上也有古帝王朱襄氏最早造五弦瑟之说。《吕氏春秋·古乐》曰："乐所由来者，尚也，必不可废。有节有侈，有正有淫矣。贤者以昌，不肖者以亡。昔古朱襄氏之治天下也，多风而阳气畜积，万物散解，果实不成，故士达作为五弦瑟以采阴气，以定群生。"高诱注："朱襄氏，古天子炎帝之别号。解，落也；有核曰果。士达，朱襄氏之臣。"

朱襄氏是炎帝的分支部族，可能比黄帝之子晏龙所处的时代早。这里所说的朱襄氏做五弦瑟，没有说做琴。当然做琴瑟之人，未必仅一人。帝俊之子晏龙也是最早做琴瑟人之一。

帝俊之孙义均是帝尧时期的能工巧匠，"义均是始为巧倕，是始作下民百巧"。义均当是一个能巧做百工之人，他擅长做木工和各种匠人所做的器物。

《礼记正义·明堂位》云："垂之和钟。"郑玄注："垂，尧之共工也。"垂在帝尧时期作"和钟"，是一种乐器。《汉书·百官公卿表》云："垂作共工，利器用。"颜师古注引应劭曰："垂，臣名也；为共工，理百工之事也。师古曰：'共读曰龚'。"垂，如帝尧时期的共工。共工，能做各种器械和土木工程之人，曾是有地之君。

《楚辞章句·抽思》云："巧倕不斫兮，孰察其拨正。"王逸《楚辞章句》："倕，尧巧工也；斫，斫也；察，知也；拨，治也；言倕不以斤斫，则曲木不治，谁知其工巧者乎？！以言君子不居爵位，众亦莫知其贤能也。"

《楚辞章句·哀命》云："灭巧倕之绳墨。菎蕗杂于黀蒸兮"。王逸《楚辞章句》："言工灭巧倕之绳墨，则枉直失其制也；言君背先王之法，则自乱惑也。枭翻曰：'黀，爁竹曰：蒸言持菎蕗香直之草，杂于黀蒸烧而燃之，则不识于物也。'以言取忠直弃之林野，亦不知贤也。"

《楚辞章句》中《抽思》《哀命》两篇，皆借巧倕斤斫之工巧、绳墨之规制比喻国君之混乱，不守先王之法，不知贤能，以弃忠直之林野，以至于误国误民的糊涂做法。但是从侧面突出了巧倕的工艺之巧。

宋代罗泌《路史》卷四十六《余论》"女英冢"条下云："《唐世记》录，张尚书牧弘农，鞠盗，有尝发商州尧女墓者，多得大珠、镠金、宝器……予窃考之，舜子商均，本曰义均，见于《山海经》，以其封商而谓商均。商正今之商州。按《帝王世纪》云：虞帝三妃，娥皇无子，女英生商均。今女英之冢在商，则特舜崩之后。随其子均徙于封所，故其卒葬在焉。"

案：《路史》在这里也是臆断而已。义均即使是帝舜之子，也不该"封商而谓商均"。笔者认为，义均当是帝俊之子，即黄帝之子，是黄帝的分支部族。

七、帝俊（或黄帝）的分支部族——季厘之国

《山海经·大荒南经》记载："有襄山，又有重阴之山。有人食兽，曰季厘。帝俊生季厘，故曰季厘之国。有缗渊。少昊生倍伐，倍伐降处缗渊。有水四方，名曰俊坛。"季厘之国人食野兽之肉，当是生活在山地以打猎为生。季厘之国有缗渊。缗，是钓鱼的绳子。缗渊，当是可以钓鱼的湖。缗，在夏代是一个方国，称为有缗国。缗渊，后被少昊之后裔居住，即《大荒南经》所说的"少昊生倍伐，倍伐降处缗渊。有水四方，名曰俊坛"。缗渊又被称为"俊坛"，当与帝俊之子季厘居住这里有关。

《山海经》说是帝俊生季厘，但也有史籍说是帝舜生季厘。亦有人认为，帝俊就是帝喾。袁珂说："帝俊本即帝喾。《初学记》卷九引《帝王世纪》云：'帝喾自言其名曰夋。'即为最直接而有力之证据。《大荒西经》云：'帝俊生后稷。'《大戴礼·帝系篇》则云：'帝喾上妃姜嫄氏产后稷。'《大荒西经》有'帝俊妻常羲'，《世本·王侯大夫谱》亦有'帝喾次妃，娵訾氏之女曰常仪。'常仪即常羲。……此经帝俊生季厘同于帝喾才子八人之季狸，特相同点之一也。"①

首先，把帝俊认为是黄帝者有之，也有人把帝鸿认为是黄帝；有人把帝俊认为是帝舜，因为"俊"与"舜"韵脚相同，可以同声假借。《帝王世纪》说："帝喾自言其名曰夋。"如前所述，笔者认为把帝喾认为是帝俊，似也有不合适之处。

《左传·文公十八年》记载："高辛氏有才子八人，伯奋、仲堪、叔献、季仲、伯虎、仲熊、叔豹、季狸；忠、肃、共、懿、宣、慈、惠、和，天下之民谓之'八元'。……（舜）举八元，使布五教于四方，父义、母慈、兄友、弟共、子孝，内平外成。"

《山海经》记载的帝俊之妻常羲与《世本》记载的帝喾次妃常仪是否就是一

---

① 袁珂：《山海经校注》，上海：上海古籍出版社，1980 年版，第 371 页。

人，值得再推敲研究，《左传》所说"季狸"，是否就是《山海经》记载的"季厘"，也值得再研究

笔者认为，根据《山海经·大荒南经》的记载，季厘之国曾居住的有缗渊，后来被少暤之子倍伐所处。《大荒南经》说是"降处缗渊"，说明缗渊不是战争而得到的居处，可能是少暤氏部族后来与黄帝分支的季厘部族融合而移居在缗渊的；而且这个缗渊又称为"俊坛"，表明了少暤氏与黄帝分支季厘之国的融合。如《路史》就曾把少暤氏后裔的姓氏列在黄帝后裔姓氏之下。黄帝后裔"有儋耳之国，任姓"等。这个季厘之国，当与夏代的有缗氏有关。

第四章　炎黄会盟与西泰山

如前所述，蚩尤是一代炎帝。与炎帝相比，黄帝较晚来到中原，文化和科技水平也比不上炎帝部族。黄帝在刚进入中原时，向中原部族学习先进的知识，与炎帝的关系还是比较好的。《韩非子·十过》云："昔者黄帝合鬼神于西泰山之上，驾象车而六蛟龙，毕方并辖。蚩尤居前，风伯进扫，雨师洒道，虎狼在前，鬼神在后，腾蛇伏地，凤皇覆上，大合鬼神，作为清角。"这是多么和谐的黄帝与蚩尤在西泰山会盟的场景。黄帝与蚩尤在西泰山的会盟，也可以说是黄帝与炎帝在西泰山的会盟。西泰山原是西周初年的鲁国故地。西周初年，鲁国先受封于鲁，即今河南省鲁山县尧山脚下之鲁。始封君伯禽将境内与尧山相对的一座山封为太山。周公东征之后，周王室为了加强对东方的控制，将伯禽改封在奄国（今山东曲阜市境），仍称鲁国。伯禽在就封鲁国之后，将原封国境内的太山之名带到新封的鲁国，仍称太山（即泰山）。因原封国境内的太山在今山东泰山之西，故称西泰山，即今河南省汝阳县的西泰山。炎帝、黄帝就是在这座西泰山上会盟的。

第一节　炎黄二帝的友好关系

我国史书对于五帝的记载各不相同。如《周礼》和《礼记》所记的五帝是太皞、炎帝、黄帝、少皞、颛顼。《史记·五帝本纪》所指的五帝是黄帝、颛顼、帝喾、帝尧、帝舜。《史记·五帝本纪》"集解"引《世本》云："少皞、高阳、高辛、唐、虞为五帝。"《文献通考》记载的五帝是青帝、赤帝、黄帝、白帝、黑帝。在这些古籍中，《史记》被列为二十四史之首，故《史记·五帝本纪》影响最大，其实古籍所记载的史实皆值得我们重视和研究。根据史籍的记载，炎帝、蚩尤、黄帝皆在五帝之列。

炎帝、蚩尤、黄帝有很多往来与交流。由于黄帝部族进入中原没有炎帝、蚩尤早，故黄帝部族在与炎帝部族的交往中吸收了很多先进的中原文化和知识。

一、炎帝、蚩尤、黄帝皆在中华五帝之列

关于五帝，我国史籍记载有多种说法。

1.《世本》记载的五帝

《史记·五帝本纪》"集解"云："少暭、高阳、高辛、唐、虞为五帝。"《世本》以少暭、高阳、高辛、唐尧、虞舜为五帝。

2.《周礼》《礼记》记载的五帝

《周礼·春官·宗伯》记载五帝，即"五帝：苍曰灵威仰，大昊食焉。赤曰赤熛怒，炎帝食焉。黄曰含枢纽，黄帝食焉。白曰白招拒，少暭食焉。黑曰汁光纪，颛顼食焉。黄帝亦于南郊"。

《礼记·月令》记载："其帝大暭，其神句芒。""其帝炎帝，其神祝融。""其帝黄帝，其神后土。""其帝少暭，其神蓐收。""其帝颛顼，其神玄冥。"

东汉袁康《越绝书》卷四《计倪内经》记载计倪子曰："臣闻炎帝有天下以传黄帝，黄帝于是上事天，下治地。故少昊治西方，蚩尤佐之，使主金。玄冥治北方，白辩佐之，使主水。太暭治东方，袁何佐之，使主木。祝融治南方，仆程佐之，使主火。后土治中央，后稷佐之，使主土。"有人怀疑该书中的"计倪子"是否真有其人，但《越绝书》是东汉袁康所著，而且在该书中，蚩尤尽管不是帝，但是蚩尤佐少暭治西方，主金，当是西方仅次于少暭的神灵。蚩尤的地位还是很高的，也说明蚩尤与西方有密切的关系。

3.《史记》记载的五帝

《史记·五帝本纪》所指的五帝是黄帝、颛顼、帝喾、帝尧、帝舜，黄帝被列为五帝之首，是公认的华夏民族的祖先。司马迁所记的五帝，全是在部族斗争中胜利的部族领袖。《白虎通义·号》亦曰："五帝者何谓也？《礼》曰：黄帝、颛顼、帝喾、帝尧、帝舜，五帝也。"

4.《文献通考》记载的五帝

马端临《文献通考·乐考十六》云："祀五帝：青帝、赤帝、黄帝、白帝、黑帝。"所说五帝指的是青帝、赤帝、黄帝、白帝、黑帝。当然这里的五帝与

《周礼》和《礼记》中所说的五帝是一样的,只是对《周礼》和《礼记》中所说的五帝各附会上一个五行学说的青、赤、黄、白、黑而已。

黄帝是炎帝之后兴起的部族首领。《史记·五帝本纪》"正义"云:"黄帝,有熊国君,乃少典国君之次子,号曰有熊氏,又曰缙云氏,又曰帝鸿氏,亦曰帝轩氏。"

由于五帝的传说不一,影响最大的虽是《史记》,但是也不能否认《周礼》《礼记》的记载,《周礼》和《礼记》当是比《史记》还早的文献,是研究古史重要的参考史籍。以黄帝为五帝之首的主要根据是《史记》,认为黄帝是统一中国最早的帝王。

学术界约定俗成使用史籍材料的标准是以史籍年代的先后而定的,如《世本》《周礼》《礼记》《史记》《文献通考》。但是我国古代一直奉行着"胜者王侯败者贼"的信条,包括我国古代伟大的史学家司马迁也是如此,因此,黄帝就被列为五帝之首,即中国正统的第一帝王。但是我们应该实事求是地对待历史,以求得到历史的本来面目。

《周易·系辞下》云:"神农氏没,黄帝、尧、舜氏作。"神农氏一般是指炎帝。黄帝是继神农氏之后的一个远古帝王。

太暤、炎帝既然在《周礼》和《礼记》中被列为五帝,说明他们在中华古史上的地位不可小觑,是非常重要的。本书重点研究炎帝、蚩尤,而且蚩尤也是一代炎帝,当然蚩尤也应列为五帝之一,即中华民族的共同祖先。

这些远古帝王皆是中华民族的人文始祖。我们应该记住历史,永不忘记从洪荒时代走来的先人,在通向文明的道路上,带领着自己的部族奋力跋涉,克服了一个又一个的困难,创造了一个又一个的奇迹;从巢穴居室、钻燧取火、教民熟食、驯服野兽、发展农业,到钗簪服饰、文字金属、聚落城堡,创造了中华民族辉煌的远古文明,从而把我们的民族引向鼎盛。

由于当时尚未有文字的记载,人们经过一代又一代的口耳相传,把祖先与大自然艰苦斗争的事迹向后代传说。在传说中人们往往加上神奇的色彩,把部族领袖神化成半人半神、开天辟地的英雄,于是就出现了被神化的英雄和历史。我国史籍中有许多关于远古时代英雄的神话传说。恩格斯说:"一切文化民族都在这个时期经历了自己的英雄时代。"[①]中华民族同样经历了自己的英雄时代。这些传

---

① 马克思、恩格斯著,中共中央马克思恩格斯列宁斯大林著作编译局编:《马克思恩格斯选集》(第四卷),北京:人民出版社,1972年版,第159页。

说构成华夏民族形成的完整序列，记载了中华民族光辉的成长历程。古史传说中的英雄在中国历史上赢得了万世子孙的敬仰。

二、黄帝与炎帝、蚩尤等中原部族的友好往来

黄帝部族活动和迁徙的地区非常广阔，"西北海之外，赤水之西""流沙之东、黑水之西""昆之山""昆仑之山"，皆是黄帝活动的地区。宋代刘恕《资治通鉴外纪》卷一"黄帝"条下云：黄帝"迁徙无常处，以师兵为营卫。成命百物，以明民共财。受地形，象天文，以云纪官"。黄帝部族"迁徙无常处"，也可能是西部地区过来的游牧民族。当黄帝部族进入中原地区之后，史书上都记载了黄帝与炎帝打仗和发生冲突的历史事件，其实黄帝与炎帝族并非开始就发生了战争。黄帝与炎帝从相逢到相识，战争并不是他们之间主要的内容，而且他们之间是有很多友好往来的。黄帝部族可能是游牧部族，来中原较晚，在科学技术、文化等很多方面不如炎帝部族先进，黄帝部族对中原文化进行了广泛的吸收。

炎帝与黄帝、黄帝与蚩尤都有过许多友好的往来与交流。《国语·晋语四》云："昔少典娶于有蟜氏，生黄帝、炎帝。黄帝以姬水成，炎帝以姜水成。成而异德，故黄帝为姬，炎帝为姜。二帝用师以相济也，异德之故也。"在"二帝用师以相济也"之下，韦昭注曰："济，当为挤；挤，灭也。"即"挤"是互相排挤打压之意；而"济"，是互相接济之意，也可以理解炎黄二帝曾以师互相援助、互相接济。少典、有蟜，炎黄二帝之先祖；炎帝、黄帝当是兄弟，说明炎黄两个部族关系原来是很好的。

《管子》卷十四《短语》云："昔者黄帝得蚩尤而明于天道，得大常而察于地利，得奢龙而辩于东方，得祝融而辩于南方，得大封而辩于西方，得后土而辩于北方。黄帝得六相而天地治，神明至。蚩尤明乎天道，故使为当时；大常察乎地利，故使为廪者；奢龙辨乎东方，故使为土师；祝融辨乎南方，故使为司徒，大封辨于西方，故使为司马；后土辨乎北方，故使为李。是故春者土师也，夏者司徒也，秋者司马也，冬者李也。"

唐人房玄龄注："廪者，廪，给也；谓开廪以给人也。土师，即司空也。司徒，谓主徒众，使务农也。司马，主兵马以出征。李，狱官也；取使象水之平也。"

《管子·短语》所记载的蚩尤、大常、奢龙、祝融、大封、后土，历史上有

人认为是黄帝的六相。《管子·短语》以及宋人王钦若等《册府元龟》卷七十一《帝王部·命相》云：黄帝"得六相而天地治，神明至"，即说黄帝得到了蚩尤、大常、奢龙、祝融、大封、后土等六相，而能够很好地治理天下。

还有人认为，蚩尤是黄帝的重臣，是黄帝的六相之首，名字排列在大常、奢龙、祝融、大封、后土之前。其实从《管子·短语》这条史料中看不出蚩尤、大常、奢龙、祝融、大封、后土等人，曾在黄帝处做过相。

《管子》是战国时期齐国稷下学宫的学者所著，距离黄帝时期有很远的年代，而黄帝已经被认为是正统的先祖。根据中国"胜者王侯败者贼"的习俗，把蚩尤等六人说成是黄帝的相或者臣也没有什么不妥。但是从《管子·短语》中，只不过说黄帝得了几个人，明白了天道、地利、东方、南方、西方、北方，而且人非所用，如祝融是火正，却让其管理务农之事；后土是土地神，却让去管理刑罚。而且史书上也从未记载过这些人是黄帝的部下。

笔者认为，古代部族的臣属关系是很松散的，蚩尤、大常、奢龙、祝融、大封、后土皆是与黄帝有过友好往来并且互通文化技术的部族，而无所谓是相或者臣的关系。

《管子·短语》记载，黄帝的天文历法知识、太常礼仪、土地收获之利、土木水利工程、以兵马保卫疆界、典狱诉讼等制度是从蚩尤、大常、奢龙、祝融、大封、后土等部族那里学习而来的。学习了这些知识和本领之后，黄帝才能"天地治，神明至"，成为强者，而后又以游牧民族的剽悍骁勇打败了从事农耕的炎帝、蚩尤等部族。

当时，黄帝得蚩尤而"明天道"，并任用蚩尤为"当时"。天文知识是黄帝得到蚩尤之后才有的新知。黄帝与蚩尤曾经有过合作，并指导黄帝部族的天文历法。

蚩尤部族就是最早懂得天文历法的部族，黄帝部族的天文历法知识是从蚩尤部族那里得到的。

《国语·楚语下》云："及少暤之衰也，九黎乱德……（颛顼）乃命南正重司天以属神，命火正黎司地以属民，使复旧常，无相侵渎，是谓绝地天通。其后，三苗复九黎之德，尧复育重黎之后，不忘旧者，使复典之。以至于夏、商，故重、黎氏世叙天地，而别其分主者也。"韦昭注："尧继高辛氏平三苗之乱，绍育重黎之后，使复典天地之官。羲氏、和氏，是也。"

太常，主要指的是规律、常道、本性等，"得大常而察于地利"。如《庄子·田子方》云："草食之兽不疾易薮，水生之虫不疾易水，行小变而不失其大常也。"大常，即太常。也就是说，只要遵循常道规律和本性，"草食之兽""水生之虫"皆不会生病。有些小的改变可以，但不要失去常性。在政治社会中，古代中国的"太常"最初是指对有功勋者的表彰，之后"太常"成为对帝王礼仪的常道，《周礼》有太常官专门管理这种礼仪。

《尚书·君牙》云："（穆）王若曰：呜呼！君牙！惟乃祖乃父，世笃忠贞，服劳王家，厥有成绩，纪于太常。惟予小子，嗣守文武成康遗绪，亦惟先王之臣。"孔安国疏曰："汝父祖世厚忠贞，服事勤劳王家，其有成功，见纪录书于王之太常；以表显之。王之旌旗画日月，曰太常。"又《周礼·夏官·小司马·司勋》记载："凡有功者，铭书于王之大常，祭于大烝。司勋诏之。"郑玄注："铭之，言名也；生则书于王旌，以识其人与其功；死则于烝先王祭之。诏，谓告其神以辞也。"①即凡有功者在烝祭时铭书于王之太常，这是对有功勋者的表彰。

王之礼仪规格称为"太常"。《周礼·春官·宗伯下·巾车》记载："巾车，掌公车之政令，辨其用与其旗物而等叙之，以治其出入。……及国之大阅，赞司马颁旗物。王建大常，诸侯建旂，孤卿建旜，大夫士建物。师都建旗，州里建旟，县鄙建旐，道车载旞，斿车载旌。……凡祭祀，各建其旗，会同。宾客亦如之，置旌门。"郑玄注："公，犹官也；用，谓祀宾之属；旗物，太常以下等叙之，以封同姓、异姓之次序。"②"置旌门"，则是树旌以为门，彼官树之，此官供旌。

《管子·短语》记载："得大常而察于地利……大常察乎地利，故使为廪者。"唐人房玄龄注："廪者，廪，给也；谓开廪以给人也。"这里的"太常"当是一个懂得礼仪的人。既懂得礼仪，必知地利，即孟子所说的"天时不如地利"。于是让太常为廪者，当是管理奖励的官员。

有人认为，"奢龙"就是"蛇龙"，当是以龙蛇为图腾的部族。《管子·短语》记载："得奢龙而辩于东方……奢龙辨乎东方，故使为土师。"房玄龄注："土师，即司空也。"土师是懂得水利土地的人，即司空，管理土木水利的官员。

祝融，祝，大也；融，光明也。所谓祝融，当是发明火的部族。《史记·楚世家》云："楚之先祖出自帝颛顼高阳。高阳者，黄帝之孙、昌意之子也。高阳生称，称生卷章，卷章生重黎。"裴骃《集解》引徐广曰："《世本》云：老童生重黎及吴回。谯周曰：老童即卷章。《索隐》：重氏、黎氏二官，代司天地。重为

---

① （清）阮元校刻：《十三经注疏》，北京：中华书局，1980年版，第841页。
② （清）阮元校刻：《十三经注疏》，北京：中华书局，1980年版，第822、826页。

木正，黎为火正。据左氏少暤氏之子曰重，颛顼氏之子曰黎，今以重黎为一人，乃是颛顼之子孙者。刘氏云少暤氏之后曰重，颛顼氏之后曰黎。黎对彼，重则单称黎，若自言当家则称重黎。故楚及司马氏皆重黎之后，非关少暤之重，愚谓此解为当。"

> 案：裴骃《集解》把少暤之后裔的重黎，解释为颛顼之后裔的重黎，是两回事，连裴骃自己也不自信，只能说"楚及司马氏皆重黎之后，非关少暤之重，愚谓此解为当"。

《国语·楚语下》云：颛顼"命南正重司天以属神，命火正黎司地以属民，使复旧常"。《史记·楚世家》亦云："重黎为帝喾高辛居火正，甚有功，能光融天下。帝喾命曰'祝融'。"《索隐》云："此重黎为火正，彼少暤氏之后。重自为木正，知此重黎即彼之黎也。"颛顼在蚩尤失败之后，因为重黎氏掌握天文历法，以及用火的知识，对重黎氏再任用。重黎氏是蚩尤之后裔，是毫无疑义的。

《山海经·海内经》云："炎帝之妻，赤水之子听訞，生炎居，炎居生节并，节并生戏器，戏器生祝融。"晋人郭璞注："祝融，高辛氏火正号，头顶平也，复祝融之所也。"

祝融，包括楚部族，当是炎帝和蚩尤之后。《管子·短语》记载："得祝融而辩于南方……祝融辨乎南方，故使为司徒。"房玄龄注："司徒，谓主徒众，使务农也。"《礼记·月令》记载："其帝炎帝，其神祝融。"祝融与炎帝相配。炎帝是农业部族的首领，祝融也当与农业有关，于是祝融氏在黄帝时期，当是传授给黄帝农业知识的部族。

大封，即封氏。《通志·氏族略二》"以国为氏"条下云："封氏，姜姓。炎帝裔孙巨为黄帝师，胙土命氏。至夏后氏之世，封父列为诸侯，今开封府封邱有封父亭，即封父所都之地；至周失国，子孙为齐大夫，遂居渤海蓨县，裔孙岌，后汉侍中凉州刺史，又有贲氏改为封氏，代姓也；望出武陵。宋元符登科有封赓，大观登科有封祥，怀州人。"

《路史·后纪四·禅通纪·炎帝纪下》云："炎帝器，器生钜及伯陵、祝庸。钜为黄帝师，胙土命氏而为封钜。夏有封父，封文侯，至周失国。有封氏、钜氏、巨氏、封父氏、富父氏。"祝庸，即祝融也。

由此可见，大封也是炎帝之后。

《管子·短语》记载："得大封而辩于西方……大封辨于西方，故使为司马。"房玄龄注:"司马,主兵马以出征。"

大封,是管理古代疆界的人。古代部族有侵越疆界之行为,则以兵征定之。《周礼·春官·大宗伯》云:"大封之礼,合众也。"郑玄注:"正封疆沟涂之固,所以合聚其民。"贾公彦疏:"知大封为正封疆者,谓若诸侯相侵境界,民则随地迁移者,其民庶不得合聚,今以兵而正之,则其民合聚,故云大封之礼合众也。"黄帝得到了大封部族的支持,明白了疆界的重要性,于是封大封为司马,管理军队,不许别的部族侵犯自己的疆界。

后土,如前所述,祝融是炎帝之后,后土亦是炎帝之后。《山海经·海内经》曰:"祝融降处于江水,生共工。共工生术器,术器首方颠,是复土穰,以处江水。共工生后土。"

《管子·短语》记载:"得后土而辩于北方……后土辨乎北方,故使为李。"后土,是共工氏之子,后来被尊为土地之神。共工氏也是炎帝的一支。《国语·周语》贾逵注曰:"共工诸侯,炎帝之后,姜姓也。"共工原是炎帝后裔,祝融之子,也就是说共工为炎帝姜姓后裔。舜帝共工于幽州之都,共工在北方之位,于是"后土辨乎北方,故使为李"。《管子·短语》房玄龄注:"李,狱官也;取使象水之平也。"李,理也,"取使象水之平也",即刑罚准平之意。

由以上记载可知,蚩尤、大封、祝融、后土皆是炎帝之后裔,太常与奢龙虽不知出处为何,但极有可能皆是炎帝与蚩尤部族的分支。黄帝部族在进入中原地区之后,受到炎帝文化的极大影响,更迅速地进入文明时代,融进中原文明之中。

第二节 炎黄在西泰山的友好会盟

《韩非子集解》卷三《十过》记载,蚩尤与黄帝会盟于西泰山。蚩尤就是一代炎帝,那么当然可以说是炎帝与黄帝会盟于西泰山。炎黄会盟是在非常友好的气氛中进行的。炎黄会盟时,演奏圣明帝王才有资格听的"清角"之音。炎黄会盟的西泰山,在西周时期的鲁国境内,最早被称为太山。

一、西泰山黄帝蚩尤会盟

炎帝、蚩尤和黄帝有过非常好的同盟关系,他们互相交流文化,如黄帝就曾

第四章 炎黄会盟与西泰山

向炎帝族的蚩尤、大封、祝融、后土学习天文历法、典狱诉讼、太常礼仪、土地农业、土木水利、兵马军事、疆界划分等，从而使黄帝族迅速融入中原文明之中。在这期间，炎黄曾在西泰山有过友好的盟会。

《韩非子·十过》云："昔者黄帝合鬼神于西泰山之上，驾象车而六蛟龙，毕方并辖。蚩尤居前，风伯进扫，雨师洒道，虎狼在前，鬼神在后，腾蛇伏地，凤皇覆上，大合鬼神，作为清角。"意思是说，这次会盟，黄帝驾着象车，赶着六蛟龙，毕方御辖，当是以宾客的身份来到西泰山的。蚩尤当是以东道主的身份出现的，在他的身后有风伯扫路、雨师洒道，虎狼、鬼神、腾蛇、凤凰等众酋长和部族首领。风伯、雨师、虎狼、鬼神皆是蚩尤的同盟部族。这次会盟之地西泰山当是蚩尤所居之处。

跟随蚩尤的部下主要有：

风伯，是蚩尤部族统辖的方国首领，后来与黄帝的涿鹿之战中，被蚩尤请来参加对黄帝的战争。《山海经·大荒北经》云："蚩尤作兵伐黄帝。黄帝乃令应龙攻之冀州之野。应龙畜水，蚩尤请风伯、雨师，纵大风雨。黄帝乃下天女曰魃，雨止，遂杀蚩尤。"这里所说的"冀州之野"，当在今豫西北、晋东南交界之处。

雨师，亦是蚩尤部族统辖的方国首领，涿鹿之战中，被蚩尤请来参加对黄帝的战争。见"风伯"条。

虎狼，笔者认为，应该是以虎、狼为图腾的两个部族或者方国，亦是蚩尤部族统辖的方国首领。

鬼神，是我国古代西北地区的方国部族。这个部族直至夏商时期还存在。殷商王朝的西北部有一个称为"鬼方"，有时也简称"鬼"的部族。这个部族的人的相貌可能与华夏民族相貌有异，是外来部族。《吕氏春秋》卷二十《恃君览·行论》云："昔者，纣为无道，杀梅伯而醢之，杀鬼侯而脯之，以礼诸侯于庙。"汉高诱注："肉酱为醢，肉熟为脯。梅伯、鬼侯，皆纣之诸侯也。梅伯说鬼侯之女美，令纣取之。纣听妲己之谮，曰以为不好，故醢梅伯、脯鬼侯，以其脯燕（宴）诸侯于庙中。"在殷商王朝的后期，鬼方有"鬼侯"，是殷的诸侯方国。

卜辞有："乙酉卜，㱿贞：鬼方扬无祸？五月。"　　　　《甲骨文合集》8591

"乙酉卜，内……鬼方扬……祸？五月。"　　　　　　《甲骨文合集》8592

"……㱿：乎龙田于……"　　　　　　　　　　　　　《甲骨文合集》8593

"……卜，㱿贞：鬼方扬……"　　　　　　　　　　　《甲骨文合集》8593

"乙巳卜，㱿贞：鬼获羌？一月。"

"乙巳卜，㱿贞：鬼不其获羌？一月。"　　　　　　　《殷墟文字乙编》865

郑杰祥认为,"鬼方扬"之"扬","当是鬼方部落首领的私名"。①

笔者认为,"鬼方扬"之"扬",当是一个动词,举起、震荡之意。《周礼·夏官·环人》有"讼敌国,扬军旅"句,又如《诗经·大雅·公刘》"弓矢斯张,干戈戚扬"等句,其中"扬"字皆为发动兵戈、军旅之意。那么《甲骨文合集》8591"乙酉卜,宁贞:鬼方扬无祸?五月"的意思当是,乙酉这天,宁进行占卜,鬼方是否发动兵卒侵扰,是否有祸?

陈梦家《殷墟卜辞综述·方国地理》云:殷代鬼方似当在晋南。炎黄时期,鬼方是蚩尤部族所统辖的同盟方国。

"神",其实与"鬼"是同一事物的两种称呼。《说文解字》曰:"神,天神,引出万物者也。从示申。"《大戴礼记》卷五《曾子天圆》云:"阳之精气曰神,阴之精气曰灵。神灵者,品物之本也。"贵族认为祖先死后成为神,平民认为祖先死后成为鬼。神部族可能是与中华民族相貌有异的外来部族。

《国语·楚语下》云:"九黎乱德,民神杂糅……民神同位。民渎齐盟,无有严威。神狎民则,不蠲其为。嘉生不降,无物以享。祸灾荐臻,莫尽其气。""民神同位。民渎齐盟。"吴韦昭注:"民与天神相通。"《国语·楚语下》所说的"民神杂糅""民神同位""神狎民则",皆是民与神发生了矛盾。这个时候的"神",对少暤氏部族来说,当是一个外来部族。神部族当与鬼部族一样,是蚩尤部族所统辖的同盟方国。

凤皇,就是凤鸟,是东夷少暤族的一支,因蚩尤曾字于少暤,凤鸟当属于蚩尤部族的一支。如《左传·昭公十七年》曰:"我高祖少暤挚之立也,凤鸟适至,故纪于鸟,为鸟师而鸟名。"

这次西泰山会盟,黄帝作为客人,部下并不是太多,只是驾象车而来,也许当时中原地区还有象。黄帝的象车以"六蛟龙、毕方并辖"。六蛟龙,当是一个以龙蛇为图腾的部族首领。毕方,当是与鬼方一样的方国首领。毕,其繁体字为"畢",为完结、到底之意。甲骨文字形,上端像网形,下端是柄,古时是用以捕捉鸟兽、老鼠之类的器具。金文又在上面加个"田",即田猎所用的有长柄的网。毕方当是一个靠打猎为主的部族,是黄帝所统辖的部族方国。

西泰山黄帝与蚩尤"合鬼神"之会盟,就是各个部落联盟,或者说是酋邦的会盟。是时,蚩尤即使如后世人所说的是篡号炎帝;笔者认为,蚩尤无论是篡

---

① 郑杰祥:《商代地理概论》,郑州:中州古籍出版社,1994年版,第317页。

号,或是自封的炎帝,这次会盟皆可称为"炎黄会盟"。在会盟之时,演奏"清角"之音,"腾蛇伏地,凤凰覆上"。这是一个很欢乐祥和的场面,也表现出古代中华民族大团结的和谐局面。

二、西泰山黄帝蚩尤（炎帝）会盟与"清角"之音

《韩非子·十过》记载,炎黄二帝会盟于西泰山之上时,所奏乐为"清角"。《韩非子·十过》又记载:是时的音乐有清商、清徵、清角。清角是最上乘的乐音,必须是有德义之人方能听此音乐。

古代音乐最初来自民间,但是当音乐进入上流社会之后,就逐渐形成等级。这种等级分为贵贱等级、亲疏等级、高尚德义与恶劣品行等,故中国又把礼仪和音乐合称为"礼乐",是儒家重要的经典。

孔子教学所用的"六艺",也就是"六经",即《诗》《书》《礼》《易》《乐》《春秋》;其中的《乐》在儒学中占据重要的地位。在儒家学说中,音乐与政权之道等同,认为五音谐,则"同民心,而出治道",反则"国之灭亡无日矣"。儒家又把礼乐相配,礼乐是表现礼制、表现德义的。如果乐音混乱,那么礼制衰微,道德不著,国家就会有衰亡之危。

古代的诗配上音乐是可以唱歌的。《论语·阳货》所说:"小子何莫学夫诗?诗,可以兴,可以观,可以群,可以怨。迩之事父,远之事君,多识于鸟兽草木之名。"意思是说,诗和音乐皆可以传唱,可以事父、事君,还可以抒发感情,可以兴,可以怨,还可以长许多知识,"多识于鸟兽草木之名"。音乐是古代社会最喜闻乐见的文艺活动。

古代的音乐分为宫、商、角、徵、羽五音。《礼记·乐记》云:"宫为君,商为臣,角为民,徵为事,羽为物。五者不乱,则无怗懘之音矣。宫乱则荒,其君骄;商乱则陂,其官坏;角乱则忧,其民怨;徵乱则哀,其事勤;羽乱则危,其财匮。五者皆乱,迭相陵,谓之慢。如此,则国之灭亡无日矣。""是故先王之制礼乐也,非以极口腹耳目之欲也,将以教民平好恶而反人道之正也。"①

《礼记·乐记》又云:"乐者,音之所由生也,其本在人心之感于物也。是故

---

① 《礼记正义》卷三十七《乐记》,转引自（清）阮元校刻:《十三经注疏》,北京:中华书局,1980 年版,第 300 页。

其哀心感者，其声噍以杀；其乐心感者，其声啴以缓；其喜心感者，其声发以散；其怒心感者，其声粗以厉；其敬心感者，其声直以廉；其爱心感者，其声和以柔。六者，非性也，感于物而后动。故先王慎所以感之者。故礼以道其志，乐以和其声，政以一其行，刑以防其奸。礼、乐、刑、政，其极一也；所以同民心，而出治道也。"①

《礼记·乐记》记载子夏曰："正六律，和五声，弦歌诗颂，此之谓德音，德音之谓乐。《诗》云：'莫其德音，其德克明。克明克类，克长克君，王此大邦。克顺克俾，俾于文王，其德靡悔。既受帝祉，施于孙子。'""德音之音也。然后钟磬竽瑟以和之，干戚旄狄以舞之，此所以祭先王之庙也，所以献酬酳酢也，所以官序贵贱各得其宜也，所以示后世有尊卑长幼之序也。"②

古代音乐是非常讲究等级的，《韩非子·十过》记载的炎黄会盟演奏的是最高等级的音乐。是时，音乐主要有清商、清徵、清角。清商之曲是德义平常者所听之曲。

《韩非子·十过》记载：

公曰："清商固最悲乎？"

师旷曰："不如清徵。"

公曰："清徵可得而闻乎？"

师旷曰："不可。古之听清徵者，皆有德义之君也。今吾君德薄不足以听。"

平公曰："寡人之所好者，音也；愿试听之。"

师旷不得已，援琴而鼓。一奏之，有玄鹤二八，道南方来，集于郎门之垝；再奏之，而列；三奏之，延颈而鸣，舒翼而舞，音中宫商之声，声闻于天。平公大说，坐者皆喜。

平公提觞而起，为师旷寿，反坐而问曰："音莫悲于清徵乎？"

师旷曰："不如清角。"

平公曰："清角可得而闻乎？"

师旷曰："不可。昔者黄帝合鬼神于西泰山之上，驾象车而六蛟

---

① 《礼记正义》卷三十七《乐记》，转引自（清）阮元校刻：《十三经注疏》，北京：中华书局，1980年版，第2990页。

② 《礼记正义》卷三十八《乐记》，转引自（清）阮元校刻：《十三经注疏》，北京：中华书局，1980年版，第310页。

龙，毕方并辖。蚩尤居前，风伯进扫，雨师洒道，虎狼在前，鬼神在后，腾蛇伏地，凤皇覆上，大合鬼神，作为清角。今主君德薄，不足听之。听之，将恐有败。"

平公曰："寡人老矣，所好者音也，愿遂听之。"

师旷不得已而鼓之。一奏之，而有玄云从西北方起；再奏之，大风至，大雨随之，裂帷幕，破俎豆，隳廊瓦，坐者散走。平公恐惧，伏于廊室之间。晋国大旱，赤地三年。平公之身遂癃病。故曰："不务听治，而好五音不已，则穷身之事也。"

由此可见，"清商"是常人所听之曲，"清徵"之曲晋平公还可听之，"清角"之音是"皆有德义之君"所听之曲，这是黄帝与蚩尤在西泰山会盟时所奏之曲，德薄之人是没有资格听此曲的。但晋平公非要师旷演奏此"清角"之音，师旷不得已演奏此曲，结果晋平公没有听此曲的德义，于是黑云涌现、狂风暴雨四起，"裂帷幕，破俎豆，隳廊瓦，坐者散走。平公恐惧，伏于廊室之间。晋国大旱，赤地三年。平公之身遂癃病"。

宋代陈旸《乐书》卷四十一《周礼训义·春官·大司乐》云："先王之作乐，合生气之和，著万物之理；而万物莫不以类相动。故后夔奏箫韶，凤凰为之来仪；师旷奏清角，玄鹤为之率舞；瓠巴鼓瑟，六马为之仰秣；伯牙鼓琴，游鱼为之出听。"①只有圣人，才能听奏"清角"之音。

黄帝与蚩尤在西泰山会盟，就是炎黄二帝的会盟，所演奏的"清角"之音，却是有德者才能听的曲子，那么黄帝与蚩尤的会盟当是有德义之君的会盟。蚩尤当然也是有德义之君。这样的说法与后代说蚩尤是"罔不寇贼，鸱义奸宄，夺攘矫虔"的评价是完全不同的。

如果说炎帝与黄帝的阪泉之战后，炎帝失败，蚩尤袭炎帝之号；而蚩尤又特别强大，那么西泰山会盟当是炎帝蚩尤与黄帝在阪泉战争之前的会盟。

三、炎黄会盟之西泰山当在何处

这次西泰山的会盟是蚩尤与黄帝的会盟。蚩尤当是第十六世炎帝，那西泰山的会盟也是炎黄二帝的会盟。这次会盟地点则是黄帝来到蚩尤所在之处西泰山。

---

① （宋）陈旸：《乐书》卷四十一《周礼训义·春官·大司乐》，文渊阁四库全书。

《韩非子·十过》行文所云，黄帝"驾象车而六蛟龙，毕方并辖"，是一个从外地驾车而来的客人，而蚩尤则是以东道主的身份"居前"迎接，蚩尤的部下"风伯进扫，雨师洒道，虎狼在前，鬼神在后"；他们清扫道路，跟随蚩尤前去迎接黄帝。这当是蚩尤在西泰山之上迎接黄帝的场面。

黄帝与蚩尤会盟的西泰山今在何处？今山东泰山可称为东泰山。西泰山应不是今山东泰山，此泰山当在山东之西。在山东之西，历史上称为"泰山"（或"太山"）者，主要有以下几座。

（1）山西的霍山称为霍太山。《周礼注疏》卷三十三《职方氏》云："河内曰冀州，其山镇曰霍山。"汉代郑玄注："霍山在彘。"唐人贾公彦《仪礼疏》曰："霍山在彘者；彘，则厉王流于彘后为县名。……《地理志》：'大原今为郡名，大岳在河东彘县东，名霍大山。覃、怀为县名，属河内，漳水出。'"《尚书》曰："既修太原至于岳阳，既载壶口，治梁及岐。"宋人苏轼曰："太原，晋阳也；岳，太丘也；亦号霍太山，在彘县东。""霍太山"从未被称为"泰山"，故不是西泰山。

（2）西泰山在河南新郑。许顺湛认为，"今河南新郑确有西太山，历史悠久。黄帝都有熊，有熊即新郑一带。蚩尤为黄帝六相之首，至少说有一段时间蚩尤部族的领袖也在有熊。从以上介绍的情况看，蚩尤起兵在鲁，战争在冀（应包括晋），联合后在豫"①。太山，指的是大山；许顺湛所指"太山"只是一个小山坡。

（3）还有人认为，今陕西华山就是西泰山，但这种说法似乎没有什么依据。

（4）道光年间《伊阳县志》卷一《山水》记载："伊阳县界五十里，西南至泰山庙、鲁山县界一百二十里，西北至柴柿、嵩县界三十里，东北至河南省城五百四十里。"②这里所说的"伊阳县界"的"泰山庙"，是一个在一座名曰"太山"（或"泰山"）山脚下建庙而曰"泰山庙"的庙。

汝阳县西南部分与毗邻的鲁山县属于同一地区，即汝阳县西南境曾从属于鲁山县，原属始封的鲁国管辖。河南省汝阳县今有一座高山，名曰"西泰山"，西泰山脚下有泰山庙。当地群众认为，这座山就是炎黄二帝会盟的西泰山，就是《韩非子·十过》中记载的西泰山。

---

① 许顺湛：《蚩尤：威震北方的一代英雄》，《寻根》，1998年第1期，第5页。
② 道光年间《伊阳县志》卷一《山水》，第69页。

四、西泰山当是先鲁之君伯禽所封

远古时期，中国和世界其他地区一样曾经过一个漫长的石器农业时代。在金属工具出现之前，人们用石头做成各种生产工具，如石刀、石铲、石锄、石犁、石磨盘、石棒、石箭头等，进行各种生产活动。人们还用石头堆成积石墓，或用大的石块垒修大石墓等。在对石头使用的过程中，人们对石头产生了崇拜，把石头当作神灵，并经历了石头崇拜的时代。

古代中国，凡有地位或有能力的人死去时，其亲人都会为其做一个牌位，写上其名字，并供奉在宗庙中。这个牌位一般是用木头做的，需要用金属工具加工。但是在石器时代，人们把石头当作祖先的神主来供奉。

《左传·昭公十八年》云："使祝史迁主祏于周庙。"祏，《说文解字》云："祏，宗庙主也。"祏，是"示"和"石"组成的，就是被祭祀的石头。"宗祏"，就是代表宗主的、被祭祀的石头。

《左传·庄公十四年》记载，春秋时期郑国大夫原繁说："先君桓公命我先人典司宗祏。"杜预注："桓公，郑始受封君也。宗祏，宗庙中藏主石室，言已世为宗庙守臣。"就是管理"宗祏"的官职。

汉郑玄《驳五经异义·补遗》云："《春秋左氏传》曰：'卫孔悝反祏于西圃。'祏，石主也。言大夫以石为主。谨案：大夫以石为主，礼无明文。大夫、士无昭穆，不得有主；今山阳民俗，祠有石主。"山阳，今河南焦作一带。这段话的意思是说，《春秋左氏传》记载，卫国的大夫孔悝把"祏"放在原来的地方西圃。郑玄就发议论说，这是说"大夫以石为主"。根据礼制，大夫、士的祖先是不应该有神主的，然而现在山阳民俗，凡祠皆有石头神主。

> 案：其实春秋时期的大夫、士的祖先应该是有神主的，根据《礼记·礼器》"天子七庙，诸侯五，大夫三，士一"，大夫、士的祖先有庙，就是可以立祖先的神主的。那么卫孔悝反回西圃的"祏"，在西圃祭祀他的祖先。祏，应该说是孔悝祖先的神主。

中国古代的石头崇拜非常盛行。汉史游《急就篇》云："石敢当。卫有石碏、石买、石恶，郑有石癸、石楚、石制，皆为石氏；周有石速，齐有石之纷如，其后亦以命族。敢当，言所当无敌也。"后代以"石"为姓，当然也源于对石头的崇拜，表现其所当无敌之意。石敢当，被认为是所向无敌。元陶宗仪《说郛》卷二十四下云：石，"其后以命族人，名敢当，所向无敌也。余因吴民之庐舍、衢陌、直冲，必设石人，或植片石，题镌曰：'石敢当'，以寓厌禳之旨，亦有本也"。

以上记载都说明，中国古代把石头当作祖先的神主，认为石头可以代表祖先，石头是通灵的。玉，是石头的一种，被认为是"石中之美者"。古人死后，用玉制成的玉握、玉踏、玉覆面、金缕玉衣等做随葬品，当然用得起这些的基本都是贵族，他们希望与神灵相通，得到神灵的庇佑，并表达他们通灵升天的欲望。

中国古代盛行崇拜石头，认为山是有灵气的。古人还不能完全脱离渔猎，他们要在河里捞取鱼虾，要在山里猎取野兽和采集野果。因此，很多古人都居住在山里或山脚下，以更方便地获取食物。当一个诸侯国建立之时，国君要对国内的大山大川进行膜拜，以祈求山川的保佑。

西周时期的诸侯国对自己境内的大山进行望祭。《诗·大雅·韩奕》孔颖达疏云："礼诸侯之于山川，在其地祭以祈福，山必望而祀之，故云祈望祀焉。"他们认为这些山是有"灵性"的，山里有山神。诸侯国君望祭境内的山川，就能够得到山神的护佑。如果境内的山很多，那么诸侯国君就会选取他们认为最美、最有"灵性"，或者最高、最能给人民提供食物的山脉作为祭祀的大山。

古人认为，石头是"通灵"的，而石头形成的大山，自然令他们敬畏。古人不由地对自己身边或者境内的大山产生崇拜之感。另外，古人还认为那刺入蓝天的大山当与天更近一些。西周时期的人们还相当地迷信，敬天信神，认为那蔚蓝的天空之上，有神仙在生活，那里也有像人间一样的统治者，即天帝。

古人认为，山上两个天然的巨人像俨然就是炎黄二帝，这座山就是炎黄二帝会盟的"太山"，即《韩非子·十过》中记载的西泰山。

笔者认为，今之西泰山在西周时期被封为"泰山"的原因有以下三个方面。

（1）对古代圣王的尊重。明嘉靖本《鲁山县志》卷一云："尧山，在县西北十五里，滍水所出。昔尧之孙刘累，以豢龙事夏后，惧罪逃于鲁，立尧祠于此，故名。"

先秦时期，周王室与诸侯国为了求得境内高山大川的保护，对境内的高山大川皆有望祭之俗。先鲁地域的大山当是尧山。但是尧山在当时已经被刘累命名为尧山，而且这里又有祭祀帝尧的"尧祠"。帝尧，中国古代有名的圣王，对于周王朝来说是"恪"。

西周王朝对前代圣王是很尊崇的,把尧、舜、禹、夏、商各代先王称为"恪",即客人之意,而不是臣。《左传·襄公二十五年》把舜帝之后裔"而封诸陈,以备三恪"。杜预注:"周得天下,封夏殷二王后,又封舜后,谓之恪。"

《史记·周本纪》云:"武王追思先圣王,乃褒封神农之后于焦,黄帝之后于祝,帝尧之后于蓟,帝舜之后于陈,大禹之后于杞。"《集解》云:"《地理志》弘农陕县有焦城,故焦国也。"《正义》引《左传》云:祝,其实夹谷。杜预云:夹谷,即祝其也。服虔云:东海郡,祝其县也"。《集解》引《地理志》云:"燕国,有蓟县。"《正义》引《括地志》云:"陈州宛丘县在陈城中,即古陈国也。帝舜后遏父为周武王陶正,武王赖其器用,封其子妫满于陈都宛丘之侧。"

西周王室对先王之后皆进行封赠,以客待之。而鲁国就是周公之子伯禽的封国,当然对先王之后是很尊重的;因此周公和伯禽绝不可能废"尧山"、尧祠,当成自己祭祀的大山,因此选国境内稍低的大山——太山进行望祭。

(2)今尧山北麓之西泰山虽稍低于尧山,但是此山很有灵气。山顶两个大的天然巨人像,威武矗立,犹如通天的巨人,耸入云霄。当地百姓说,此山就是炎黄会盟之处,两个大的天然巨人像就是炎黄二帝。于是鲁国伯禽把尧山之旁的大山称为"太山",进行望祭,认为这座山有"天地交泰"(即通天通灵)之功能,是完全可以理解的。

(3)河南省汝阳县今高山名曰"太山",历史上称为"泰山庙山"。"泰山庙山"在尧山之北麓,与南麓的尧山其实就是一座山。在这个山系中,尧山最高,"泰山庙山"的高度也仅次于尧山,而且景观确为最奇。"泰山庙山"海拔1590多米,悬崖巉岩,挺拔高峻,绿树满坡。杜鹃花开放时,美丽灿烂,溪水潺潺,四季不断。绿树覆盖三分之二的山体,而将至山顶时,忽然就没有了绿树的覆盖,而成为光滑的峭壁,其形象俨然就是两个伟人的巨型半身像,亲密并排,眼观远方,好像在酝酿着什么……这两个巨人石像,突兀雄伟,巍然屹立,直插云天。当地民众认为这两个巨人石像就是炎黄二帝,这座山就是炎黄会盟的西泰山(图4-1)。

笔者认为,虽然把山上两个天然的巨人像认为就是炎黄二帝,有附会之嫌,但是这个地方就是《韩非子·十过》中记载的西泰山,当是有一定的根据。这座山就在尧山的北麓。西周初年周公东征之前,周公长子伯禽始受封的鲁国就在今

图 4-1　汝阳西泰山

鲁山县的尧山周围（后面将详述）。伯禽将这座山封为太山，即大山。这座山在西周初年鲁国境内。

当然，炎黄会盟时这座山尚没有"太山"的称号，但是炎黄会盟处当是在此。而韩非子在写《十过》时，时代已经进入战国，这座山在西周初年就已经被称为太山，那么后来又出现了山东泰山，韩非子把此山称为西泰山，当是合乎历史之真实的。本章第三节将继续论述此问题。

第三节　鲁公伯禽受封及其疆域的变迁

谈到炎黄会盟的西泰山，就必须联想到西周时期受封的鲁国。鲁国是周公长子伯禽的封国，在周公东征之前已经被封于鲁，称鲁公，建立鲁国，即先鲁，或者说西鲁，当在今鲁山、汝阳、嵩县三县交界之处，就是夏代刘累"惧而迁"之鲁（本节第二小节将详述），即今河南省尧山一带。周公东征之后，得到了东方的广大辖地。为了更好地控制东方，伯禽改封于东夷地区的奄国，伯禽把原来封国的国名鲁国带到新的封国。因为伯禽新受封国是奄国，按照惯例伯禽之国当为奄国，而伯禽却把新的封国称为鲁国，当与原受封国有关。另外，他还把原封国中的"太山"之名带到新的封国。伯禽原封的鲁国虽经数年数代的变迁，仍然带着很多原鲁国的痕迹，如"许田""太山"等。

一、鲁公伯禽当受封两次

周公长子伯禽当受封两次。周武王伐纣灭商之后，伯禽始封之鲁，称为鲁国。鲁，甲骨文中写作"䲣"（乙 2957）、"䲣"（乙 7781），金文为"䲣"（见《井侯簋》），本为嘉美之意。林义光《文源》认为："（古鲁字）从口，不从白；彝器每言'鲁休''纯鲁'。阮氏元曰：'鲁本义盖为嘉，从鱼入口。嘉，美也'。"

周人取得政权后，并没有完全消灭殷商国家，而是根据当时人们"灭国不绝祀"的习俗，保留殷人的祭祀。周武王让纣的儿子武庚继承殷王位，统治殷商故地。武王又安排自己的弟弟管叔、蔡叔、霍叔驻守在殷都周围的邶、墉、卫三国，以监视武庚，史称"三监"。周人立国未稳，强敌环视，武王为国事忧虑，常常夜不能寐。他说："维天建殷，其登名民三百六十夫，不显亦不宾灭，以至于今。我未定天保，何暇寐！"[①]这段话表现周武王灭商后，因时局不稳，仍处于焦虑状态。周人虽然灭了商王朝，取得了政权，但是克商后的第二年，武王死去。成王即位，年幼，由周公代行王事。周公当时已称王，于是颁布的一些诰命，如《尚书》中《大诰》《酒诰》等，皆有"王若曰"句。成王年幼，周公自己称王执政，这引起了武王群弟的不满和猜忌。《尚书·金縢》载："管叔及其群弟乃流言于国，曰：'公将不利于孺子'。"在这种情况下，管叔、蔡叔与武庚联合作乱。武庚早有复国的野心，这时不仅联合"三监"，而且又和殷商旧地东夷的徐、奄、薄姑（蒲姑）等方国串通，"淮夷、徐戎及商奄又叛"[②]，叛乱反周，局势十分严重。管、蔡以及武庚与东夷地区的叛乱，严重地威胁了周王朝的统治。

周公团结召公奭，果断采取措施，亲率大军东征。东征对巩固和奠定西周王朝起了重要作用。《尚书·金縢》记："周公居东二年，则罪人斯得。"周公首先镇压"三监"，制止了流言，杀了管叔，放逐了蔡叔，还诛杀了武庚，以纣王庶兄微子继承殷朝，在宋建国，史称宋国。

---

① （汉）司马迁撰：《史记》，北京：中华书局，1982 年版，第 129 页。
② （晋）皇甫谧等撰，陆吉等点校：《帝王世纪 世本 逸周书 古本竹书纪年》，济南：齐鲁书社，2010 年版，第 43 页；徐宗元辑：《帝王世纪辑存》，北京：中华书局，1964 年版，第 91 页。

周公东征取得胜利，朝歌以东广大疆土皆入周朝版图。为了巩固统治，必须大量分封亲属子弟镇抚其地。《左传·定公四年》曰："昔武王克商，成王定之，选建明德，以藩屏周。"《荀子·儒效篇》曰：周公"兼制天下，立七十一国，姬姓独居五十三人，周之子孙苟不狂惑者，莫不为天下之显诸侯"。这些诸侯都是按照形势发展和需要而次第分封的，鲁国就是东征之后由鲁改封到奄，即今山东曲阜的诸侯国。

奄国是参加武庚、"三监"之乱的诸侯方国。周公东征之前，奄国不可能分封给伯禽。奄国是周公东征之后，改封伯禽的诸侯国。

《帝王世纪》曰："八年春正月朔，王始躬亲政事，以周公为太师，封伯禽于鲁，父子并命。周公拜于前，鲁公拜于后。王以周公有勋劳于天下，故加鲁以四等之上，兼二十四附庸，地方七百里，革车千乘。王既营都洛邑，复居丰镐。淮夷、徐戎及奄又叛，王乃大蒐于岐阳，东伐淮夷。"①这段话是说，周公之子伯禽先封于鲁，"封伯禽于鲁"，称为鲁公；之后"淮夷、徐戎及商奄又叛"。商奄又叛之前，伯禽是没有封于奄的。奄，即今山东曲阜，奄也没有称为鲁。这说明鲁国封于曲阜之前，已先被封于鲁。

《诗经·鲁颂·閟宫》是春秋鲁僖公歌颂祖先的颂歌。《閟宫》云："王曰叔父，建尔元子，俾侯于鲁。大启尔宇，为周室辅。"这说明周公长子伯禽封于鲁，被称为鲁公。但《閟宫》后来又曰："乃命鲁公，俾侯于东。锡之山川，土田附庸。"

傅斯年说："今河南有鲁山县，其地当为鲁域之原。"②此说甚是。

如《帝王世纪》所云：周公东征之前，"周公为太师，封伯禽于鲁，父子并命。周公拜于前，鲁公拜于后"；伯禽已经封于鲁，称鲁公。那么这个鲁绝不是当时的奄国，即今山东曲阜之鲁。之后，"淮夷、徐戎及商奄又叛"，奄，就是伯禽后来的受封地曲阜。

《史记·鲁周公世家》亦云："（周公）相成王，而使其子伯禽代，就封于鲁。""鲁公伯禽之初受封之鲁。"

由此可见，伯禽先封于鲁，后改封于奄，把后封的奄亦称为鲁。

---

① （晋）皇甫谧等撰，陆吉等点校：《帝王世纪 世本 逸周书 古本竹书纪年》，济南：齐鲁书社，2010年版，第43页；徐宗元辑：《帝王世纪辑存》，北京：中华书局，1964年版，第91页。

② 欧阳哲生：《傅斯年全集》（第三卷），长沙：湖南教育出版社，2003年版，第55页。

二、伯禽初封之先鲁在今河南鲁山县之尧山

伯禽首先被封于鲁，鲁也可以称为先鲁或者西鲁。那么，先鲁在哪里呢？见于西周之前的古文献记载的鲁，只有今河南的鲁山县。

夏商时期已经有"鲁"地之名了。《左传·昭公二十九年》晋国史官蔡墨曰："昔有飂叔安，有裔子曰董父。实甚好龙，能求其耆欲以饮食之，龙多归之。乃扰畜龙，以服事帝舜。帝赐之姓曰董，氏曰豢龙；封诸鬷川，鬷夷氏其后也。故帝舜氏世有畜龙。及有夏孔甲，扰于有帝，帝赐之乘龙，河、汉各二。各有雌雄，孔甲不能食，而未获豢龙氏。有陶唐氏既衰，其后有刘累，学扰龙于豢龙氏，以事孔甲，能饮食之，夏后嘉之，赐氏曰御龙，以更豕韦之后。龙一雌死，潜醢以食夏后。夏后飨之，既而使求之。惧而迁于鲁县。"杜预注："不能致龙，故惧迁鲁县，自贬退也；鲁县，今鲁阳也。"夏后，就是夏王。夏朝的王称为"后"。《史记·夏本纪》曰：夏"国号曰夏后，姓姒氏"。禹、启又分别称为夏后禹、夏后启。《说文解字》云："后，继体君也，象人之形，从口。易曰后以施令以告四方。"后，主也。就是向全国发布政令的国君。《国语·周语上》载："《夏书》有之曰：众非元后，何戴？后非众，无与守邦。"即民众如果没有后，去拥戴谁，受谁的号令呢？而后，如果没有众民，谁为后守邦土呢？从而说明夏后与民众的关系。

《左传·昭公二十九年》记载，远古时期有一个人叫董父，他很喜欢龙，也会养龙，龙多归之。董父先服事舜帝，称为豢龙氏，世代养龙；被封在鬷川，又称为鬷夷氏。夏王孔甲时，有尧帝的后裔刘累跟随豢龙氏学习养龙，夏后嘉之，赐氏曰御龙。

《竹书纪年》上卷记载：夏孔甲七年"刘累迁于鲁阳"。

《左传》杜预注：刘累"不能致龙，故惧迁鲁县，自贬退也；鲁县，今鲁阳也"。是时，在古文献中还找不到其他地区有"鲁"的记载。那么商代的鲁当也是这里。

《逸周书·殷祝解》云："桀与其属五百人徙于鲁，鲁民复奔汤。"晋人孔晁注："鲁，亦地名。"[①]这里的鲁就是一个地名，鲁山，原属郑，后属楚，称为"鲁阳"。这个"鲁阳"，就是今鲁山之南的鲁山县。甲骨卜辞有："鲁受黍。"（《甲骨文合集》9979）这条卜辞说明，殷商时期也有"鲁"的地名。

---

① 黄怀信：《逸周书校补注译》，西安：西北大学出版社，1996年版，第413～414页。

这些记载说明，夏商时期我国已经有"鲁"的地名。这个"鲁"，即今河南省鲁山县的尧山脚下一带的地方。

先秦封国之名，是根据受封人封地之名为名的。夏代之鲁，当在今鲁山县的尧山周围。西周初年，伯禽始受封在鲁地（即今河南的鲁山县境），因此被称为鲁国，亦称为先鲁或者西鲁。

尧山，本就是刘累所命名的。魏人郦道元《水经注》卷三十一《滍水》曰："尧之末孙刘累以龙食帝孔甲。孔甲又求之，不得。累惧而迁于鲁县，立尧祠于西山，谓之尧山。故张衡《南都赋》曰：'奉先帝而追孝，立唐祠于尧。'"

北魏郦道元《水经注》卷二十一《汝水》又曰：汝水"出南阳鲁阳县之大盂山，又言出弘农卢氏县还归山……又东届尧山西岭下，水流两分。一水东径尧山南，为滍水也，即《经》所言滍水出尧山矣。一水东北出为汝水"。

由此可见，刘累所迁之处，在今河南省鲁山县之西北处的尧山，而不是今鲁山县城；而鲁地也当以尧山、滍水、汝水为中心的四周之范围。

春秋时期晋国的范氏为刘累之后，《左传·襄公二十四年》云："宣子曰：昔匄之祖，自虞以上为陶唐氏，在夏为御龙氏，在商为豕韦氏，在周为唐杜氏。"匄，就是范宣子，晋国范氏。范宣子所说的"匄之祖"，就是刘累。杜预注：御龙氏"谓刘累也。唐、杜二国名，殷末豕韦国于唐。周成王灭唐，迁之于杜，为杜伯。杜伯之子隰叔奔晋，四世及士会，食邑于范"。

《左传·文公十三年》杜预注：刘氏"士会，尧后，刘累之裔，别族复累之姓"。范氏是尧后，刘累之裔，那么刘累当然也是尧之后裔。

三、伯禽再封之奄亦称为鲁

周成王之后，伯禽受封在奄，因在此之前，伯禽曾受封于鲁，故伯禽又把受封的奄称为鲁。这个鲁是山东曲阜之鲁，相对伯禽原受封之鲁，称为东鲁。

先秦时期封国，无论封在何处，其国名或氏名皆以封地之名为名，如魏、晋、蔡、管、毛、曾、秦等。之后无论改封何地，仍以原封地之名为名，把原封国之名带到新的封国，如郑国初封郑地（今陕西省渭南市华州区），后东迁中原，仍称郑国（今河南省新郑市）。魏国原在山西之魏，后迁到大梁，仍称魏；韩国原在山西之韩，后迁到新郑，仍称韩。把原地名、国名带到迁徙的地方，是我国古代之惯例。这就是鲁国虽封在奄，仍然称鲁的原因。

鲁国的始封君是周公长子伯禽。是时，周公为成王的太师。西周初年，太师是王朝掌握兵权的最高官员。《左传·定公四年》曰："昔武王克商，成王定之，选建明德，以藩屏周。故周公相王室，以尹天下，于周为睦。分鲁公以大路、大旗，夏后氏之璜，封父之繁弱，殷民六族，条氏、徐氏、萧氏、索氏、长勺氏、尾勺氏，使帅其宗氏，辑其分族，将其类丑，以法则周公，用即命于周。是使之职事于鲁。"杜预注："鲁公，伯禽也。"

周公东征之后，为了加强对东夷地区的防御，周公将亲信和精兵强将派遣到东夷，封土殖民，以藩屏周。周公将太公望改封到营丘，建立齐国；将伯禽由先鲁改封到奄，建立诸侯国，仍称鲁国。

四、先鲁"太山"之名被带到新受封的鲁国

"太山"当是伯禽原受封先鲁之时，对境内大山所封的名字。因为鲁国是周公长子伯禽的封国，故周公也把鲁国当成自己的封国。因此，对鲁国境内太山之封，当是鲁国伯禽，而更有可能的是周公所封。太山，即今尧山北麓的西泰山。当周公东征之后，伯禽改封奄国，仍称为鲁国，于是把"太山"之名带到东方，把东方岱宗称为太山（即泰山）。《韩非子·十过》所说的"西泰山"指的是先鲁国所封的太山。

新建立的鲁国，不仅沿用了原来的地名，而且把原来所居地的山水名带到新的封国，这也是古人的习俗，如我国的山东济南、浙江余姚都有历山、舜水，就是舜帝后裔迁徙之后，用原居地历山、舜水的地名去命名新居地山水的史实。鲁国在新的封地把原鲁国境内所称的"太山"之名也带到新建的鲁国，把原来奄地的岱宗称为"太山"。

《尚书·舜典》云："岁二月，东巡守，至于岱宗，柴；望秩于山川，肆觐东后，协时、月，正日；同律度量衡。修五礼、五玉、三帛、二生、一死，贽、如五器，卒乃复。""五月，南巡守，至于南岳，如岱礼。八月，西巡守，至于西岳，如初。十有一月，朔巡守，至于北岳，如西礼，归。格于艺祖，用特。"

上面是关于帝舜东巡守至于岱宗、进行柴祭的记载。东巡守之后，帝舜又南巡守至于南岳，西巡守至于西岳，北巡守至于北岳。在南岳、西岳、北岳，所用的望祭之礼，皆同岱礼，即在岱宗所用之礼。

《尚书·禹贡》云："海岱惟青州。"这里的"岱"亦指的是岱宗。

《史记·五帝本纪》云："天下有不顺者，黄帝从而征之，平者去之，披山信

道，未尝宁居。东至于海，登丸山，及岱宗。西至于空桐。"又云：舜帝"岁二月，东巡守，至于岱宗，柴；望秩于山川"。司马迁在《封禅书》中把泰山称为"泰山"，但在《史记·五帝本纪》中把黄帝、帝舜东行所登山称为"岱宗"，从中可以看出太史公的谨慎。西周之前，泰山确实不称为"泰山"，而是称为"岱宗"。

《周礼注疏》卷十八《大宗伯》郑玄注："五岳：东曰岱宗，南曰衡山，西曰华山，北曰恒山，中曰嵩高山。"

《礼记·王制》云："天子五年一巡守。岁二月，东巡守，至于岱宗，柴而望祀山川。"郑玄注："岱宗，东岳。"今山东泰山脚下的庙宇仍然称为"岱庙"，而不是太山庙或者泰山庙。

见于文献记载把岱宗称为泰山者，当在春秋之后。《诗经·鲁颂·閟宫》云："泰山岩岩，鲁邦所詹。奄有龟蒙，遂荒大东。"汉人毛亨《传》曰："詹，至也；龟，山也，蒙山也；荒，有也。"郑玄《笺》云："奄，覆；荒，奄也。大东，极东；海邦，近海之国也。"泰山是鲁国所瞻仰的泰山；奄地原有龟山、蒙山，鲁国能够直达极东的海边。《閟宫》是歌颂鲁僖公的诗篇，产生在春秋时期的鲁国。

伯禽改封到奄，把旧的国名带到新受封之地，是先秦时期之惯例，仍称为鲁国。而鲁国也把太山之名带到新建立的鲁国。岱宗耸立在鲁国之南界，又是东夷地区最高的山。山东半岛主要是宽广的平原和低山丘陵，还有一些是沼泽而形成的洼地，绝大部分地区在海拔50米以下。就在这广平的洼地平原和浑圆的低山丘陵之上高耸着一座挺拔巍峨的大山，即泰山。泰山主峰玉皇顶海拔1545米，较先鲁之海拔1590多米的西泰山稍低，但这是山东省的最高峰。泰山在低平的山东地区突兀高耸，站在山下，向上望之，半山腰云雾缭绕；而至山顶，冷风飕飕，半岛景物尽收眼底；向东望去，可看见浩瀚无边的大海和磅礴壮观的日出，大有天上神仙之感。于是鲁人就把岱宗称为"太山"，这是从先鲁带来的山名。

五、先鲁所辖之疆域——"常与许"

伯禽最早封于先鲁。《左传·昭公二十九年》曰：刘累"惧而迁于鲁县"。鲁县，当是春秋之后楚国的地名，说明这里原来是鲁地，春秋之后楚国向北开疆拓土，将原来的鲁地建成鲁县。这当是先鲁之地，在今河南省鲁山县，这是可以确定的，但是其辖地有多大，又在何处呢？

《诗经·鲁颂·閟宫》曰："（鲁）居常与许，复周公之宇。"汉人毛亨《传》曰："常、许，鲁南鄙、西鄙。"郑玄《笺》曰："许，许田也，鲁朝宿之邑也。常或作尝，在薛之旁。"《閟宫》是鲁国的祭祖之乐。伯禽是鲁国的始封君，但是在鲁人的心目中周公是其先祖。鲁国能够在祭祖时使用天子之乐，当然与周公有关。《閟宫》曰"（鲁）居常与许，复周公之宇"，说明被祭之祖就是周公，还说明"常与许"原是周公之疆域。

常，郑玄《笺》认为："常或作尝，在薛之旁。"常，当与孟尝君有关。这当然是郑玄在完全不知还有先鲁的情况下的解释。郑玄是东汉时期人，距离西周初年已经1000多年了，对于西周初年伯禽首封于西鲁、周公东征之后又封于东鲁已经不太清楚了；可能是只知东鲁，不知西鲁，故把"常"释为"尝"，认为就是战国时期的孟尝君。而从《閟宫》所云，"常与许"皆当在周公时期的疆域之中；就算《閟宫》是春秋鲁僖公时期的作品，也不到战国孟尝君时期，所以"常"地不应该是"常或作尝，在薛之旁"，更与孟尝君无关。

笔者认为，"常"当与"唐"同声假借，一声之转，可通用。如前所云，刘累因惧怕夏王孔甲，迁于先祖所居之地鲁县。《水经注·滍水》曰："立尧祠于西山，谓之尧山。故张衡《南都赋》曰：'奉先帝而追孝，立唐祠于尧。'"刘累在这里立唐祠，这座山称为尧山。我国古代把尧称为唐尧，这座山亦可称为唐山或者唐。"常与许"之"常"，当指的是唐山，即尧山。

"常与许"之"许"，当指的是"许田"，在今河南省许昌之西部，属于先鲁之旧地。

《诗经·鲁颂·閟宫》曰"（鲁）居常与许，复周公之宇"，常与许是对周公受封地域的追述。常，即尧山；许，当是春秋时期的旧许之国，亦是先鲁旧地。《閟宫》出现了"常与许"，为"周公之宇"的地名，是今日学者研究先鲁的重要资料。

先鲁之地域，是以今尧山、滍水、汝水为中心的四周之地，还包括旧许的一部分。

第四节　先鲁地域的历史变迁

我国自炎黄时期的部落辖地，经夏商周春秋战国历朝历代，直至今天我国的行政区划经过多次的变更。但是无论怎样变更，如尧山及尧山之下的先鲁，虽然名字多次改变，也为不同的官府管辖，但是尧山、先鲁以及西泰山仍在原处，是不会变化的。

一、先秦时期先鲁之历史沿革

我国经历了 20 多个朝代，每个朝代都或多或少地对行政区划做了一些调整。本书仅对尧山地区的先鲁，以及先鲁的历史沿革和归属进行探讨。

夏代的鲁地在尧山脚下，夏商时期对诸侯国没有分封，因此夏商之鲁皆应在尧山地区。西周之后，将鲁分封给周公长子伯禽，地名沿袭夏商，伯禽所受封国鲁当也是以尧山为中心的地域。鲁地周围还有许多小国，如许、昆吾等。

当伯禽改封到奄国之后，这一代属于周王畿之地。由于西周末期周王朝衰微，这一区域也逐渐被一些小国蚕食。先鲁在西周末似乎被许国所占，是许国受封或是强占，现在已经找不到根据了，但是今许昌县周围当时是属于王畿之地。

这里原来有一个昆吾之国，许与昆吾皆为"四岳"之后，许国也许是承接了昆吾之故地。《国语·周语中》云："齐、许、申、吕由太姜。"许国是"四岳"之后，与昆吾皆是太公望的支裔，许国受封也是有道理的。

春秋之后，许国之地又被郑国所占领。

郑国是西周末、春秋初随周平王东迁到河南的诸侯国。郑桓公是周厉王的少子、周宣王的弟弟，与西周初年分封的诸侯国相比，与王室血缘最近。郑原是西周末年桓公友的封邑。西周末年，朝政混乱，郑桓公友寄孥、贿于邻、东虢等十邑。《国语·郑语》曰："（桓公友）乃东寄孥与贿，虢邻受之，十邑皆有寄地。"韦昭注："十邑，谓虢、邻、鄢、蔽、补、丹、依、𫠊、历、莘也。后桓公之子武公，竟取十邑之地而居之，今河南新郑是也。"郑武公在东迁之后，灭掉东虢与邻，并得到十邑之地，建立郑国，定国都于新郑（今河南省新郑市）。

春秋初年，周王室衰微。郑东迁中原之后，为周平王卿士，挟天子以令诸侯，小霸中原。郑国虽不敢向王室辖地扩张，但却伺机并吞其他诸侯国。郑国依靠自己王室卿士的地位，疯狂扩张，除占领"寄孥"的十邑作为在中原的立国根基之外，又占领了卫国的封邑，建立启封（今河南省开封市境），占领了杞国，把杞国逼走，杞国被迫远迁山东。许国也是郑国侵略的对象。郑国南界为许，于是郑国多次威逼许国，侵占许国土地，最后逼走许国。

春秋之后，许国在郑国的威逼下，不得已投向了楚国。《左传·僖公六年》

云:"冬,蔡穆侯将许僖公以见楚子于武城。许男面缚、衔璧、大夫衰绖、士舆榇。"许国君僖公让人把自己的双手绑起来,口中衔璧,大夫穿上衰绖丧服,士抬着棺材投降楚国。自此,鲁阳成为楚国的边邑。战国时期的楚国有"鲁阳文君"的楚之封君。

二、秦代郡县制之后先鲁地域的沿革

从上文可以看出,先秦时期汝阳县的西泰山与鲁山县的尧山是山水相连、地域相接的同一个地区,西泰山与尧山是同一座山,是前山和后山的关系,是山的南麓与北麓的关系,都属于先鲁时期的鲁国地界。公元前221年,秦始皇废除分封制,实行郡县制。从历代郡县的划分都可以看出这两座山的确关系密切。从地图上可以看出,今之鲁山县、汝阳县、嵩县、汝州市、伊川县皆是相邻的县,这些地区在历史上分分合合,是很难区分的。例如,汝阳县与鲁山县是一路之隔,路这边是汝阳县,路那边是鲁山县;汝阳县与嵩县亦是一路之隔,三岔路口是汝阳县、鲁山县与嵩县交界之处。而西泰山虽处于汝阳县,当时古代这里属于鲁山县。山的北边是汝阳县,山的南边是鲁山县。

为了弄清楚先鲁,即尧山周围地名的历史沿革,我们将这几个有关的县一并研究。

鲁山县之沿革:

> 鲁山县,《尚书·禹贡》:豫州之域,周鄀甸之鲁县。春秋初属郑,郑后为楚所侵,战国属韩,秦属颍川郡,汉始置鲁阳县,治属南阳郡;东汉因之,三国属魏,晋属南阳,后魏置樊州,寻废立鲁阳郡,封功臣于此为郡王后。周置三鸦镇齐城,隋初复为鲁县,属襄城郡;炀帝末,始名鲁山。后王世充置鲁州,唐武德二年州废,俄以鲁山滍阳后置鲁州。贞观九年州废,省滍阳,以县属汝州,五代宋金并因其旧至元。元贞八年还属南阳路,皇明洪武二年天兵下河南民遂归附,仍以属南阳府汝州。成化十二年改属河南汝州鲁县。
>
> 鲁县,即商周时五鄀四甸之县也;至汉仍秦制郡县,天下始大,鲁县为鲁阳县治。《通鉴》谓刘累学扰龙于豢龙氏,事孔甲能饮食之,夏后嘉之赐氏曰御龙,以更豕韦之后。龙一雌死潜醢以食夏后。夏后嘉

之，既而使求之。累惧而迁于鲁县说者，乃谓累。夏人曰迁鲁县是夏，夏时已有此县也。①

汝州在明朝正德年间所管辖的县有鲁山县、宝丰县、伊阳县。汝州之沿革：

> 汝州，当州禹贡豫州之域周为王畿之地，春秋时戎蛮子之邑，后为楚、郑二国之境，战国属韩，秦属三川郡，汉属河南、颍川二郡，始名梁县；后汉因之。三国魏晋属河南、舞阳二郡；后魏属汝北、鲁阳二郡。东魏置北荆州，后周改和州，属南襄城郡。隋初置伊州，炀帝初始改为汪州，寻改襄城郡，治承休县。唐初复为汝州，改承休为梁县；天宝初改州为临汝郡，属河南道，领县七（梁、叶、襄城、郏城、鲁山、龙兴、临汝）。乾元初，仍为汝州。五代梁为防御，周废（临汝县），宋为辅州。政和五年，升陆海军节度，属京西北路。建炎元年没于金，废军州县，仍旧隶河南路。元改属南阳府领梁郏鲁山三县。
>
> 国朝洪武初以梁县省入汝州，领县二，仍属南阳府。成化甲午巡抚副都御史张公瑄奏请析汝州东南境，复置宝丰县，西南境复置伊阳县，共领县四。成化丙申巡抚侍郎原公杰以州治去南阳远，奏请改隶布政司。
>
> 郏县在州治正东九十里，本楚公子郏敖封邑。春秋属郑，后入于楚为边邑；战国属韩，秦汉并属颍川郡，始名郏县。东汉省。三国魏魏复置属襄城郡，后魏改龙山县，东魏以县置顺阳郡，隋开皇初改曰辅城县，大业四年又改郏城县属汝州。唐属临汝郡，五代仍旧宋金并属颍昌府。元至正三年废县为镇隶梁县，大德八年改镇复为郏县，属汝州，隶南阳府。
>
> 国朝因之编户五十九里。②

汝阳县原名伊阳县，今汝阳县系 1959 年建县，属于洛阳。伊阳县之沿革见清乾隆三十一年（1765 年）编写的《重修伊阳县志》：

---

① 《鲁山县志》十卷本卷之一，明嘉靖刻本，第 17～18 页。
② 承天贵编辑、郓城徐资校正《汝州志》8 卷本卷之一，明正德元年刻本，第 23～25 页。

伊阳古豫入地，周襄王时，秦晋迁陆浑之戎于伊川，旧志即谓古陆浑地，其实本是伊川属王畿内也。通鉴前编按夷狄之俗，依山阻险，伊洛王畿，天地之中，虽曰旷土，岂宜迁陆浑之戎居之。秦置三川郡，陆浑新城并建为县。汉更三川为河南，以陆浑属宏农郡，而新城属河南郡，东汉及魏因之，晋河南尹兼陆浑新城，宋以陆浑新城并属河南郡。《齐地志》载：新城而无陆浑，东魏置伊川郡，领南陆浑。天平中置新城郡，领新城北；荆并隶北荆州部。后周改北荆曰和州。隋开皇初改郡为伊州，领陆浑、伊阙二县。又废东魏所置郡县，析置伊川。大业初改伊州为汝州，伊川并入洛阳。唐初仍治伊州，太宗改复河南郡领陆浑、伊阙。先天时以陆浑析置伊阳县。按开元后史多载伊阙令长，则旧志云伊阙改伊阳者。非也。五代以陆浑省入伊阳，宋兴伊阙、伊阳，并建领治河北。熙宁中又以伊阙省入伊阳，建炎末刘豫画据洛东诸邑，惟伊阳翟进屯，屯兵凤牛，保护陵寝，表其功改为顺州。绍兴三年翟琮奔襄阳而顺入于金，置嵩州，以统伊阳。元因其旧，至正间以县省入嵩州，属南阳路。明初改嵩州为县，复隶河南府。成化十二年析嵩县东四保十二里，并析汝州之西南隅，复置伊阳县。县城为嵩县东南隅。故县保见景泰间嵩训吴璠太古观碑。记隶汝州本朝编户五里。伊雉密迩久被声教者乎。伊阳之由来旧已县名，肇始于唐。有仍有改、或分或合，其地大半多入嵩境。明成化中复析置伊阳，本朝因之。①

从以上记载来看，鲁山、汝州、伊阳三县在西周时期皆属于王畿之地。秦始皇设郡县时，才开始有县的设置。

隋初置伊州，唐初复为汝州。汝州当是伊州所改称的。

唐代贞观九年（635年），废州，滍阳以县属汝州；五代、宋、金，因袭其旧制，至元。明朝洪武二年（1369年）仍属南阳府汝州，成化十二年（1476年）改属河南汝州鲁县。鲁山县其实就是伊阳县的一部分。

伊阳从隋开皇初改郡为伊州，东魏析置伊川。大业初改伊州为汝州，伊川并入洛阳。唐初仍治伊州。先天时以陆浑析置伊阳县。五代以陆浑省入伊阳，宋兴伊阙、伊阳，并建领治河北。熙宁中又以伊阙省入伊阳。隋、唐、宋、元、明、清时期，我国皆设有伊阳县，这个伊阳县与鲁山县或分或合，皆是一地，即原来

---

① 《重修伊阳县志》卷一，清乾隆三十一年刻本，第84~86页。

鲁国伯禽所建鲁国。

第五节　先鲁境内"许田"与泰山之关系

如前第四节的第一小节"先秦时期先鲁之历史沿革"中说：郑东迁中原之后，为周平王卿士，挟天子以令诸侯，小霸中原，疯狂扩张，除占领"寄孥"的十邑，又占领了卫国的封邑启封、杞国、许国。许国有田是周天子祭祀西泰山时的用田，称为"许田"。西周时期，"许田"虽在许国境内，但却归鲁国所有，也是西周王室祭祀泰山的用田，如《史记·周本纪》云："许田，天子之用事太山田也。"这里"天子之用事太山"的太山，当是西泰山。春秋时期，"许田"已经转属郑国，但是仍然归鲁国所有。郑国觉得这块田是天子用田，自己霸占也不太合法，于是以郑国原来以周王室司徒身份跟随周天子助祭东泰山时所赐给的汤沐邑"祊田"，交换鲁国的"许田"。郑国用"祊田"与鲁国交换"许田"，正是西周初年伯禽封于先鲁的表征与遗迹。

一、"许田"是周天子祭祀先鲁西泰山之田

春秋之后，郑国境内有一块"许田"，当是郑国霸占许国之后，在许国境内的一块田。这块"许田"确实归鲁国管辖，是鲁国的辖地。"许田"之上有周公庙。我国古文献对"许田"的解释主要有以下三种。

（1）《左传·隐公八年》杜预注："成王营王城，有迁都之志，故赐周公许田，以为鲁国朝宿之邑，后世因而立周公别庙焉。""许田"是成王封给鲁国之田。但是根据目前古文献记载来看，还看不出周成王"营王城有迁都之志"。西周王朝在200余年间从未提过迁都之事，更不要说成王要"赐周公许田，以为鲁国朝宿之邑"，因此这种说法似无法理论，西晋史家杜预有猜测之嫌。

（2）"许田"之中立有周公别庙。《左传·隐公八年》孔颖达疏曰："郑请易许田而求祀周公，故知后世因在许田之中而立周公别庙焉。郑桓公以周宣王之母弟，故于泰山之下亦受祊田，以为汤沐之邑。祊邑内亦有郑先君别庙。此时周室既衰，王不巡守。郑以天子不复巡守，则泰山之祀既废，祊无所用，故欲以祊易许。许田近郑，祊田近鲁，各从本国所近之宜也。鲁以许田奉周公之祀，易其田则废其祀，恐鲁以周公别庙为疑，虑将不许，云已废泰山之祀而欲为鲁祀周公。

言郑得许田，周公之祀不绝也。云已废泰山之祀者，谓天子不复巡守，郑家已废此助祭泰山祭祀之事；无所祭祀，故欲为鲁祀周公。"①郑国以废泰山之祀，而"求祀周公"为理由，以祊易许田。

（3）《史记·周本纪》云"许田，天子之用事太山田也"之"许田"，是祭祀太山的田。换言之，"许田"就在太山之下，"许田"周围肯定当有一个太山。太山就在"许田"附近。

《左传·隐公八年》唐人孔颖达疏引《正义》曰："成王营邑于雒邑为居土之中，贡赋路均，将于雒邑受朝，许田近于王城，故赐周公许田，以为鲁国朝宿之邑。""许田近于王城"，当是距离雒邑不远的地方。

"许田"，原是先鲁之辖地。之后"许田"仍有鲁国故城。如唐人李吉甫《元和郡县图志》卷九《河南道四》"许昌县"条下云："故许昌城县南四十里，即许国故城。……鲁城县南四十里，《左氏》郑伯请以太山之祊易许田而祀周公；即此城。"

宋人乐史《太平寰宇记》卷七《河南道七》"许州"条下曰："故鲁城，《左传》郑伯请以泰山之祊易许田而祀周公，即此城也。"

宋人乐史《太平寰宇记》卷七《河南道二十三》"沂州"条下曰："祊，郑祀泰山之邑，在琅琊费县东南，后移理薛固，周移阳口山南，隋又移入祊城。"

鲁城在"许田"之中，"许田"是先鲁之辖地，当无误。

"许田"原来当是在许国境内先鲁之田。西周初年，周公营建东都雒邑，周公曾经摄政为天子。先鲁是周公长子伯禽的封国，"许田"在先鲁之辖地，且距离雒邑很近。这块"许田"是属于先鲁在改封之前的辖地。鲁国再封于曲阜之后，当是周王室留给鲁国祭祀太山的汤沐邑；由于周公摄政为王，"许田"当然也为周王室所有。周平王东迁之后，"许田"对周王室的意义更大了。所以尽管郑国霸占了"许田"，也是不合法的。

"许田"是先鲁旧地，这块地就是天子祭祀泰山之田。

《公羊传·桓公元年》云："此鲁朝宿之邑也，则曷为谓之许田？讳取周田也。讳取周田，则曷为谓之许田？系之许也。曷为系之许？近许也。此邑也，其称田何？田多邑少，称田；邑多田少，称邑。"疏："解云：谓鲁人讳取周田而专用之。近，附近之近；《鲁颂》云：'居常与许，复周公之宇。'以此言之，似鲁国界内，旧自有许，何言近许，而系之许也？彼注云：'常、许，鲁南鄙、西

---

① 《春秋左传正义·隐公八年》卷四，第 31 页，转引自《十三经注疏》第 1733 页，北京：中华书局，1980 年版。

鄏'。此在王圻之内，则非此许也。"从以上记载来看，"许田"地域近许，是先鲁的"朝宿之邑"，也就是汤沐邑。

司马迁《史记·周本纪》云：周桓王五年，"郑宛与鲁易许田。许田，天子之用事太山田也"。这里的"许田"即天子祭祀太山时所用的田。

这块"许田"在旧许，是《鲁颂》"居常与许，复周公之宇"之"许"。那么"许田，天子之用事太山田也"一句中所祭祀的"太山"绝不可能是山东的"泰山"，当应是先鲁之"太山"，尧山北麓之太山，即今河南省汝阳县之西泰山。

如果将这些古文献进行梳理对比，关于对"许田"用途的记述，《左传》与司马迁的《史记》时代最早，但是《左传》只说了郑国要以境内的"许田"与鲁国境的"祊田"对换，并没有记述"许田"的用途和来源，而最早介绍"许田"用途的文献是《史记》。根据文献使用的原则，那么以司马迁记述为准，当无误。

再谈谈"许田"最后的归宿。《左传·桓公元年》云："三月，公会郑伯于垂，郑伯以璧假许田。夏四月丁未，公及郑伯盟于越。"杜预注："公以篡立而修好于郑，郑因而迎之，成礼于垂，终易二田，然后结盟垂。大丘，卫地也；越，近垂，地名。郑求祀周公，鲁听受祊田，令郑废泰山之祀，知其非礼，故以璧假为文，时之所隐。"①郑国与鲁国终于把"祊田"与"许田"互换。

"许田"是周公祭祀西泰山的汤沐邑。

二、郑国以"祊"与鲁交换"许田"的原因

《左传·隐公八年》云："郑伯请释泰山之祀，而祀周公；以泰山之祊易许田。三月，郑伯使宛来归祊，不祀泰山也。"杜预注："成王营王城，有迁都之志，故赐周公许田，以为鲁国朝宿之邑，后世因而立周公别庙焉。郑桓公友，周宣王之母弟，封郑，相助祭泰山汤沐之邑在祊。郑以天子不能复巡狩，故欲以祊易许田，各从本国所近之宜。恐鲁以周公别庙为疑，故云已废泰山之祀，而欲为鲁祀周公，逊辞以求也。《括地志》云：许州，许昌县南四十里有鲁城，周公庙在城中，祊田在沂州费县东南。宛，郑大夫。"

《史记·郑世家》云：郑庄公二十九年（公元前715年），"庄公怒周弗礼，与鲁易祊、许田"。也就是说，郑庄公是因为周王室对其不礼，而才以"许田"与鲁国对换。

---

① 《春秋左传正义·桓公元年》卷五，第37页，转引自《十三经注疏》第1739页，北京：中华书局，1980年版。

既然称"许田",当然是许国之田;由《诗经·鲁颂·閟宫》诗中的"常与许"可知,"许田"当与先鲁有关。但是为什么郑国能拿"许田"与鲁国对换"祊田"呢?

鲁国改封在奄国之后,将境内的岱宗封为泰山。鲁其实是周公的封国,但是周公在王室摄政,长子伯禽前去就封国;周公还是鲁国名义上的国君。

周公不仅摄政,而且在周王室称王也是事实。史籍多有记载,例如,《礼记·明堂位》曰:"周公相武王以伐纣。武王崩,成王幼弱,周公践天子之位,以治天下。六年,朝诸侯于明堂,制礼作乐,颁度量,而天下大服。"又云:"昔者周公朝诸侯於明堂之位,天子负斧依南向而立。"郑玄注曰:"天子,周公也。负之言,背也。斧依,为斧文屏风于户牖之间,周公于前立焉。"《史记·鲁周公世家》云:"周公之代成王治,南面倍依以朝诸侯。"周公在明堂朝见诸侯时,所表现出来的天子的威严跃然纸上。周公已经称王,登上天子之位,当是史实。周公就是一代天子。后世儒家为了美化周公,说周公仅仅是摄政,是不符合历史事实的。

周公已是天子,《诗经》把鲁国的乐歌称为鲁颂,而不是鲁风;祭祀周公使用天子之乐,也说明周公是天子。伯禽把岱宗封为鲁国之泰山,当然周公,也就是天子所祭之泰山。从此泰山信仰在西周王朝兴起。而鲁国初封之泰山成为西泰山,虽然史籍仍留有痕迹,但在历史的长河里逐渐被冷落甚至被遗忘。

祊田,是郑国在鲁国境内所辖有的一块田,那是郑国始封君郑桓公友作为周厉王的少子、周宣王的弟弟,是西周后期与王室血缘关系最亲的诸侯。周王朝奉行"亲亲尊尊"制度,桓公友有资格跟随天子祭祀东泰山,并且被赐给泰山附近的汤沐邑。

古代很多皇帝皆有祭祀泰山的大型活动。《史记·孝武本纪》云:武帝"下诏曰:古者天子五载一巡狩,用事泰山,诸侯有朝宿地。其令诸侯各治邸泰山下"。《正义》曰:"诸侯各于泰山朝宿地起第,准拟天子用事泰山而居止。"①《孝武本纪》记载的汉武帝关于"诸侯各于泰山朝宿地起第"的诏令,其实自西周后期就已有之,如郑桓公友就有一块在东泰山的汤沐邑,就是"泰山之祊"。

春秋初年,郑国已经迁往中原新郑,而且周王室已经衰微,有可能不会再去祭祀泰山,于是郑国想拿自己的"泰山之祊",与春秋时期的鲁国交换"许田"。

---

① (汉)司马迁撰:《史记》,北京:中华书局,1982年版,第476页。

这说明"泰山之祊"虽归郑国所有，但在鲁国境域；而"许田"虽归鲁国所有，但在郑国境域。

鲁成公三年（公元前 588 年），郑国伐许；次年，将"许田"划入自己的疆域。《春秋经·成公三年》云："郑公子去疾帅师伐许。"《左传·成公四年》云："冬十一月，郑公孙申帅师疆许田。"杜预注："前年，郑伐许，侵其田，今正其界。"

鲁成公十四年（公元前 577 年），郑国两次伐许。八月第一次伐许，失败；戊戌日复伐许，强迫许国以"许田"求和。《左传·成公十四年》云："八月，郑子罕伐许，败焉。戊戌，郑伯复伐许，庚子入其郛。许人平以叔申之封，今许以是所封田求和于郑。"

郑国终于占领许国境内的"许田"。这块"许田"虽在许国境内，当归属于鲁国，在"许田"有周公庙、鲁城，属于鲁国管辖。郑国霸占了许国，"许田"就在郑国境内。但是郑国仍然对"许田"没有管辖权。于是郑国提出以自己的"祊田"与鲁国交换"许田"。郑国还提出自己在"许田"仍然祭祀周公，还利用周天子对其不礼为借口，以"祊田"与鲁易"许田"，从而为自己占领"许田"找到合法理由。

郑国欲拥有"许田"，就拿在鲁国境内的"祊田"，与鲁国交换。

《史记·周本纪》唐人司马贞《索隐》释曰："《左传》郑伯以璧假许田，卒易祊，祊是郑祀太山之田，许是鲁朝京师之汤沐邑，有周公庙。郑以其近，故易取之。此云：许田，天子用事太山田，误矣。《正义》杜预云：成王营王城，有迁都之志，故赐周公许田，以为鲁国朝宿之邑，后世因而立周公别庙焉。郑桓公友，周宣王之母弟，封郑有助祭太山汤沐邑在祊，郑以天子不复巡狩，故欲以祊易许田，各从本国所近之宜也。"唐人司马贞《索隐》的解释"许田，天子用事太山田，误矣"，也当是对西周初年先鲁的分封与先鲁尊封西泰山之事已经不甚了解了。

第六节　中国的泰山信仰源于先秦鲁国

春秋之后，周礼衰落，出现了礼崩乐坏的局面。由于鲁国受封时有一套完整的礼乐经典，又加上以孔子为首的儒家兴起，以恢复周礼为己任。儒家所宣传的周礼以及鲁礼，成为正统的周礼。鲁国的泰山信仰成为周礼的内容。汉武帝"罢黜百家，独尊儒术"，泰山信仰成为中华民族的信仰。

一、"鲁礼"即王礼

西周初年,周公制礼作乐,奠定了周王室的各种礼乐制度和宗法制度。《礼记·乐记》云:"王者功成作乐,治定制礼。其功大者其乐备,其治辩者其礼具。"汉人郑玄《诗谱序》云:"及成王、周公致太平,制礼作乐,而有颂声兴焉,盛之至也。"也就是说,周礼即周王之礼,是周公所作之礼。周礼,是以周王室为首,包括周王室属下的各诸侯国皆要实行、服从的礼乐制度。

周公之子伯禽在周公东征之后封于奄,之后改为鲁,称为鲁国。伯禽受封之后,就封之时,周公将一套礼乐制度、备物典章、官司彝器分给了伯禽。如《左传·定公四年》云:"分鲁公以大路、大旗,夏后氏之璜,封父之繁弱,殷民六族,条氏、徐氏、萧氏、索氏、长勺氏、尾勺氏,使帅其宗氏,辑其分族,将其类丑,以法则周公,用即命于周。是使之职事于鲁,以昭周公之明德。分之土田陪敦,祝、宗、卜、史,备物典策,官司彝器。因商奄之民,命以伯禽而封于少皞之虚。"伯禽分到的是"祝、宗、卜、史,备物典策,官司彝器",是一整套的礼乐典章制度。伯禽受封时得到一套完整的礼乐文化典章,因此鲁国成为春秋时期文化水平最高的诸侯国。

《礼记正义·明堂位》曰:"武王崩,成王幼弱,周公践天子之位以治天下。六年,朝诸侯于明堂,制礼作乐,颁度量,而天下大服。七年,致政于成王。成王以周公为有勋劳于天下,是以封周公于曲阜,地方七百里,革车千乘,命鲁公世世祀周公以天子之礼乐。是以鲁君孟春乘大路,载弧韣,旗十有二旒,日月之章,祀帝于郊,配以后稷。天子之礼也。季夏六月,以禘礼祀周公于大庙,牲用白牡,尊用牺象山罍,郁尊用黄目,灌用玉瓒大圭,荐用玉豆雕篹(筵),爵用玉盏仍雕,加以璧散璧角,俎用梡嶡,升歌《清庙》,下管《象》,朱干玉戚,冕而舞《大武》,皮弁素积,裼而舞《大夏》。《昧》,东夷之乐也,《任》,南蛮之乐也。纳夷蛮之乐于大庙,言广鲁于天下也。"①

《礼记正义·明堂位》不仅记载了这个史实,而且记载了在武王死后,成王幼弱,"周公践天子之位以治天下"的史实,史称周公摄政。成王亲政之后,为了表彰周公的勋劳,"命鲁公世世祀周公以天子之礼乐"。

《礼记正义·明堂位》又曰:"鲁公之庙,文世室也;武公之庙,武世室

---

① (唐)孔颖达:《礼记正义·明堂位》第 260~261 页,转引自《十三经注疏》第 1488~1489 页,北京:中华书局,1980 年版。

也。"郑玄注:"此二庙,象周有文王、武王之庙也。世室者,不毁之名也;鲁公,伯禽也;武公,伯禽之玄孙也。"①

不惟周公,而且鲁公伯禽之庙、伯禽之玄孙鲁武公之庙,在鲁国的祭祀规格,如周王室祭祀周文王、武王一样。

鲁国所实行的鲁礼,不仅周王室所颁天下皆行之礼,而且很多王礼也可行于鲁国,如祭周公用天子之礼,鲁公、武公之庙,可比周王朝之文王、武王之世。鲁国具备了王礼和诸侯之礼。

《礼记正义·明堂位》还曰:"凡四代之服、器、官,鲁兼用之。是故,鲁,王礼也,天下传之久矣,君臣未尝相弑也,礼乐、刑法、政俗,未尝相变也。天下以为有道之国,是故天下资礼乐焉。"②

西周末年,周王室衰微,很多礼乐制度废弃;鲁礼,兼具虞舜、夏、商、周四代之服饰、礼器、官制等礼制,"周礼尽在鲁矣"。鲁礼,即王礼也。

《史记·儒林列传》云:"嗟乎!夫周室衰而关雎作,幽厉微而礼乐坏。诸侯恣行,政由强国。故孔子闵王路废而邪道兴,于是论次诗书,修起礼乐,适齐闻韶,三月不知肉味。自卫返鲁,然后乐正雅颂,各得其所。"

《仪礼注疏》卷四《乡饮酒礼》郑玄注:"昔周之兴也,周公制礼作乐,采时世之诗以为乐歌,所以通情相风切也,其有此篇明矣。后世衰微,幽厉尤甚。礼乐之书,稍稍废弃。"

宋人王应麟《诗地理考》卷一《总说》亦云:"及成王、周公致太平,制礼作乐,而有颂声兴焉,盛之至也。本之由此风雅而来,故皆录之,谓之诗之正经。后王稍更陵迟,懿王始受谮,烹齐哀公,夷身失礼之后,邶不尊贤。自是而下,厉也、幽也,政教尤衰,周室大坏。"

春秋以降,"周礼尽在鲁矣"。各国礼乐皆准鲁国,先秦鲁国是诗书礼仪之邦。

《史记·齐世家》云:"昭公二十六年,猎鲁郊,因入鲁,与晏婴俱问鲁礼。"

《左传·昭公二年》记载,晋侯派韩宣子出使鲁国,"且告为政而来见,礼也。观书于大史氏,见《易》《象》与鲁《春秋》,曰:'周礼尽在鲁矣,吾乃今知周公之德与周之所以王也'"。

清人秦蕙田《五礼通考》卷九十七《吉礼》九十七《禘祫》云:"自春秋时,鲁礼上僭王章,下替圣人,累书用彰其失。汉儒不达,准鲁推周,各据所

---

① (唐)孔颖达:《礼记正义·明堂位》第263页,转引自《十三经注疏》第1491页,北京:中华书局,1980年版。
② (唐)孔颖达:《礼记正义·明堂位》第264页,转引自《十三经注疏》第1492页,北京:中华书局,1980年版。

闻，著为传记，纷淆始矣。郑氏推衍注释，罔有定见；先儒讥之，更历后代，奉为典章。""郑康成乃谓禘祫，皆为鲁礼。夫谓祫为鲁礼可也。鲁之有禘行于周公之庙，已非礼矣。况僭而行之于庄公之宫，又禘于太庙，以致妾母，可以谓之礼乎？禘宗庙之大祭也，故惟禘礼为盛观。明堂位之言可见，闵僖窃禘之盛礼，以侈一时之美观。"

秦蕙田认为，"鲁礼上僭王章，下替圣人""准鲁推周"，其实就是清代学者的误解。鲁礼、周礼其实就是一回事，皆为周公所制，而且周公曾为"摄政"，其实就是周王。鲁人所用之礼，为王室之礼；鲁人所用之乐，为王室之乐。鲁礼即周礼，是史实。

二、泰山信仰从鲁国开始

古代有祭祖、祭天、祭山川的习俗。祭祖，一般是在宗庙中举行。祭天、祭山川，露天在郊举行，所以古代祭天、祭山川之祭又称为郊祭。祭天，即祭昊天上帝，配以祖先之祭；祭山川，又称为望祭，即遥望国境内的高山大川。其余还有社稷、百神，有时也从祀。

相传西周时期，周公"制礼作乐"，开创中国礼制之先。中国礼制基本上从西周流传下来，而相传周公"制礼作乐"，西周的礼基本就是周公之礼，即鲁国之礼。

春秋时期，泰山是鲁国望祭的大山。汉人郑玄《毛诗谱·周南召南谱》云："成王以周公有太平制典法之勋，命鲁郊祭天，三望，如天子之礼，故孔子录其诗之颂，同于王者之后。"唐孔颖达疏曰："成王以周公为有勋劳于天下，命鲁公世世祀周公以天子之礼，是以鲁君孟春乘大辂，载弧韣，旗十有二旒，日月之章祀帝于郊，配以后稷，天子之礼也。是成王命鲁之郊天也。春秋每云不郊，犹三望，是鲁郊祭天，而因祭三望也。郑以三望为河、海、岱，是鲁之境内山川也。祭其境内山川，则自是诸侯常法，亦云天子之礼者，以春秋郊望连文，故因说郊天而并云三望耳。"郑玄认为，鲁国祭祀的三望是"河、海、岱"，即黄河、东海、泰山。

《公羊传·僖公三十一年》云：鲁国"夏四月，四卜郊，不从，乃免牲，犹三望。……三望者何，望祭也。然则曷祭，祭泰山、河、海。曷为祭泰山、河、海，山川有能润于百里者，天子秩而祭之。触石而出，肤寸而合，不崇朝而偏雨乎天下者,唯泰山尔"。《公羊传》把泰山、黄河和大海认定为鲁之三望,也就是鲁人所望祭的山川。

《孟子·尽心上》记载孟子曰:"孔子登东山而小鲁,登泰山而小天下。"

《史记·齐世家》云:"昭公二十六年猎,鲁郊,因入鲁,与晏婴俱问鲁礼。"在鲁国进行郊祭之时,晏婴到鲁国去问询鲁国的郊祭之礼,其实晏婴就是来学习鲁国郊祭之礼的。

《礼记·郊特牲》云:"郊之用辛也,周之始郊日以至。……祭之日,王被衮,以象天。"郑玄注:"言日以周郊天之月而至,阳气新,用事顺之,而用辛日。此说非也。郊天之月而日至,鲁礼也。三王之郊,一用夏正,鲁以无冬至,祭天于圜丘之事是以建子之月。郊天,示先有事也。用辛日者,凡为人君,当斋戒自新耳。周衰礼废,儒者见周礼尽在鲁,因推鲁礼,以言周事。"郑玄又注:"谓有日月星辰之章,此鲁礼也。《周礼》王祀昊天,上帝则服大裘而冕,祀五帝亦如之。鲁侯之服,白衮冕而下也。"

郑玄认为,周王室所用的祭天及郊祭之礼,是"此鲁礼也";并认为"儒者见周礼尽在鲁,因推鲁礼,以言周事"。

鲁国有一次郊祭,郊祭用的牛被鼷鼠咬伤了嘴巴,但鲁国为了俭省,仍用这头有口伤的牛,这是对神灵的不敬,不符合古代之礼乐。孔子很是难过,认为今后以什么礼为准呢?《礼记·礼运》:"孔子曰:呜呼哀哉!我观周道,幽厉伤之,吾舍鲁何适矣。鲁之郊禘,非礼也,周公其衰矣。"郑玄注:"政乱礼失,以为鲁尚愈。非,犹失也。鲁之郊牛口伤,鼷鼠食其角。又有四卜郊,不从;是周公之道衰矣,言子孙不能奉行兴之。"

这个记载说明,孔子所研究的礼也是以鲁国之礼为标准的。

泰山是鲁国望祭的大山,西周春秋时期的诗书礼乐尽在鲁国。鲁国产生了我国古代最伟大的儒家学派,如孔子、孟子、颜子、曾子等皆是鲁国培育出来的大儒学家。孔子打破了"学在官府"制,是第一个开始私人教学的教师。他整理的六经与诗书是我国传统文化的主流。孔子死后,儒分为八。子夏是传播儒学最力的孔门弟子。在子夏的传授下,儒学才得以广泛传播。子夏对儒学在后世的传播做出了巨大的贡献。子夏为《易经》作有《易传》,对《诗经》著有《诗序》,相传《丧服传》是子夏为《仪礼》所做的阐释。对于《尚书》,子夏则以章句进行解释;对于《乐》,子夏对魏文侯进行详细的解释和发挥。

唐陆德明《经典释文》卷一云:"子夏授高行子,高行子授薛仓子,薛仓子授帛妙子,帛妙子授河间人大毛公。毛公为《诗故训》传于家,以授赵人小毛公。小毛公为河间献王博士,以不在汉朝,故不列于学。一云子夏传曾申字子西,鲁人曾参之子,申传魏人李克,克传鲁人孟仲子,孟仲子传根牟子,根牟子传赵人孙卿子,孙卿子传鲁人大毛公。"一云大毛公名苌。《汉书·儒林传》云:"毛公,赵人,治《诗》为河间献王博士,授同国贯长卿,长卿授解延年。"西汉武帝"罢黜百家,独尊儒术",儒学登上了国家的神坛,成为几千年来封建社会的理论基础。

鲁礼、周礼皆周公所制。随着周王室的衰弱,周礼日渐式微,鲁礼逐渐显现,特别是孔子及其弟子的重新整理与传播,使其更加完善。西汉武帝定儒学为一尊,孔子及其弟子整理与传播的鲁礼,包括鲁国的泰山信仰皆为王权以及后来的皇权所承认。我国的泰山信仰来自鲁国对泰山的望祭和崇拜。

三、中华民族的泰山信仰

鲁国望祭的泰山名气愈来愈大,形成了中华民族所尊崇的泰山信仰。

《史记·封禅书》云:"自古受命帝王,曷尝不封禅?盖有无其应而用事者矣,未有睹符瑞见而不臻乎泰山者也。虽受命而功不至,至梁父矣而德不洽,洽矣而日有不暇给,是以即事用希。传曰:'三年不为礼,礼必废;三年不为乐,乐必坏。'每世之隆,则封禅答焉。"①《正义》曰:"泰山上筑土为坛以祭天,报天之功;故曰封。泰山下小山上,除地报地之功,故曰禅言。禅者,神之也。《白虎通》云:'或曰封者,金银绳,或曰古泥金绳,封之印玺也。'"司马迁的《封禅书》更使帝王们对封泰山趋之若鹜,认为自己稍有成就的帝王都把封禅泰山作为自己毕生的追求。

"封",是在泰山之巅累土筑圆台以祭天,增泰山之高;"禅",是在泰山之下的小山丘上积土筑方坛以祭地,增大地之厚以报地。

《史记·五帝本纪》记载黄帝、舜帝封岱宗,《尚书·舜典》记载舜封岱宗。

《史记·封禅书》还记载管仲说:"古者封泰山禅梁父者七十二家,而夷吾所记者十有二焉。昔无怀氏封泰山,禅云云;虙羲封泰山,禅云云;神农封泰山,禅云云;炎帝封泰山,禅云云;黄帝封泰山,禅亭亭;颛顼封泰山,禅云云;帝喾封泰山,禅云云;尧封泰山,禅云云;舜封泰山,禅云云;禹封泰山,禅会

---

① (汉)司马迁撰:《史记》,北京:中华书局,1982年版,第1355页。

稽；汤封泰山，禅云云；周成王封泰山，禅社首：皆受命然后得封禅。"① "禅云云"，是指兖州泗水县北八十里梁父山东云云山，历代古帝王封泰山而禅云云山。云云山也在鲁国境内。

这些古帝王封泰山，禅云云，无从追踪；但是却影响一代又一代的帝王。封泰山一般是在一年之中的二月。《尚书·舜典》云："（舜）二月，东巡守，至于岱宗，柴；望秩于山川，肆觐东后；协时、月，正日；同律度量衡。修五礼、五玉、三帛、二生、一死，贽、如五器，卒乃复。"孔安国疏曰：东后，"东方之国君"。

根据《史记·封禅书》的记载，只有那些有功德的天子才有资格封禅泰山。秦始皇认为自己功过三皇，德过五帝，是可以到泰山封禅的。秦始皇封禅泰山是按照《尚书·舜典》所记载的舜封泰山之礼而进行的，不过舜帝封泰山当只是传说。

《史记·秦始皇本纪》记载："二十八年，始皇东行郡县，上邹峄山，立石，与鲁诸儒生议，刻石颂秦德，议封禅望祭山川之事。乃遂上泰山，立石，封，祠祀；下，风雨暴至，休丁树下，因封其树为五大夫。禅梁父。刻所立石。"这就是秦始皇所立的泰山刻辞。《集解》云："服虔曰：'增天之高归功于天。'张晏曰：'天高不可及，于泰山上立封禅而祭之，冀近神灵也。'瓒曰：'积土为封，谓负土于泰山上，为坛而祭之。'"

秦始皇在"泰山立石、封祠祀；下，风雨暴至"，而且秦王朝14年而灭亡。因此封泰山"风雨暴至"，被认为是不吉祥的，所以后代没有功劳的皇帝不敢轻易去泰山封禅了。

《史记·孝武本纪》记载：公元前110年，因有祥瑞出现，汉武帝于是议封禅。汉武帝在中岳封太室山，在汾阴封后土，最后封泰山。但是，"封禅用希旷绝，莫知其仪礼，而群儒采封禅《尚书》、《周官》、《王制》之望祀射牛事"②。汉武帝又重新制定封泰山的礼仪。

汉武帝登上泰山，"山之草木叶未生，乃令人上石立之泰山巅。上遂东巡海上，行礼祠八神。……登封泰山，至于梁父，而后禅肃然"。肃然，山名，在梁父。祠八神，一曰为八方之神；《索隐》引韦昭注曰：八神为天地阴阳日月星辰，主四时之属。今按《郊祀志》曰：一曰天主，祠天齐；二曰地主，祠太山梁父；三曰兵主，祠蚩尤；四曰阴主，祠三山；五曰阳主，祠之罘；六曰月主，祠之莱山；七曰日主，祠成山；八曰四时主，祠琅邪。

---

① （汉）司马迁撰：《史记》，北京：中华书局，1982年版，第1362页。
② （汉）司马迁撰：《史记》，北京：中华书局，1982年版，第473页。

封泰山之后，有司言："宝鼎出为元鼎，以今年为元封元年。"①汉武帝改年号，将原来的"元鼎"年号改为"元封"。

首次泰山封禅之后的次年，汉武帝又来到泰山。

《史记·孝武本纪》云：

> 初，天子封泰山，泰山东北址古时有明堂处，处险不敞。上欲治明堂奉高旁，未晓其制度。济南人公玉带上黄帝时明堂图。明堂图中有一殿，四面无壁，以茅盖，通水，圜宫垣为覆道，上有楼，从西南入，命曰"昆仑"。天子从之入，以拜祠上帝焉。于是上令奉高作明堂汶上，如带图。及五年修封，则祠泰一、五帝于明堂上坐，令高皇帝祠坐对之。祠后土于下房，以二十太牢。天子从昆仑道入，始拜明堂如郊礼。礼毕，燎堂下。而上又上泰山，有秘祠其颠。而泰山下祠五帝，各如其方，黄帝并赤帝，而有司侍祠焉。泰山上举火，下悉应之。其后二岁，十一月甲子朔旦冬至，推历者以本统。天子亲至泰山，以十一月甲子朔旦冬至日祠上帝明堂，每修封禅。其赞飨曰："天增授皇帝泰元神策，周而复始，皇帝敬拜见泰一。"
>
> 《索隐》按："赞飨之辞，言天授皇帝；泰元神策，周而复始。又按：黄帝得宝鼎神策。则泰元者，古昔上皇创历之号，故此云泰元神策者，周而复始也。"②

元封元年（公元前110年）、元封二年（公元前109年）、元封五年（公元前106年）、太初元年（公元前104年）、太初三年（公元前102年）、天汉三年（公元前98年）、太始四年（公元前93年）、征和四年（公元前89年），汉武帝先后八次到泰山封禅。由此可见，汉武帝对泰山封禅的重视。

历代皇帝皆把封禅泰山当成自己最大的功绩，东汉光武帝刘秀（56年）、汉章帝（85年）、汉安帝（124年）、隋文帝（595年）、唐高宗与武则天（666年）、唐玄宗（725年）、宋真宗（1008年）皆曾封禅泰山。但是唐太宗作为一代明主，却终生没有封禅泰山，因为魏征上谏，认为天下初定，民生艰难，不宜封禅。唐太宗又害怕出现秦始皇那样的事情，于是终生没有封禅泰山。

---

① （汉）司马迁撰：《史记》，北京：中华书局，1982年版，第476页。
② （汉）司马迁撰：《史记》，北京：中华书局，1982年版，第480~481页。

清朝康熙皇帝曾两次（1684年、1703年）祭祀泰山，乾隆皇帝曾先后十次（1748~1790年）祭祀泰山。清朝皇帝只祭祀没有封禅。

我国历代帝王为什么如此热衷于泰山封禅呢？

1. 每当改朝换代，帝王们都要告天之功

《史记·封禅书》云："易姓而王，封泰山禅乎梁父者七十余王矣。"①

班固《白虎通义》卷下《封禅》云：

> 王者易姓而起，必升封泰山；何教告之义也。始受命之时，改制应天，天下太平，功成封禅，以告太平也。所以必于泰山何？万物所交代之处也。必于其上何？因高告高，顺其类也。故升封者，增高也；下禅梁甫之山基广厚也。刻石纪号者，著己之功迹也，以自效仿也。天以高为尊，地以厚为德，故增泰山之高以放天，附梁甫之基以报地。明大地之所命，功成事遂，有益于天地。若高者加高，厚者加厚矣。
>
> ……
>
> 太平乃封知告于天，必也于岱宗何？明知易姓也。刻石纪号，知自纪于百王也。燎祭天，报之义也；望祭山川，祀群神也。《诗》云："于皇时周，陟其高山。"言周太平，封太山也。又曰："堕山乔岳，允犹翕河。"言望祭山川百神来归也。

每当江山易姓之时，新的天子必封泰山，禅梁父，天命以为王，使理群生，告太平于天，报群神之功。

2. 历代帝王都有升天成仙之追求

齐国当时有一个方士，名曰申功，与安期生互相勾结，说自己受黄帝之言，无书，独有一部《鼎书》。《鼎书》上说："汉兴复当黄帝之时，汉之圣者在高祖之孙且曾孙也。宝鼎出而与神通，封禅。封禅七十二王，唯黄帝得上泰山封。申功曰：'汉主亦当上封，上封则能仙登天矣。'黄帝时万诸侯，而神灵之封居七千。天下名山八，而三在蛮夷，五在中国。中国华山、首山、太室、泰山、东莱，此五山，黄帝之所常游，与神会。黄帝且战且学仙，患百姓非其道，乃断斩

---

① （汉）司马迁撰：《史记》，北京：中华书局，1982年版，第1363页。

非鬼神者,百余岁,然后得与神通。"①

秦始皇、汉武帝皆是听信方士之言,对成仙心向往之,才一次次地封禅泰山。

黄帝就是成仙而登天者。《史记·孝武本纪》曰:"黄帝采首山铜,铸鼎于荆山下。鼎既成,有龙垂胡髯下迎黄帝。黄帝上骑,群臣后宫从者七十余人。龙乃上去。余小臣不得上,乃悉持龙髯,龙髯拔,堕黄帝之弓。百姓仰望,黄帝既上天,乃抱其弓与龙胡髯号,故后世因名其处曰'鼎湖'。"于是天子曰:"嗟乎!吾诚得如黄帝,吾视去妻子如脱屣耳!"《正义》引《括地志》云:"湖水源出虢州湖城县南三十五里夸父山,北流入河,即鼎湖也。"②

由此可见,帝王们希望长寿、登天成仙的强烈愿望。历代稍有成就的帝王都把封禅泰山作为自己毕生的追求。

在民间有"重于泰山,轻于鸿毛"之说,把老岳父称为"老泰山"等,有浓厚的泰山信仰。

泰山信仰赢得国人的信仰和崇拜,西泰山也逐渐沉寂。

---

① (汉)司马迁撰:《史记》,北京:中华书局,1982年版,第467~468页。
② (汉)司马迁撰:《史记》,北京:中华书局,1982年版,第468页。

第五章　炎帝与黄帝的战争

《史记·五帝本纪》记载，炎帝与黄帝发生阪泉之战，蚩尤与黄帝发生涿鹿之战。这两次战争是历史上非常惨烈的战争，如晋代王嘉《拾遗记》卷一曰：这次战争积血成渊，聚骨如岳。数年中，血凝如石、骨白如灰、膏流成泉。[①]可见，阪泉之战和涿鹿之战是多么地残酷，死伤是多么地惨重。

战争的结果是炎帝部族被迫退出历史舞台，黄帝从而统一了天下，成为五帝之首，中华民族正统的祖先。

第一节　炎黄二帝与阪泉之战

《史记·五帝本纪》记载了炎帝和黄帝的阪泉之战。但是有些史籍认为，阪泉之战没有发生过。还有一些近代学者认为，炎帝和黄帝的阪泉之战与蚩尤和黄帝的涿鹿之战，当是一次战争，因为蚩尤就是炎帝。

对这两次战争也有两种观点，或认为蚩尤是在炎帝与黄帝的阪泉战败后，继续与黄帝进行涿鹿之战的；魏晋之后的学者多认为是蚩尤先篡权炎帝，炎帝向黄帝求助，黄帝与蚩尤发生涿鹿之战。笔者认为，当以《史记》记载为准，黄帝与炎帝、蚩尤之间应该说发生过两次战争：黄帝与炎帝的阪泉之战，黄帝与蚩尤的涿鹿之战。

一、炎帝与黄帝是否发生过战争

关于炎帝与黄帝是否发生过阪泉之战，历史上有不同的说法。先秦、汉、晋之前的学者皆认为炎黄二帝之间确实发生过阪泉之战，唐宋之后的学者又煞有介事地说炎黄二帝之间没有发生过战争，是蚩尤篡权炎帝，炎帝请求黄帝打击蚩

---

① （晋）王嘉：《拾遗记》卷一，文渊阁四库全书。

尤，然后又把帝位让给黄帝的。这些的说法有很大的不同之处。

1. 认为黄帝与炎帝战于阪泉之野，黄帝首先进攻神农氏

《大戴礼记》卷七《五帝德》云："（黄帝）抚万民，度四方，教熊、罴、貔、貅、貙、虎，以与赤帝战于阪泉之野；三战然后得行其志。"①

《帝王世纪》卷一云："神农氏衰，黄帝修德抚民，诸侯咸去神农而归之。黄帝于是乃扰驯猛兽，与神农氏战于阪泉之野，三战而克之。又征诸侯，使力牧、神皇直讨蚩尤氏，擒之于涿鹿之野，使应龙杀之于凶黎之丘。凡五十二战而天下大服。"②《帝王世纪》记载，黄帝首先攻打炎帝，在阪泉之野打败炎帝之后，又直讨蚩尤氏，经过五十二战才打败蚩尤氏。

2. 黄帝因为"炎帝欲侵陵诸侯"而与炎帝战于阪泉之野

《史记·五帝本纪》云：轩辕之时，"炎帝欲侵陵诸侯，诸侯咸归轩辕。……以与炎帝战于阪泉之野。三战，然后得其志"。这里很明显不过，炎帝与黄帝有阪泉之战。而且原因是"炎帝欲侵陵诸侯"，黄帝为被侵陵的诸侯而与炎帝战。

笔者认为，炎帝在此之前表现的是一种修德以团结诸侯的形象。如《帝王世纪》卷一云：神农氏，"一号魁隗氏，是为农皇。或曰：炎帝时，诸侯夙沙氏叛不用命，炎帝退而修德，夙沙之民自攻其君而归炎帝。营都于鲁"③。《吕氏春秋·用民》云："夙沙之民自攻其君，而归神农。"高诱注："夙沙，大庭氏之末世也。其君无道，故自攻之。神农，炎帝。"

以上记载说明，炎帝"欲侵陵诸侯"似乎很难出现，当是黄帝恃强而攻打已经衰弱的炎帝。

3. 认为黄帝与炎帝之间没有发生过战争，而是蚩尤篡权、攻打炎帝；炎帝请求黄帝攻打蚩尤，而把帝位让给黄帝

唐代陆德明认为："蚩尤，神农时诸侯，始造兵者也。神农之后第八帝曰榆罔世。蚩尤氏强与榆罔争王，逐榆罔。榆罔与黄帝合谋击杀蚩尤。《汉书音义》

---

① （汉）戴德《大戴礼记》卷七《五帝德》，文渊阁四库全书。
② （晋）皇甫谧等撰，陆吉等点校：《帝王世纪 世本 逸周书 古本竹书纪年》，济南：齐鲁书社，2010年版，第6~7页。
③ （晋）皇甫谧等撰，陆吉等点校：《帝王世纪 世本 逸周书 古本竹书纪年》，济南：齐鲁书社，2010年版，第4页。

云：'蚩尤，古之天子；一曰庶人贪者'。"①《汉书音义》也是唐代的著作。

宋代罗泌《路史·炎帝纪下·蚩尤传》云："蚩尤产乱，出羊水，登九淖，以伐空桑。逐帝而居于浊鹿，兴封禅，号炎帝。乃驱罔两兴云雾，祈风雨，以肆志于诸侯。顿戟一怒，并吞亡亲，九隅仄，遗文仄，所立智士寒心，参卢于是与诸侯委命于有熊氏。有熊于是暨力牧、神皇，厉兵称旅，顺杀气以振兵，法文昌而命将，熊、罴、貔、貅以为前行，雕、鹖、雁、鹬以为旗帜。士既成矣，逮蚩尤……执尤，于中冀而诛之。"这里是说，蚩尤，是炎帝之后，恃亲强恣，驱赶十五世炎帝榆罔而自立，篡号炎帝。榆罔无法，才联合各诸侯"委命于有熊氏"黄帝。黄帝联合力牧、神皇、风后之徒，才打败了蚩尤。

案：从以上炎帝与黄帝战争的记载来看，汉代甚至晋代之前，皆是记载炎帝与黄帝发生过阪泉之战，甚至唐代杜光庭的《墉城集仙录》也说炎帝与黄帝发生过阪泉之战。②而自唐、宋之后，一些持正统观念的学者文人，如陆德明、罗泌等开始否定炎帝与黄帝之间发生过阪泉之战的史实，认为炎黄二帝之间根本没有发生过战争，而是蚩尤篡炎帝之位，炎帝让出帝位给黄帝，请求黄帝出师攻打蚩尤。这样篡改了黄帝攻打炎帝、夺取炎帝政权的史实，把罪名完全扣在被杀死的蚩尤身上，这是中国专制制度下美化帝王、打击失败者的惯用手法。如唐初"玄武门之变"，明明是弟弟李世民首先发动杀死哥哥李建成的政变，可是历史上非要说李建成首先设宴请李世民吃饭，下毒毒害李世民，李世民虽吃毒药，但没有死，才发动的"玄武门之变"。

根据使用史料的原则，以先出史料为准。那么应该以《大戴礼记》《史记》《帝王世纪》为准，炎帝与黄帝在阪泉确实发生了阪泉之战。

炎帝失败之后，黄帝已经得其志，夺去了政权。蚩尤继起，自称炎帝，继续与黄帝战于涿鹿之野。蚩尤失败被杀，是一个悲剧英雄。

二、阪泉之战的始末

根据《路史》的记载，炎帝族王天下者七十世，史书上有名可记的炎帝有十

---

① （唐）陆德明《经典释文》卷二十八《盗跖》第二十九，文渊阁四库全书。
② （南宋）罗泌《路史·炎帝纪下·蚩尤传》的小字注释，文渊阁四库全书。

六世。炎帝神农氏比黄帝早了许多世纪。十五世炎帝榆罔时期,最有名的事件,也是对炎帝族影响最大的事件就是炎帝与黄帝的阪泉之战。

炎帝与黄帝是两个部族,他们之间为了争取生存的空间和在本地区的领导权,经常发生冲突和战争。《国语·晋语四》云:"二帝用师以相济也,异德之故也。异姓则异德,异德则异类。异类虽近,男女相及,以生民也。同姓则同德,同德则同心。同心则同志,同志虽远,男女不相及,畏黩敬也。黩则生怨,怨乱毓灾,灾毓灭姓,是故娶妻避其同姓,畏乱灾也。故异德合姓,同德合义,义以道利,利以阜姓,姓利相更,成而不迁,乃能摄固,保其土房。"吴韦昭注引贾侍中云:"少典,黄帝、炎帝之先;有蟜,诸侯也。炎帝,神农也。"①

《史记·五帝本纪》云:"黄帝者,少典之子,姓公孙,名曰轩辕。生而神灵,弱而能言,幼而徇齐。长而敦敏,成而聪明。轩辕之时,神农氏世衰。诸侯相侵伐,暴虐百姓。而神农氏弗能征。于是轩辕乃习用干戈,以征不享,诸侯咸来宾从。而蚩尤最为暴。莫能伐。炎帝欲侵陵诸侯,诸侯咸归轩辕。轩辕乃修德振兵,治五气,艺五种,抚万民,度四方,教熊、罴、貔、貅、䝙、虎,以与炎帝战于阪泉之野。三战,然后得其志。"《索隐》引《书》云:"如虎如貔。《尔雅》云:'貔,白狐。'《礼》曰:'前有挚兽,则载貔貅'是也。《尔雅》又曰:'䝙獌似狸。此六者猛兽可以教战。'《周礼》:'有服不氏,掌教扰猛兽,即古服牛乘马,亦其类也。'"《正义》云:"熊,音雄;罴,音碑;貔,音毗;貅,音休;䝙,音丑于反。罴如熊,黄白色。郭璞云:貔执夷,虎属也。按:言教士卒习战,以猛兽之名名之,用威敌也。"②

黄帝为了与炎帝进行战争,进行了充分的准备,修德振兵,种植各种农作物,使粮食丰收,以此安抚万民;又考虑四方的环境和情况,并演练"熊、罴、貔、貅、䝙、虎,以与炎帝战于阪泉之野"。关于"熊、罴、貔、貅、䝙、虎",《索隐》认为是把这六种猛兽训练成用以打仗所需的猛兽,如古人训练"服牛乘马"一样。而《正义》认为是对士卒教习训练战斗的技能,并以猛兽之名来命名这些士卒,用以威胁、恐吓敌人。

笔者认为,《正义》所论似乎更符合常情。黄帝对士卒进行教习,使之对敌作战如同猛兽一般。而现在也有更新的看法,即认为"熊、罴、貔、貅、䝙、虎"当是以这六个猛兽命名,或者是以这六个猛兽为图腾的部族。这六个部族是

---

① 上海师范学院古籍整理组点校:《国语》,上海:上海古籍出版社,1978年版,第356页。
② (汉)司马迁撰:《史记》,北京:中华书局,1982年版,第1~4页。

黄帝部族的同盟部族。

炎帝榆罔末年，黄帝和炎帝发生了激烈的冲突和斗争。在战争中，炎帝族失败，被迫迁徙到他处，亦有可能是南方。也就是说，黄帝在打败了炎帝以后，才成为天子，被尊为黄帝的。而炎帝因为这次战争的失败，故没有被司马迁《史记·五帝本纪》列为正统的帝王。

《路史·炎帝纪下》记载：炎帝时期，"黄帝乃封参卢于路，而崇炎帝之祀于陈"。路，今茶陵军露水乡有露水山，高于衡山等，初封盖在此。《元和姓纂》云："黄帝封榆罔支子于路。"这里很明显说，蚩尤原是炎帝之臣。蚩尤作乱，先逐炎帝。黄帝在涿鹿之野打败蚩尤，又于阪泉之野大败炎帝参卢。

炎帝虽然在《史记·五帝本纪》中没有被列为正统的帝王，但一些先秦的古籍，如《周礼》与《礼记》把炎帝列为中国古代的五帝之一。《周礼·春官·宗伯》云："五帝：苍曰灵威仰，大昊食焉。赤曰赤熛怒，炎帝食焉。黄曰含枢纽，黄帝食焉。白曰白招拒，少暤食焉。黑曰汁光纪，颛顼食焉。黄帝亦于南郊。"《礼记·月令》记载："其帝大暤，其神句芒。""其帝炎帝，其神祝融。""其帝黄帝，其神后土。""其帝少暤，其神蓐收。""其帝颛顼，其神玄冥。"炎帝虽然没有被司马迁在《史记·五帝本纪》中列为正统的帝王，但炎帝仍然被中华民族尊为祖先而世代敬奉。

第二节　炎帝的后代姓氏与陵墓

炎帝与蚩尤其实是一个部族，因此他们后代分支留下许多姓氏，至今在中华民族的姓氏中占有极大的分量。历史上的蚩尤虽然不能算一个"完人"，但是历代封建王朝用正统的眼光、观点和意识对其进行"妖魔化"也是不应该的。我们应该廓清历史的烟尘和迷雾，给我们的祖先一个公正的说法，这也是今天学术界的责任。

一、炎帝族的后代姓氏

《路史·炎帝纪下》与《路史·国名纪》记载了炎帝族的后代分支建立诸侯国的情况，本书所研究的炎帝后裔主要是炎帝战败于黄帝之后所遗留的后裔。黄帝时期，炎帝的后裔可从十四世炎帝器开始："炎帝器，器生钜及伯陵、祝庸。

钜为黄帝师,胙土命氏而为封钜。夏有封父,封文侯,至周失国。有封氏、钜氏、巨氏、封父氏、富父氏。伯陵为黄帝臣,封逢,实始于齐。……有逢氏、蜂氏、殳氏、延氏、氐氏、齐氏。祝庸为黄帝司徒,居于江水,生术器,兑首方颠,是袭土址,生条及句龙。……句龙为后土,能平九州,是以社祀。生垂及信。信生夸父。夸父以驷臣丹朱,有句氏、句龙氏。垂臣高辛,为尧共工。……生嚄鸣,是为伯夷,为虞心吕,且功于水,封吕。生岁十二,泰岳袭吕,余列申、许,尧代有许繇。"祝庸,即祝融。"庸"与"融"在古代可通假。以上是十四世炎帝器后裔在各个诸侯国内的封国。其中申、吕、许是非常重要的封国。

黄帝打败炎帝之后,将十五世炎帝参卢封于路。其后为潞,在河之北东,即今山西潞城。商周别为赤白之狄,狄历、廧咎、皋落、九州之戎皆其后。有隗氏、狄氏、落氏、皋落氏、戎氏、戎子氏、袁纥氏、斛律氏、鲜批氏、乌获氏、纥骨氏、壹利吐氏、异其斥氏。狄历氏为敕勒、纥骨、乌获、薛延陀等。

回纥九姓:一回纥、二仆固、三浑、四拔曳固(即拔野古也)、五同罗、六思结、七契苾唐神著、八阿思布、九骨仑屋骨思。天宝后始列,贞元以咸安公主改为鹘。

高车十二族:泣伏利氏、吐卢氏、乙旃氏、大连氏、窟贺伏氏、达薄于氏、阿仑氏、莫允氏、俟分氏、副伏罗氏、乞袁氏、布叔沛氏。东魏《北夷传》及《北史》云:高古赤狄余种,初号狄历。北曰:敕勒,诸夏以为高车。车高丈余,丁零种有狄氏等六氏及十二姓,皆其后裔。

潞子婴儿、甲氏留吁、姜路之余,春秋时期为晋灭之。后有潞氏、路氏、路中氏、露氏、甲氏、榆氏。也就是说,十五世炎帝参卢"封于路",其支庶基本成为少数民族。

帝尧时期的炎帝后裔:"伊耆之国,尧之母家。下及汤代,有伊挚,以本味进,为之左相,是为保衡伊尹。尹丰上而兑下,偻黑下声,钩深本草,妙透汤液。有伊秩氏、耆氏、伊耆氏、尹氏、伊祁氏、阿氏、衡氏、衡伯氏。"

夏代的炎帝后裔:"泰岳生先龙,先龙生玄氏。玄氏乞姓。"

殷商时期的炎帝后裔:"羌氏、羌戎氏、杨氏、符氏、氐羌数十,白马最大。"

伯夷、叔齐的后裔,即炎帝之裔:"有竹氏、竺氏、孤竹氏、孤氏、墨氏、墨台氏、黙怡氏、怡氏、台氏。"

西周时期的炎帝后裔:姜,炎帝后裔的重要封国。《诗·大雅·生民之什》云:"厥初生民,时维姜嫄。"汉郑氏《笺》云:"厥其初始时是也,言周之始祖,其生之者,是姜嫄也。姜姓者,炎帝之后。有女名嫄,当尧之时,为高辛氏之世妃,本后稷之初生,故谓之生民。"周人的女性祖先姜嫄,是炎帝后裔、姜姓部族的女儿。姜嫄，又称为有邰氏。《说文解字》曰："邰，炎帝之后，姜姓所封，后稷外家所生之国，今扶风邰县是也。"邰，在陕西武功县一带。炎帝族是起源于陕西的一个部族。而周族就是姬姓部族。姬、姜保持联姻的关系。姬、姜通婚的情况贯穿于西周、春秋、战国等整个先秦时期。

《路史·炎帝纪下》对西周时期的炎帝后裔记载如下："周初复泰岳后于申。暨申伯入卿，而楚蚀其壤。宣王开元，舅申伯于谢。后有宇氏、申氏、申叔氏、申鲜氏、谢氏、射氏、宇文氏、大野氏，吕侯为穆王司寇，训夏赎刑，后曰甫，春秋初入于楚，有吕氏、旅氏、吕相氏、甫氏、共氏、龚氏、药罗氏。"申、吕、许、齐，号称太岳之后。太岳则是炎帝之后。

申，伯爵，姜国。楚灵王将其迁至今信阳之方城。

吕，侯爵，伯夷之封，杜预谓在南阳宛西。

许，男爵，太叔之封，郑灭之。今河南许昌一带。

齐，侯爵，伯陵氏之故国，以天齐渊名。吕尚复封都营丘，今山东之临淄。

春秋时期齐国建立，齐国是炎帝的后裔。而齐国又有许多姓氏，皆为炎帝之裔。《路史·炎帝纪下》记载：炎帝在齐国之后裔有"东门、东宫、西宫、南史、邴意、独孤、宇文、东、北、西、南、四郭、若左、右、子，因之氏。其以采者：丙氏、邴氏、艾氏、隰氏、高氏、剧氏、棠氏、高堂氏、檀氏、灌檀氏、禚氏、甗氏、崔氏、移氏、若氏、丁若氏、陆氏、大陆氏、井氏、百里氏、西乞氏、白乙氏、余氏、余丘氏、蚳丘氏，若间丘、鉏丘、籍丘、咸丘、梁丘、廪丘、蒲卢、卢蒲之氏。宣氏子之孙封汲为汲氏，徯封于卢为卢氏，徯氏、柴氏其支于章者为章氏、鄣氏、章仇氏、申章氏、赤章氏、赤张氏"。

"泰岳后文叔，绍之许。灵公徙叶，悼公迁城父曰焦夷。二十有四世，郑灭之。有许氏、叔氏、函氏、礼氏、容成氏、锡我氏、买氏、止氏、焦氏、谯氏、岳氏、文氏、苴氏、苴人氏。"

纪国乃炎帝之裔：有纪氏、邢氏、裂氏、隽氏、鄣氏。淳于不复有淳氏、淳于氏、于氏。

春秋时期被楚国灭的炎帝后裔的小国，以国为氏："有列氏、厉氏、丽氏、巫氏、神氏、灵氏、农氏、夸氏、节氏、烈氏、药氏、山氏、邹屠氏。戎子被灭之后，其子孙遁朔野为葛。乌释世长鲜卑，又以俟斤、俟汾、渝汾、嗣汾、俟畿为氏。俟汾者，药也；则又为宇文氏、宇氏、普氏、俟豆氏、库莫奚氏、费乜头氏、阿会氏、莫贺弗氏、李氏。"

炎帝神农氏姓伊耆。其后代亦有伊姓、耆姓。

伊，今洛之伊阳县有伊水，尧之母家伊侯国。

耆，侯爵。自伊徙耆，爰曰伊耆一曰仇黎也。故《大传》作西伯戡耆。

厉，炎帝曾在厉山，一曰列，是曰列山，亦曰丽山，即厉山。今随县之北厉乡，即赖乡也。有厉山在随县北百里，神农是生。春秋之厉国，通为赖。

姜，扶风姜阳有姜氏城，南有姜水。

炎帝后裔在我国支庶众多，繁衍旺盛。《山海经》也有很多关于炎帝后裔的记载：

《山海经·大荒西经》云："有互人之国。炎帝之孙名曰灵恝，灵恝生互人，是能上下于天。有鱼偏枯，名曰鱼妇。颛顼死即复苏。风道北来，天乃大水泉，蛇乃化为鱼，是为鱼妇。颛顼死即复苏。有青鸟，身黄，赤足，六首，名曰鸀鸟。有大巫山。有金之山。西南，大荒之中隅，有偏句、常羊之山。"

《山海经·海内经》云："炎帝之孙伯陵，伯陵同吴权之妻阿女缘妇。缘妇孕三年，是生鼓、延、殳。始为侯，鼓、延是始为钟，为乐风。"

《山海经·海内经》云："炎帝之妻，赤水之子听訞，生炎居，炎居生节并，节并生戏器，戏器生祝融。祝融降处于江水，生共工。共工生术器，术器首方颠，是复土穰，以处江水。共工生后土，后土生噎鸣，噎鸣生岁十有二。洪水滔天。鲧窃帝之息壤以堙洪水，不待帝命。帝令祝融杀鲧于羽郊。鲧复生禹。帝乃命禹卒布土，以定九州。"

《山海经·北山经》云："是炎帝之少女，名曰女娃。女娃游于东海，溺而不返，故为精卫，常衔西山之木石，以堙于东海。漳水出焉，东流注于河。"

《山海经》记载的虽然多属神话传说，但仔细分析，其后裔的世系及分支情况与罗泌《路史》记载的有很多相同之处。炎帝的分支和后裔如此众多，不愧是中华民族的祖先。

二、炎帝的陵墓

清徐乾学《读礼通考》卷八十八《葬考》七云："炎帝神农氏，《帝王世纪》：葬长沙。《郡国志》：神农氏葬长沙。长沙之尾东至江夏，谓之沙羡，今郡有万里沙祠。《路史》：炎帝崩，葬长沙茶乡之尾，是曰茶陵，所谓天子墓者，有唐尝奉祠焉。"又引《文献通考》记载："南宋孝宗淳熙十四年，衡州守臣刘清之奏，史载：炎帝陵在长沙。茶陵，今衡洲茶陵县是也。陵庙皆在康乐乡白鹿原，距县百里而祠宇废。祖宗时给近陵七户守，视禁其樵牧，宜复建庙给陵户，礼官请如故事，命守臣行之。《名胜志史》记：炎帝葬于茶山之野。茶山，即景阳山也。以陵谷间多生茶茗，故名。在茶陵州治东，高一千五百丈，周回百四十里，茶水发源山北，流泷下十里，合白鹿泉水以入于洣水；经洣水出茶陵县上乡西，北过其县西。《地理志》谓之泥水也。白鹿原去洲南一百里，炎帝墓在焉。炎帝陵在酃县常乐乡，旧传宋太祖尝梦一大人执火、顶笠，既觉问之。群臣曰：'此炎帝也。'遣使往南问之至桥梁岭，遇一老人指示陵所，遂敕有司立庙祀焉。额曰：'福济陵'。前有古杉一株，今只存半，长一丈余，尚作凌空之势；又有樟木横亘水中，枯空若洞，所谓空樟洞也。有河涧源自珠山分流，绕陵庙而过，中有游鱼，人莫能取，岸侧多生白杨，每遇花时，纷开如雪然。"

笔者认为，炎帝族王天下者七十世，那么炎帝的陵墓当是很多的。炎帝族是在十五世炎帝参卢，也就是榆罔时期被黄帝族打败的，而且《元和姓纂》又云："黄帝封榆罔支子于路。""茶陵军露水乡有露水山，高与衡山等"，当是炎帝参卢，即榆罔支子的陵墓。

今山西也有潞城，而春秋时期被称为炎帝后裔的潞子婴儿就活动在今山西潞城，所以潞城也应当是炎帝后裔的一个迁徙之处。

如果上述观点能够成立的话，那么现在我国有许多炎帝陵也就可以理解了。目前，陕西宝鸡、山西高平、湖北随州、湖南炎陵皆认为本地是炎帝族的起源地和炎帝陵墓所在之处。其实也没有太多的必要去争执，因传说炎帝有七十世，这些地方都有可能是炎帝生活和活动过的地方，或是炎帝陵墓所在之处。缅怀祖先、继承炎黄二帝开创文明的一往无前的精神，继承中国传统文化的精华，是每个华夏子孙的义务。

第六章 蚩尤与黄帝的战争

第一节 涿鹿之战是继阪泉之战的战争

中国历史上有很多胜王败寇的例子。根据史料分析，笔者认为蚩尤被"妖魔化"也是一个胜王败寇的典型。蚩尤是炎帝之裔，在炎帝被黄帝打败之后，继起作战，不应该说成是篡权。根据史籍的有关记载，蚩尤已经掌握了先进的作战武器——金属兵器，但是由于天气、人员的运用等各方面的原因，蚩尤失败。失败之后的蚩尤，被尊为"战神"，流传后代。

一、蚩尤是否篡权炎帝探析

蚩尤是否篡权炎帝，也是远古英雄时代一个非常值得研究的问题。当然，无论蚩尤是否篡权，都不能以此评价蚩尤的人格。关于蚩尤是否篡权的问题，我们还需要从史籍中寻找线索，这是评价历史人物的重要标准。

（1）《竹书纪年》记载，黄帝使应龙攻蚩尤，没有说蚩尤篡权炎帝。《竹书纪年》卷上云："黄帝轩辕氏。"梁沈约注："（黄帝）弱而能言，龙颜有圣德，劾百神朝；而使之应龙攻蚩尤，战虎豹熊罴四兽之力；以女魃止淫雨……元年，帝即位，居有熊，初制冕服。"《竹书纪年》没有说蚩尤篡权炎帝。

（2）《山海经·大荒北经》也没有说蚩尤篡权炎帝。《山海经·大荒北经》云："蚩尤作兵伐黄帝。黄帝乃令应龙攻之冀州之野……遂杀蚩尤。"

（3）《史记·五帝本纪》记载，蚩尤没有篡权炎帝。《史记·五帝本纪》记载："诸侯相侵伐，暴虐百姓；而神农氏弗能征。于是轩辕乃习用干戈，以征不享，诸侯咸来宾从。而蚩尤最为暴。莫能伐。"这是说，当神农氏衰弱，没有能力征伐之时，黄帝"习用干戈，以征不享，诸侯咸来宾从"，但是蚩尤最暴，不听从黄帝,即是不享,即不向黄帝进贡。《史记·五帝本纪》又说:"炎帝欲侵陵诸侯……(黄帝)以与炎帝战于阪泉之野。三战,然后得其志。蚩尤作乱不用帝命。于是黄帝乃征师诸侯,与蚩尤战于涿鹿之野,遂禽杀蚩尤。"

(4)《大戴礼记》对蚩尤也有贬词,但是并没有提到关于蚩尤篡权炎帝的事。《大戴礼记·用兵》云:"公曰:'蚩尤作兵欤?'子曰:'否。蚩尤,庶人之强者也;或云蚩尤古之诸侯,妄耳。一曰众人之贪者也。及利无义,不顾厥亲,以丧厥身。蚩尤惛欲而无厌者也,何器之能作蜂蚕挟螫?'"①这里说蚩尤不是古代诸侯,更不是帝王,只是一个"庶人之强者""众人之贪者",但是没有提到关于蚩尤篡权炎帝之事。

(5)《帝王世纪》卷一已经引"神农氏衰……",又说:"今上谷有涿鹿城及蚩尤城,阪泉地又有黄帝祠,皆黄帝战蚩尤之处也。"《帝王世纪》亦没有提出过蚩尤篡权炎帝的问题。

以下两本书却认为蚩尤是篡夺炎帝之权的。

(6)《逸周书·尝麦解》曰"蚩尤乃逐帝,争于涿鹿之河,九隅无遗。赤帝大慑,乃说于黄帝,执蚩尤,杀之于中冀。以甲兵释怒"。

如前所述,《逸周书》几经散失、辑佚,很多地方已经不是历史的原貌了。

(7)《路史》卷十三《后纪四·禅通纪·炎帝纪下》"蚩尤传"条下云:"有熊于是暨力牧、神皇,厉兵称旅,顺杀气以振兵,法文昌而命将,熊、罴、貔、貅以为前行,雕、鹖、雁、鹯以为旗帜。士既成矣,逮蚩尤逆篡之。巫咸曰:'果哉而有咎。'乃率风后、邓伯温之徒,及尤曝兵浊鹿之山。三年九战而城不下,问之五胥,乃设五旗五军,具四面攻之,三日而后得志,传战执尤,于中冀而诛之。于是四方之侯争辨者宾祭于熊,爰代炎辉,是为黄帝。乃封参卢于路,而崇炎帝之祀于陈。"《路史》对蚩尤篡权炎帝之事,阐述得最为清楚,并且在《炎帝纪下》附"蚩尤传"中,把蚩尤怎样篡权炎帝说得非常具体,但是罗泌也没有交代史料的出处。而且根据使用史料的原则,以先出史料为准。

《竹书纪年》《山海经》《史记》《大戴礼记》《帝王世纪》都没有说蚩尤篡权炎帝之事;特别是《史记·五帝本纪》很明白地记载,"炎帝欲侵陵诸侯",于是黄帝先征伐炎帝,打败炎帝之后,蚩尤才"作乱",不听黄帝之命,黄帝乃征伐蚩尤。蚩尤很明显是因为黄帝打败炎帝才与黄帝闹翻的,从而与黄帝发生了涿鹿之战,根本没有蚩尤篡权之说。

---

① (汉)戴德《大戴礼记》卷十一《用兵》,文渊阁四库全书。

然而,《逸周书》与《竹书纪年》皆是同出于"汲冢周书",是战国时期的作品;《山海经》也当是战国时期的作品。

然而,《路史》提出一个很重要的线索,那就是蚩尤是炎帝的后裔,是炎帝的一支,而且蚩尤曾经"兴封禅,号炎帝",那就是蚩尤在被炎帝打败之后,曾经自称炎帝。

无论蚩尤是自号炎帝,还是篡权炎帝,总而言之蚩尤在十五世炎帝榆罔退位之后,都曾经是一代炎帝。

二、阪泉与涿鹿两地的战争是否为同一场战争？

在涿鹿城是发生一次战争,还是两次战争,自古就有争执。如《路史》就认为,只发生一次蚩尤与黄帝的涿鹿之战,而炎帝与黄帝根本没有发生过战争。蚩尤先对炎帝篡权,炎帝求黄帝帮忙,黄帝打败蚩尤。炎帝把帝位禅让给黄帝。

然而《帝王世纪》与《史记》记载有相像之处,皆认为,炎帝神农氏末年,炎帝族(包括蚩尤)与黄帝族发生两场非常激烈的战争,即炎帝与黄帝的阪泉之战、蚩尤与黄帝的涿鹿之战。笔者认为这个时期发生了两次战争,即炎帝与黄帝的阪泉之战、蚩尤与黄帝的涿鹿之战。

郦道元《水经注》卷十三《漯水》记载:"(漯水)又东过涿鹿县北。涿水出涿鹿山,世谓之张公泉。东北流,经涿鹿县故城南,王莽所谓祖陆也。黄帝与蚩尤战于涿鹿之野,留其民于涿鹿之阿,即于是也。其水又东北与阪泉合,水导源县之东泉。《魏土地记》曰:下洛城东南六十里,有涿鹿城,城东一里有阪泉,泉上有黄帝祠。晋《太康地理记》曰:阪泉,亦地名也。泉水东北流,与蚩尤泉会,水出蚩尤城,城无东面。《魏土地记》称,涿鹿城东南六里有蚩尤城,泉水渊而不流,霖雨并则流注阪泉,乱流东北入涿水。"[1]

《水经注》认为,"涿鹿城,城东一里有阪泉,泉上有黄帝祠。"这个记载说明,涿鹿城与阪泉相差一里,其实就是一个地方。而"涿鹿城东南六里有蚩尤城",蚩尤城当是蚩尤所在之地,蚩尤与黄帝的涿鹿之战也在这里,所以蚩尤就是一代炎帝。蚩尤与黄帝的涿鹿之战,也就是炎帝与黄帝之战。

据此,吕思勉认为:"蚩尤、炎帝,殆即一人;涿鹿、阪泉,亦即一役。"[2]

---

[1] 王国维校:《水经注笺》,上海:上海人民出版社,1984年版,第443页。
[2] 吕思勉:《先秦史》,上海:上海古籍出版社,1982年版,第58页。

丁山也说："蚩尤泉即阪泉的支津，阪泉又即涿水的支津，当然（黄帝）与炎帝的阪泉之战，可以说即与蚩尤战于涿鹿。由是言之，所谓赤帝（或炎帝），确即蚩尤了。"①

吕思勉与丁山所言确实有一定的道理，阪泉与涿鹿相距仅仅一里，战争时间又紧挨着，又皆是失败的战争。那么，炎帝与蚩尤是同一个人在战争中失败，是完全可能的。

笔者认为，如果按照《路史》所云，蚩尤是炎帝的后裔，当炎帝失败之后，蚩尤奋起，以炎帝之都为都，为什么不可以在同一地方、在不太长的时间内打两次战争呢？因此在涿鹿城炎帝和黄帝发生阪泉之战、蚩尤与黄帝发生涿鹿之战是完全可能的。涿鹿之战是继阪泉之战的又一次战争。

夏曾佑在20世纪20年代曾说过："黄帝所战之炎帝，似必为帝榆罔矣。然或谓蚩尤即炎帝，古书之疑似者颇多。今案蚩尤之说，百家沸腾，然会而通之，亦可得其条理。……殆当时榆罔都蚩儿、炎帝之间，先被逐于蚩尤，后见灭于黄帝。蚩尤所率九黎之民，先在江南，战胜榆罔，自号炎帝，时则已逾河北，乃进而益西。与黄帝遇于阪泉涿鹿之野。"②当然夏曾佑的某些观点还可以再商榷，但是他认为与黄帝在阪泉涿鹿之野作战者是蚩尤，当是史实。

蚩尤是《史记·五帝本纪》所说的，炎帝被黄帝打败之后，失去统领天下能力的时候，继承炎帝而与黄帝作战的、自称炎帝之号的又一代炎帝。

笔者认为，蚩尤无论是篡炎帝之权而即位，或在炎帝被打败之后即位，皆是一代炎帝。

《史记·五帝本纪》"集解"引应劭曰："蚩尤，古天子。"《路史》对古史传说皆有较详细的记载，并挖掘了许多前人所未发现的资料，说蚩尤"兴封禅，号炎帝"，当是符合史实的。《路史》把《蚩尤传》写在《炎帝纪下》之中，说明罗泌也认为蚩尤就是一代炎帝。在炎帝失败的情况下，蚩尤继承炎帝号，与《史记·五帝本纪》记载有相合之处。蚩尤就是炎帝的史实，是有古文献史料依据的。

第二节　涿鹿之战中黄帝蚩尤的阵容力量对比

黄帝与蚩尤经过五十二战，才取得胜利。涿鹿之战是黄帝与蚩尤之间最后的

---

① 丁山：《中国古代宗教与神话考》，上海：龙门联合书局，1961年版，第394页。
② 夏曾佑：《中国古代史》，石家庄：河北教育出版社，2000年版，第19～20页。

具有决定性的战争，也是在远古时代最为惨烈的战争。在这次战争中，黄帝、蚩尤的力量都是很强的。黄帝阵营以女魃、应龙为主将，还有"熊、罴、貔、貅、䝙、虎"部族；蚩尤阵营以风伯、雨师为主将，还有 81 个兄弟部族，兼有先进的金属兵器。涿鹿之战以蚩尤失败而告终。蚩尤以众多的部族、先进的兵器而失败，也表现出农耕民族与游牧部族冲突中的劣势。黄帝五十二战而得其志，从而统一天下为帝，成为司马迁《史记》中的五帝之首。

一、《山海经》关于涿鹿之战与"旱魃"传说

黄帝与蚩尤的涿鹿之战，是黄帝时期一次重要的战争。相比阪泉之战，这场战争更为残酷。

《山海经·大荒北经》云："有人衣青衣，名曰黄帝女魃。蚩尤作兵伐黄帝。黄帝乃令应龙攻之冀州之野。应龙畜水。蚩尤请风伯、雨师，纵大风雨。黄帝乃下天女曰魃，雨止，遂杀蚩尤。魃不得复上，所居不雨。叔均言之帝，后置之赤水之北。叔均乃为田祖。魃时亡之，所欲逐之者令曰：'神北行。'先除水道，决通沟渎。"晋郭璞注："音如旱魃之魃。冀州，中土也；黄帝亦教虎豹熊罴以与炎帝战于阪泉之野，而灭之。旱气在也，远徙之也，主田之官。《诗》云：'田祖，有神畏见逐也。'向水位也，言逐之必得雨。故见先除水道，今之逐魃是也。"

《山海经》记载的"有人衣青衣，名曰黄帝女魃"的意思是，这个穿青衣的人当是黄帝之女，名曰"魃"。当蚩尤攻打黄帝时，黄帝让应龙在冀州之野攻打蚩尤。应龙蓄水，而蚩尤乃请风伯、雨师，纵大风雨，也就是在风雨交加之夜与应龙作战。黄帝之女魃当在天上，黄帝乃下天女曰魃，雨止，大风雨立停，黄帝遂杀蚩尤。

蚩尤虽死，但是女魃不能再回天上。女魃其实就是一个旱魃。凡魃所居之地，皆无雨。无雨当然庄稼就无法生长。叔均将此事告诉黄帝，黄帝将旱魃安置至赤水之北，让叔均为主田之官员田祖。旱魃已经成为被田祖和农夫驱逐的旱妖，旱魃害怕被赶逐于是逃亡。欲逐旱魃之人一般会下令曰："神北行！"先除水道，决通沟渎，就会降雨。

《竹书纪年》卷上曰：黄帝轩辕氏使"应龙攻蚩尤，战虎豹熊罴四兽之力；以女魃止淫雨，天下既定"。《竹书纪年》与《山海经》记载有相似之处，皆说女魃止住了淫雨，杀了蚩尤，天下才安定。

自此，我国古代把旱魃称为旱鬼。《说文解字》云："魃，旱鬼也，从鬼，发声。《周礼》：有赤魃氏，除墙屋之物也。《诗》曰：'旱魃为虐。'"①《诗·大雅·云汉》云："旱既大甚，涤涤山川。旱魃为虐，如惔如焚。我心惮暑，忧心如熏。群公先正，则不我闻。昊天上帝，宁俾我遁？"《新唐书·五行志》云："永隆元年，长安获女魃，长尺有二寸，其状怪异。《诗》曰：'旱魃为虐，如惔如焚'。是岁秋，不雨。"《元史·五行志》云："元统元年夏，绍兴旱，自四月不雨至于七月，淮东、淮西皆旱。二年三月，湖广旱，自是月不雨至于八月。四月，河南旱，自是月不雨至于八月。秋，南康旱，至元元年夏，河南及邵武大旱。二年，蕲州、黄州、浙东衢州、婺州、绍兴、江东信州、江西瑞州等路及陕西皆旱。是年四月，黄州黄冈县周氏妇产一男即死，狗头人身，咸以为旱魃云。六年夏，广东南雄路旱，自二月不雨至于五月，种不入土。"

更有很多文人的诗歌在大旱年间，忧旱魃不去，祈雨师之降临。每当大旱之际，人们会"赶旱魃"。

清朝时期，有学者开始对这种情况不满，替女魃鸣不平，认为让"雨止"，杀死蚩尤之"魃"，应该说"妭"。"妭，妇人美儿"，而不应该是"魃"。

徐中舒《说文解字段注》曰："《山海经》曰：'大荒之中，有山名曰不句。有黄帝女妭，本天女也。黄帝下之，杀蚩尤，不得复上，所居不雨。'妭，即魃也。《诗》《正义》不引此，而引《神异经》。乃不知何人假托东方朔者。郭传《山海经》，不云'妭'即《诗》之'旱魃'，而云音如'旱魃'之'魃'。疏矣。女部曰'妭，妇人美儿。'然则《山海经》为假借字。……（《周礼》）'赤魃'，盖其所据本不与郑同。其云'除墙屋之物'，物，读精物鬼物之物，故殴之。之官曰'赤魃氏'，说义与郑异，盖贾侍中说与。"②

李维桢《旱魃解》云："繁峙女恠（怪），或以为旱魃，非也。《云汉》之雅曰：'旱魃为虐，传旱神也。'《笺》：'旱气生魃，而害益甚。'《疏》引《神异经》曰：'南方有人，长二三尺，袒身，而目在顶上，走行如风，名曰魃。所见之国，赤地千里。一名旱母，遇者得之，投溷中即死，旱灾消。'此言旱神，盖是鬼魅之物，不必生于南方，可以为人所执获也。韦曜《毛诗问》曰：'旱魃，传曰天旱鬼。'《笺》曰：'旱气生魃，天有常神，人死为鬼，不审旱气，生魃奈何？答曰：魃鬼，人形，眼在顶上，天生此物，则将旱。天欲为灾，何所不生，

---

① （东汉）许慎：《说文解字》，北京：中华书局，1985年版，第188页。
② 徐中舒：《说文解字段注》，成都：成都古籍书店，1981年版，第461页。

而云有常神耶。'《艺文类聚》引《神异经》语，又云一名猎检。《韵书说文》曰：'旱鬼也'。《周礼》：有'赤魃氏'，或作'妭'。《文字指归》云：'女妭，秃无发；所居之处天不雨。'《周礼》：'赤魃'，一作'妭'。按：此则旱魃，神鬼之属，不产于人。今女乃人产，不合也。魃目必在顶，俗谓天恐雨下伤其目，故旱。今目不在顶，不合也。马端临《文献通考》：齐后主时，死魃，面顶各二目，列之人痾中，正以其非魃，有二目在面耳；魃已异矣，似魃非魃，异之异者也。"①

但是这种学者的呼声似乎并不是太大，几乎没有呼声，特别是《山海经》记载了当蚩尤死后，"魃不得复上，所居不雨"。但是《说文解字段注》给了我们一个很好的启示，即黄帝之女魃，当是"妭"。

二、黄帝之将应龙氏的功绩与活动地域

在涿鹿之战中，黄帝另一个得力将领是应龙，他是杀死蚩尤的主力。应龙氏当是以应龙为图腾的部族，也是黄帝部族的臣属部族。

应龙是我国传说中带翼的神龙。北魏张揖《广雅》卷十"释鱼"云："有鳞曰蛟龙，有翼曰应龙，有角曰虬龙，无角曰螭龙。龙，能高能下、能小能巨、能幽能明、能短能长，渊深是藏，敷和其光。"明代朱谋㙔《骈雅》卷七"释虫鱼"记载："龙之属：有鳞曰蛟龙，有翼曰应龙，有角曰虬龙，无角曰螭龙。"

南朝梁任昉《述异记》卷上云："水虺五百年化为蛟，蛟千年化为龙。龙五百年化为角龙，千年为应龙。"也就是说，千年之蛟才能为龙，千年之龙才能为应龙。

应，繁体字写作"應"，与"鹰"可以通假。鹰是一种勇猛的飞禽。应龙，就是鹰龙，即带翼的龙。龙加上翅膀，可比最勇猛的鹰，又是先秦时期最受人崇拜的龙，故称为"应龙"。

《楚辞·天问》云："应龙何画？河海何历？"汉代王逸《楚辞章句》云："有鳞曰蛟龙，有翼曰应龙。历，过也；言河海所出至远，应龙过历游之，而无所不穷也。或曰：禹治洪水时，有神龙以尾画地，导水径所当决者，因而治之。"即应龙尾巴所画过之处，江河湖海之所出。

在涿鹿之战中，应龙是黄帝之大将，其作用与女魃相当，或者超过女魃，是应龙杀死蚩尤与夸父的。《竹书纪年》卷上云：黄帝轩辕氏使"应龙攻蚩尤，战虎豹熊罴四兽之力；以女魃止淫雨"。

---

① 李维桢：《旱魃解》《山西通志》卷二百二十七《艺文》四十六《杂著》"上古"条，文渊阁四库全书。

《山海经·大荒北经》云："蚩尤作兵伐黄帝。黄帝乃令应龙攻之冀州之野。应龙畜水。蚩尤请风伯、雨师，纵大风雨。"

《山海经·大荒东经》云："大荒东北隅中有山，名曰凶犁土丘。应龙处南极，杀蚩尤与夸父，不得复上，故下数旱。旱而为应龙之状，乃得大雨。"晋郭璞云："应龙，龙有翼者也。蚩尤，作兵者。应龙，遂住地下，上无复作雨者，故也。今之土龙，本此气，应自然冥感，非人所能为也。"

《山海经·大荒北经》云："应龙已杀蚩尤，又杀夸父；乃去南方处之，故南方多雨。"晋郭璞："上云：夸父不量力与日竞而死，今此复云为应龙所杀，死无定名，触事而寄，明其变化无方，不可揆测。言龙水物，以类相感故也。"

应龙氏发祥于何方，似无从考释。1986 年，在平顶山市新华区薛庄乡北滍村西滍阳岭上，发现了两周时期的应国。应国可能与应龙氏有密切的关系。应国，即鹰国。墓地上发现了带铭文的"应伯壶""应伯盘""应公鼎""应事爵""应事鼎""应事簠""应事觯"等铜器，说明这确是应国墓地。

商朝时期就已经出现了应国。今本《竹书纪年》亦载"盘庚七年，应侯来朝"。

西周时期，应国故地分封给周武王之子。《左传·僖公二十四年》云："邗、晋、应、韩，武之穆也。"杜预注："四国，皆武王子。应国在襄阳城父县西南，韩国在河东郡界，河内野王县西北有邗城。"《汉书·地理志》"颍川郡"条下"父城"注曰："应乡，故国，周武王弟所封。"当然西周时期的应国已经失去应龙氏时期应国的含义，而是如《诗·大雅·下武》所云"媚兹一人，应侯顺德"。汉人毛亨《传》云："一人，天子也。应，当侯，维也。"郑玄《笺》云："媚，爱；兹，此也；可爱乎武王，能当此顺德，谓能成其祖考之功也。"汉代戴德《大戴礼记》卷六云："孔子说之以《诗》。《诗》云：'媚兹一人，应侯顺德'；永言孝思，孝思惟则。"应，已经完全失去了原来的含义，而成为"顺德""永言孝思"了。

西周时期的应国与殷商时期的应国、应龙氏之国当是同一地区，这是毫无疑义的。《水经注·滍水》云："滍水右合鲁阳关水，水出鲁阳关外分头山横岭下夹谷，东北出入滍。滍水又东北合牛兰水……牛兰水，又东南径鲁山南。阚骃曰：'鲁阳县，今其地鲁山是也。'水南注于滍。滍水东径应城南，故应乡也，应侯之国。"①

---

① 王国维校：《水经注笺》，上海：上海人民出版社，1984 年版，第 985～986 页。

今发现的应国墓地就在这一带地区。考古与文献是一致的。更重要的是1986年6月在滍阳岭应国墓地一号墓中出土的大量西周青铜器、玉器、贝币等，其中有一只温润光洁、泛青透明的玉鹰，长2.2厘米，宽5.7厘米。玉鹰作展翅飞翔状，形象而逼真。玉鹰当与"应国"有一定的关联。平顶山市别名为"鹰城"。

应国墓地坐落在北滍村西滍阳岭上，说明这里是滍水流域，距离蚩尤所在的地域不远。由于应龙氏与蚩尤氏不是同一部族，发生矛盾和冲突是不可避免的。《史记·五帝本纪》云："炎帝欲侵陵诸侯，诸侯咸归轩辕。轩辕乃修德振兵，治五气，艺五种，抚万民，度四方"，"诸侯咸来宾从"。应龙氏应该是最早"咸来宾从"，归顺黄帝的部族。应龙氏曾为黄帝立下汗马之功勋，是黄帝的开国大臣。但是根据《山海经·大荒东经》记载，当黄帝胜利之后，"应龙处南极，杀蚩尤与夸父，不得复上"。应龙氏大概也到南方去了。

三、涿鹿之战中蚩尤的阵容

在涿鹿之战中，蚩尤一方阵容也是很强大的。黄帝能够战胜蚩尤也是很艰难的。

蚩尤在当时也是一代炎帝，力量非常强大。《史记·五帝本纪》"集解"引应劭曰："'蚩尤，古天子。'瓒曰：孔子《三朝记》曰'蚩尤，庶人之贪者'。"《索隐》引："按：此纪云诸侯相侵伐，蚩尤最为暴，非为天子也。又《管子》曰：'蚩尤受卢山之金，而作五兵，明非庶人，盖诸侯号也。'"根据蚩尤在战争中的力量，绝不仅仅是"庶人之贪者"，当是一代天子。

《史记·五帝本纪》"正义"引《龙鱼河图》云："黄帝摄政，有蚩尤兄弟八十一人，并兽身人语，铜头铁额，食沙，造五兵，仗、刀、戟、大弩，威振天下，诛杀无道，万民钦命。"

"蚩尤兄弟八十一人"，当是81个部族。这81个部族今天已经无从考证了，但是能够考证出来的部族当有九黎、三苗、太皞、少皞、夸父、鹳兜等（后面将详述），黄帝、蚩尤西泰山会盟时的风伯、雨师、虎、狼、鬼、神、腾蛇、凤皇等，当皆在81个部族之中。蚩尤辖有81个部族，可见蚩尤的力量是非常强大的。他们"兽身人语，铜头铁额"，当是戴的金属面具或者盾牌；吃的当是如同沙子的小米；制造五兵；使用仗、刀、戟、大弩等金属武器，杀向对方，威震天下。

《史记·五帝本纪》"正义"引《龙鱼河图》云："黄帝行天子事。黄帝以仁义不能禁止蚩尤，乃仰天而叹。天遣玄女下授黄帝兵符，伏蚩尤。后天下复扰乱，黄帝遂画蚩尤形像，以威天下，咸谓蚩尤不死。八方皆为殄灭。"意思是说，黄帝不能打败蚩尤，于是天派遣玄女授黄帝兵符，降伏、擒杀蚩尤。涿鹿战争中，西泰山会盟时出现的风伯、雨师，以大风雨去袭击黄帝。黄帝没有办法，于是"乃下天女曰魃，雨止，遂杀蚩尤"。即使如此，当黄帝诛杀蚩尤之后，天下动乱，不能接受黄帝。黄帝乃画蚩尤之像，使天下之人认为蚩尤还没有死，放松警惕，黄帝才逐渐"殄灭八方"。

从《史记·五帝本纪》所记载的这次战争来看，黄帝也是做了充分的准备的，黄帝"习用干戈，以征不享"，并且请了玄女帮忙，才打败蚩尤。

综合以上记载，蚩尤的阵容也是非常强大的，表现了游牧部族在战争方面的优势，但是最终还是失败了。蚩尤的失败可能是多方面的，但是黄帝"迁徙往来无常处，以师兵为营卫。官名皆以云命，为云师"。《正义》云："环绕军兵为营以自卫，若辕门即其遗象。"①黄帝部族时刻保持战争状态，而炎帝、蚩尤，作为农耕部族在与游牧部族的战争中往往处于劣势。这可能也是其失败的重要原因之一。

四、涿鹿之战的惨烈

《史记·五帝本纪》也记载了黄帝与蚩尤的战争。《史记·五帝本纪》云：

> 轩辕之时，神农氏世衰。诸侯相侵伐，暴虐百姓，而神农氏弗能征。于是轩辕乃习用干戈，以征不享，诸侯咸来宾从。而蚩尤最为暴，莫能伐。炎帝欲侵陵诸侯，诸侯咸归轩辕。轩辕乃修德振兵，治五气，艺五种，抚万民，度四方，教熊、罴、貔、貅、䝙、虎，以与炎帝战于阪泉之野。三战，然后得其志。蚩尤作乱，不用帝命。于是黄帝乃征师诸侯，与蚩尤战于涿鹿之野，遂禽杀蚩尤，而诸侯咸尊轩辕为天子，代神农氏，是为黄帝。天下有不顺者，黄帝从而征之，平者去之。

《帝王世纪辑存》云："黄帝于是乃扰驯猛兽，与神农氏战于阪泉之野，三战

---

① （汉）司马迁撰：《史记》，北京：中华书局，1982年版，第6页。

而克之。又征诸侯，使力牧、神皇直讨蚩尤氏，擒之于涿鹿之野，使应龙杀之于凶黎之丘。凡五十二战而天下大服。"

《帝王世纪》与《史记》记载有相像之处，皆认为，炎帝神农氏末年，炎帝族（包括蚩尤）与黄帝族发生两场非常激烈的战争，即炎帝与黄帝的阪泉之战、蚩尤与黄帝的涿鹿之战。

黄帝与炎帝的阪泉之战，黄帝三战而得其志；黄帝与蚩尤是五十二战，天下大服。这说明这两场战争多么残酷、激烈。

《鹖冠子》卷下《世兵》第十二云："黄帝百战，蚩尤七十二。"宋人陆佃《解》："百战之数，未尽闻也。盖与炎帝战于阪泉之野三，与蚩尤战于涿鹿之野七十二；此其大略也。"

晋代王嘉《拾遗记》卷一曰："昔黄帝除蚩尤及四方群凶，并诸妖魅，填川满谷，积血成渊，聚骨如岳。数年中，血凝如石，骨白如灰，膏流成泉。故南方有肥泉之水，有白垩之山，望之峨峨，如霜雪矣。又有丹丘，千年一烧，黄河千年一清，至圣之君，以为大瑞。丹丘之野多鬼血，化为丹石，则码磳（玛瑙）也。不可砍削雕琢，乃可铸以为器也。"

《拾遗记》尽管有些夸张成分，如文中所言，民众之尸体，聚骨如岳、骨白如灰，民众之鲜血，膏流成泉、积血成渊、血凝如石，但是这次战争死伤之惨重是不言而喻的。在古代，既无消炎药，又无较好的医疗条件，"一将功成万骨枯"是必然的。阪泉和涿鹿的战争之残酷、死伤之惨重，在此之前是罕见的。

黄帝通过这两场关键性的战争打败了炎帝，炎帝被迫迁徙他处，杀死蚩尤，从此诸侯咸尊轩辕为天子，代神农氏，是为黄帝。黄帝成为我国第一个占领、统一中原的部族首领，被我国后世尊为天子。

五、涿鹿之地今何处？

《史记·五帝本纪》认为，黄帝与蚩尤战于涿鹿之野。涿鹿何处？主要有三种看法：

（1）涿鹿，河北涿州说。晋代杜预《春秋释例》卷七《土地名》第四十四之二云："僖二十五年阪泉，广宁涿鹿县涿泉。"

魏郦道元《水经注》卷十二"圣水"条下云："涿水出上谷涿鹿县。余按涿水自涿鹿东注灅水，灅水东南径广阳郡，与涿郡分水。"

《史记·五帝本纪》南朝宋裴骃引："服虔曰：'涿鹿，山名，在涿郡。'张晏曰：'涿鹿在上谷。'"

《史记·五帝本纪》"正义"引《括地志》云："阪泉，今名黄帝泉，在妫州怀戎县东五十六里，出五里至涿鹿东北，与涿水合。又有涿鹿故城在妫州东南五十里，本黄帝所都也。晋《太康地里（理）志》云：涿鹿城东一里有阪泉，上有黄帝祠。按：阪泉之野，则平野之地也。""涿鹿，本名彭城。黄帝初都，迁有熊也。"

《史记·五帝本纪》"索隐"曰：涿鹿"或作浊鹿，古今字异耳。按：《地理志》，上谷有涿鹿县。然则，服虔云在涿郡者，误也"。

《史记·五帝本纪》"集解"云："服虔曰：'涿鹿，山名，在涿郡。'张晏曰：'涿鹿在上谷。'《索隐》：或作浊鹿，古今字异耳。按：《地理志》，上谷有涿鹿县。然则，服虔云在涿郡者，误也。"

宋代王应麟《通鉴地理通释》卷四《历代都邑考》云："黄帝都。《史记》：黄帝邑于涿鹿之阿。《括地志》：涿鹿山在妫州怀戎县东南五十里，涿鹿城在山侧；故城在州东南五十里，本黄帝所都也。《世纪》：黄帝都涿鹿，于周官幽州之域，在汉为上谷。今上谷有涿鹿县及蚩尤城、阪泉。"注曰："《世本》云：'涿鹿在彭城，然则上谷本名彭城。'《武经总要》：'涿州，古涿鹿之野；汉置涿郡。《括地志》：阪泉，今名黄帝泉；在妫州怀戎县东五十六里，出五里至涿鹿，东北与涿水合。'晋《太康地志》云：'涿鹿城东一里有阪泉，上有黄帝祠。'"

宋乐史《太平寰宇记》卷七十《河北道》十九"涿州"条下云："涿州涿郡，今治范阳县，古涿鹿之地。星分尾宿十六度。《史记》云：'黄帝与蚩尤战于涿鹿之野'，即此地。"

宋乐史《太平寰宇记》卷七十一《河北道》二十"妫州"条下云："妫州郡，今治怀戎县，《尚书·禹贡》冀州之域。星分尾斗，虞舜暨周则为幽州之域。《帝王世纪》云：涿鹿于周实幽州之域也。"

其实，上述所引观点皆认为在今河北省涿鹿县，只是时代不同，行政区划不同罢了。如涿鹿县，北魏时属燕州广宁郡，州、郡治下洛县。并改下洛县为广宁县，仍置涿鹿、潘县于故址。北魏末废潘县，北齐改置怀戎县。同时废广宁、涿鹿二县。隋大业初废北燕州，改属涿郡，为怀戎县地。唐代初属河北道妫州怀戎县。

（2）浊鹿、釜山在今河南省修武县境说。北魏郦道元《水经注》卷九"清水"条下云："清水出河内，修武县之北黑山……次陆真阜之东北，得覆釜堆。堆南有三泉，相去四五里，参差次合，南注于陂泉，在浊鹿城西。建安二十五年，魏封汉献帝为山阳公。浊鹿城，即是公所居也。"

《大清一统志》卷一百六十"怀庆府"条下云："覆釜山在修武县北。《魏书·地形志》：北修武县有覆釜山。按《水经注》'次陆真阜之东北得覆釜堆'，即此。"

浊鹿，即涿鹿，是同音假借之字。元代梁益《诗传旁通》卷十亦云："涿鹿，一云浊鹿。"建安二十五年（220年），曹丕封汉献帝为山阳公，居于河内修武县浊鹿城。而且这里还有"覆釜山"。汉代称之为"覆釜堆"，《大清一统志》称之为"覆釜山"。

周运中就认为，修武县在汉代曾称浊鹿城，当是黄帝"合符釜山"的涿鹿城。

案：《史记·五帝本纪》只说黄帝"合符釜山，而邑于涿鹿之阿"，并没有指出涿鹿在何处。而是唐代张守节的《史记正义》、唐代萧德言的《括地志》认为"釜山在妫州怀戎县北三里"，即今河北省涿鹿县西南保岱镇。

《史记正义》与《括地志》皆唐人之作，而《水经注》成书在北魏，而且修武县不仅有浊鹿城，还有"覆釜山"。如果按照使用史料的规则，那么当以《水经注》为准；涿鹿与釜山当在今河南省修武县境内，也有一定的道理。但是这个观点却没有引起人们的注意，还有进一步研究的空间和必要。

（3）涿鹿，即彭城，今江苏徐州南。

（4）《山西通志》卷二十四《山川》"蒲州府永济县八"条引张守节曰："妫州涿鹿城在山侧，黄帝尧舜之所都也。"

《山海经·大荒北经》云："蚩尤作兵伐黄帝。黄帝乃令应龙攻之冀州之野。"《史记·五帝本纪》"索隐"记载："黄帝使应龙杀蚩尤于凶黎之谷，或曰黄帝斩蚩尤于中冀，因名其地为绝辔之野。"唐代欧阳询《艺文类聚》卷十一《帝王部》一云："黄帝于是乃扰驯猛兽，与神农氏战于阪泉之野，三战而克之。又征诸侯，使力牧、神皇直讨蚩尤氏，擒之于涿鹿之野，使应龙杀之于凶黎之丘。凡五十二战，而天下大服。"

根据以上文献，《大荒北经》记载的是"冀州之野"，《史记·五帝本纪》"索隐"记载的是"中冀""凶黎之谷""绝辔之野"，《艺文类聚》记载的是"涿鹿之野"。涿鹿，当与冀州之地是同一个地方。但是目前学界较为认可的，蚩尤与黄帝的涿鹿之战发生地在今河北省涿鹿县。

第三节 "战神"蚩尤及其冢墓

蚩尤战死之后，天下复乱，黄帝不得已画蚩尤的画像，以威天下，说明蚩尤在当时社会上的影响之大。正因为蚩尤有能够平息作乱的能力，才被冠以"战神"的称号。后世每当有战争时，人们就祭祀蚩尤，把蚩尤作为"战神"，希望蚩尤能够护佑自己在战争中取胜。人们把一个星宿当成蚩尤旗，每当蚩尤旗出现的时候，就是要开始打仗了。蚩尤被华夏民族尊为"战神"被历代祭祀，受历代的尊重。

蚩尤是最早制造金属兵器、最早运用军事策略的人。蚩尤虽死，但蚩尤部族在战争中的勇敢，以及在军事上的贡献都永远留在中华民族的记忆中。

我国古代每当有战争之前或战争之中都要祭祀蚩尤。涿鹿之战中，即使黄帝把蚩尤打败，杀死蚩尤，最后还要用蚩尤画像去威慑世人，西周时期成书的《诗经》所说的军事祭祀的"类""禡"，《周礼·春官·小宗伯》郑玄注云："其神盖蚩尤。"秦始皇封禅泰山时祭祀的"泰山八神"中的"兵主"就是蚩尤。西汉高祖刘邦在国都长安首建蚩尤神祠，以安放蚩尤的神主。

一、蚩尤是后代祭祀的"战神"及蚩尤旗

蚩尤部族虽然在涿鹿之战中被黄帝打败，但是蚩尤部族甚多，不能服从黄帝。黄帝也无法收拾残局，只好把蚩尤的画像挂出，欺骗蚩尤的部族说蚩尤没有死，然后使蚩尤的部族成员放松警惕、放下武器，等待其首领蚩尤的归来。黄帝再趁其不备而将其殄灭，天下才安定。《史记·五帝本纪》"正义"引《龙鱼河图》云："黄帝摄政，有蚩尤兄弟八十一人，并兽身人语，铜头铁额，食沙，造五兵，杖、刀、戟、大弩，威振天下，诛杀无道，万民钦命。黄帝行天子事。黄帝以仁义不能禁止蚩尤，乃仰天而叹。天遣玄女下授黄帝兵符，伏蚩尤。后天下复扰乱，黄帝遂画蚩尤形像，以威天下，咸谓蚩尤不死。八方皆为殄灭。"这个记载说明蚩尤在部族成员中的威信之高、影响之大，也可能这是把蚩尤当作"战神"的最早范例。

西周时期，每逢战争，军中都要祭祀神灵。战争未出发之前的祭祀称为

"类"，到了战场的祭祀称为"禡"。"类""禡"都是师祭，即军事祭祀。《诗·大雅·皇矣》曰："是类是禡，是致是附。"郑玄《笺》云："内曰类，于野曰禡。致，致其社稷群神，附，附其先祖。"郑玄《笺》云："类也，禡也，师祭也。"《汉书·叙传》颜师古注引应劭曰："《诗》云：是类是禡，礼将征伐，告天而祭，谓之类；告以事，类也。至所征伐之地，表而祭之谓之禡。禡者，马也；马者，兵之首，故祭其先神也。"

《周礼·春官·大祝》云："掌六祈，以同鬼神示：一曰类、二曰造、三曰禬、四曰禜、五曰攻、六曰说。"郑玄引郑司农云："类、造、禬、禜、攻、说，皆祭名也。类祭于上帝。《诗》曰：是类是禡。《尔雅》曰：是类是禡，师祭也。又曰：乃立冢土，戎丑攸行。《尔雅》曰：起大事，动大众，必先有事乎社，而后出谓之宜，故曰大师宜于社，造于祖；设军社，类上帝。《司马法》曰：将用师，乃告于皇天上帝、日月星辰，以祷于后土、四海神祇、山川冢社，乃造于先王，然后冢宰征师于诸侯，曰：某国为不道，征之以某年某月某日，师至某国，禜日月星辰，山川之祭也。"

西周时期，军中每逢战争祭祀的神灵就是蚩尤。《周礼·春官·小宗伯》小宗伯之职："凡四时之大甸猎祭表貉，则为位。"郑玄注："貉师，祭也；貉读为十百之百，于所立表之处为师祭造军法者，祷气势之增倍也。其神盖蚩尤，或曰黄帝。"

宋人卫湜《礼记集说》卷二十九云："类告天，亦谓之类。古《尚书》说非时祭天，谓之类肆师。注云：为师祭造军法者，祷气势之增倍其神，盖蚩尤、或曰黄帝也。"

元人梁益《诗传旁通》云："非时告天，谓之类肆师。"注云："为师祭造军法者，祷之气势百倍。其神盖蚩尤，或曰黄帝也。"元朱公迁《诗经疏义会通》云："始造军法者，谓黄帝及蚩尤也。"

> 案：这里所说的"师祭造军法者"，即古代战争之前祭祀的"战神"，其实说是黄帝，是有溢美之嫌的。中国古代胜者王侯败者贼，因涿鹿之战中黄帝是胜利者，并成为中国最早的帝王，所以就把这个光环送给黄帝，但实际蚩尤才是真正的军法制造者，被师祭的"战神"。

秦始皇在祭泰山之时，所祭的"泰山八神"就有蚩尤。《史记·封禅书》记载："始皇遂东游海上，行礼祠名山大川及八神……八神：一曰天主，祠天齐，天齐渊水，居临菑南郊山下者。二曰地主，祠太山梁父，盖天好阴，祠之必于高山之下，小山之上，命曰畤，地贵阳，祭之必于泽中圆丘云。三曰兵主，祠蚩尤，蚩尤在东平陆监乡，齐之西境也。四曰阴主，祠三山。五曰阳主，祠之罘。六曰月主，祠之莱山。皆在齐北，并勃海。七曰日主，祠成山。成山斗入海，最居齐东北隅，以迎日出云。八曰四时主，祠琅邪。琅邪在齐东方，盖岁之所始，皆各用一牢具祠。"①秦始皇所祠的泰山八神第三就是"兵主蚩尤"。兵主"蚩尤在东平陆监乡，齐之西境也"。秦始皇把蚩尤列为兵主，当与蚩尤的英雄善战有关；而且据推测，是时，蚩尤尚未被大规模地妖魔化，故始皇帝把蚩尤列为兵主。

汉高祖刘邦祭祀蚩尤，而且为蚩尤在国都长安建立神祠，安放蚩尤的神主。有人认为，汉高祖祭祀蚩尤当与自身为"赤帝之子"有关。但是刘邦之前，秦始皇时期，蚩尤就是被祭祀"泰山八神"之一的兵主。蚩尤被尊为"战神"当与刘邦无关，但是刘邦为蚩尤在长安立祠崇祀，当与他自己的心理因素有关。

《史记·高祖本纪》云："其先，刘媪尝息大泽之陂，梦与神遇。是时雷电晦冥，太公往视，则见蛟龙于其上。已而有身，遂产高祖。高祖为人，隆准而龙颜，美须髯，左股有七十二黑子。"《索隐》："按诗《含神雾》云：'赤龙感女媪，刘季兴。'……七十二黑子者，赤帝七十二日之数也。"

刘邦为亭长，曾为县衙往骊山押送役人。役人多逃跑，刘邦干脆皆放任众役人逃走。役人中有十余人跟随刘邦。刘邦率领这十多个人在路上遇见一条大蛇挡道，乃斩白蛇起义。在蛇死之处，"有一老妪夜哭，人问：'何哭？'妪曰：'人杀吾子，故哭之。'人曰：'妪子何为见杀？'妪曰：'吾子，白帝子也；化为蛇当道。今为赤帝子斩之。'人乃以妪为不诚，欲笞之。妪因忽不见"②，从此，刘邦以自己为赤帝之子，理应为天下之主。

《史记·高祖本纪》云："（沛公）祠黄帝、祭蚩尤于沛庭，而衅鼓，旗帜皆赤。由所杀蛇白帝子，杀者赤帝子，故上赤。"《集解》引应劭曰："《左传》曰：黄帝战于阪泉，以定天下。蚩尤好五兵，故祠祭之，求福祥也。"

《史记·封禅书》亦云："汉兴，高祖之微时，尝杀大蛇。有物曰：'蛇，白帝子也，而杀者赤帝子。'高祖初起，祷丰枌榆社，徇沛，为沛公，则祠蚩尤，衅鼓旗。遂以十月至灞上，与诸侯平咸阳，立为汉王。因以十月为年首，而色上

---

① （汉）司马迁撰：《史记》，北京：中华书局，1982年版，第1367页。
② （汉）司马迁撰：《史记》，北京：中华书局，1982年版，第347页。

赤。……""后四岁，天下已定，诏御史，令丰谨治枌榆社，常以四时春以羊彘祠之。令祝官立蚩尤之祠于长安。长安置祠祝官、女巫。"①

  案：根据先秦及西汉时期的文献记载，蚩尤是最后一代炎帝，即赤帝。推测，汉高祖刘邦认为自己是赤帝之子，以红色为上。刘邦起兵之始，就祭祀蚩尤，天下大定之后，又在长安立蚩尤祠，应该说是有其心理因素的。其实这个时期，因蚩尤是失败者，被黄帝肢解杀死，已经逐渐被妖魔化。但是刘邦祭祀蚩尤，不仅因蚩尤英勇善战，是最早制造金属兵器者；更重要的是，刘邦的母亲刘媪因"赤龙感"而生下刘邦。刘邦当认为自己确实与赤帝有关，他可能认为蚩尤是可以保佑自己的。

  刘邦崇祀蚩尤或许与自己为"赤帝之子"有关，但是自西周时期，军中就开始有祭祀蚩尤的习俗，秦始皇祭泰山时，又有泰山兵主蚩尤，故刘邦也不过是接受前人的军事思想和意识，加重对蚩尤的祭祀而已。

  《春秋繁露·执贽》云："七日，为四通之坛，于邑南门外，方七尺，植赤缯七，其神蚩尤。祭之以赤雄鸡七，元酒具清酒；膊脯，祝斋三日，服赤衣，拜跪……"

  汉代郑玄《驳五经异义补遗》云："甲午祠兵。《异义》公羊说：'甲午祠兵，师出曰祠兵，入曰振旅。祠者，祠五兵：矛、戟、剑、楯、弓矢，及祠蚩尤之造兵者。'左氏说：'甲午治兵，为授兵于庙。'"

  《后汉书·马援列传》云："卫护南单于，听置司马、从事。牧守谒敬，同之将军，敕严过武库，祭蚩尤。"

  以上记载说明，古代人们祭祀的"战神"就是蚩尤。战争中如果人们取得胜利，就认为得到了蚩尤的保护。《史记·郦生陆贾列传》记载："夫汉王发蜀汉，定三秦，涉西河之外，授上党之兵；下井陉，诛成安君，破北魏，举三十二城；此蚩尤之兵也，非人之力也，天之福也。"这里把强盛的兵力比作"蚩尤之兵"，说明蚩尤的地位和在军事上的贡献受到后代高度的评价和尊重。

  人们还把天上的一颗彗星称为"蚩尤旗"。每当蚩尤旗出现的时候，人们就会认为有战争要发生。《史记·天官书》云："蚩尤之旗，类彗而后曲，象旗。见则王者征伐四方。"《太平寰宇记》卷四十五《河东道》引《皇览冢墓记》曰：

---

① （汉）司马迁撰：《史记》，北京：中华书局，1982年版，第1378页。

"蚩尤冢在东平郡寿张县,坟高七丈。常十月祀之。冢上有赤气,如一匹红练,人谓之蚩尤旗。"

《后汉书·天文志》云:"孝献初平二年九月,蚩尤旗见,长十余丈,色白,出角、亢之南。占曰:蚩尤旗见,则主征伐四方。其后丞相曹公征讨天下且三十年。"

《晋书·天文中》云:"巫咸曰:彗星出西方,长可二三丈,主捕制,六曰蚩尤旗。类彗而后曲,象旗。或曰,赤云独见。或曰,其色黄上白下。或曰,若植藿而长,名曰蚩尤之旗。或曰,如箕,可长二丈,末有星。主伐枉逆,主惑乱,所见之方下有兵,兵大起,不然,有丧也。"

《晋书·天文下》云:"王肃曰:蚩尤之旗也,东南其有乱乎?二年正月,有彗星见于吴楚分,西北竟天。镇东大将军毌邱俭等,据淮南叛。景帝讨平之。"案占:"蚩尤旗见,王者征伐四方。"

人们把星宿当作蚩尤旗,并认为这就是战争发生的预兆,表现出人们对蚩尤记忆的深刻。"蚩尤"是战争的代名词,也是古代祭祀的"战神"。

蚩尤是最早制造军法和军事策略的军事将领,所以每当有战争的时候,就要祭祀蚩尤,祈祷取得战争的胜利。中国古代每逢有战争等大事之时都要进行祭祀。

二、蚩尤被妖魔化的经过试析

蚩尤是"炎帝之裔"当是可以信的,但是他们的关系如何呢?

《吕氏春秋·孟秋纪·荡兵》云:"五帝固相与争矣,递兴废,胜者用事。人曰蚩尤作兵,蚩尤非作兵也,利其械矣。未有蚩尤之时,民固剥林木以战矣;胜者为长,长则犹不足治之,故立君;君又不足以治之,故立天子。天子之立也,出于君;君之立也,出于长;长之立也,出于争。争斗之所自来者久矣,不可禁,不可止。"①

中国历史上帝王之争从来都是残酷的,"不可禁,不可止","胜者王侯败者贼"。蚩尤在战争中被黄帝部族打败,后人自然对蚩尤进行"妖魔化",使蚩尤成为一个十恶不赦的恶人。《说文解字》云:"蚩,虫也。"《广雅·释诂三》云:"蚩,乱也。"《方言》卷十二云:"蚩,悖也。"总之蚩尤失败之后,一切恶名皆加到蚩尤的身上。

《路史》中的蚩尤是被妖魔化之后的蚩尤。《路史·炎帝纪下·蚩尤传》云:

---

① 陈奇猷校释:《吕氏春秋校释》,上海:学林出版社,1984年版,第383页。

"蚩尤产乱,出羊水,登九淖,以伐空桑。逐帝而居于浊鹿,兴封禅,号炎帝。乃驱罔两兴云雾,祈风雨,以肆志于诸侯。顿戟一怒,并吞亡亲,九隅凥,遗文凥,所立智士寒心。参卢于是与诸侯委命于有熊氏。有熊于是暨力牧、神皇,厉兵称旅,顺杀气以振兵,法文昌而命将,熊、罴、貔、貅以为前行,雕、鹖、雁、鹯以为旗帜。士既成矣,逮蚩尤逆篓之。巫咸曰:'果哉而有咎。'乃率风后、邓伯温之徒,及尤嚪兵浊鹿之山。三年九战而城不下,问之五胥,乃设五旗五军,具四面攻之,三日而后得志,传战执尤,于中冀而诛之。"这里是说,蚩尤是炎帝之后,恃亲强恣,驱赶十五世炎帝榆罔而自立,篡号炎帝。榆罔无法,才联合各诸侯"委命于有熊氏"黄帝。黄帝联合了力牧、神皇、风后、邓伯温之徒、熊、罴、貔、貅、雕、鹖、雁、鹯等,经过了三年九战,才打败蚩尤。

蚩尤是一个篡权者,这是黄帝攻打蚩尤的理由。

但是罗泌在《路史·炎帝纪下·蚩尤传》用小字注释说:"邓展谓神农后子孙,亦称炎帝而登封者,故史言炎帝欲侵陵诸侯。《大戴礼》言,黄帝与赤帝战于阪泉之野。《后周书》云:炎帝为黄帝所灭。文子亦谓赤帝为火灾,故黄帝禽之,皆谓蚩尤;而书传举以为榆罔,失之。《集仙录》云:言黄帝克榆罔于阪泉。黄帝非与榆罔战也。至《世纪》遂谓黄帝与神农战,而炎帝克蚩尤,非也。陆德明云:神农后第八帝曰榆罔,时蚩尤强与罔争王,逐榆罔。罔与黄帝合谋,击杀蚩尤,此得之。"

这里很明显说蚩尤逐炎帝榆罔,与榆罔争帝;榆罔与黄帝联合,击杀蚩尤。而历史上很多人认为,蚩尤就是炎帝,如罗泌《路史·蚩尤传》注释说,曹魏时期注释《汉书》的邓展、《大戴礼》、《后周书》、《集仙录》皆谓"炎帝为黄帝所灭"。

也就是说,《大戴礼》认为,黄帝与赤帝战于阪泉之野,炎帝被黄帝所灭。《大戴礼》与司马迁的《史记·五帝本纪》所说相同。战国时期成书的《鹖冠子》卷下《世兵》亦云:"黄帝百战,蚩尤七十二。"《帝王世纪》也认为,黄帝与神农战,而炎帝克蚩尤,非也。《后周书》也认为,炎帝为黄帝所灭。文子亦谓赤帝为火灾,故黄帝禽之,皆谓蚩尤;而书传举以为榆罔,失之。

而唐代陆德明认为:"蚩尤,神农时诸侯始造兵者也。神农之后第八帝曰榆罔世,蚩尤氏强与榆罔争王,逐榆罔。榆罔与黄帝合谋,击杀蚩尤。《汉书音义》云:'蚩尤,古之天子,一曰庶人贪者。'"[1]《汉书音义》也是唐代的著作。唐代是我国封建王朝走向全盛的时期,是不允许蚩尤这样一个被擒杀、被肢解的

---

[1] (唐)陆德明:《经典释文》卷二十八《盗跖》第二十九,文渊阁四库全书。

战败者，再与圣人神农氏炎帝沾亲，即使有亲，也要给他涂上叛徒篡权的脸谱，于是蚩尤就被妖魔化。

笔者认为，对蚩尤的妖魔化是自西晋时期开始的。

西晋武帝太康二年（281年），汲郡人不准盗发魏襄王墓所得一批简书。晋王朝派学者束晳、荀勖等人整理。《晋书》卷五十一《束晳传》记载：由于"初发冢者烧策照取宝物。及官收之，多烬简断札，文既残缺，不复诠次"。整理过的简书称为"汲冢周书"。"汲冢周书"本来就不完整，又加上历代战乱，书籍多毁，如东汉末年董卓将国都从洛阳又迁至长安，2000 车的书简，到长安时只剩 800 多车。"汲冢周书"也基本不复存在。现在的《逸周书》是后代辑佚而成的，所以这部书在使用时应该小心。"汲冢周书"之前记载的不符合历史原貌的史实，而在更早的而且不止一部史书中显示的史实被抹杀，因此应以较早的史籍为据，恢复历史的本来面目。如司马迁的《史记》、戴德的《大戴礼》等皆记载，炎黄二帝打过仗，黄帝经过三战打败炎帝之后，蚩尤又与黄帝战，黄帝五十二战才打败蚩尤，得其志，统一了天下。那么《逸周书·尝麦解》中"蚩尤乃逐帝……。赤帝大慑，乃说于黄帝，执蚩尤，杀之于中冀"的记载，很有可能是经过后人的篡改所致。

《帝王世纪》亦为西晋人皇甫谧所著，亦说："炎帝居空桑（空桑为陈留），故《归藏·启筮》云：'蚩尤伐空桑，帝所居也。'"又云："蚩尤氏强，与榆罔争王与涿鹿之阿。炎帝战蚩尤于中冀，名其地曰'绝辔之野'。"罗泌在《路史·蚩尤传》中竟然说："《世纪》遂谓黄帝与神农战，而炎帝克蚩尤；非也。"看来后代的学者基本上是根据自己的好恶来评价历史的，西晋之后进一步对蚩尤进行了妖魔化。

三、蚩尤冢墓与后裔

《山西通志·古迹四》云："安邑县蚩尤城，盐池东南二里。《黄帝经序》：黄帝杀蚩尤，其血化为卤，今之解池是也。"《山西通志·祠庙四》云："《黄帝经序》曰：黄帝杀蚩尤，其血化为卤，今之解池是也。又真定有蚩尤冢七所，每当祭蚩尤，其日白气贯天，则蚩尤之主盐池，盖数千年犹存耳。"蚩尤的活动多在山西南部，因那里当时是"帝都"所在，故有多处"蚩尤城"。蚩尤死的时候，"其血化为卤"，成为今山西解池。

蚩尤还有肩髀冢墓在山东，如《元和郡县志·河南道六》："蚩尤墓在县东北九里，今山阳巨野县有蚩尤肩髀冢。按：黄帝杀蚩尤于涿鹿之野，身体异处，故别葬焉。"

《太平寰宇记·河东道七》记载："《史记》曰：黄帝与蚩尤战于涿鹿之野。按《皇览冢墓记》曰：蚩尤冢在东平郡寿张县，坟高七丈。常十月祀之。冢上有赤气，如一匹红练，人谓之蚩尤旗。其肩髀冢在山阳郡巨野县，与身异处，故别葬之。"在涿鹿之战中，蚩尤被杀，身首异处，故蚩尤有两个冢墓，皆在山东。其主墓在山东省济宁市兖州区，其肩髀冢在山东省菏泽市巨野县。

蚩尤被黄帝打败后，其后裔又被颛顼打败。《国语·楚语下》又云：颛顼氏灭了九黎之后，"乃命南正重司天以属神，命火正黎司地以属民，使复旧常，无相侵渎，是谓绝地天通。其后，三苗复九黎之德，尧复育重黎之后，不忘旧者，使复典之"。韦昭注："育，长也。尧继高辛氏平三苗之乱，绍育重黎之后，使复典天地之官；羲氏、和氏是也。"这里所说的重、黎，应该是担当"司天""司地"的官员。重黎当是九黎氏之后，是"典天地之官"。重黎是九黎部族服从于华夏集团的一支后裔，与华夏族融合。

蚩尤部族虽败，但对历史产生了很大的影响。殷商时期的黎国在"汉之上党郡壶关"，即今山西省的黎城县、壶关县、长治市潞城区一带。黎国民众当是蚩尤部族的遗民。

九黎部族在与华夏部族的斗争中失败之后，夏商时期可能来到山西一带。《尚书·西伯戡黎》云："西伯既戡黎。"孔安国疏曰：黎"近王圻之诸侯，在上党东北"。张守节《正义》曰："黎国，汉之上党郡壶关所治，黎亭是也。纣都朝歌，王圻千里，黎在朝歌之西，故为近王圻之诸侯也。"孔安国疏曰："文王率诸侯以事纣，内秉王心。纣不能制，今又克有黎国，迫近王圻。故知天已毕讫殷之王命。"戡，杀也。从西伯戡黎之后，黎，就更加衰落。

黎人的一支当南迁到今海南岛一带为黎族。今海南的黎族当与中原地区的九黎部族有关系。《山西通志·氏族一》云："黎，黎侯，殷周时国，子孙以为氏。又《风俗通》云：九黎之后，今岭南多此姓。"

《路史·后纪四·禅通纪·炎帝纪下》云："黄帝乃暨力牧、神皇、风后、邓伯温之徒，及蚩尤氏转战，执蚩尤而诛之。于是四方之侯争辨者，宾祭于熊，爰代炎辉，是为黄帝。乃封参卢于路，而崇炎帝之祀于陈。""路，露也；潞是后繁于河之北东，商周别为赤白之狄。狄历廥咎，皋落九州之戎；有隗氏、狄氏、落氏、皋落氏、戎氏、戎子氏……"当蚩尤被灭、炎帝被代之后，参卢被封于路，炎帝之祀在陈。路，很明显说的是今山西省，即老河东地区，当为今山西省潞城一带。陈，当今河南省周口市淮阳区。

䲹兜部族已与沿海的一些部族融合，被赶到"三危"的三苗当已与甘肃的所谓戎狄之族融合，留在中原地区的已与华夏族、汉族融合。还有贵州苗族等，这些皆是蚩尤之后裔（后面将详述）。

宋祁《新唐书》卷一百六十六《杜牧传》云："黄帝时，蚩尤为兵阶，自后帝王多居其地。周劣齐霸，不一世；晋大，常佣役诸侯。至秦萃锐三晋，经六世乃能得韩，遂折天下脊。"①这个记载也说明，蚩尤原居住在中原，后黄帝占领其地。"自后帝王多居其地"，说明这个地方的重要性。

另外留在中原地区的一支，服从于权势者的统治，从此衰落。或有一部分九黎部族的"子孙为隶"，成为奴隶。《国语·周语下》云："王无亦鉴于黎、苗之王，下及夏、商之季，上不象天，而下不仪地，中不和民，而方不顺时。不共神祇（祇）而蔑弃五则。是以人夷其宗庙，而火焚其彝器，子孙为隶，下夷于民。"后世把最下等、最顺从的民众，称为黎民百姓，当是由对九黎族后裔的称呼演变而来的。

晋人王嘉《拾遗记》卷一云："黄帝既去蚩尤之凶，迁其民善者于邹屠之地，恶者于有比之乡。其先以地名族，后分为邹氏、屠氏。"

汉代王充《论衡》卷十四《寒温》云："前世用刑者，蚩尤、亡秦甚矣。蚩尤之民，湎湎纷纷；亡秦之路，赤衣比肩。""湎湎纷纷"，是流移无定之貌，即蚩尤的部族成员到处流浪，居无定所。

《论衡》卷十五《变动》又云："《甫刑》曰：庶僇旁告无辜于天帝。此言蚩尤之民被冤旁告，无罪于上天也。以众民之叫，不能致霜。"这里是说，蚩尤之民"被冤旁告，无罪于上天也"。

王充确实道尽了"蚩尤之民"在后世生活之艰难。

河南省许昌市西南10公里左右有一郭集。在这个村里共有1000多口人，仅蚩姓就有五六百口人，蚩姓在这个村里是大姓。目前村里有关于蚩姓的两块碑，一块是清同治年间的"重修蚩家堂碑"，一块是"重修魏文帝庙碑"，但下面重修捐款者有蚩家。

笔者曾到许昌郭集去考察，"重修魏文帝庙碑"已经找不到了，"重修蚩家堂碑"曾被铺在井台边，村民在上面洗衣服等。这块碑已经断裂，但在许昌市蚩中

---

① （宋）欧阳修、宋祁撰：《新唐书》，北京：中华书局，1975年版，第5094页。

山先生那里有一张拓片，虽然许多字已经模糊不清，但是还可以看到一些字迹。笔者根据这张拓片，识读碑文。"重修蚩家堂碑"碑文云：

重修蚩家堂碑记

  蚩家堂者，许东承恩堡郭集东偏之□□菩提堂也，苗系蚩氏到（？）之后，蚩氏修之，改名为蚩家堂。二年（？）丙寅夏月，被淋雨倾圮，蚩氏欲独修缮而力有未逮，众议群修，又若有越俎之嫌。然以断□□□□□□□□□□□□□不可坐听其废。查庙中碑记乾隆中曾经魏君荣者首事重修，群修之议遂定。全族奉□□□□□□□□□□财，乃□蚩为首事而修理，未逾月而庙貌一新，尽利通久之道。其亦当如是乎！首事捐资者，合并书名，新郑县人闻之，□□□□□……

  辛卯，恩科举人前任长葛县训导、新郑县人阎□之□□□□□

  许州□学生员

  许州□学廪膳生员

  ……

  大清同治陆（？）年

  这种情况说明许昌蚩氏也属于苗系之民，当是三苗被迁徙之后，留在中原地区的一支苗民。据说，蚩氏曾遭遇过灭门之灾，幸亏有一女子带孩子回娘家，才保住了蚩氏的一条根脉，才有今日的蚩氏。民国时期的《许昌县志》把蚩氏排为许昌县的第二姓，轩辕氏排在第一。笔者以为这本《许昌县志》当是按姓氏出现年代的早晚进行排列的。

  许昌蚩姓，当然是蚩尤的后裔。活生生的事实向我们说明一个很重要的问题，炎帝、蚩尤、黄帝的传说不是神话，在我们民族的历史上真有其人，只不过没有那么神话的色彩而已。

第七章 黄帝立国研究

黄帝在阪泉之战打败炎帝，在涿鹿之战打败蚩尤，统一了天下。黄帝广求中原贤士，吸收先进的文化，建立了有熊国（今新郑、新密境内）。有熊国建立了最初的国家机构，有较为先进的城池，也有金属铜器。学界认为，郑州西山城址当是黄帝的都城遗址。以西山城址为中心，在新郑、新密、郑州等密布同一类型的文化遗址，可称为"黄帝文化圈"。据说，黄帝晚年仰慕"无为而治"的治国策略，为后代留下了著名的、千古不朽的"黄老学说"，大大丰富了我国后世的治国理论和策略。

第一节 黄帝征伐四方与"合符釜山"

黄帝部族到达中原之前，当是一个游牧民族，"迁徙往来无常处，以师兵为营卫"，以熊、罴、虎、豹命名其分支部族。当黄帝部族打败炎帝部族、统一天下之后，与诸侯"合符釜山"，初步实现了与中原各方国部族的融合。之后，黄帝为了更好地发展，广求中原贤士，出谋划策，建立有熊国。有熊国有了简单的国家机构，并任用仓颉在中原已有文字和符号的基础上造字，制造青铜工具等。我国自黄帝时期进入了文明时代。中国5000多年的文明当从黄帝始。

一、黄帝征伐四方与崆峒何处

当蚩尤被打败之后，黄帝在中原地区最强大的敌人被消灭了，于是诸侯咸尊轩辕为天子，黄帝代神农氏从而统一了天下。但是黄帝只是打败了中原地区强大的敌人，而周围还有很多部族并没有对黄帝表示服从；而且已经失败的部族还有很多的残余势力，这些都使黄帝不能安定宁居。黄帝"天下有不顺者，黄帝从而征之，平者去之；披山通道，未尝宁居。东至于海，登丸山，及岱宗。西至于空桐，登鸡头。南至于江，登熊湘。北逐荤粥"①。

黄帝之所以"东至于海，登丸山，及岱宗。西至于空桐，登鸡头。南至于江，登熊湘。北逐荤粥，是因为"天下有不顺者"，黄帝所到之处，与天下的"不顺者"有关，他的"从而征之，平者去之"，也是为了江山的稳定。

首先，黄帝东巡，"东至于海，登丸山，及岱宗"。蚩尤虽然是炎帝族的一支，但是与东夷族关系密切。《逸周书·尝麦解》曰："赤帝分正二卿，命蚩尤宇于少昊，以临四方，司□□上天末成之庆。"

《路史·后纪四·禅通纪·炎帝纪下》云："炎帝参卢是曰榆罔，居空桑，政束急务，乘人而斗其捷；于是诸侯携贰，乃分正二卿，命蚩尤宇于小颢，以临西方，司百工。""蚩尤宇于少昊"，在少昊的部族中学习，少昊与东夷族关系十分密切。

东夷地区还有很多炎帝的后裔，如河南省柘城县株邑的朱襄氏、山东省曲阜市的大庭氏，还有一支在今河南省周口市淮阳区建都的炎帝后裔；以及远在东夷地区的大大小小的炎帝或者少昊的后裔，这些都使黄帝不能安宁。因此，黄帝东巡至于海，登丸山、岱宗，以观察东夷地区的动态。黄帝东巡首先到东夷地区。

然后，黄帝向南，"南至于江，登熊湘"。《史记·五帝本纪》"集解"引南朝宋裴骃云："《封禅书》曰：'南伐至于召陵，登熊山。'《地理志》曰：'湘山在长沙益阳县。'《正义》引《括地志》云：'熊耳山在商州上洛县西十里，齐桓公登之，以望江汉也。湘山一名编山，在岳州巴陵县南十八里也。'"

这里所说的"江"，或是汉水，也有可能就是长江。当炎帝失败之后，炎帝的一支——烈山氏向南迁徙到湖北的随县。唐代萧德言的《括地志》、唐代李吉甫的《元和郡县图志》、北宋王存等的《元丰九域志》皆说：厉山在随州随县北百里，山东有石穴。昔神农生于厉乡，所谓列山氏也，春秋时为厉国。南宋罗泌《路史》记载："神农宅，神农生此。神农既育，九井自穿。旧说汲一井则八井皆动。《寰宇记》：在县北百里，人不敢触。按：今惟存一穴，大木傍荫，人即其处，为神农社，年常祠之。亦引《荆州记》所言：厉乡村，厉山下之穴，神农所生，穴口方一步，容数人。上有神农庙。"

神农炎帝发展了农业，培育了黍稷，但是湖北地区则是"楚越之地，地广人

---

① （汉）司马迁撰：《史记》，北京：中华书局，1982年版，第6页。

稀，饭稻羹鱼"①。楚越之民吃的是大米，因此，湖北随州绝不是炎帝的发祥之处，而是炎帝的迁徙之处。黄帝来到汉水之畔，当与炎帝的迁徙有关。

《路史·后纪三·禅通纪·炎帝》云：炎帝"崩，葬长沙茶乡之尾，是曰茶陵，所谓天子墓者。有唐尝奉祠焉"。乾德五年（967年），宋太祖敕令修建炎帝陵并建庙，炎帝庙历经沧桑，屡毁屡建。湖南株洲茶陵当是炎帝族迁徙南方之后炎帝的陵墓。

炎帝"南至于江，登熊湘"，来到湖北、湖南也完全有可能的。

北方的少数民族也是黄帝不放心的地方。黄帝"北逐荤粥"。《集解》云："《匈奴传》曰：'唐虞以上有山戎、猃狁、荤粥，居于北蛮。'"《索隐》："匈奴，别名也；唐虞已上曰山戎，亦曰熏粥，夏曰淳维，殷曰鬼方，周曰猃狁，汉曰匈奴。"荤粥，就是北方的少数民族。

黄帝向西方，据说到达崆峒，即"西至于空桐，登鸡头"。关于崆峒山在何处，历史上众说纷纭，莫衷一是，主要有以下几种观点。

（1）空桐在甘肃省平凉市。《括地志》云："空桐山在肃州福禄县东南六十里。"崆峒山位于今甘肃省平凉市，是古丝绸之路西出关中之要塞。

（2）崆峒在宁夏回族自治区固原市原州区。《春秋释例·土地名》第四十四之三云："崆峒山在原州高平县。案：《魏书·地形志》原州，正光五年置，领郡二：高平县属高平郡。杜佑《通典》：高平县，唐属原州，有笄头山，一名崆峒山。"

（3）崆峒在陕西省泾阳县。宋代程公说《春秋分记》卷三十三云："《地理志》云：出安定郡泾阳县西笄头山，东南至冯翊阳陵县入渭，过郡三行千六十里，山在灵州东南；土俗谓之开屯山。按：笄头山名鸡头山，一名崆峒山。"鸡头山，一名崆峒山。

（4）马骕《绎史》卷五《黄帝纪》云："黄帝生而能言，役使百灵，可谓天授自然之体者也，犹复不能端坐而得道。故陟王屋而受丹经，到鼎湖而飞流珠，登崆峒而问广成，之具茨而事大隗。"

（5）崆峒在今河南省虞县。宋代乐史《太平寰宇记》卷十二《河南道十二·宋州》云："崆峒亭在县南五里。《春秋哀公二十六年》：'宋景公游于空泽。卒于连中。'杜预云：'梁国虞县东南有地名崆峒。'"

（6）崆峒在今河南省汝阳县西南。宋代乐史《太平寰宇记》卷八《河南道

---

① （汉）司马迁撰：《史记》，北京：中华书局，1982年版，第3270页。

八·汝州》云："汝水在县南三里。""崆峒山在县西南四十里，有广成子庙，即黄帝问道于广成子之所也。按：唐开元三年，汝州刺史充本州防御使，卢贞立碑。其略云：《尔雅》曰：'北戴斗极为崆峒，其地绝远，华夏之君所不至。'禹迹之内山名崆峒者有三焉：其一在临洮，秦筑长城之所起也；其一在安定，二山高大，可取财用，彼人亦各于其处为广成子立庙，而庄生述黄帝问道崆峒，遂言游襄城、登具茨、访大隗，皆与此山接壤，则临洮、安定非问道之所明矣。""广成城，《九州要记》云：'广成子为黄帝师，始居此城。后于崆峒山成道，今此城犹有庙像存焉。'"

宋代王存《元丰九域志》卷一"西路"条下又曰："临汝，赵洛二镇有霍阳山、崆峒山、紫逻川、汝水、广润河。"

还有说，崆峒山在天津蓟州、在四川岷县等。

笔者认为，关于崆峒山究竟在何处，我们还需要了解黄帝此行的目的。黄帝此次出行的目的是"天下有不顺者，黄帝从而征之，平者去之"，也就是对于不顺者征之，不平者去之，是要铲除反对势力的。黄帝之目的是要占领中原，稳定中原。那么他到甘肃平凉、宁夏固原、陕西泾阳是没有必要的，也无助于黄帝在中原的统治。而今河南省汝阳县西南，因这里是蚩尤活动之地，当蚩尤被打败之后，天下仍然不稳，黄帝借"问道"之名来这里观察局势和政治风向，是非常有可能的。

黄帝四处征伐，经过数年的征讨，天下终于安定。

二、黄帝"合符釜山"

黄帝经过征伐，四方安定。《史记·五帝本纪》云："合符釜山，而邑于涿鹿之阿"，于是黄帝"合符釜山"。关于釜山在何处，主要有以下两种说法。

1. 河北省涿鹿县西南保岱镇说

《水经注》卷十三《漯水》云："又东过涿鹿县北。涿水出涿鹿山，世谓之张公泉。东北流，经涿鹿县故城南，王莽所谓褫陆也。黄帝与蚩尤战于涿鹿之野，留其民于涿鹿之阿，即于是也。其水又东北与阪泉合，水导源县之东泉。《魏土地记》曰：'下洛城东南六十里，有涿鹿城，城东一里有阪泉。泉上有黄帝祠。'晋《太康地理记》曰：'阪泉，亦地名也。'泉水东北流，与蚩尤泉会，水出蚩尤城，城无东面。《魏土地记》称，涿鹿城东南六里有蚩尤城。"[①]

[①] 王国维校：《水经注笺》，上海：上海人民出版社，1984年，第443页。

《史记·五帝本纪》"正义"引《括地志》云："釜山在妫州怀戎县北三里，山上有舜庙。"妫州怀戎县，今河北省涿鹿县西南保岱镇。这里外毗边塞，内屏京都，乃古道通衢之地。也就是说，黄帝在釜山（今河北省涿鹿县西南保岱镇）合符，即符应于釜山。

《水经注》与《史记正义》皆认为釜山在直隶宣化府保安州西南，直隶宣化府是清朝至民国初年的称谓。这个地方也在今河北省涿鹿县西南，应该说是同一地方。

2. 河北省廊坊市安次区说

《钦定日下旧闻考》卷一百二十六引《长安客话》云："原东安，古安墟；黄帝制天下，以立万国，始经安墟，合符釜山，即此。"①安墟，即今廊坊市安次区，属于清朝的京畿地区。

《畿辅通志》卷五十三《古迹》云："安墟，在东安县界。《旧志》：东安县，古安墟；黄帝制天下，以立万国，始经安墟，合符釜山。"②

虽然有两种说法，但是似乎"涿鹿说"更有道理。黄帝在涿鹿打败了蚩尤，取得了全面的胜利，最后又"邑于涿鹿之阿"。这个地方原来就是炎帝榆罔、炎帝蚩尤之都。黄帝在这里合符当是符合史实的。釜山当是涿鹿附近的小山。

3. 江苏省徐州市南说

《史记·五帝本纪》"正义"引《括地志》云："涿鹿，本名彭城。黄帝初都，迁有熊也。"彭城，今江苏省徐州市南。

4. 河南省修武说

北魏郦道元《水经注》卷九"清水"条下云："清水出河内，修武县之北黑山……次陆真阜之东北，得覆釜堆。堆南有三泉，相去四五里，参差次合，南注于陂泉，在浊鹿城西。建安二十五年，魏封汉献帝为山阳公。浊鹿城，即是公所居也。"

《大清一统志》卷一百六十"怀庆府"条下云："覆釜山在修武县北。《魏书·地形志》：北修武县有覆釜山。按：《水经注》，次陆真阜之东北，得覆釜堆，即此。"

浊鹿，即涿鹿，是同音假借之字。元代梁益《诗传旁通》卷十亦云："涿鹿，一云浊鹿。"建安二十五年（220年），曹丕封汉献帝为山阳公，居于河内修

---

① 《钦定日下旧闻考》卷一百二十六《京畿》"东安县"条，文渊阁四库全书。
② 《钦定日下旧闻考》卷五三《古迹》，文渊阁四库全书。

武县浊鹿城，而且这里还有"覆釜山"，汉代称之为"覆釜堆"，《大清一统志》称之为"覆釜山"。

修武县，在汉代曾称浊鹿城，当是黄帝"合符釜山"的涿鹿城。

> 案：《史记·五帝本纪》只说黄帝"合符釜山，而邑于涿鹿之阿"，并没有指出涿鹿在何处。而是唐代张守节的《史记正义》、唐代萧德言的《括地志》认为"釜山在妫州怀戎县北三里"，即今河北省涿鹿县西南保岱镇。

《水经注》一说涿鹿在今河北省涿鹿县，又说修武县亦有浊鹿城，还有"覆釜山"。涿鹿与釜山在今河南省修武县境内，也有一定的道理。关于釜山在何处，还有进一步研究的空间和必要。

釜山在涿鹿，但是"合符"是什么意思呢？

《史记·五帝本纪》"索隐"云："合诸侯符契圭瑞而朝之于釜山，犹禹会诸侯于涂山然也。又按郭子横《洞冥记》称东方朔云：'东海大明之墟有釜山，山出瑞云，应王者之符命，如尧时有赤云之祥之类；盖黄帝黄云之瑞，故曰合符应于釜山也。'"

唐代司马贞《索隐》认为，"合符釜山"的意思是，在釜山有祥瑞出现。按郭子横《洞冥记》称，东方朔所云在东海的大明之墟（今不知何处）有釜山，在釜山之上有祥云出现，应王者之祥瑞。按司马贞之论，符则是一种祥瑞，犹如后代帝尧时有赤云，黄帝统一天下之后有黄云出现一样。黄帝之官员皆以云命官。"官名皆以云命，为云师"。《集解》引应劭曰："黄帝受命有云瑞，故以云纪事也。春官为青云，夏官为缙云，秋官为白云，冬官为黑云，中官为黄云。张晏曰：'黄帝有景云之应，因以名师与官。'"

还有一种认为，"符"是"玺印符绶"之意。《渊鉴类函》卷三百六十八《仪饰部》"玺印符绶"条下引《古史考》曰："武王问太公曰：'引兵深入，卒有缓急。吾将以近通远，奈何？'太公曰：'主与将有阴符八等：有大胜得敌之符，长一尺；破军擒将之符，长九寸；降城得邑之符，长八寸；却敌执远之符，长七寸；交兵坚守之符，长六寸；请粮益兵之符，长五寸；败军亡将之符，长四寸；失利亡地之符，长二寸。'"

"符"，当是长官号令下属的一种凭据。如《古史考》中太公望所说的，大胜得敌之符、破军擒将之符、降城得邑之符、却敌执远之符、交兵坚守之符、请粮益兵之符、败军亡将之符、失利亡地之符等，各是什么样，各有多长等。这样就可以以近通远、以上控下,是上级控制下属的凭证和手段。

黄帝"合符釜山"当指的是一种"玺印符绶"制度,或者通关的符信和凭借。我国兵符始见于战国,但也不排除这个时期已经有凭据或者某种凭证出现。

当黄帝打败蚩尤之后,《史记·五帝本纪》曰:黄帝"合符釜山,而邑于涿鹿之阿"。《索隐》云:"合诸侯符契圭瑞,而朝之于釜山。""东海大明之墟有釜山,山出瑞云,应王者之符命。"《正义》引《括地志》云:"釜山在妫州怀戎县北三里。"

《史记·五帝本纪》又云:"获宝鼎,迎日推策。"《索隐》云:"《封禅书》曰:'黄帝得宝鼎神策',下云:'于是推策迎日',则神策者,神蓍也。黄帝得蓍以推算历数,于是逆知节气日辰之将来。故曰推策迎日也。"

黄帝自从"合符釜山",在釜山和诸侯会盟,就已经是天下诸侯的共主了,拥有了令会盟诸侯方国和使各方诸侯服从的力量和威望。但是黄帝在削平炎帝、蚩尤之后,并没有立即建立国家,而是有一个准备时期。

黄帝"邑于涿鹿之阿",《史记·五帝本纪》"正义"云:"广平曰阿。涿鹿,山名;涿鹿故城在山下,即黄帝所都之邑于山下平地。"

《史记正义》引《舆地志》云:"涿鹿,本名彭城。黄帝初都,迁有熊也。按:黄帝,有熊国君,乃少典国君之次子,号曰有熊氏,又曰缙云氏,又曰帝鸿氏,亦曰帝轩氏。"黄帝所都的涿鹿是否在彭城,尚可再研究,但是这里确实说涿鹿是黄帝的初都。黄帝最早的都城在涿鹿。

黄帝为统治天下而在涿鹿立邑建国,并要天下部族首领皆来"合符",承认黄帝的权威,在我国历史上尚属首次,表明自黄帝时期,我国已经进入文明时期。

三、黄帝建国之前活动的范围

《帝王世纪》记载:"黄帝,有熊氏,少典氏之子,姬姓也;生寿丘,长于姬水,龙颜,有圣德。受国于有熊,居轩辕丘,因以为号。"最早记载黄帝出身的当是《帝王世纪》。根据《帝王世纪》的记载,可研究黄帝的迁徙之处。

寿丘,《史记·五帝本纪》"正义"引《舆地志》云:"寿丘在鲁东门之北,今在兖州曲阜县东北六里。"笔者认为,寿丘虽然不是黄帝故里,但是黄帝有可能来过这里。

姬水，《帝王世纪》说，黄帝"长于姬水"。姬水，《国语·晋语四》云："黄帝以姬水成，炎帝以姜水成。"吴韦昭注："姬、姜，水名也；成，谓所生长以成功也。"黄帝有很长时期是生活在姬水之边的，因此黄帝姓姬。

黄帝曾与炎帝蚩尤会盟于西泰山。西泰山在今河南省的汝阳、鲁山、嵩县三县交界之处，即尧山北麓的西泰山。

黄帝曾经在荆山炼铜，荆山有传说中黄帝的铸鼎原。荆山在今河南省三门峡陕州区境内。

古文献上还有黄帝炼铜的记载。《史记·孝武本纪》云："黄帝采首山铜，铸鼎于荆山下。鼎既成。"《集解》引晋灼曰："《地理志》：首山属河东蒲坂，荆山在冯翊怀德县。"《正义》引《括地志》云："湖水源出虢州湖城县南三十五里夸父山，北流入河，即鼎湖也。"《汉书·郊祀志》已有类似的记载。

《史记集解》引晋灼关于"首山属河东蒲阪，荆山在冯翊怀德县"的观点，遭到了清代考据学家的驳斥。清人秦蕙田在《五礼通考·体国经野》、胡渭在《禹贡锥指》卷十一中解释"导岍及岐至于荆山，逾于河"时，皆云："荆山有三：一在雍域怀德北条之荆，大禹铸鼎处也；一为荆豫界临沮南条之荆，卞和得玉处也；一在豫域，与《尚书·禹贡》无涉。汉《郊祀志》公孙卿曰：'黄帝采首山铜，铸鼎于荆山下。'按：《唐志》，虢州湖城县有覆釜山，一名荆山。《元和志》：山在县南，即黄帝铸鼎处。晋灼以为在冯翊怀德县，非也。湖城，元省入阌乡县，山今在县南二十五里。韩愈诗云：'荆山已去华山来，日照潼关四扇开。'李商隐诗云：'杨仆移关三百里，可能全是为荆山。'即此山也。苏传以此为北条之荆，因晋灼而误。"荆山即黄帝铸鼎处，在华山和潼关之东，即今豫西一带。

黄帝居轩辕之丘，但是轩辕之丘在何处呢？《史记·五帝本纪》云："黄帝居轩辕之丘。"《集解》引皇甫谧曰：黄帝"受国于有熊，居轩辕之丘，故因以为名，又以为号"。又引张晏曰："作轩冕之服，故谓之轩辕。"

晋朝皇甫谧只说，黄帝"居轩辕之丘，故因以为名，又以为号"，并没有说轩辕之丘在何处，而且从字面上讲，"轩辕之丘"是一个山丘之名，与"轩冕之服"似乎无关。

从史籍上查，《山海经》中有许多关于"轩辕丘""轩辕之丘""轩辕之山""轩辕之台"的记载。

《山海经》卷二《西山经》曰：在华山、昆仑、赤水之西"又西四百八十里，曰轩辕之丘，无草木。黄帝居此丘，娶西陵氏女，因号轩辕丘"。

《山海经·北山经》曰："又东北二百里，曰轩辕之山。"轩辕之山，好像是在河北、山西之北部。

《山海经》卷七《海外西经》曰："轩辕之国在穷山之际，其不寿者八百岁。在女子国北，人面蛇身，尾交首上。穷山在其北，不敢西射，畏轩辕之丘。"晋郭璞注："其国在山南边也。《大荒经》曰：岷山之南，言敬畏黄帝威灵，故不敢向西而射也。"

《山海经》卷十六《大荒西经》曰：西北海之外，大荒之隅"有轩辕之台，射者不敢西向射，畏轩辕之台"。晋郭璞注："敬畏黄帝之神"。

笔者认为，"轩辕丘""轩辕之丘""轩辕之台"三者属于同一处，在西部山地，当是黄帝曾居之处。"轩辕之山"当是黄帝曾经到过的另一山名。

清代杭世骏在《史记考证》中对《山海经》记载的"轩辕之丘"地域，极为不满。

杭世骏《史记考证》卷一云："黄帝居轩辕之邱。《集解》引《山海经》曰：'在穷山之际，西射之南'。杭世骏按：《山海经·西山经》曰：'轩辕之邱洵水出焉，南流注于黑水。'郭璞注：'黄帝居此邱，娶西陵氏女，因号轩辕邱。'又《海外西经》曰：'轩辕之国在穷山之际。在女子国，北穷山在其北，不敢西射，畏轩辕之邱。'郭璞注：'言敬畏黄帝威灵，故不敢向西而射也。'《集解》不引西山轩辕之邱，而引海外轩辕之国为证，已为失误；至以西射为地名，则尤误之误也。"

杭世骏谴责"《集解》不引西山轩辕之邱，而引海外轩辕之国为证，已为失误；至以西射为地名，则尤误之误也"。杭世骏认为"轩辕之丘"当在"西山"。这个西山当指的是新郑（或郑州）之西山。

新郑（或郑州）附近的轩辕丘，当是黄帝在新郑定都之后，而把这里称为轩辕丘的，即是古人把曾经居住过的地名带到新定居之处，把新郑（或郑州）附近的小山丘亦称为轩辕丘。

杭世骏是一个很有学问的人，但他是一个农业社会的知识分子。我国几千年来的农业社会，使知识分子的活动视野受到极大的限制，包括四库全书的整理者纪昀在整理《穆天子传》一书时，都不相信古人有那么大的活动范围和能力。尽管几千年来，我国自晋代"汲冢周书"出土之后，隋、唐、宋、明历代皆把《穆天子传》作为起居注或者信史看待，认为《穆天子传》是一部周穆王的起居注，记载的是真实的历史，但清代纪昀在《四库全书》中认为《穆天子传》是一部虚无的小说，荒诞不经。近来有学者进行拨正，从考古学拿出很多材料，说明当时西周与西亚确实有很多往来，《穆天子传》是史料也逐渐地被人们所重视。

黄帝在涿鹿打败了蚩尤之后，曾在涿鹿建邑。有学者认为，涿鹿就是黄帝所都之邑，那么涿鹿当然是他活动的范围。《史记·五帝本纪》云："而邑于涿鹿之阿。"《正义》云："涿鹿故城在山下，即黄帝所都之邑于山下平地。"

笔者认为，黄帝打败蚩尤之后，尚没有建立国家。《史记·五帝本纪》曰：黄帝"迁徙往来无常处，以师兵为营卫"[①]。也就是说，黄帝在涿鹿建邑之后，仍然"迁徙往来无常处"，没有稳定的居处，像一个在外行军打仗的部队，设立军营（或称军帐），环绕军营，以兵为自卫。黄帝曾东至于海，西至于空桐，南达大江，北至荤粥，活动范围非常广泛。当然黄帝可能原来就是一个游牧民族，而不是一个农业民族，仍然保持着游牧民族的习俗。

"官名皆以云命，为云师；置左右大监，监于万国。"《集解》引应劭曰："黄帝受命有云瑞，故以云纪事也。春官为青云，夏官为缙云，秋官为白云，冬官为黑云，中官为黄云。"又引张晏曰："黄帝有景云之应，因以名师与官。"[②]

实际上，以云命官，把官名以春、夏、秋、冬、中而定为青云、缙云、白云、黑云、黄云，还是一种较为原始的命官方式，有可能尚未进入国家建立的层面。由于黄帝已经征服了一些部族，然后委派一些亲信去到这些部族（或方国）为监，去监督那些被征服的部族，称为左右大监。在当时的万国之中，以黄帝部族为最强大。

除此之外，黄帝在打败蚩尤之后，各地还存在着不稳定的因素，黄帝对不顺者，从而征之；对不平者，从而去之。在这个征伐过程中，黄帝东至大琅琊、泰山之巅，西至陕西西部和甘肃等河西走廊，北至今河北省怀来县，南到长江、洞庭湖、长沙一带。由此可见，黄帝族的活动范围是非常广的。

第二节　黄帝与有熊国

黄帝统一天下之后，以新郑为都建立有熊国。黄帝所寻求的风后、力牧、岐伯、柏常、大鸿、仓颉等皆为中原人士。黄帝建立的有熊国已经具备了国家的雏形。中国文明当从黄帝的有熊国开始。

[①]（汉）司马迁撰：《史记》，北京：中华书局，1982年版，第6页。
[②]（汉）司马迁撰：《史记》，北京：中华书局，1982年版，第6页。

一、黄帝建都于新郑

黄帝打败蚩尤之后，曾在涿鹿作邑，但没有建立国家，只是处于建立国家之前的准备时期。黄帝建立有熊国当在定都新郑之后。

新郑是黄帝所建的有熊国的国都。国都，即都城，《说文解字》云："城，以盛民也；从土，从成。"城，就是根据中国黄河流域的地理特征，用土经过夯筑而筑成墙，成为城，用以居民，以保护民的安全。都城是一个王朝的政治、经济、文化中心。

《左传·庄公二十八年》云："凡邑，有宗庙先君之主，曰都；无，曰邑。"这些是三代之后出现的情况。中国古代是一个以祖先崇拜为主的国家。在建立都城之前，必先建立祖先的宗庙，以祈求祖先的保佑。祖先宗庙所在之城，当然就是帝王所居之城。古代中国把祖先宗庙所在之处曰都。

黄帝时期的都城，似乎还没有要求必须有宗庙，但是都城当是帝王所居，而帝王居处当然就是政治、经济、文化的中心，象征着这个朝代最高的文明。

《帝王世纪》卷一云："黄帝都有熊，今河南新郑是也。或言有熊氏之墟，黄帝之所都也。郑氏徙居之，故曰新郑矣。"①

《史记·五帝本纪》"集解"引："谯周曰：黄帝有熊国君，少典之子也。皇甫谧曰：有熊，今河南新郑是也。"

宋人程公说《春秋分记·疆理书·郑地总说》云："郑，古有熊国，黄帝所都；亦为高辛氏火正祝融之墟。其后世为邻国，郑桓公始封在华州之郑，其子武公与平王东迁乃取邻，徙居焉；是为新郑，今郑州新郑县得名以此。"

宋人欧阳忞《舆地广记·京西北路》云："新郑县，古有熊国，黄帝所都也。亦为高辛氏火正祝融之墟，其后世为邻国，亦作桧诗之国。"

《路史·国名纪》记载："有熊帝之开国，今郑之新郑。"

元人胡一桂《史纂通要·三皇总论》云："黄帝，有熊氏，姓公孙，有熊国君，少典之子。《史记》云：名轩辕。《世纪》：母附宝。《索隐》云：长于姬水，改姓姬，居轩辕之丘，因以为名。有熊，河南新郑是也。"

元人释觉岸《释氏稽古略》卷一《三皇》云："有熊国，今河南新郑是也。"

《河南通志·河南府》云："轩辕丘在新郑县境，古有熊氏国。轩辕黄帝居

---

① （晋）皇甫谧等撰，陆吉等点校：《帝王世纪 世本 逸周书 古本竹书纪年》，济南：齐鲁书社，2010年版，第8页。

此，故名。"轩辕丘，最初所在地当在西部山地，在新郑建都之后，又把建都之地称为"轩辕丘"。

黄帝故里不能确指，但是黄帝以新郑建都，基本上得到了学界的认可。

二、广求中原贤士建立有熊国

黄帝扫平中原、统一天下之后，开始筹备建立国家。黄帝以新郑为国都，建立有熊国。

建立国家，必须要有大量的管理和统治国家的人才。而黄帝族"迁徙往来无常处"，这样的人才储备和力量是不够的。于是黄帝礼贤下士，广求中原之贤士和人才为其所用，建立有熊国。

《路史·后纪五·疏仡纪·黄帝纪上》云：黄帝"陟王屋而受丹经，登空桐而问广成，封东山而奉中华君，策大面而礼宁生，入金谷而咨涓子心，访大傀于具茨，即神牧于相成，升鸿堤，受神芝于黄盖"。

据罗泌自注，笔者分析《路史》所记黄帝寻贤问道之事。

"陟王屋而受丹经"，即黄帝登王屋山而访道。

"登空桐而问广成"，如前所述，黄帝登空桐山而问道于广成子，询问镇压蚩尤之事。

"封东山而奉中华君"，东山而问于中华君。

"策大面而礼宁生"，到大面（即青城，今不知何处）聘请宁生，据罗泌自注，是把宁生聘为陶正。

"入金谷而咨涓子心"，金谷，今不知何处，据说世有《涓子》。

"访大傀于具茨"，具茨山，又名大隗山，在今河南省新密市境内；大隗，当为贤士。黄帝亲至具茨山拜访大隗。

"即神牧于相成"，相成，今河南省襄城县；神牧，放牧小童，即黄帝向聪明的襄城放牧小童访问。

"升鸿堤，受神芝于黄盖"，黄帝在鸿堤得神芝于黄盖之下，这当然是一种祥瑞。

以上《路史》《史记·五帝本纪》所载，黄帝"访于治道"者，皆为中原部族的首领和贤士。

"风后"，后，主也；风后，当是东夷地区风姓氏族之首领，即太皞后裔部族的首领。《左传·僖公二十一年》曰："任、宿、须句、颛臾，风姓也；实司大皞与有济之祀。"杜预注："司，主也；大皞伏羲四国，伏羲之后，故主其祀。"又《左传·昭公十七年》杜预注："大皞伏羲氏，风姓之祖也。"东夷是太皞发祥活动的地区，从豫东直至大海边皆为东夷地区，黄帝"得风后于海隅"，任以为相。

常先，当是《路史》中所说的"柏常"，为黄帝地官。宋人罗泌《路史·后纪五·疏仡纪·黄帝纪上》云："风后、柏常从，负书剑。"注："贾谊《书》云：济东海，入江内，取绿图，西济积石，涉流沙，登昆仑，还中国，治天下。子年云：风后负书，柏常荷剑，旦涉洹流，夕归阴浦。"《帝王世纪》卷一只说黄帝任用"风后、力牧、常先、大鸿，以治万民"，对风后、力牧说明了任用的官职，而没有说明"常先"何职。

但从"柏常荷剑"一句来看，"常先"即"柏常"，是黄帝的卫士。柏常，是柏皇氏之后裔。宋罗泌《路史·前纪六·禅通纪》云："柏皇氏，姓柏，名芝，是为皇柏。出搏之日之阳，驾六龙，以木纪德。为而不有，应而不求，立于正阳之南，是为皇人山。其后为柏、有柏氏。柏常为黄帝地官。"注引《春秋命历叙》云："皇柏登出榑桑日之阳，驾六龙而上下，乃柏皇也。"《路史·前纪六·禅通纪》注引《舆地广记》云："皇柏山，在开封陈留县。"柏皇氏是远古时期的部族首领，姓柏，名柏芝，被称为皇柏。《说文解字》云："皇，大也。"吴大澂《古籀补》云："皇，大也。日出土则光大，日为君象，故三皇称皇。"皇柏即柏芝是一个远古帝王和国君。伯皇氏所居的皇人山，即柏皇山。《路史·国名纪》："柏，柏皇后，黄帝臣。柏高，春秋之柏子国，楚灭之。今蔡之西平有柏亭。《寰宇九域》云：'古柏国'。"伯皇氏之后逐渐南迁到今河南省西平县境，建立柏子国，后亡于楚。

三、有熊国的职官机构

黄帝在命风后为相、力牧为将之前，当存在着"以云命官"古老、原始的命官方式，如少皞氏的"以鸟名官"等。

《左传·昭公十七年》云："昔者黄帝氏以云纪，故为云师而云名。"晋杜预注："黄帝轩辕氏，姬姓之祖也。黄帝受命有云瑞，故以云纪事。百官师长，皆以云为名号。缙云氏，盖其一官也。"孔颖达疏曰："黄帝以云纪事，明其初受天命有云瑞也。云之为瑞，未能审也。《史记·天官书》曰：若烟非烟，若云非云，郁郁纷纷，萧索轮囷，是谓卿云，或作庆云，或作景云。《孝经援神契》曰：德至山陵，则景云出。服虔云：黄帝受命得景云之瑞，故以云纪事。黄帝云瑞，或当是景云也。百官师长，皆以云为名号，即是以云纪纲诸事也。云为官名，更无所出，唯文十八年传：缙云氏有不才子，疑是黄帝时官，故云缙云氏，盖其一官也。"黄帝时期，当有云瑞出现，故其官名皆以"云"来命名，如"缙云氏"。

《史记·五帝本纪》云：黄帝"官名皆以云命，为云师"。《集解》引应劭曰："黄帝受命有云瑞，故以云纪事也。春官为青云，夏官为缙云，秋官为白云，冬官为黑云，中官为黄云。张晏曰：黄帝有景云之应，因以名师与官。"《集解》引应劭所说的青云、缙云、白云、黑云、黄云的官职名字，当有附会的成分，但缙云氏可能是黄帝的一个官职名字，也可能是一个臣属于黄帝族的部族名号。

有熊国是我国历史上初具规模的国家。黄帝时期与上古时代相比，发生了根本性的变化。有熊国已经具备国家的条件，于是黄帝谋划建立有熊国，设立简单的国家机构和官职。

黄帝时期的职官机构是否复杂，还不能确知。就今天所见到的材料，大部分是后人所写的材料，基本晚出，可能有夸大之处，但是也不能忽视，黄帝时期的考古材料已经具备了国家形成的三大要素和条件。笔者尽量把这些材料找全面，以待证实。

《帝王世纪》卷一记载说："黄帝梦大风吹天下之尘垢皆去，又梦人执千钧之弩驱羊数万群。帝悟而叹曰：'风为号令，执政者也。垢去土，后在也。天下岂有姓风名后者哉？夫千钧之弩，异力也。驱羊数万群，能牧民为善者也。天下岂有姓力名牧者哉？'于是依二占以求之，得风后于海隅，登以为相。得力牧于大泽，进以为将。"①

黄帝认为去掉土的"垢"是"后"，认为力牧能牧民，于是寻找姓风名后、姓力名牧的人。在海隅找到了风后，在大泽找到了力牧。任风后以为相，任力牧以为将。

风后为相：《潜夫论·赞学》云："故《志》曰：黄帝师风后。"这里的意思是黄帝以风后为师。如《尚书·益稷》云："州十有二师。"郑玄注曰："师，长也。""师"，就是一个管理军事的长官。

---

① （晋）皇甫谧等撰，陆吉等点校：《帝王世纪 世本 逸周书 古本竹书纪年》，济南：齐鲁书社，2010 年版，第 7 页。

"后",《说文解字》云:"后,继体君也,象人之形,从口。《易》曰:后以施令以告四方。"后,就是向全国发布政令的君王。《国语·周语上》载:"《夏书》有之曰:众非元后,何戴?后非众,无与守邦。"即民众如果没有"后",去拥戴谁,受谁的号令呢?而后如果没有众民,谁为后守邦土呢?从而说明后与民众的关系。由此可见,风后当是风姓部族的首领,是黄帝的臣属部族。

力牧,当是很有力量的部族首领,亦是黄帝部族的臣属部族。

风后是黄帝的相,力牧是黄帝之将,鬼臾、区号、大鸿是黄帝的大臣。

《路史》卷十四云:黄帝"师于大填,学于封巨、赤诵,复岐下见岐伯,引载而归,访于治道。于是申命封胡以为丞,鬼容蓲为相,力牧为将,而周昌辅之;大山稽为司徒,庸光为司马,恒先为司空"。罗泌自注:"赤松也;大填,即大真,或作大莫,非。封巨,即大封或作巨封,非。《白虎通》云:'黄帝师,力牧。'故《晋书》云:轩辕圣人仗师,臣而受图,所师固非一矣。时岐伯已百余岁,见《仙传》,亦详《灵枢》二十九《索问》,称大师,或曰太师,一云少师。《灵枢》有问岐伯,问少师;少师似非岐伯。《黄箓》云:黄帝坐玄扈阁上,与大司马容光、左右辅将周昌二十二人,临观凤图。此本出《河图录运法》。《春秋合诚图》云百二十二人也。《吕氏春秋》大封为司马,盖非一职。《六帖》云:黄帝时恒常先为大司马,掌建邦之九法。"①

根据《帝王世纪》《路史》的记载:"黄帝以风后为上台,天老配中台,五圣配下台;谓之三公。""力牧、常先、封胡、孔甲等,或以为师,或以为将。"其实师、将是一个意思,即为黄帝领兵作战之长官。

根据《路史》卷十四记载:"桓常,即柏常、常先,为地官。"《路史》云:"桓常审乎地利,以为常平;于是地献草木,乃述耕种之利。"常先,当是柏常,是黄帝的地官,也是师或将。

"奢比为土师",《路史》云:"奢比辨乎东以为土师,而平春种角谷,论贤列爵,劝耕馌,禁伐厉。"

"庸光为司徒",《路史》云:"庸光辨乎南以为司徒,而正夏种芒谷,修驰戒傺,发宿臧静,居农以戒,力以宛夏,功种房谷,以应戊巳之方。"

"大封为司马",《路史》云:"大封辨乎西以为司马,玩巽禽,种遂谷,收谷荐祖,组甲厉兵,戒什伍以从事。"

"后土为李行",《路史》云:"后土辨乎北,以之李行,冬断罪,种棱谷,剸

---

① (南宋)罗泌:《路史》卷十四《后纪五·疏仡纪·黄帝纪上》,文渊阁四库全书。

箭伐木，乃劳农，始猎杀。"

黄帝四史官：狙诵、仓颉、隶首、孔甲。"黄帝有熊氏命雷公、岐伯论经脉，旁通问难八十一，为《难经》；教制九针，著《内外经术》十八卷。岐伯，黄帝臣也。帝使岐伯尝味草木，典主医病，《经方》《本草》《素问》之书咸出焉。"①

又《史记·五帝本纪》云：黄帝"获宝鼎，迎日推策，举风后、力牧、常先、大鸿，以治万民"。《集解》引郑玄曰："风后，黄帝三公也。班固曰：力牧，黄帝相也。大鸿，见《封禅书》。"《正义》曰："举任用四人，皆帝臣也。"②也就是说，风后、力牧、常先、大鸿，皆是黄帝的官员。

大鸿，《史记·封禅书》中记载："鬼臾区，号大鸿，黄帝大臣也。"《史记·孝武本纪》云："鬼臾区，号大鸿，死葬雍，故鸿冢是也。"《汉书·艺文志》记载："《鬼臾区兵法》三篇。"颜师古注："图一卷，黄帝臣依托。师古曰：'即鬼臾区也'。"

臾，《说文解字》："束缚捽抴为臾。从申，从乙。"即捆着拖拉之意。鬼臾区，是一个很难解的部族名号，或许与炎帝部族的魁隗氏有关。鬼臾区有兵法三篇，大鸿当是一个将军之类的人物。《汉书·艺文志》还记载："《封胡》五篇、《风后兵法》十三篇。"风后、力牧、封胡、鬼臾区等兵法书籍，皆依托黄帝之臣所作。

营卫：当是保卫黄帝的护卫队。《史记·五帝本纪》云：黄帝"以师兵为营卫"。《正义》云："环绕军兵为营，以自卫，若辕门即其遗象。"后世所说的"辕门"，当是由轩辕黄帝的营卫遗留下的名称。

史官，《帝王世纪》卷一云："黄帝史官仓颉，取象鸟迹，始作文字，记其言动，策而藏之，名曰《书契》。"注："黄帝置四史官，令沮诵、苍颉、隶首、孔甲居其职。"晋王嘉《拾遗记》卷八云："从轩辕之时，始学历数，风后、容成，皆黄帝之史。"古代官职的分职并不明确。据说沮诵、仓颉等，或认为风后、容成，皆黄帝之史官。黄帝有四史、左右史。《玉海·官制》引《拾遗记》曰："黄帝置四史，以主图籍。"

太医：黄帝的太医曰岐伯。"黄帝有熊氏命雷公、岐伯论经脉，旁通问难八十一，为《难经》；教制九针，著《内外经术》十八卷。"《汉书·司马相如传》：

---

① （晋）皇甫谧等撰，陆吉等点校：《帝王世纪 世本 逸周书 古本竹书纪年》，济南：齐鲁书社，2010 年版，第 7 页。

② （汉）司马迁撰：《史记》，北京：中华书局，1982 年版，第 6 页。

"诏岐伯,使尚方"。颜师古注引:"张揖曰:岐伯者,黄帝太医,属使主方药也。"

容成造历,《帝王世纪》卷一云:"黄帝臣容成造历。"

乐师:黄帝部族开始有了乐师之官和鼓乐。宋陈旸《乐书·乐图论·舞》云:"黄帝以仲春之月乙卯之日,日在奎,始奏之,命曰'咸池'。"梁昭明太子萧统编的《文选》载张衡《思玄赋》曰:"大容吟曰,念哉。"唐李善注:"大容,黄帝乐师也。"

炎帝伊耆氏曾发明土鼓,黄帝时期已经发明了皮鼓,即以兽皮为鼓。《山海经·大荒东经》云:"东海中有流波山,入海七千里。其上有兽,状如牛,苍身而无角,一足,出入水则必风雨,其光如日月,其声如雷,其名曰夔。黄帝得之,以其皮为鼓,橛以雷兽之骨,声闻五百里,以威天下。"①这里所说的黄帝得到了"夔"的皮,以为鼓。鼓也可能是战鼓,后演变为乐器,当然属于乐器之一种。

监国,《史记·五帝本纪》云:黄帝"置左右大监,监于万国。万国和,而鬼神山川,封禅与为多焉"。②这时期的"太监",还不是后代称为"宦官"的"太监"。太监,即大监,是监国之意。黄帝所置大监是监视或监督其他诸侯国的官员。还有人说,大监是管理山林川泽之官。《玉海》卷一百二十五《官制·古官名》云:"黄帝四监,左右大监。"注:"四监,主山林川泽之官。"

《路史·后纪八·疏仡纪·高阳》云:"黄帝氏、高阳氏之取师,何如是之励且博邪!黄于诸臣,风后、力牧、大填、封巨、容蓝、岐伯,若广成、宁封,一切师之。"黄帝广用贤才,国家呈现一个非常和谐的局面。黄帝立监,监于万国,万国和;以师兵为营卫,官名皆以云,命为云师;举风后、力牧、常先、大鸿,以治万民。黄帝时期已经有了一定的职官机构,粗具国家规模。

四、黄帝的史官——仓颉造字

仓颉据说是黄帝的史官,黄帝令仓颉造字。东汉许慎的《说文解字》,因此本书采取许慎之说,认为仓颉是黄帝之史官。无论仓颉是远古帝王还是黄帝的史官,至少可以说他是黄帝时期的人或者是部族首领。

《说文解字》卷十五上云:"黄帝之史仓颉,见鸟兽蹄迒之迹,知分理之可相

---

① 袁珂:《山海经校注》,上海:上海古籍出版社,1980年版,第361页。
② (汉)司马迁撰:《史记》,北京:中华书局,1982年版,第6页。

别异也，初造书契，百工以乂，万品以察，盖取诸夬。夬，扬于王庭，言文者宣教明化于王者朝廷，君子所以施禄及下，居德则忌也。仓颉之初作书，盖依类象形，故谓之文。其后形声相益，即谓之字。字者，言孳乳而浸多也。著于竹帛谓之书。书者，如也。以迄五帝三王之世，改易殊体，封于泰山者七十有二代，靡有同焉。"①

东汉许慎作《说文解字》把中国上古以来的字全部进行了解释。他说，仓颉是黄帝的史官。仓颉看见"鸟兽蹄迒之迹"，认为这些鸟兽之迹是各不相同的，于是根据鸟兽之迹，"初造书契"，从而区分了各个事物和各个时期的官员所做的事情。

南唐徐锴《说文解字篆韵谱》云："昔伏羲画八卦，而文字之端见矣。仓颉模鸟迹，而文字之形立矣。"

宋王钦若《册府元龟·学校部·小学》云："黄帝时仓颉为史，作虫篆。"

《荀子·解蔽》曰："故好书者众矣，而仓颉独传者一也。"唐杨倞注："仓颉，黄帝史官。言古亦有好书者，不如仓颉一于其道，异术不能乱之，故独传也。"

《水经注·谷水》云："黄帝之世，仓颉本鸟迹为字，取其孳乳相生，故文字有六义焉。"

《水经注·洛水》引《河图玉版》曰："仓颉为帝南巡，登阳虚之山，临于玄扈洛汭之水，灵龟负书，丹甲青文，以授之，即于此水也。"②

《太平寰宇记》卷一百四十一也与《水经注·洛水》同样引《河图玉版》云："仓颉为帝南巡狩，登阳虚之山，临于玄扈洛汭之水，灵龟负书，丹甲青文，以授之即于此水也。"

以上记载都说明仓颉造字与伏羲画卦是不同的。伏羲画卦仅仅是"文字之端"，而仓颉造字才是"文字之形立矣"，真正形成了文字。

《淮南子·本经训》云："昔者苍颉作书，而天雨粟，鬼夜哭。"汉高诱注："苍颉始视鸟迹之文造书契，则诈伪萌生；诈伪萌生，则去本趋末，弃耕作之业而务锥刀之利。天知其将饿，故为雨粟，鬼恐为书文所劾，故夜哭也。鬼或作兔，兔恐见取毫作笔，害及其躯，故夜哭。"③《淮南子·本经训》以另外一种观点来解释仓颉造字的事件，认为仓颉造字，使"天雨粟，鬼夜哭"，是文

---

① （汉）许慎：《说文解字》第十五上《许慎记》，北京：中华书局，1985年版，第314页。
② 王国维校：《水经注笺》，上海：上海人民出版社，1984年版，第486页。
③ 《淮南子》卷八《本经训》，转引自《诸子集成》（七），北京：中华书局，1983年版，第116～117页。

字的出现会使"诈伪萌生，则去本趋末"，不产粮食，故"天雨粟"。而"鬼夜哭"之鬼，其实是兔，写字要用兔毛做笔，害及兔身，故夜哭。这其实是对文明的反动和否定。

仓颉造字是社会进步的表现，文字也是文明发展到一定程度的产物。仓颉造字对人类历史产生了巨大的影响。但在历史上仓颉又是黄帝的臣子，故引起一些学者的不满。如宋代罗泌的《路史》就认为仓颉不是黄帝的臣子，仓颉当在黄帝之前，也是一个帝王，是史皇氏苍帝。《路史·辨史皇氏》云："吕不韦之书曰：史皇作书，仓颉氏也。《管氏》《韩子》《国语》《史记》俱无史官之说。据《世本》云：史皇、仓颉，同阶；又云：沮诵、仓颉作书，亦未尝言为史官也。及韦诞、傅玄、皇甫谧等，遽以为黄帝史官，盖肇缪于宋衷。衷之《世本》注云：仓颉、沮诵，黄帝史官，抑不知衷何所据而云。末代儒流，莫见其书，更望望交引，以为《世本》之言。《世本》曷有是哉。窃尝考之仓颉之号，曰史皇，又曰仓帝。……故《河图玉版》云：仓颉为帝南巡，阳虚之山巡狩之事，固非臣下之所行也。……仓帝、史皇，岂人臣之号哉？！"

然而，历代的记载中基本都把仓颉说成是黄帝的史官。据传，仓颉是丙日而死。王充《论衡·讥日》云："学书讳丙日，云仓颉以丙日死也。"仓颉死后，后世有许多传说，并立许多庙宇纪念仓颉。明顾起元《说略·史别上》云："今苍颉墓，白水县、南乐县、祥符县、寿光县，皆有之。"

河南省开封市有仓颉墓。《大清一统志·开封府》云："古仓颉墓，《寰宇记》：在开封县东北二十里。《禅通纪》：仓颉居阳武而葬利乡。《通志》：一名造字台，世传仓颉造字之所。按：山东寿光县亦有古仓颉墓。《齐乘》曰：水经注所谓孔子问经石室者也，谨并存之。"

《河南通志·陵墓》卷四十九云：开封府"古仓颉墓在府城东北二十里。《禅通纪》：仓颉居阳武而葬利乡即此"。

明李濂《汴京遗迹志》卷九云："仓颉墓在城北时和保，俗称仓王冢是也。按：《禅通纪》，仓颉居阳武而葬利乡。所谓利乡，实时和保之墟也。"

河南省虞城县亦有仓颉墓。《大清一统志·归德府》云："古苍颉墓在虞城县西四十里。"

山东省寿光市、青州市有仓颉墓。《山东通志·陵墓志》云："寿光县，古仓颉墓在县西门外。《路史·禅通纪》：史皇氏仓帝居阳武，葬利乡，即此。一在东阿县西北三十里有祠。"

《山东通志·秩祀志》云：青州府"仓颉庙在县城西关，即仓颉墓也。祠有问津桥、启秘亭、水木清华,为邑名胜"。

陕西省白水县有仓颉墓。

《陕西通志·陵墓》云:"上古史皇氏仓颉墓在白水县东北七十里。史皇氏终葬衙之利乡亭南。《皇览》曰:坟高六尺。仓颉冢,《方舆胜览》:有数处,当以关中冯翊,今耀州者为是。按《皇览》云:有仓颉冢在利阳亭南,高六丈,又闻人牟准作卫觊碑文云:仓颉冢碑大篆书在左冯翊利阳亭南道旁,觊金针八分书也。"按:"《明一统志》谓仓颉墓在南乐县西者,以庙为证。古圣贤庙遍天下,未足以为据也。《河南通志》谓在开封府城东。《山东通志》谓在寿光县治西者,皆以其地有利乡,误耳。不知《路史》固确指衙之利乡亭也,至《凤翔志》谓在岐山县南五里,仓颉庙东,而曰石兽石柱犹存此,直是汉魏后古冢耳。《明一统志》谓在白水县东北八十里。考嘉靖癸丑筑白水东北新城,增广五里,城辟而东,故里数加近也。"

另外在其他地方还有很多仓颉庙,说明仓颉受到人们世世代代的尊敬,也说明他在我国历史上的影响之大。

第三节 黄帝元妃——蚕神嫘祖

中国是农业国,古代以农桑为主。在棉花没有传入中国之前,蚕丝、丝绸是中国重要的衣被之具,与粮食具有同等重要的作用。中国的丝绸闻名世界,相传嫘祖(即儽祖)就是发明蚕桑丝绸的始祖。黄帝元妃嫘祖是传说中的蚕神。蚕神,中国古代又叫先蚕。魏晋之后,淘汰了许多民间的蚕神,嫘祖登上皇家的祭坛,被尊为古代正统的蚕神,被后世隆重祭祀。

一、关于蚕神嫘祖故里的几种说法

我国史书记载,黄帝有一个元妃,名叫嫘祖,是西陵氏之女。《帝王世纪》卷一云:"黄帝立四妃,元妃西陵女,曰嫘祖,生昌意;次妃方雷氏女,曰女节,生青阳;次妃彤鱼氏女,生夷鼓,一名苍林;次妃嫫母,班在三人之下。"

《史记·五帝本纪》云:"黄帝居轩辕之丘,而娶于西陵之女,是为嫘祖。嫘祖为黄帝正妃,生二子,其后皆有天下。其一曰玄嚣,是为青阳。青阳降居江水。其二曰昌意,降居若水。昌意娶蜀山氏女,曰昌仆,生高阳。高阳有圣德焉。"《索隐》云："黄帝立四妃，象后妃四星。皇甫谧云：元妃西陵氏女，曰嫘祖，生昌意。次妃方雷氏女，曰女节，生青阳。次妃彤鱼氏女，生夷鼓，一名苍林。次妃嫫母，班在三人之下。按《国语》：夷鼓、苍林是二人。又按《汉书·古今人表》：彤鱼氏生夷鼓，嫫母生苍林。不得如谧所说。"①

西汉戴德《大戴礼记》卷七亦云："黄帝居轩辕之丘，娶于西陵氏之子，谓之嫘祖氏。"

黄帝元妃嫘祖被后世尊为先蚕，隆重祭祀。先蚕是最早发明养蚕桑、教人们养蚕的人。因此黄帝一代，嫘祖是一个重要人物。

蚕神嫘祖是西陵氏之女，嫘祖故里当是在西陵。但是西陵在何处呢？由于史书上没有明确记载，于是众说纷纭，莫衷一是，有山西夏县说、湖北远安说、四川盐亭说、山东费县说、河南西平说、陕西黄陵说、四川绵阳说、湖南湘潭说、浙江杭州说等。最后出现了主要是四川盐亭、湖北远安、河南西平三地竞争嫘祖故里的局面。

1. 四川盐亭说

四川确实是养蚕的重要地区，蜀王蚕丛、马头娘的传说皆出自四川。

《搜神记》卷十四略云："太古之时，有人远征。家中唯有一女，牡马一匹。女思念其父，乃戏马曰：'尔能为我迎得父还，吾将嫁汝。'马乃绝缰而去，径至父所。马望家乡，悲鸣不已。父知家中有事，乘马以归。至家，马每见女出入，辄喜怒奋击。父怪之，密以问女。女具以告父，必为是故。父于是伏弩射杀马，暴皮于庭。父行，女与邻女于皮所戏曰：'汝是畜生，而欲取人为妇耶？招此屠剥，如何自苦？'言未及竟，马皮蹶然而起，卷女以行。后经数日，女及马皮尽化为蚕，其茧纶理厚大，异于常蚕。邻妇取而养之，其收数倍，因名其树曰桑。"②《搜神记》"女儿化蚕"说，即"马头娘"传说，当是巴蜀地区的故事。

近年来有人从1922年上海广益书局印行的《高等论说指南》一书第6页和第7页夹层中发现1949年复抄的金鸡乡嫘祖山四方碑志《媒祖圣地》，唐代赵蕤所撰写。文曰："女中圣贤王凤，黄帝元记嫘祖，生于本邑嫘祖山，殁于叠溪场，尊嘱葬于青龙之首。碑碣尤存，生前首创种桑养蚕之法，抽丝编绢之术；谏净黄帝，旨定农桑，法制衣装，兴嫁娶，尚礼仪，架宫室；奠国基，统一中原，

---

① （汉）司马迁撰：《史记》，北京：中华书局，1982年版，第10页。
② （晋）干宝：《搜神记》卷十四，明津逮秘书本，第53页。

弼政之功，殁世不忘。是以尊为先蚕！"

首先，这个碑文是否属实，还需要再研究。碑文所云"黄帝元妃嫘祖是女中圣贤王凤"，就有可商榷之处。嫘祖之名不叫王凤。另外碑文还云："宫之前殿为嫘祖殿，敬塑嫘祖、马头娘、菀窳、寓氏公主三尊巨像。"马头娘是民间祭祀的蚕神。菀窳妇人、寓氏公主是两个人，魏晋之后就不再为皇家所祭祀。马头娘、菀窳妇人是农家女、农妇；寓氏公主，或女之尊称，其地位皆不能与黄帝元妃嫘祖相比。所以此碑所在之庙是地方小庙，碑文记载也不一定是信史。

2. 湖北远安说

《汉书·地理志上》"江夏郡"条下云："西陵，有云梦宫，莽曰江阳。"西陵在今湖北境内。《战国策·秦策四》云："顷襄王二十年，秦白起拔楚西陵。或拔鄢、郢、夷陵，烧先王之墓。"湖北确实有一个西陵县，即今湖北宜昌远安县。但是在当时黄帝是否去过这里，还不确定。

3. 河南西平说

西平县古有西陵。《水经注·潕水》云："（潕水）又东过西平县北。"郦道元注："（西平）县，故柏国也。《春秋左传》：所谓江、黄、道、柏，方睦于齐也。汉曰西平，其西吕墟，即西陵亭也。西陵平夷，故曰西平。汉宣帝甘露三年，封丞相于定国，为侯国。"①《水经注·潕水》说，"西平"之名自汉代始有，源于先秦之西陵，"西陵平夷，故曰西平"。

陈寿《三国志·魏志》卷二十三《和洽传》云："和洽，字阳士，汝南西平人也。……明帝即位，进封西陵乡侯，邑二百户。"这里记载，和洽是汝南西平人，对曹魏政权有功，在魏明帝时期，被"封西陵乡侯"。和洽被封西陵乡侯，当与其是西平人有关，这可从侧面证明，西平即古代的西陵。

1981年武威磨咀子发现汉简26枚，其中记载有"王杖诏令"的简上有："汝南郡西陵县"的字样。这就更有力地说明，先秦甚至汉初，"西平"还称为"西陵"。

从以上记载来看，今"西平"就是古"西陵"。西平距今河南新郑只有一百多公里。新郑，是黄帝之墟，是黄帝曾居住的地方。

从以上记载来看，西汉时期名为"西陵"的县当有两处，今湖北宜昌远安、

---

① 王国维校：《水经注笺》，上海：上海人民出版社，1984年，第1005页。

河南西平县，哪一处更有可能是嫘祖之故里呢？从地域上说，似乎河南西平县距离黄帝之都新郑更近些，嫘祖之故里当在河南西平县。

二、嫘祖被尊为蚕神考释

古代中国是一个多神信仰的国家。古代帝王每年都要举行大典祭祀诸自然神，如天神、地神、风神、社神、农神等。中国古代是一个农业国。农业收成的好坏直接关系封建国家的存亡，故历代帝王都非常关心农业生产，"劝农桑"是历代帝王治理国务的重要内容，因而对农神的祭祀祈祷是古代帝王的重要大典。农神中有神农氏、后稷、先农、先蚕等。蚕桑是农业的重要组成部分，蚕神当是农业神中的重要神灵。

天驷曾被称为先蚕、蚕祖，但天驷只是一个星宿，而不是人。先蚕应是最早发明植桑养蚕的人。清秦蕙田《五礼通考》卷一百二十六《吉礼》说："先蚕，天驷也……然天驷可谓蚕祖，而非先蚕者也。"①

古人认为，蚕马同气，是同一个星座。蚕身柔婉似女子，而头类马首。《荀子·成相》云："此夫身女好而头马首者欤，屡化而不寿者欤，善壮而拙老者欤，有父母而无牝牡者欤，冬伏而夏游，食桑而吐丝，前乱而后治，夏生而恶暑，喜湿而恶雨。蛹以为母，蛾以为父，三俯三起，事乃大已，夫是之谓蚕理。"②因蚕头类马首，故古人认为蚕马同气、蚕马相化，即蚕与马同一个祖先。在中国古代传说中，蚕马同气，马祖与蚕祖是同一个星座。房星，天驷，就是蚕祖。

天驷是一个星座，不能成为先蚕。先蚕是最早发明养蚕的人。那么谁是先蚕呢？

中国古代传说中有许多蚕神，如菀窳妇人、寓氏公主、蚕丛、马头娘等。

西汉时期把菀窳妇人、寓氏公主称为先蚕。晋人干宝《搜神记》卷十四云："汉礼，皇后亲采桑，祀蚕神，曰菀窳妇人、寓氏公主。公主者，女之尊称也；菀窳妇人，先蚕者也。故今世或谓蚕为女儿者，是古之遗言也。"③宋人祝穆《古今事文类聚前集》卷三十六亦云："祀先蚕。干宝云：祀菀窳妇人、寓氏女之尊

---

① （清）秦蕙田：《五礼通考》卷一百二十六《吉礼》卷一百二十六，清文渊阁四库全书，第2917页。
② 梁启雄：《荀子简释》，北京：中华书局，1983年版，第317页。
③ （晋）干宝：《搜神记》卷十四，明津逮秘书本，第53页。

称，先蚕也。"①菀窳妇人、寓氏公主是见于文献记载最早的蚕神。

"菀窳妇人"之"菀"，通"苑"，是养禽兽、植树木的地方；"窳"与"瓜"相通。"窳"，唐孔颖达疏引《说文解字》云："窳，懒也。草木皆自竖立，唯瓜瓠之属卧而不起，似若懒人常卧室。故字从穴，音眠。"②窳，就是拖在地上的瓜秧。"菀窳"是田园种植之意，"菀窳妇人"就是在田园种植瓜木的妇人。在田园种植瓜木的妇人，发明蚕桑，是完全可能的。

"寓氏公主"之"寓氏"，当是《尚书·尧典》中的"嵎夷"。《尚书·尧典》云："分命羲仲，宅嵎夷，曰旸谷。寅宾出日，平秩东作。日中星鸟，以殷仲春。厥民析，鸟兽孳尾。"孔安国疏曰："宅，居也，东表之地称嵎夷。旸，明也，日出于谷而天下明，故称旸谷。旸谷、嵎夷，一也。"③寓氏公主的传说当发祥于东夷地区，即今山东一带。

干宝的《搜神记》又云："菀窳妇人，先蚕者也。""公主者，女之尊称也。"菀窳妇人是在田园生活劳作的妇人，寓氏公主是东夷地区一个地位很尊贵的人。菀窳妇人的蚕桑发明有可能是通过寓氏公主传播开来。菀窳妇人当是先蚕，是最早发明蚕桑的人，是有一定道理的。

两汉时期，人们把菀窳妇人、寓氏公主称为蚕神。汉卫宏《汉官旧仪》卷下曰："皇后春桑皆衣青，手采桑以缫三盆茧。春桑生而皇后亲桑于苑中，蚕室养蚕千薄以上；祠以中牢，羊豕祭。蚕神曰苑窳妇人、寓氏公主，凡二神。群臣妾从桑，还献于茧观；皆赐从采桑者乐，皇后自行。凡蚕丝絮，织室以作祭服。祭服者，冕服也。天地宗庙群神五时之服，皇帝得以作缕缝衣，皇后得以作巾絮。而已置蚕官令丞，诸天下官下法，皆诣蚕室，与妇人从事。故旧有东西织室作治。"④《后汉书·礼仪志·先蚕》云："是月，皇后帅公卿诸侯夫人蚕，祠先蚕礼以少牢。"⑤《后汉书》记载了皇后率公卿诸侯夫人以少牢之礼祭祀先蚕的情况。汉卫宏《汉官旧仪》记载了东汉时期菀窳妇人、寓氏公主已成为人们祭祀的蚕神。

古代朝廷祭祀蚕神的礼仪，自汉代起我国必须是皇后躬亲；那么能够受到皇后亲自祭祀的，其地位当然要高于皇后。而以上所说的蚕神，地位皆很低。菀窳

---

① （宋）祝穆：《古今事文类聚前集》卷三十六，清文渊阁四库全书，第508页。
② 《毛诗注疏·大雅·召旻》，清嘉庆二十年南昌府学重刊宋本十三经注疏本，第1121页。
③ （清）阮元校刻：《十三经注疏》，北京：中华书局，1980年版，第119页。
④ （汉）卫宏《汉官旧仪》卷下，清乾隆武英殿聚珍版丛书本，第8页。
⑤ （南朝宋）范晔撰，（唐）李贤等注：《后汉书》，北京：中华书局，1965年版，第3110页。

妇人，从名义上看，当是一田园妇人，地位不高；寓氏公主，当是一个王室或公室女儿，在中国古代社会中，嫁出的女儿，就不再继承皇家的血统。蚕丛氏，当是偏邦诸侯的首领；李白《蜀道难》有"蚕丛及鱼凫，开国何茫然"。马头娘，是普通百姓之女。菀窳妇人、寓氏公主等，可以说都是当不起皇后亲自祭祀的人物。

嫘祖是黄帝的元妃，就是皇后，如《史记·五帝本纪》云："黄帝居轩辕之丘，而娶于西陵之女，是为嫘祖。嫘祖为黄帝正妃，生二子，其后皆有天下。"[1]汉戴德《大戴礼记》卷七云："黄帝居轩辕之丘，娶于西陵氏。西陵氏之子谓之嫘祖氏。"[2]黄帝被认为是中华民族的祖先，嫘祖为黄帝元妃的身份是得到国人认可的。

自后周始，西陵氏嫘祖被称为最早教人们养蚕的人。人们为了纪念她，称她为"先蚕"，即蚕神。

二、蚕神嫘祖享受皇家祭祀

嫘祖为蚕神的观点很快为中国士人所接受。宋元以后，许多有关农桑先蚕的著作中，不再承认菀窳妇人、寓氏公主、蜀蚕丛氏、蚕女马头娘等。中国的史籍上开始把黄帝元妃西陵氏嫘祖称为蚕神。

宋人罗泌《路史·疏仡纪·黄帝纪上》云：黄帝"元妃西陵氏，曰儽祖，命西陵氏劝蚕稼，月大火而浴种，夫人副袆而躬桑。乃献茧丝，遂称织维之功。因之广织，以给郊庙之服"[3]。"帝之南游，西陵氏殒于道，式祀于行。以其始蚕，故又祀先蚕。"[4]

元代官修的《农桑辑要》卷一云："《通典》：周制享先蚕。先蚕，天驷也。蚕与马同气。汉制，祭蚕神曰：菀窳妇人、寓氏公主。北齐，先蚕祠黄帝轩辕氏，如先农礼。后周祭先蚕，西陵氏。"[5]

明董斯张《广博物志》引《皇图要览》云："伏羲化蚕，西陵氏始养蚕。"[6]

---

① （汉）司马迁：《史记·五帝本纪》，北京：中华书局，1982年版，第10页。
② （汉）戴德：《大戴礼记》（卷七），四部丛刊景明袁氏嘉趣堂本，第36页。
③ （南宋）罗泌：《路史·疏仡纪》卷十四《黄帝纪上》，清文渊阁四库全书，第126页。
④ 《路史》卷十四《后纪五·疏仡纪·黄帝纪上》，清文渊阁四库全书，第131页。
⑤ 《农桑辑要》卷一，清乾隆武英殿聚珍版丛书本，第1页。
⑥ （明）董斯张：《广博物志》，清文渊阁四库全书，第921页。

又曰:"有巢始衣皮,轩辕妃嫘祖始育蚕。"①

秦蕙田《五礼通考》卷一二六云:"黄帝之妃西陵氏,始蚕,后世祀为先蚕。或天子先告黄帝,而后乃祀西陵歆。《路史》:黄帝有熊氏,命西陵氏劝蚕稼,月大火而浴种,夫人副袆而躬桑。《通鉴外记》:西陵氏之女嫘祖为帝元妃,始教民育蚕、治丝茧,以供衣服,后世祀为先蚕。"②

《礼说》卷十云:"轩辕娶于西陵氏之子,谓之嫘祖氏,淳化鸟兽虫蛾,故后周以先蚕为西陵氏。然则先蚕,犹先牧始养蚕者,而马蚕之祖,则龙精也。"③

元人王祯《农书·农桑·蚕事起本》卷一曰:"至后周,坛祭先蚕,以黄帝元妃西陵氏为始,是为先蚕,历代因之。尝谓天驷为蚕精,元妃西陵氏始蚕,实为要典。若夫汉祭苑窳妇人、寓氏公主,蜀有蚕女马头娘,又有谓三姑为蚕母者,此皆后世之溢典也。然古今所传立像而祭,不可遗阙,故并附之。夫蚕之有功于人,万世永赖,注于祀典,以示报本,后之蒙衣被之德者,其可不知所本耶。"④

对于谁是最先发明蚕桑的先蚕,一些文人是很明白的,如秦蕙田《五礼通考》云:"先蚕之神或以为苑窳妇人、寓氏公主,或以为黄帝,或以为西陵氏,或以为天驷,历代儒者议论不一。然则蚕其首马首,其性喜温恶湿,其浴火月而再养则伤马,此固与马同出于天驷矣。然天驷可谓蚕祖,而非先蚕者也。蚕妇人之事,非黄帝也。《史记》:黄帝娶西陵氏,而西陵氏始蚕,于志无见。汉祀苑窳妇人、寓氏公主二人,此或有所传然也。其坛或在桑坛东南,或在桑坛之西,其祭或少牢,或太牢;或一献,或三献,历代之所尚异也。然礼必皇后亲享,北齐使公卿祠之,非古也。"

又云:"圣王祀典,凡有利于民者必报之,故饮食必祭原其始也。凡先圣、先师、先农、先老、先医、先牧、先炊、先仓,皆始为之者之神,盖理与事之所必有,而不必实指其为谁何也。先蚕之名,旧说为天驷、为黄帝、为西陵氏、为苑窳妇人、寓氏公主,夫既为始蚕之人,则非天驷;显然而西陵氏已下,则亦无明据也。"⑤

秦蕙田《五礼通考》中说得非常明白,"始蚕之人,则非天驷","而西陵氏始蚕,于志无见。汉祀苑窳妇人、寓氏公主二人,此或有所传然也。"在北周以

---

① (明)董斯张:《广博物志》,清文渊阁四库全书,第673页。
② (清)秦蕙田:《五礼通考》卷一二六《吉礼》一百二十六,清文渊阁四库全书,第2916页。
③ (清)惠士奇:《礼说》卷十,清文渊阁四库全书,第170页。
④ (元)王祯:《农书·农桑·蚕事起本》卷一,清乾隆武英殿本,第2页。
⑤ (清)秦蕙田:《五礼通考》卷一二六《吉礼》一百二十六,清文渊阁四库全书,第2916~2917页。

前的史籍中，确实没有见过西陵氏嫘祖是发明蚕桑之人的记载。

笔者认为，秦蕙田的看法是有道理的，苑窳妇人、寓氏公主极有可能是发明蚕桑之人，当为先蚕。

但是秦蕙田在此又说："显然而西陵氏已下，则亦无明据也"，秦蕙田也不敢否定西陵氏嫘祖是先蚕的礼制，于是对于先蚕之神，"而不必求其人以实之与俟议礼者质焉"。

我国自汉代开始祭祀蚕神，祭祀仪式是非常隆重的：奉安先蚕神位，皇后身穿祭服率百官夫人躬亲蚕桑。

晋代以后开始出现了先蚕坛，祭祀先蚕的礼仪基本成为定制。晋武帝太康六年（285 年），"蚕于西郊，与藉田对其方也"①。

晋武帝乃使侍中成粲草定其仪：先蚕坛高一丈，方二丈，为四出陛。陛广五尺，在皇后采桑坛东南，帷宫外门之外，而东南去帷宫十丈，在蚕室西南，桑林在其东。取列侯妻六人为蚕母。蚕将生，择吉日，皇后着十二笄步摇，依汉魏故事，衣青衣，乘油画云母安车，驾六騩马。女尚书着貂蝉佩玺陪乘，载筐钩。公主三、夫人、九嫔、世妇、诸太妃、太夫人及县乡君、郡公侯特进夫人、外世妇、命妇，皆步摇，衣青，各载筐钩从蚕，先桑二日。蚕室生蚕着薄（簿）上。桑日，皇后未到。太祝令，质明，以一太牢告祠，谒者一人监祠。祠毕，彻馔，班余胙于从桑及奉祠者。皇后至西郊升坛，公主以下陪列坛东。皇后东面躬桑采三条，诸妃公主各采五条，县乡君以下各采九条，悉以桑授蚕母，还蚕室。事讫，皇后还便坐。公主以下乃就位，设飨宴，赐绢各有差。②

《国朝宫史》卷六记载："先蚕西陵氏神位，内监十人前引入坛，奉安座上，毕。相仪奏请行礼。"③嫘祖的神位被供奉在先蚕坛上，受到自晋代直至明清历代朝廷的祭祀。如前所述，西晋时期开始堆筑先蚕坛以祀先蚕，先蚕坛的堆筑直至明清。

清朝时期，"先蚕坛在西苑东北隅。乾隆七年，敕建其制，一成方四丈，高四尺，四出陛。坛东南为先蚕神殿，坛之东为观桑台。台之前为桑圃，岁以季春吉巳，皇后亲祀行躬桑礼，或遣妃代行礼"④。

祭祀先蚕之礼为历代王朝所重视，祭祀先蚕是皇家不可少的祭礼。这个祭礼只有黄帝元妃西陵氏嫘祖才能享受得到。"自后齐、后周及隋，其典大抵多依晋

---

① （宋）郑樵：《通志·礼略第一·吉礼上》卷四十二，清文渊阁四库全书，第 1071 页。
② （唐）房玄龄等撰：《晋书》，北京：中华书局，1974 年版，第 590 页。
③ （清）官修《国朝宫史》卷六《典礼二》，清文渊阁四库全书，第 61 页。
④ （清）穆彰阿：《大清一统志》（嘉庆）卷一，四部丛刊续编景旧钞本，第 6 页。

仪，然亦时有损益矣。"①

宛窳妇人、寓氏公主的先蚕之美誉，让位于西陵氏嫘祖。黄帝元妃西陵氏嫘祖成为朝廷皇室承认的先蚕，享受的是皇家之祭礼，是中国正统的蚕神。

黄帝元妃嫘祖被认为是最早发明蚕桑的人。传说嫘祖在中华民族从围兽皮、衣麻葛，到穿丝帛的发展变革中，做出了巨大的贡献，使人类文明向前迈进了大大的一步。中国是闻名世界的丝绸之国。中华民族把蚕桑业的发明者尊为先蚕，即蚕神。《古征书》卷十七引："《物原》曰：有巢始衣皮，轩辕妃嫘祖始育蚕。"

《路史·疏仡纪·后纪五·黄帝纪上》云：黄帝"元妃西陵氏，曰儽祖，命西陵氏劝蚕稼，月大火而浴种，夫人副袆而躬桑。乃献茧丝，遂称织维之功。因之广织，以给郊庙之服"。《皇图要览》云："伏羲化蚕，西陵氏始养蚕，故淮南王蚕。《经》云西陵氏劝蚕稼，亲蚕始此。""帝之南游，西陵氏殒于道，式祀于行。以其始蚕，故又祀先蚕。"人们为了纪念嫘祖，称之为"先蚕"，即蚕神。嫘祖是中国古代皇家祭坛祭祀的蚕神。

清惠士奇《礼说》卷十云："轩辕娶于西陵氏之子，谓之嫘祖氏，淳化鸟兽虫蛾，故后周以先蚕为西陵氏。然则先蚕，犹先牧始养蚕者，而马蚕之祖，则龙精也。"

蚕桑是农业的重要组成部分，蚕神当是农业神中的重要神灵。古代帝王对蚕神的祭祀是非常隆重的。

宋郑樵《通志·礼略·吉礼上》卷四十二云："晋武帝太康六年，蚕于西郊，与藉田对其方也。先蚕坛高一丈，方二丈，为四出陛，陛广五尺，在皇后采桑坛东南，帷宫外门之外而东南，去帷宫盖十丈在蚕室西南，桑林在其东。"先蚕坛是自晋代以后开始出现的。

元王祯《农书》卷二十《蚕缫门》云："元妃西陵氏为先蚕，实为要典。若夫汉祭宛窳妇人、寓氏公主，蜀有蚕女马头娘，又有谓三娘为蚕母者，此皆后世之溢典也。然古今所传立像而祭，不可遗阙，故附之。稽之古制，后妃祭，先蚕坛壝牲币，如中祠此古。后妃亲蚕，祭神礼也。《蚕书》云：卧种之日诘旦，升香割鸡，设醴以祷先蚕，此庶人之祭也。自天子后妃至于庶人之妇，事神之礼虽有不同，而敬奉之心一。"②

《华阳国志》卷三云："周识纪纲，蜀先称王。有蜀侯蚕丛，其目纵，始称王。"蚕丛，故名思之，当是与桑蚕有关而兴起的首领蜀侯。

---

① （唐）魏征、令狐德棻撰：《隋书》，北京：中华书局，1982年版，第146页。
② 王祯：《农书》卷二十《蚕缫门》，清乾隆武英殿刻本，第100页。

王祯的《农书》记载了对蚕神的祭祀，有皇家之祭，有庶人之祭。黄帝元妃西陵氏嫘祖为先蚕，即正统的蚕神。蜀侯蚕丛，当是地方区域的蚕神，蚕女马头娘以及三姑等当是民间祭祀的蚕神，享受的是地方或民间之祭礼。而宛窳妇人、寓氏公主虽然在两汉时期曾为正统的蚕神，享受过皇家之祭礼，受皇家的祭祀，但后来由于其地位不高，在等级森严的封建社会中终被淘汰；对宛窳妇人、寓氏公主的祭祀降为民间的祭礼。

第四节　黄帝治国思想与"升天成仙"

《太平御览·皇王部》"黄帝轩辕氏"条下云："神农氏衰，黄帝修德化民，诸侯归之。黄帝于是乃扰驯猛兽，与神农氏战于阪泉之野，三战而克之。又征诸侯，使力牧、神皇直讨蚩尤氏，擒之于涿鹿之野，使应龙杀之于凶黎之丘。凡五十五战而天下大服。或传以为仙，或言寿三百岁。葬于上郡阳周之乔山。"①

一、黄帝寻仙问道

如前所述，黄帝在即位之前，就拜访过很多的中原贤士。这些中原贤士很多是道家人物，如黄帝到王屋山而受的丹经，登空桐而拜访的广成子，在东山而尊奉的中华君，在襄城所见到的天才小牧童……，这说明黄帝已经有仙道之根了。马骕《绎史》卷五《黄帝纪》云："黄帝生而能言，役使百灵，可谓天授自然之体者也，犹复不能端坐而得道。故陟王屋而受丹经，到鼎湖而飞流珠，登崆峒而问广成，之具茨而事大隗。"当黄帝建成伟业之后，就开始用黄老思想治理国家。

《列子》卷二《黄帝》云：

> 黄帝即位十有五年，喜天下戴己，养正命，娱耳目，供鼻口，焦然肌色皯黣，昏然五情爽惑。又十有五年，忧天下之不治，竭聪明，进智力，营百姓，焦然肌色皯黣，昏然五情爽惑。黄帝乃喟然赞曰："朕之过淫矣。养一己其患如此，治万物其患如此。"于是放万机，舍宫

---

① （宋）李昉：《太平御览》卷七十九《皇王部》"黄帝轩辕氏"条，文渊阁四库全书。

寝，去直侍，彻钟悬，减厨膳，退而间居大庭之馆，斋心服形，三月不亲政事。

昼寝而梦，游于华胥氏之国。华胥氏之国在弇州之西，台州之北，不知斯齐国几千万里，盖非舟车足力之所及，神游而已。其国无帅长，自然而已。其民无嗜欲，自然而已。不知乐生，不知恶死，故无夭殇；不知亲己，不知疏物，故无爱憎；不知背逆，不知向顺，故无利害：都无所爱惜，都无所畏忌。入水不溺，入火不热，斫挞无伤痛，指擿无痟痒。乘空如履实，寝虚若处床。云雾不硋其视，雷霆不乱其听，美恶不滑其心，山谷不踬其步，神行而已。

黄帝既寤，怡然自得，召天老、力牧、太山稽，告之曰："朕闲居三月，斋心服形，思有以养身治物之道，弗获其术。疲而睡，所梦若此。今知至道不可以情求矣。朕知之矣！朕得之矣！而不能以告若矣。"又二十有八年，天下大治，几若华胥氏之国，而帝登假。百姓号之，二百余年不辍。①

上段话的意思是，当黄帝统一天下、治理国家三十年后，感到非常累，"竭聪明，进智力，营百姓，焦然肌色皯黣，昏然五情爽惑"。于是黄帝三个月不理政事，有一次黄帝昼寝，梦游华胥氏之国。在华胥氏之国，他看到国无帅长、民无嗜欲、无亲无疏、无爱无憎、无争无斗，一切保持着自然无为的状态。黄帝想起死于与炎帝、蚩尤战争中的人。他从华胥氏之国悟出了治国之道，那就是"无为而治"的至道。又经过二十八年，黄帝以其所悟之至道治理天下，天下大治，几若华胥氏之国。

当天下大治之时，黄帝登假仙逝，百姓皆哭号哀痛，怀念黄帝二百余年之久还不停止。

黄帝虽然"登假"，但有的史籍上记载黄帝升天成仙了。《史记·孝武本纪》云："黄帝采首山铜，铸鼎于荆山下。鼎既成，有龙垂胡髯下迎黄帝。黄帝上骑，群臣后宫从者七十余人。龙乃上去。余小臣不得上，乃悉持龙髯，龙髯拔，堕黄帝之弓。百姓仰望，黄帝既上天，乃抱其弓与龙胡髯号，故后世因名其处曰'鼎湖'。"于是天子曰："嗟乎！吾诚得如黄帝，吾视去妻子如脱屣耳！"《正义》引《括地志》云："湖水源出虢州湖城县南三十五里夸父山，北

---

① 《列子》卷二《黄帝》，转引自《诸子集成》（三），北京：中华书局，1983年版，第13～14页。

流入河，即鼎湖也。"①

《史记·孝武本纪》就记载了有龙自天而下迎接黄帝。黄帝骑上神龙之后，群臣后宫跟随黄帝上龙者七十余人。龙乃飞腾而去。剩下不能上天的小臣，赶快抓住龙须，龙须被拔掉，黄帝之弓也掉下来了。百姓仰望着黄帝上天，乃抱其弓与龙须大声号哭，后世因名其处曰"鼎湖"。"鼎湖"在虢州湖城县南三十五里夸父山，即今河南省三门峡市灵宝市。

二、黄帝治国思想对后代的影响

《帝王世纪》卷一云："黄帝于是乃扰驯猛兽，与神农氏战于阪泉之野，三战而克之。又征诸侯，使力牧、神皇直讨蚩尤氏，擒之于涿鹿之野，使应龙杀之于凶黎之丘。凡五十二战，天下大服。"也就是说，黄帝与炎帝榆罔战于阪泉之野，"二战，然后得其志"；与炎帝蚩尤战于涿鹿之野，"五十二战"而将蚩尤杀之于"凶黎之丘"。这些记载说明，黄帝的天下是靠征杀得来的。在征战过程中，很多生灵死于征战屠杀之中。

在经过多年大规模残酷的战争之后，黄帝也可能有使天下百姓安居乐业的想法，但是当时我国的文字还不成熟，对这样的思想可能还无法记载下来。是时，也可能还没有形成完整、成熟的治国理论，只是用此道理去解释某些事情。之后，郑国列御寇将此事记载下来，即《列子》卷二《黄帝》，使后代了解了黄帝的某些思想。春秋时期，老子撰写《道德经》，不仅提出了事物的辩证发展的规律，而且提出了与黄帝相同的治国之道。

老子"无为而治"的治国之道是成熟的。老子主张无为、无争而治天下。老子说："天下多忌讳，而民弥贫；民多利器，国家滋昏；人多知而，奇物滋起；法令滋彰，盗贼多有。故圣人云：我无为而民自化，我好静而民自正，我无事而民自富，我无欲而民自朴。"②老子认为，统治者无为无欲，无事好静，那么人民就会自富、自朴、自正、自化，根本无须苛刻的法令去约束。老子又说："其政闷闷，其民淳淳；其政察察，其民缺缺。"③统治者政治上无为，就会使民风淳淳；而如果有为，就会使人民不得安全。

---

① （汉）司马迁撰：《史记》，北京：中华书局，1982年版，第468页。
② 《老子注》五十七章，转引自《诸子集成》（三），北京：中华书局，1983年版，第35页。
③ 《老子注》五十七章，转引自《诸子集成》（三），北京：中华书局，1983年版，第35页。

老子认为，道就是无为的，无为才能无不为。"道常无为而无不为，侯王若能守之，万物将自化。化而欲作，吾将镇之以无名之朴。无名之朴，夫亦将无欲。不欲以静，天下将自定。"①

老子理想的社会是："小国寡民，使有什伯之器而不用，使民重死而不远徙；虽有舟舆，无所乘之；虽有甲兵，无所陈之，使民复结绳而用之。甘其食，美其服，安其居，乐其俗，邻国相望，鸡犬之声相闻，民至老死不相往来。"②

老子提出"无为而治"的国策，以及完整、系统的道家治国理论，认为这样"治大国若烹小鲜"。老子是道家学派的奠基人。之后至战国时期，庄子反对儒家的礼制，主张"无为而治"，进一步丰富并发展了老子的治国理论，史称"老庄思想"。

史籍记载，虽然黄帝最早提出的"无为而治"的国策还不太系统，但是这种治国之道在我国历史上已经闪现出明亮的火花。春秋战国时期，老子、庄子又提出系统的"无为而治"的治国之道，我国后代把这种"无为而治"的治国之道称为"黄老学说"。黄，即黄帝；老，即老子。"黄老学说"是较为系统的道家思想的治国之道，对我国后代有极其重大的影响和作用。

西汉初年，经过秦末连年的战争，经济残破，社会生产遭到严重的破坏。"自天子不能具钧驷，而将相或乘牛车，齐民无藏盖。"③在这种情况下，汉初统治者认为必须采取无为而治的黄老思想治国才能改变当前经济残破的局面。汉初丞相曹参"闻胶东有盖公，善治黄老术，使人厚币请之，既见盖公，盖公为言治道贵清静而民自定，推其类具言之。……其治要用黄老术，故相齐九年，齐国安集，大称贤相"④。另外，丞相陈平也"好读书，治黄帝、老子之术"⑤。由于汉初统治者采取黄老学说"无为而治"、与民休息的治国策略，给人民以宽松的环境，经济迅速地恢复和发展，出现了汉朝盛世"文景之治"。汉初统治者所习的老子之术，还只是一种治国治民之道，并无宗教的意义。

唐朝初年，我国曾经历了魏晋南北朝长期的战乱和分裂；北宋初年，我国刚经历了五代十国的战乱；因此，唐朝初年与北宋初年都曾经用黄老思想治国。

每逢大的战乱、大的灾荒过后，或者昏君奸臣当道、给老百姓带来深重的灾难之后，新的较为贤明的君主即位，基本上都以黄老"无为而治"思想治理国

---

① 《老子注》三十七章，转引自《诸子集成》（三），北京：中华书局，1983年版，第21页。
② 《老子注》八十章，转引自《诸子集成》（三），北京：中华书局，1983年版，第46~47页。
③ （汉）司马迁撰：《史记》，北京：中华书局，1982年版，第1417页。
④ （汉）班固撰，（唐）颜师古注：《汉书》，北京：中华书局，1962年版，第2018页。
⑤ （汉）班固撰，（唐）颜师古注：《汉书》，北京：中华书局，1962年版，第2038页。

家，采取与民休息的治国策略，给老百姓一个休养生息的空间，使社会经济得以恢复和发展繁荣。黄老学说的无为而治的方针和思想都是封建王朝行之有效的治国策略。黄老思想对我国后代有极其重大的影响和作用。

第五节　黄帝的陵墓与后裔姓氏

黄帝时期，我国的文化还不发达，因此关于黄帝的陵墓在何处，后世有许多种说法，当然也有人认为黄帝成仙升天了。《史记·五帝本纪》认为，黄帝死后，"葬桥山"。桥山在今陕西省黄陵县。另外，还有很多地方争黄帝陵之处。黄帝后代支裔众多，也留下了许多的姓氏。

一、黄帝的陵墓

关于黄帝的陵墓在何处，我国有很多种说法，主要有如下几种。

1. 陕西黄陵说

陕西黄陵说是影响最大的说法。东晋时期，这里建中部县；隋开皇六年（586年），改中部县为内部县；唐武德二年（619年），又改为中部县，直至明清。民国三十三年（1944年），中部县改为黄陵县。

《史记·五帝本纪》云："黄帝崩，葬桥山。"《集解》引《皇览》曰："黄帝冢在上郡桥山。"《索隐》引《地理志》云："桥山在上郡阳周县，山有黄帝冢也。"《正义》引《括地志》云："黄帝陵在宁州罗川县东八十里子午山。"又引《地理志》云："上郡阳周县桥山南，有黄帝冢。按：阳周隋改为罗川。《尔雅》云：山锐而高曰桥也。"

唐李吉甫《元和郡县志·关内道》云："子午山，亦曰桥山，在县东八十里。黄帝陵在山上，即群臣葬衣冠之处。《史记》曰：汉武帝北巡朔方，还祭黄帝冢于桥山。曰：'吾闻黄帝不死，今有冢，何也？'或对曰：'黄帝已上仙，群臣葬其衣冠，故有冢。'"

《大清一统志》卷一百九十五云："黄帝陵在中部县西北桥山上。《史记·封禅书》：武帝巡朔方，还祭黄帝冢。桥山，《册府元龟》载，唐大历五年，鄜坊节度使臧希让上言：坊州有轩辕黄帝陵，请置庙，四时享祭，列于祀典，从之。又见庆阳府真宁县。"

《大清一统志》卷二百零三《庆阳府》云："黄帝陵在正宁县东。《括地志》：黄帝陵在宁州罗川县东八十里子午山。按：陵今又见鄜州中部县，以地考之当在延安府安定县。"

清毕沅《关中胜迹图志·古迹》云："黄帝陵，《一统志》：在中部县西北桥山上。《史记·五帝本纪》：黄帝葬桥山。《汉武故事》载，元封元年，帝北巡朔方，还祭黄帝于桥山。《雍胜略》说桥山在中部县东北二里，其山形如桥，沮水环绕之，即黄帝葬衣冠之所。周围城堑五里余，树柏万余株，横顺成行，参天傲日，数百里外望之，犹有烟霞，霏微青翠玲珑之状。"毕沅又谨按："桥陵在关中者，《旧志》有三：一在庆阳之正宁，一在延安之安定，其一即在中部者，是已三县；皆汉上郡地。《汉书地理志·上郡》：阳周县，桥山南有黄帝冢。《水经注》：走马水出长城北，阳周故城南桥山，上有黄帝冢。考：正宁在后魏时尝侨置阳周县，后人误谓即汉之阳周，因以为有轩辕陵雍胜，略辨之颇详，而犹以魏之阳周故城为汉之阳周故城，则尚未为精审。今按汉阳周故城在安定县北，其地有怀宁河，即走马水出高柏山，亦即桥山。与班、郦所述为合。然中部立庙，始自唐大历中。历代祀典相沿，自当循而不改。"

2. 平谷说

清代孙承泽《春明梦余录·陵园》云："京东北平谷县境内渔子山，有大冢俗呼轩辕台，相传为黄帝陵，旧有庙，今圮。黄帝都冀，故其陵在冀境内。旧云在桥山，又曰在宁州，非也。至鼎湖龙髯之说，则益荒唐矣。蓟州东北有崆峒山，问道广成子处。今陕西崆峒山，有元鹤谓为黄帝时物，恐亦神其说耳。"

《畿辅通志》卷十七《山川》云"渔子山，平谷县东北十五里，世传黄帝陵在渔子山，其下有轩辕庙。"

《日下旧闻考·京畿》云："原世传黄帝陵在渔子山，今平谷县东北十五里。冈阜窿然，形如大冢，即渔子山也。其下有轩辕庙。"

3. 黄帝陵所在处有多种说法

毕沅《关中胜迹图志·古迹》又云："考桥陵所在不一，记载纷如。近世地志如畿辅之平谷，山东之曲阜，河南之阌乡，皆有轩辕陵。至如《文选》注：黄帝葬西海桥山，语涉荒渺，无从考信也已。"这个记载说明，黄帝陵所在处有多种说法，也表明我国人民对祖先黄帝的敬仰。

二、黄帝后裔的姓氏

黄帝是中华民族的祖先，但在中国的古文献中，如《史记·五帝本纪》与《山海经》，另外还有《路史》等，记载的黄帝世系却不完全相同。今以这些书记载的内容为线索，分述黄帝的世系。

司马迁《史记·五帝本纪》认为，黄帝也是后世帝王的祖先。《史记·五帝本纪》云："黄帝居轩辕之丘，而娶于西陵之女，是为嫘祖。嫘祖为黄帝正妃，生二子，其后皆有天下。其一曰玄嚣，是为青阳，青阳降居江水。其二曰昌意，降居若水。昌意娶蜀山氏女，曰昌仆，生高阳。高阳有圣德焉。黄帝崩，葬桥山，其孙昌意之子高阳立，是为帝颛顼也。……颛顼崩，而玄嚣之孙高辛立，是为帝喾。帝喾，高辛者，黄帝之曾孙也。高辛父曰蟜极，蟜极父曰玄嚣，玄嚣父曰黄帝。自玄嚣与蟜极皆不得在位，至高辛即帝位。……帝喾娶陈锋氏女，生放勋；娶娵訾氏女，生挚。帝喾崩，而挚代立。帝挚立，不善，崩。而弟放勋立，是为帝尧。"①

《史记·夏本纪》曰："禹之父曰鲧，鲧之父曰帝颛顼。颛顼之父曰昌意，昌意之父曰黄帝。禹者，黄帝之玄孙，而帝颛顼之孙也。禹之曾大父昌意，及父鲧，皆不得在帝位，为人臣。"

《史记·周本纪》"索隐"引谯周曰："以为弃，帝喾之胄。其父亦不著。"弃是周部族的男性祖先后稷。周人是"帝喾之胄"，当然也是黄帝之后裔。

根据《史记》的记载：高阳氏颛顼、高辛氏帝喾、帝尧、夏后禹、周部族之祖后稷等，皆是黄帝的后裔。

《史记·五帝本纪》又云："黄帝二十五子，其得姓者十四人。"

《国语·晋语四》卷十吴韦昭注："黄帝之子二十五人，其同姓者二人而已，惟青阳与夷鼓皆为己姓。青阳，方雷氏之甥也。夷鼓，彤鱼氏之甥也。其同生而异姓者，四母之子别为十二姓。凡黄帝之子，二十五宗，其得姓者十四人，为十二姓。姬、酉、祁、己、滕、箴、任、荀、僖、姞、儇、依是也。惟青阳与仓林氏同于黄帝，故皆为姬姓，同德之难也如是。"

这里《史记》与《国语》记载的皆是说"黄帝之子，二十五宗，其得姓者十四人，为十二姓。姬、酉、祁、己、滕、箴、任、荀、僖、姞、儇、依是也"。这十二姓都是黄帝的后裔。

《史记》《国语》记载的黄帝的世系如图 7-1 所示。

---

① （汉）司马迁撰：《史记》，北京：中华书局，1982 年版，第 10～14 页。

```
黄帝─┬─昌意─颛顼高阳氏─穷蝉
     ├─玄嚣青阳─蟜极─帝喾高辛氏─挚
     │                         └─放勋（尧）
     └─黄帝二十五子，其得姓者十四人，为十二姓：姬、
       酉、祁、己、滕、葴、任、荀、僖、姞、儇、依
```

图 7-1 黄帝世系图

夏后禹的后裔出自高阳氏颛顼，周部族之祖后稷出自高辛氏帝喾：

高阳氏颛顼—鲧—禹

高辛氏帝喾—弃

《史记·五帝本纪》云："黄帝为有熊，帝颛顼为高阳，帝喾为高辛，帝尧为陶唐，帝舜为有虞，帝禹为夏后而别氏，姓姒氏。契为商，姓子氏。弃为周，姓姬氏。"由于黄帝之后，包括黄帝在内的五帝，以及夏、商、周三代，据《史记·五帝本纪》所云，皆黄帝后裔（当然，这是粗疏的记载），因此相比炎帝、蚩尤，黄帝的后裔有更多的姓氏。

根据《路史·黄帝纪上》记载，黄帝后裔的姓氏主要如下。

（1）"元妃西陵氏，曰儽祖，生昌意、玄嚣、龙苗。昌意就德，逊居若水，有子三人，长曰干荒、次安、季悃。干荒生帝颛顼，是为高阳氏。安处西土，后曰安息；汉来复者，为安氏、延李氏。悃迁北土，后为党项之辟，为拓跋氏，至郁、律二子，长沙莫雄、次什翼犍，初王于代。七子，其七窟咄生魏帝道武，始都洛，为元氏。十五世，百六十有一年。周、齐灭之。有党氏、奚氏、达奚氏、乞伏氏、纥骨氏、什氏、干氏、乌氏、源氏、贺拔氏、拔拔氏、万俟氏、乙旃氏、秃发氏、周氏、长孙氏、车非氏、兀氏、郭氏、俟亥氏、车焜氏、普氏、李氏。八氏十姓俱其出也。"注曰："八氏：细封氏、往利氏、费听氏、颇超氏、野辞氏、房当氏、米禽氏、拓跋氏；十姓者：兄伊楼氏、娄氏、丘敦氏、敦氏、万俟氏、俟氏，叔乙旃氏为叔孙氏，属车辊氏为车氏也；后魏改元览为元氏，大武赐秃发傉檀为源。"

（2）"玄嚣，姬姓，降居泜水，生帝喾，是为高辛氏。龙苗生吾融，为吾氏；吾融生卞明，封于卞为卞氏；卞明弃其守，降之南裔生白犬，是为蛮人之祖。"

（3）"次妃方累氏，曰节，生休及清。休，继黄帝者也，是为帝鸿氏。清次封清，为纪姓，是生少暤。"

（4）"次妃肜鱼氏，生挥及夷彭，挥次十五子，造弧矢，及司率罟，受封于

张,为弓氏、张氏、李氏、灌氏、叱罗氏、东方氏。夷彭,纪姓。其子始封于采,是为左人,有采氏、左人氏、夷鼓氏。"

(5)次妃嫫母,"是生苍林、禺阳。禺阳最少,受封于任,为任姓。谢、章、舒、洛、昌、剡、终、泉、卑、遇,皆任分也,后各以国令氏。禺号生禺京、偠梁、儋人。京居北海,号处南海,是为海司。有禺强氏、强氏。儋人任姓,生牛黎,偠梁生番禺,番禺是始为舟,生奚仲。奚仲生吉光,是主为车,建侯于薛。又十二世,仲虺为汤左相,始分任。祖已七世,成迁为挚。有女归周是诞文王,逮武为世,复薛侯,后灭于楚。为薛氏、蘖氏、且氏、祖氏、奚氏、稣氏、仲氏、挚氏、执氏、畴氏、伾氏、丕氏、邳妣、姞氏、李氏、徐氏。终古,夏太史,乘乱归商,为佟氏、谢氏。谢之后又有射氏、大野氏。苍林,姬姓,生始均,是居北狄,为始氏。结姓伯儵,封于南燕,后有吉氏、姞氏、孔氏、密须、阚、允、蔡、光、敦、偪、燕、鲁、雖、断、密、虽,皆结分也。箴、济及滑,箴姓分也,后合,以国令氏。有虞氏作,封帝之后,一十有九侯伯。其得资者,为资氏、□氏;得郦者,为郦氏、辅氏;得虔者,为虔氏;得寇者,为寇氏、口引氏、刘氏;国于郦者,为郦氏、俪氏、食其氏、侍其氏;国于翟者,为翟氏;籴氏、狄氏;于詹者,为詹氏;自詹移葛,则为葛氏、詹葛氏;凫氏,依之分,狂犬任之种也。武王克商,求封,帝之裔于葡,以复剡。又有葡氏、桥氏、乔氏、陈氏、苍林氏、有熊氏、轩氏、轩辕氏、陈氏;洛之后,又有落氏、雒氏;阚之后,又有监氏;密须之后,又有须氏;舒之后,又有舒子氏、纪氏"。

根据《路史·黄帝纪下》与《山海经》卷十四《大荒东经》:

(6)黄帝生帝鸿,即为帝休,在位四十七年。帝鸿"生白民及嘻,嘻生季格,季格生帝魁。白民,销姓,降居于夷,是为白民之祖。《西荒经》云'南岳娶州山氏曰女虔,生季格;季格生寿麻之国。'嘻,其南岳矣。其别为防风氏,守封禺之间。厘姓至商,为汪浣氏;漆姓有汪氏、罔氏"。

(7)"后有鸿氏、洪氏、缙氏、缙云氏、骊氏、蒚氏、瞒氏、曼氏、蛮氏、长狄氏、防风氏、危氏、元氏。"

第六节　黄帝有熊国的考古学证据

郑州西山发现了一个城址,是仰韶文化后期的遗址,与黄帝所在地、年代基本吻合,而且与黄帝建立的有熊国地域相同。西山城址营造技术先进,城墙、城门、护城门、壕沟、烧土颗粒、料姜石粒、碎陶片和蚌片混合黏土夯筑的城墙，以及用此土筑成的道路，表现出该城的先进性。有些学者认为，这应该是有熊国的都城遗址。当然，西山城址是不是有熊国的都城遗址还有待研究，而以西山城址为中心，周围发现很多同一类型的文化遗址，如大河村、后庄王、荥阳点军台、青台、秦王寨诸遗址的文化内涵基本相同，考古学证明这里当属于同一文化圈——黄帝文化圈。

一、西山城址当是有熊国国都

郑州市北郊23公里处的古荥镇孙庄村西发现一座仰韶文化晚期遗址——西山城址。对西山城址进行碳十四测定，其绝对年代为距今5300～4800年。西山城址位于黄河南岸4公里。西山城址北依邙山余脉西山，南面有一条季节性河流（已为枯河）。遗址坐落在豫西丘陵与黄淮平原的交界处。新郑几经变迁，学术界有人提出西山城址就是黄帝的有熊国国都遗址，如果结合古代的神话传说，黄帝所建立的有熊国的国都在新郑，而且遗址年代与黄帝所出生的年代又相吻合。新密市发祥的古城寨遗址可能就是黄帝建立的有熊国之国都。这个论点也能得到许多学者的认可。

黄帝时期已建立国家的说法，当是有一定的文献学和考古学为根据的。河南省新密市原与新郑市紧密相连，属于同一县市，中华人民共和国成立以后才分成两个县市。

新密市在17个乡镇发现了17处龙山文化的遗址。新郑市在5个乡镇发现了7处龙山文化的遗址。

今河南省境内发现许多古城址，如河南淮阳平粮台古城址、登封王城岗古城址、郾城郝家台、安阳后岗、淅川下王岗等。这表明，位于中原的河南省是古国林立的地区，黄帝只有在这里战胜群雄，才能得到正统的古帝王地位。

汉戴德《大戴礼记》云："（黄帝）有圣德，授国于有熊。郑也，古有熊之墟，黄帝之所都。"皇甫谧《帝王世纪》卷一云："黄帝都有熊，今河南新郑是也。或言故有熊氏之墟，黄帝之所都也。郑氏徙居之，故曰新郑矣。"[①]也就是说，黄帝建立的有熊国当在新郑（包括新密，历史上新密与新郑皆属于新郑）。

---

① （晋）皇甫谧等撰，陆吉等点校：《帝王世纪 世本 逸周书 古本竹书纪年》，济南：齐鲁书社，2010年版，第8～9页。

魏郦道元《水经注》卷二十二《洧水》云："故有熊氏之墟,黄帝之所都也,郑氏徙居之,故曰新郑矣。城内有遗祠,名曰章乘是也,洧水又东为洧渊水。《春秋传》曰:'龙斗于时门之外洧渊',即此潭也。今洧水自郑城西北入而东南流径郑城南。"当年,洧水从新郑城自西北入东南穿城而过,这里当是"有熊氏之墟,黄帝之所都"之地。

郑州西山城址平面近似圆形,直径约180米,城址的南部已被破坏,推测城内面积原有25 000余平方米。现存面积约占原城址的4/5,即19 000余平方米。如果将城墙及城壕的范围也计算进去,则面积可达34 500多平方米。城墙残长约265米,墙宽3~5米,城高1.75~2.5米。

城墙由夯土版筑而成,其建筑方法是先挖倒梯形基槽,在槽底分段分层夯筑城墙,并开始运用方块版筑法建造城垣。基槽外侧有城墙与环壕。城墙采用版筑法。版长1.5~2米、宽约1.2米,最大者长约3.5米、宽约1.5米。版块的厚度以50厘米左右者居多。

城墙夯土含有较多的烧土粒、料姜石粒、碎陶片和蚌片等,以加强城墙的坚固性。夯层厚4~5厘米,中心夯层厚达8~10厘米。夯窝圆形,直径约3厘米,深0.3~0.5厘米。夯窝呈"品"字形分布,用集三根棍子为一束的方法进行击打、棍夯。城隅、城角宽于其他段城墙。城墙外有壕沟环绕,沟宽4~7米,西北段墙外更宽达11米,沟深3~4.5米。①

西山城址有城门2座,为北门和西门。

城址西门宽约17.5米,设在西北隅。西城门北侧城墙有南北向2排和东西向3排的基槽,基槽内柱洞密布,将北侧城墙隔成数间面积3~4.5平方米的、类似小房间的建筑,可能是西门上的望楼。西门外壕沟内的东、西两侧各有一个直径约3米的半圆土台,土台间壕沟的宽度为2米左右。这当是为了架吊桥而设立的两个半圆土台,具有极强的军事意义。北门设在城址东北角,宽约10米,平面呈"八"字形。北城门的东、西两侧各有呈三角形的城台。

城址北门外侧正中有一道护门墙,将北城门遮住。护门墙东西向,长约7米,宽约1.5米,夯筑十分坚硬。人们只能从护门墙的两边绕过,才能进出北城门。宋人陈规《守城录》卷二《守城机要》条云:"护门墙,只于城门前十步内横筑高厚墙一堵,亦设鹊台,高二丈。墙在鹊台上,高一丈三尺,脚厚八尺,上收三尺,两头遮过门三二丈,所以遮隔冲突,门之启闭,外不得知。纵使突入墙

---

① 国家文物局考古领队培训班:《郑州西山仰韶时代城址的发掘》,《文物》,1999年第7期,第11页。

内，城上炮石雨下，两边羊马墙内，可以夹击。"由此得知，护门墙可以大大加强城门的防御能力，具有重要的军事意义。

北门里一条南北向、残长25米、宽约1.75米，用厚约0.25米的粗砂混合红烧土碎粒铺成的道路纵贯城址东北部。这样用粗砂混合红烧土碎粒铺成的道路稳固性很强，在下雨时，可防止道路变得泥泞。

西山城址运用方块版筑法建造城垣，版筑法是较为成熟的夯筑方法。西山城址的建筑形式是比较先进的，如夯筑城墙的收杀设计、城隅加宽、城台、城门、护门墙、城外的壕沟、西城门处的吊桥等，这种建筑形式对以后城垣制度的发展产生了深远影响。西山城址距今年代与黄帝相近，城址地点也与文献记载黄帝的"有熊氏之墟"相近，故极有可能是黄帝之都。

二、西山城址功能区布局及杀婴奠基风俗

西山城址内外发现200余座房基，很多已经残破。从保存基础来看，似有一定布局。F144、F129分别位于一号道路L1的东、西两侧，房门皆向北，朝向北城门。

F136位于城内东北部，门向西，方向近270°，房门开向城内中心。F105位于城内的西北部，两间并排，门皆开向东南，方向161°，房门也开向城内中心。

西城门内东侧有一座大型夯土建筑基址，略呈扇形，东西长约14米，南北宽约8米。这当是一个大型的房屋或者宫殿遗址。宫殿遗址的周围有数座房基环绕。在此建筑基址的北侧是一个面积达数百平方米的广场。

西山城址的房基均系平地起建的长方形或正方形，下有基底或基槽，基槽内有柱洞，当为埋设木柱之用。很明显，这些房基是木骨泥墙，上面搭盖屋顶。

城址中发掘了近2000座窖穴和灰坑。窖穴口小底大，是呈袋状的坑，坑壁经过修整。城址西北部地势较高，有些窖穴底部还发现排列有序的数组陶、石器，当是储物窖穴。

该遗址发掘两处墓地，共143座仰韶时代的墓葬。城外西部的一处，均为单人葬，不见任何随葬品。城外西部的墓葬当是平民的墓葬。

城内北部的M79是成年男子和婴儿的合葬墓，M85是成年男女合葬墓，M86、M97、M106等则是一次葬与二次葬的成年男女同穴分层合葬墓。这些墓葬可能是西山城址中后期的墓葬，表明上层的家庭结构已发生变化。这处墓地还

有一批婴幼儿瓮棺葬与北区成人墓地交错叠压，有些瓮棺埋葬在房基周围。

西山城址在房屋建筑和城墙、城门的建筑中存在着以婴儿为奠基，或者杀婴祭祀的习俗，表现出阶级冲突的激烈。

城址内房基底部常见埋有 1 件或数件夹砂罐、鼎、瓮棺，内有婴儿不完整的骨骼，或头骨，或部分肢骨等。这种现象只与建筑活动有关，当是该房屋的奠基或祭祀遗迹；西山城址内在建筑房屋时可能有杀婴祭祀的风俗。

西山城址北门西侧城墙的墙基底部埋有 10 余件陶鼎、陶罐或彩陶钵等。彩陶钵内有婴儿的骨骼。西城台下亦有以尖底瓶、大口缸、罐为葬具的几组瓮棺。在西门门道下的 H1818 内也发现了分上、下两层埋设的 20 余件陶罐、鼎等，与以大口尖底缸、尖底瓶为葬具的瓮棺并存排列。

窖穴中有呈挣扎状的人牲与兽类被同置一穴，还有 20 余座废弃窖穴出土了大型兽骨架。H759 内的半个牛骨架、H1580 内的 2 具猪骨架，当是祭祀活动中所用的牺牲。

从第四期陶器可以看出，新的文化因素明显增加，如夹砂罐折肩且肩腹处饰一周附加堆纹，尖底瓶逐渐消失而被大口尖底缸所取代，鼎常见，而少有釜灶，夹砂罐种类繁多。这些既有别于相邻地区的庙底沟文化，又不同于附近的大河村文化。这种新的文化因素在西山第四期时就已出现，到第五期时继续发展，在北门东侧的城墙下叠压着 H1664，TG5 内城墙底部叠压着 H1861，西北段城墙下叠压着 H2063，出土器物有侧三角形鼎足、十字镂孔形豆座、敛口折肩矮圈足钵、小口壶、X 形纹彩陶片、网格纹彩陶罐、锯齿纹彩陶碗等，彩陶可见黑彩、红彩、褐彩等。这些器物的年代约为西山城址第五期；第六、七期时这些器物已渐成主流。[1]

三、从考古学探讨黄帝文化圈

黄帝时期已经出现了青铜器，进入铜石并用时代，这一观点得到了考古学的支持。铜器在龙山文化时期的遗址中多有发现，如郑州牛寨遗址中就发现了附有铅锡青铜块的熔铜炉壁，淮阳平粮台三期 H15 内发现了铜渣[2]，登封王城岗四期

---

[1] 国家文物局考古领队培训班：《郑州西山仰韶时代城址的发掘》，《文物》，1999 年第 7 期，第 13～15 页。
[2] 河南省文物研究所、周口地区文化局文物科：《河南淮阳平粮台龙山文化城址试掘简报》，《文物》，1983 年第 3 期，第 21～39 页。

H617 内出土青铜器残片①，临汝煤山遗址中出土铜坩埚、熔铜炉残壁及铜液痕迹②，鹿邑栾台遗址二期早期发现青铜器等③。这些资料表明，黄河中游龙山文化时期，青铜器的冶炼和使用已经比较普遍，这个时期已经进入早期铜器时代。

据初步统计，郑州地区仅新石器时代遗址就发现 25 处，大多分布在郑州西、南两面的丘陵地带和荥阳市境内。最有名、最重要的当是西山城址。西山城址的仰韶文化遗存跨越了仰韶时代早、中、晚三个时期，其文化面貌与周边的郑州大河村、后庄王、荥阳点军台、青台、秦王寨诸遗址基本相同。许顺湛认为，西山古城属于仰韶时代晚期秦王寨类型（即大河村类型），这一类型遗址的分布，西不超过洛阳，东不超过开封，南可以达到许昌地区，北部可以说以黄河为界④。笔者认为，许顺湛的看法很有道理，西山古城的文化确实东达不到开封，西不超过洛阳，最多到巩义，南可达许昌地区，北以黄河为界。这一地区的考古文化内涵基本相似，这可视为黄帝文化圈的考古文化。

炎黄时代的时间跨度大体是距今 7000~5000 年，与仰韶时代大致相当。在这个文化圈中，还有一个重要的遗址，即大河村遗址。

大河村遗址位处平原，其西南—东北向有一高出四周地面 2~3 米的漫坡土冈，顺着土冈还有一条古河道，从遗址中间穿过，将遗址分为东、西两部分。大河村遗址第一次发掘房址 22 座、窖穴 101 个、墓葬 106 座。大河村遗址暂分为六期，第一、二期属仰韶文化中期，出土了大量的泥质和夹砂灰陶、磨光黑陶和少量的白陶。纹饰有篮纹、方格纹和绳纹。器形有盆、罐、杯、豆、扇、弩、翠、颜、双耳瓮等。

第三期属仰韶文化晚期，陶器的制法和造型比前两期有显著的进步，出现造型精美、比例匀称的新器形。器形有鼎、钵、瓮、缸、壶、甑、器盖等。

在这个文化层发现墓葬 97 座，包括土坑墓 37 座（包括 1 座葬在灰坑中），36 座皆为长方形竖穴土坑墓，均为仰身直肢葬。墓主有男女老幼不等，随葬品有鼎、碗、壶、纺轮、陶弹丸和骨针等，放在墓主腰部、足部和肩部。

瓮棺葬 60 座，其中第 4 层 14 座，第 2 层 36 座，形成一个瓮棺群。5 座是

---

① 河南省文物研究所、周口地区文化局文物科：《河南淮阳平粮台龙山文化城址试掘简报》，《文物》，1983 年第 3 期，第 8~21 页。

② 中国社会科学院考古研究所河南二所：《河南临汝煤山遗址发掘报告》，《考古学报》，1982 年第 4 期，第 427~486 页。

③ 河南省文物研究所：《河南考古四十年》，郑州：河南人民出版社，1994 年版。

④ 许顺湛：《郑州西山发现黄帝时代古城》，《中原文物》，1996 年 1 期，第 2 页。

由两件葬具组合的，均为对口扣合，东西横放。即大口尖底瓶与Ⅱ式鼎组合的一座 W1、大口尖底瓶与豆组合的一座 W2。这 2 件大口尖底瓶是泥质灰陶，大口、折沿、束腰、鼓腹、尖底。口沿下有 4 组 8 个勾纽，器表饰划纹。其中 W1 口径 38.8 厘米、高 73.8 厘米。Ⅰ式罐组合的两座 W7 付 1、2，Ⅱ式罐与Ⅳ式盆组合的一座 W8，有一件葬具的有 55 座，除一座（W3）口向东横放外，其余均口朝上竖放。用盆葬的 3 座，其中一件（W8：2）为泥质灰陶，敞口、腰微束、折腹内收成平底，饰红彩直线纹、曲线纹，口径 2.32 厘米、高 26.8 厘米。用罐葬的 13 座。Ⅱ式罐 2 件（W8：1），泥质红陶，敛口、唇外撇、折腹、平底，用黑彩绘直线纹、网纹和"∽、X"纹，口径 18 厘米、底径 10 厘米、高 23 厘米。用鼎葬的 38 座，用缸葬的 1 座。[①]墓葬是一个民族最重要的风俗。西山城址和大河村的尖底瓶、鼎、盆等葬具基本是成人的葬具，与前面所说"蚩尤文化圈"的"伊川缸"有很大的区别，当不是同一文化圈的部族创造的（图 7-2）。

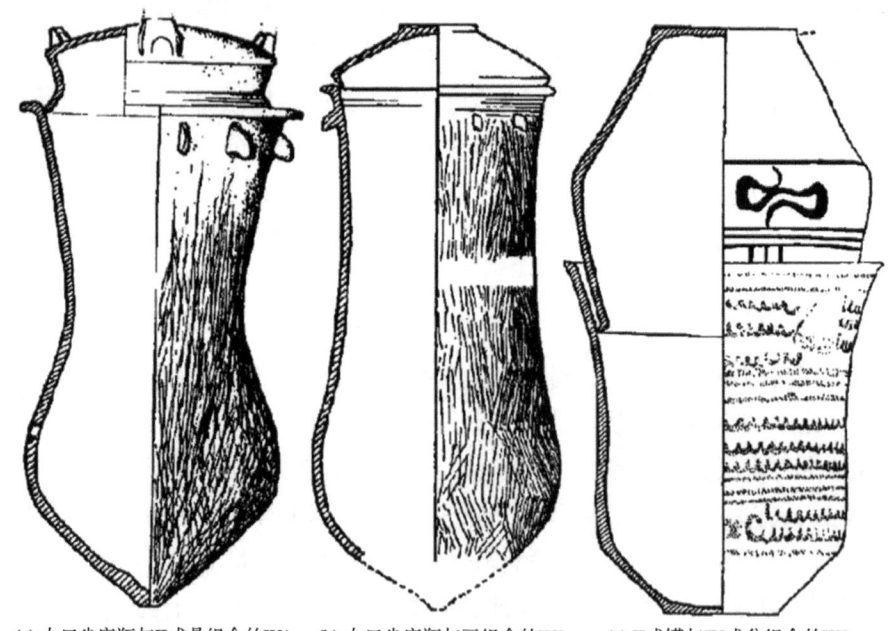

(a) 大口尖底瓶与Ⅱ式鼎组合的W1　(b) 大口尖底瓶与豆组合的W2　(c) Ⅱ式罐与Ⅳ式盆组合的W8

图 7-2　瓮棺葬具

资料来源：郑州市博物馆：《郑州大河村遗址发掘报告》，《考古学报》，1979 年第 3 期，第 344 页

大河村遗址第三期 F2 出土的一瓮炭化粮食和两枚莲子，也是重要的实物资

[①] 郑州市博物馆：《郑州大河村遗址发掘报告》，《考古学报》，1979 年第 3 期，第 343 页。

料。经中国科学院遗传研究所细胞室李璐同志鉴定，认为粮食标本应是高粱米。现代高粱籽实长幅比值为1.17，炭化粮食的长幅比值为1.18。这种炭化粮食显然比一般粟、稷都要大，不可能是粟、稷。古代的高粱籽实显然比现在的高粱改良品种要小得多。

大河村遗址带有陶衣的彩陶，数量多、花纹图案多样，是其他遗址所罕见的。红、白陶的彩绘颜色非常绚丽。花纹有勾叶、圆点、弧形三角、直线、带状、睫毛、花瓣、月亮、太阳、日饵、锯齿、同心圆、舟形、方格、网纹、菱形、六角星、古钱、蓖纹、互字、昆虫、S形、X形、曲线、植物、水波、豆点、星座和旋风纹等20余种。其中，太阳纹、月亮纹、星座纹、日饵纹等与天象有关，这说明距今5000年左右的大河村先民已经在观察和认识大自然，其中包括太阳、月亮和星辰等自然现象与变化规律。

古籍记载，黄帝时期"易之以书契"，说明当时已经有文字了。目前已经发现了许多的刻画符号，如裴李岗文化的贾湖遗址中发现的骨文、仰韶文化中发现的大量的陶文，以及仓颉造字的传说，都可以证明黄帝时期有文字的记载不是子虚乌有的。

黄河中游龙山文化时期的遗址已发现几千处，如河南的安阳后岗、汤阴白营、淮阳平粮台、淅川下王岗、郾城郝家台，陕西的长安客省庄二期文化，山西的襄汾陶寺等。在黄河中游的龙山文化遗址中已出现了国家和文明的重要标志，即青铜的出现和铜工具的使用。

今河南省具茨山，绵亘新郑市、新密市、禹州市三市。具茨山上发现大量的岩画，有3000多处。2009年3月，郑州举行了具茨山与黄帝文化研讨会。有关专家认为，具茨山岩画的年代之上限距今可能达到8000年左右，其下限距今可能有3000年左右，认为这些岩画与黄帝及大禹所处的年代大致相当。①《庄子·徐无鬼》云："黄帝将见大隗乎具茨之山。"晋郭象注：具茨"山名，在荥阳、密县东，今名泰隗山"。《水经注·潩水》云："潩水出河南密县大騩山。大騩即具茨山也。黄帝登具茨之山，升于洪堤上，受《神芝图》于华盖童子，即是山也。"宋潘自牧《记纂渊海·郡县部·河南府》云："具茨山在新郑西南，黄帝受《神芝图录》于此，上有轩辕避暑洞。"《路史·循蜚纪》云："大騩氏见于南密，或曰泰块。昔者黄帝访泰块于具茨。"注曰："一曰大騩，河南密县有大騩山。记谓大騩氏之居，即具茨也。……荥阳密县，大騩山也，即具茨，今在许之

---

① 《具茨山与黄帝文化研讨会在郑州举行》，《炎黄天地》，2009年，第29页。

阳翟。"具茨山岩画就在黄帝所都的新郑、新密、禹州一带，这绝不是偶然的。黄帝时期已经出现了类似文字的刻画符号。

　　从以上古文献记载的有关黄帝的神话以及考古所发现的材料来看，黄帝时期已经具备了建立国家的条件，已经有了国家的雏形，黄帝所建立的有熊国应该是存在的。黄帝的历史是被神化了的历史。黄帝建立有熊国预示着华夏文明的形成。

第八章 黄帝后裔的帝系分支

黄帝在司马迁的《史记·五帝本纪》中被列为正统祖先的首王,被列在《史记·五帝本纪》中的主要有黄帝、颛顼、帝喾、帝尧、帝舜。以上五位帝王,按文献记载的年龄来看,则有700余岁。例如《帝王世纪》《史记·五帝本纪》记载:

黄帝"或传以为仙,或言寿三百岁。葬于上郡阳周之乔山"。

帝颛顼20岁登帝位,在位78年,年98岁而崩;葬于今河南省内黄县。

帝喾,30岁登帝位,在位70年,年105岁而崩;葬于今河南省内黄县,与颛顼陵相聚不远。因有颛顼陵与帝喾陵,民国时期,内黄县被称为高陵县。

尧甲申岁生,甲辰即位,在位98年,摄政28年,辛巳崩,年118岁。

舜于尧二十一年甲子生,三十一年甲申征用,七十九年壬午即寅百岁,癸卯崩。或云舜伊百五岁,亦云一百一十二岁。

黄帝、颛顼、帝喾、帝尧、帝舜的岁数加起来约有733岁,平均每个人活了近147岁,按照古代的条件是不可能的。可以推测,他们中间肯定有许多间隙,也可能有敌对部族插进统治。如颛顼就有可能是少暤部族的后裔,帝尧有可能是炎帝伊耆氏(即炎帝蚩尤氏)支裔。但是《史记·五帝本纪》记载,说他们皆是黄帝的后裔,因此本书把颛顼、帝喾、帝尧、帝舜等皆作为黄帝后裔分支。而笔者认为,实际上颛顼、帝喾、帝尧、帝舜绝不全是黄帝的后裔分支,有些当是炎帝、少暤、蚩尤的后裔。由于黄帝在位时间较久,《史记·五帝本纪》皆把黄帝之后的古帝王认为是黄帝的后裔分支。但是由于黄帝的后裔分支的利益有所不同,他们与周边少数民族,以及炎帝、蚩尤、三苗氏的后裔也发生过冲突甚至战争。

第一节 黄帝的帝系分支颛顼氏

《史记·五帝本纪》认为,高阳氏颛顼是黄帝之孙或者裔孙。据说黄帝岁才升天，颛顼是不是黄帝之孙或者裔孙，也是一个谜。《山海经·大荒东经》又云："少昊孺帝颛顼于此。"那么，颛顼也可能是少暤之裔。颛顼氏发祥于今河南省内黄县境，有学者认为濮阳西水坡遗址当是颛顼的遗址，今内黄县也有颛顼陵。相传，颛顼是祝融与楚族的祖先。

一、颛顼氏"降居若水"缘由探析及其族属

关于颛顼的故里，有以下几种说法。

（1）北方说。《国语·周语》记载："星与日辰之位皆在北维。颛顼之所建也，帝喾受之。"韦昭注曰："北维，北方水位也。"《淮南子·时则训》高注则说："颛顼之神，治北方也。"

（2）四川若水流域说。颛顼氏的父亲昌意，据说"降居若水"，若水在今四川境内，那么颛顼故里当在四川境内若水流域。

《史记·五帝本纪》认为，颛顼是黄帝的孙子或者重孙子。《帝王世纪》卷一云："黄帝在位百年而崩，年一百一十岁矣。或传以为仙，或言寿三百岁。葬于上郡阳周之桥山。"又曰："颛顼高阳氏，黄帝之孙，昌意之子。母曰昌仆，蜀山氏之女，昌意正妃。"①

《史记·五帝本纪》亦云："黄帝崩，葬桥山。其孙昌意之子高阳立，是为帝颛顼也。"

据说，颛顼是降于若水的一个部族首领。

《大戴礼·帝系》："（黄帝子）昌意降居若水。昌意娶于蜀山氏，蜀山氏之子谓之昌濮氏，产颛顼。"

《史记·五帝本纪》亦云："昌意降居若水。昌意娶蜀山氏女，曰昌濮，生高阳……是为帝颛顼也。"若水，在今四川省境内。

《山海经·海内经》又云："黄帝妻雷祖生昌意，昌意降处若水，生韩流。韩流擢首、谨耳、人面、豕喙、麟身、渠股、豚止，取淖子，曰阿女，生帝颛顼。"

根据《帝王世纪》《大戴礼·帝系》《史记·五帝本纪》《山海经·海内经》所云，颛顼是黄帝的孙子或者重孙子。

而《山海经·大荒东经》又云："东海之外（有）大壑，少昊之国。少昊孺

---

① 徐宗元辑：《帝王世纪辑存》，北京：中华书局，1964年版，第28页。

帝颛顼于此，弃其琴瑟。有甘山者，甘水出焉，生甘渊。"①即少皞抚育了颛顼。又《帝王世纪》说："颛顼生十岁而佐少皞，二十而登位。"今本《竹书纪年》亦记载："（颛顼）生十年佐少皞氏，二十登帝位。"颛顼氏曾经在少皞氏后裔的支持下发展壮大。

根据《山海经·大荒东经》所说，颛顼氏是少皞氏抚育长大的。

《逸周书·尝麦解》云："昔天之初，□作二后，乃设建典。命赤帝分正二卿，命蚩尤宇于少皞，以临四方。"在炎帝时期，炎帝曾"命蚩尤宇于少皞"。之后黄帝杀了蚩尤。

《盐铁论·结和》又记载："轩辕战涿鹿，杀两皞、蚩尤，而为帝。"轩辕，就是轩辕氏黄帝；两皞，就是两皞，即太皞、少皞。也就是说，黄帝与蚩尤的涿鹿之战，不仅蚩尤被杀，太皞、少皞也被消灭。太皞、少皞当与蚩尤是同一阵线的盟友。

《山海经·大荒东经》又说，颛顼氏是少皞氏抚育长大的。这个少皞当是抚育蚩尤氏的少皞后裔。涿鹿之战后，少皞当与蚩尤一族同样被"投诸四裔"，到边远的地方去。抚育颛顼的少皞部族当是被赶到西南若水一带、少皞的一支后裔的部族。颛顼时期，又回到中原统一了天下。颛顼以内黄为都，成为一代古帝王。

《帝王世纪》说，黄帝"在位百年而崩"，"或为仙"，或"寿三百岁"，对于今天的唯物主义者来说，似乎是不可能的，但是黄帝之位没有传给儿子，而是传给孙子或者重孙子颛顼。黄帝与颛顼中间有隔代，或者隔了好几代。这种情况在历史上好像是属实的，其间当有被删去的断层历史。

或许是蚩尤氏的后代不断地反抗，根据蚩尤氏的作战能力，与黄帝"五十二战"，黄帝才最终打败蚩尤氏。也许是炎帝族的后裔曾经把失去的领地和江山重夺去过，后来又被黄帝族后裔夺回。这中间的历史没有记载，今人无法推测，但有断层是肯定的。颛顼氏或是黄帝的孙子或是裔孙，也或许是少皞之后裔。

二、颛顼氏的都城

关于颛顼的都城在何处，也有以下几种说法。

---

① 袁珂：《山海经校注》，上海：上海古籍出版社，1980年版，第338页。

1. 帝丘（濮阳）说

《竹书纪年》卷上云："元年，帝（颛顼）即位，居濮。"

《左传·昭公十七年》云："卫，颛顼之虚也，故为帝丘。"杜预注："卫，今濮阳县，昔帝颛顼居之其城内，有颛顼冢。"

《春秋经·僖公三十一年》云："狄围卫。十有二月，卫迁于帝丘。"注："辟狄难也。帝丘，今东郡濮阳县，故帝颛顼之虚，故曰帝丘。"

晋杜预《春秋释例·土地名》卷五云："古帝颛顼之墟，故曰帝丘；昆吾氏因之，故曰昆吾之墟。东郡，濮阳县是也。"

但是帝丘今在何处？河南省濮阳县东南高城村南发现一古城遗址，即高城遗址，地表之下 4~5 米可见城墙夯土。西墙的长度约为 3986 米，东墙的长度约为 3790 米，南墙的长度约为 2361 米，北墙的长度约为 2420 米。北城墙中部偏东有一折角，其他几面城墙较为平直，多数地段城墙保存的高度为 6~9 米。初步钻探的情况表明，城墙基础宽约 70 米，顶部宽 20~30 米，城墙之外有一周护城壕。该城址平面呈长方形，面积约为 916 万平方米。有人认为，高城遗址当是春秋卫国的都城。

北墙西北拐角处钻探发现了大量龙山文化陶片，中部 T1、T2、T3 等探沟在不同时期夯土内出土较多龙山文化陶片，南墙、北墙中部、西墙北部试掘都出土龙山文化陶片和城墙夯土等，夯 6 与夯 7 交界处距地表深 440 厘米发现一具乳猪骨架，已被夯砸成碎片。它与 T2 内发现的人头骨一样，是修筑城墙时祭祀活动的遗存，说明这里曾经存在一处面积较大的龙山文化城址。这座城址有可能是颛顼时期的城址，也可能是都城。

颛顼氏的都城当在今河南省濮阳县。

2. 商丘说

晋人皇甫谧《帝王世纪》卷一云：颛顼"始都穷桑，后徙商丘"；又云："颛顼自穷桑徙商丘，于周为卫；在《禹贡》冀州太行之东北，逾常山，及兖州桑上之野，营室东壁之分，豕韦之次。"

《帝王世纪》记载得很明白：颛顼"始都穷桑，后徙商丘"，当是晋代之前的记载；而皇甫谧又说"商丘，于周为卫"，又说"故《春秋传》曰：'卫，颛顼之虚也，故为帝丘。'今东郡濮阳是也"，后面的一句当是皇甫谧根据自己的理解而解释的。

笔者认为,《帝王世纪》卷一所说的"颛顼自穷桑徙商丘"之"商丘",是否就是"帝丘",还有再探讨的必要。"帝丘"在今河南省濮阳市,"商丘"在今河南省商丘市,这是两个不能混淆的地名。

在现代汉语中,如果把"帝"字笔画中的"冖"两边向下拉长的话,与"商"字有相似之处,尤其是古代的字没有印刷体,皆为抄写文本,难免有抄错之处。但是"商"与"帝"在古代无论写法或者意义都是绝不相同的。"商"在甲骨文中写作"㕬",在金文中写作"㕬",在小篆中写作"㕬";"帝"在甲骨文中写作"帝",在金文中写作"帝",在小篆中写作"帝"。《说文解字》云:"商,从外之内也。""帝,谛也,王天下之号也。"由此可见,"商"与"帝"是完全不同的概念。

《帝王世纪》所说的颛顼"始都穷桑,后徙商丘""颛顼自穷桑徙商丘",皆是有一定道理的。根据古籍记载,颛顼生于"若水",《山海经·大荒东经》又云:"少昊孺帝颛顼"①,即少昊抚育了颛顼。又今本《竹书纪年》亦记载:"(颛顼)生十年佐少昊氏。"《帝王世纪》说:"颛顼生十岁而佐少昊。"颛顼氏曾经在少昊氏后裔的支持下发展壮大。

少昊是活动在东方的部族,虽然经过黄帝时期的打击,部族中的一部分迁于山西汾水流域,但是仍然很大一部分留在东方。

《帝王世纪》所说的"穷桑"(即空桑),《大清一统志》"开封府"条下云:"空桑城,在陈留县南。《寰宇记》:在雍丘县西二十里。《帝王世纪》:即此邑。"清乾隆二十五年《杞县志》载:"空桑城。《寰宇记》:在雍丘县西二十里。《帝王世纪》:伊尹生于空桑。宋周煇《北辕录》云:'自杞行二十里过空桑,伊尹所生之地。'旧《志》:空桑一名伊尹村。"陈留雍丘,即今河南杞县,就是空桑城。"少昊孺帝颛顼""颛顼生十岁而佐少昊",皆说明颛顼所居的空桑在东方,而杞县之雍丘,就在东方。《帝王世纪》所说的颛顼"始都穷桑,后徙商丘",其中的"商丘"以及"穷桑"皆在东方,对于颛顼的发展路线和历程是合理的。

当然,"空桑"还有在伊水说、曲阜说等,也是有一定道理的。

颛顼即帝位之后的都城当最早在穷桑,之后迁于商丘,最后迁于帝丘,即今河南省濮阳市一带。

---

① 袁珂:《山海经校注》,上海:上海古籍出版社,1980年版,第338页。

三、西水坡遗址当是颛顼氏的考古学遗存

濮阳西水坡遗址被认为是颛顼的遗存。如《左传·昭公十七年》云:"卫,颛顼之虚也,故曰帝丘。"西水坡遗址有房基、窖穴和墓葬。其中 M45 墓主为一壮年男性,身长 1.84 米,仰身直肢葬,头南足北,埋于墓室的正中;周围有 3 个殉葬者。

M45 墓主的右侧有一龙,左侧有一虎,皆是蚌砌成的图案。墓主头南足北,而蚌砌成的龙、虎图案,与墓主相反,皆是头北尾南,这种摆放形式象征墓主弯腰伸腿就可以骑龙御虎。蚌龙身长 1.78 米,高 0.67 米,昂首,曲颈,弓身,长尾,状似腾飞。蚌虎身长 1.39 米,高 0.67 米,头微低,圜目圆睁,张牙露齿,尾下垂,四肢如行走状,似下山之猛虎(图 8-1)。

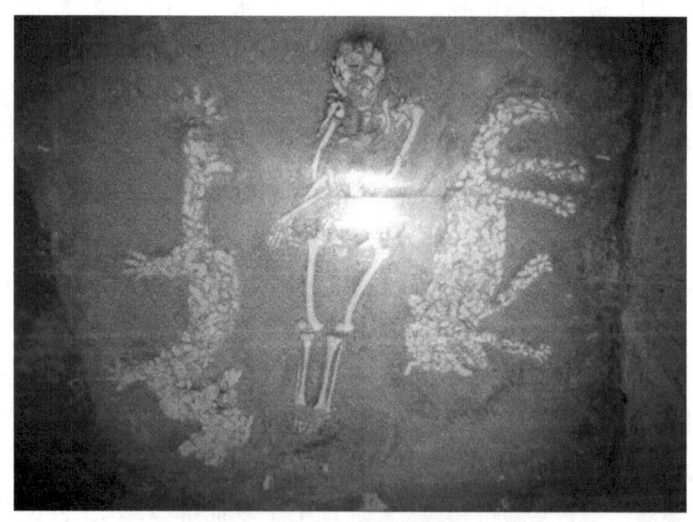

图 8-1 M45 墓照

M45 南面约 20 米处有一浅穴,穴中有蚌砌的龙、虎、鹿、蜘蛛等图案;鹿卧龙背上,蜘蛛与鹿之间置一精致的石斧。[①]

遗址两侧发现三组蚌砌的图案,可能是一大型祭祀活动的遗迹,第三组蚌图为一人两足跨在龙的背上,面部微侧,好像在回首观望。龙头朝东,背朝北。龙的北面有一只虎,头朝西,背朝南,呈奔跑状;西面还有一舒身展翅的飞禽,但

---

① 濮阳市文物管理委员会、濮阳市博物馆文物队:《濮阳西水坡遗址试掘简报》,《中原文物》,1988 年 1 期,第 4 页。

看不出是什么飞禽。

遗址中发现的蚌壳摆塑的动物图案在一个平面上，自南向北一字排开，并且时代完全相同，可以看出皆与 M45 有关。①内黄县的颛顼陵可能是一个衣冠冢，至于濮阳西水坡遗址 M45 是不是颛顼的遗存，还需要再论证。

M45 蚌图中的精致的石斧象征着权力，反映出 M45 墓主身份的高贵，可能是一个部落的酋长和首领，有人认为就是我国古史传说中的颛顼。他两侧的龙虎图案表现出墓主人乘龙驭虎，升空飞天的欲望。有人把西水坡遗址的蚌龙图称为"中华第一龙"，这很明显是一祭祀遗址。

四、颛顼氏的贡献

颛顼氏是在少暤氏的抚育下发展壮大起来的，所以颛顼氏接受了九黎氏的天文历法知识。《国语·楚语下》云："及少暤之衰也，九黎……颛顼受之，乃命南正重司天以属神，命火正黎司地以属民，使复旧常，无相侵渎，是谓绝地天通。"②

《史记·太史公自序》亦云："昔在颛顼，命南正重以司天，北正黎以司地。唐虞之际，绍重黎之后，使复典之，至于夏商，故重黎氏世序天地。"③

如前所述，重黎氏是蚩尤之后裔，那么颛顼氏重新命"重黎氏世序天地"，也在情理之中。

定日月星辰之位，《国语·周语》说："星与日辰之位皆在北维。颛顼之所建也，帝喾受之。"韦昭注曰："星，辰星也。辰星在须女，日在析木之津，辰在斗柄，故皆在北维。北维，北方之水位也。"④颛顼氏在九黎氏天文历法的基础上，又对天文历法做了进一步的发展。今本《竹书纪年》卷上云：颛顼"十三年，初作历象"。历象，即历法之数，天文之象。重、黎，皆是颛顼氏任命的"司天""司地""传天数"，"定日、月、星辰之位"的天官。《史记·五帝本纪》"集解"引孔安国曰："重黎之后，羲氏、和氏世掌天地之官。"《正义》引《吕刑传》云："重即羲，黎即和，虽别为氏族，而出自重黎也。"

---

① 濮阳西水坡遗址考古队：《1988 年河南濮阳西水坡遗址发掘简报》，《考古》，1989 年 12 期，第 1059 页。
② 上海师范学院古籍整理组点校：《国语》，上海：上海古籍出版社，1978 年版，第 562 页。
③（汉）司马迁撰：《史记》，北京：中华书局，1982 年版，第 3285 页。
④ 上海师范学院古籍整理组点校：《国语》，上海：上海古籍出版社，1978 年版，第 138～139 页。

《淮南子·齐俗训》云："帝颛顼之法，妇人不辟男子于路者，拂之于四达之衢。"高诱注："拂，放也。"①即妇女如果在路上遇见男子，必须躲避，否则就将她放在"四达之衢"的街口示众。颛顼时期，男尊女卑的观念已经形成，女子的地位已经降到很低。

颛顼氏还是远古时期官制的创造者和改革者。《左传·昭公十七年》记载："昔者黄帝氏以云纪，故为云师而云名。炎帝氏以火纪，故为火师而火名。共工氏以水纪，故为水师而水名。太暤氏以龙纪，故为龙师而龙名。我高祖少暤挚之立也，凤鸟适至，故纪于鸟，为鸟师而鸟名。……自颛顼以来，不能纪远，乃能纪近。为民师而命以民事，则不能故也。"②颛顼氏在接替了少暤氏在东夷地区的统治后，对少暤氏"以鸟名官"的原始官名、官制进行改革，使之更适合当时的社会和民事。从此，我国的官开始以其所管理的事务内容而命名，脱离了原始的以鸟、云、龙、水名官的时代。在早期国家管理制度方面，颛顼氏大大地迈上了一个台阶，建立了更先进的国家管理体制。

乐是古代人民生活中的重要内容，颛顼氏在古音乐的发展方面亦有建树。今本《竹书纪年》卷上记载：颛顼二十一年，"作'承云'之乐"。颛顼令飞龙作古乐"承云"，是古籍记载的最古老的定型乐曲。《吕氏春秋·古乐》云："颛顼好其音，乃令飞龙作，效八风之音，命之曰'承云'，以祭上帝。乃令鱓先为乐倡，鱓乃偃浸，以其尾鼓其腹，其音英。"③八风，即八卦风；乐倡，即乐人也；英，为谐和兴盛貌。

颛顼氏对中国古代文明的发展做出了重要的贡献。

五、颛顼氏时期的战争

颛顼氏与其他部落皆有许多激烈的斗争和冲突，颛顼氏是胜利者。颛顼氏虽是炎帝、两暤之后裔的一支，但是当其在掌控中原地区的政权之后，与炎帝、两暤部族其他的后裔分支也会产生冲突。

《淮南子·天文训》云："昔者共工与颛顼争为帝，怒而触不周山，天柱折，地维绝。天倾西北，故日月星辰移焉；地不满东南，故水潦尘埃归焉。"共工氏是炎帝之后，《国语·周语》贾逵注："共工诸侯，炎帝之后，姜姓也。"《山西通

---

① 《淮南子》卷十一《齐俗训》，转引自《诸子集成》（七），北京：中华书局，1983年版，第174页。
② 杨伯峻：《春秋左传注》，北京：中华书局，1983年版，第1386～1388页。
③ 陈奇猷校释：《吕氏春秋校释》，上海：学林出版社，1984年版，第285页。

志·氏族一》亦云："共工氏，有地在弘农之间。"颛顼氏得天下之后，是时，共工氏非常强大，不服颛顼氏，于是与颛顼氏发生了激烈的战争。共工氏因失败而怒，撞倒了不周山，霎时天崩地陷，"天柱折，地维绝"。据说我国西北高、东南低的地势，皆是共工怒而撞倒不周山的结果。不周山，不知今在何处。颛顼氏与共工的战争是远古时代的一次最有名的战争之一。

从以上记载可以看出，少皞氏衰落后，颛顼氏占领了东夷地区。这完全可以理解为，少皞氏在与颛顼氏的这场大的部落冲突中失败了。

《盐铁论·结和》云："轩辕战涿鹿，杀两皞、蚩尤，而为帝。"两皞，所指即太皞、少皞。在轩辕黄帝与蚩尤的涿鹿之战中，少皞、太皞作为东夷部族的一方，参加了对轩辕氏的斗争。在这场战争中，蚩尤、少皞、太皞被灭。

颛顼氏即位之后，曾经征伐东夷地区。《国语·楚语下》曰："及少皞氏之衰也，九黎乱德，民神杂扰，不可方物……祸灾荐臻，莫尽其气。颛顼受之，乃命南正重司天以属神，命火正黎司地以属民，使复旧常，无相侵渎。"①

所谓"少皞氏之衰"，就是少皞氏无法驾驭、管理这个地区的部族（九黎氏）了。颛顼氏执政时期，九黎发动叛乱。蚩尤曾为九黎之君，九黎是蚩尤之后，是管理天文历法的部族。九黎氏之乱后，历法混乱，灾祸不断。颛顼氏平息了九黎氏乱，命南正重司天，火正黎司地，"使复旧常"。少皞氏的一部分被赶到山西汾水流域②（后面将详述），一部分当留在东夷地区。颛顼氏完全掌控了东夷地区的权力。

颛顼氏还与三苗族有过激烈的冲突。《墨子·非攻下》云："昔者有三苗大乱，天命殛之。日妖宵出，雨血三朝，龙生于庙，大哭乎市。夏冰，地坼及泉，五谷变化，民乃大振。高阳乃命玄宫，禹亲把天之瑞令，以征有苗。"③这里"高阳乃命玄宫"，即高阳在玄宫中命禹征三苗。故虽然是禹征三苗，但是实际上还是颛顼氏时期征三苗。

颛顼氏打败了共工氏部族，又打败了少皞氏（包括太皞、蚩尤），占领了我国北部、东部的广大领土。《史记·五帝本纪》云：颛顼氏"北至于幽陵，南至于交阯，西至于流沙，东至于蟠木"。幽陵，即幽州（今北京市密云区）。交阯，即交州（今中国广东、广西，以及越南境内）。流沙，《正义》引《括地志》云："甘州张掖县东北千六十四里是。"即今甘肃省张掖市境。蟠木，是传说中东海的神木。

---

① 上海师范学院古籍整理组点校：《国语》，上海：上海古籍出版社，1978年版，第562页。
② 李玉洁：《少皞部族的活动与迁徙述论》，《河南大学学报》，1999年第5期，第1～4页。
③ 《墨子》卷五《非攻下》，转引自《诸子集成》（四），北京：中华书局，1983年版，第92页。

六、颛顼氏的陵墓

颛顼氏的陵墓当在今河南省内黄县境内。内黄县境内有颛顼陵和帝喾陵两座古帝王的陵墓。民国时期,内黄县因有这两座古帝王的陵墓,而被称为"高陵县"。

《山海经·海外北经》云:"务隅之山,帝颛顼葬于阳,九嫔葬于阴。"郭璞注:"颛顼,号为高阳,冢今在濮阳,故帝丘也。一曰顿丘县城门外广阳里中。"

《史记·五帝本纪》"集解"又引《皇览》说:"颛顼冢,在东郡濮阳顿丘城门外广阳里中。顿丘者,城门,名顿丘道。"史籍所记载的帝"颛顼之虚"以及颛顼死后所葬的"务隅之山",在今河南内黄县境内。

《汉书·地理志》引《春秋经》曰:"卫迁于帝丘,今之濮阳是也;本颛顼之虚,故谓之帝丘。夏后之世,昆吾氏居之。"

在濮阳西北约15公里的内黄南的三杨庄境内有颛顼陵。这里共有两座陵墓,即颛顼陵和帝喾陵,陵内发现有很多条用汉砖铺设的甬道,唐代修建的宫殿基址,宋代建筑的基址和水井,元代修建的护陵墙,明代修建的宫殿基址、陵园院门和帝陵神道,清代修建的配殿基址、山门、御桥等。根据墓志可以看出,元天历二年(1329年)、清嘉庆二十四年(1819年)颛顼陵前的围墙上嵌有"颛顼帝陵",即元、清两朝皆在"颛顼陵"前围墙上镶嵌"颛顼帝陵"的墓志,明嘉靖七年(1528年)在帝喾陵前墙镶嵌"帝喾陵"标志碑。在拜殿前和配殿前后的沙下清理出元、明、清历代御祭碑165通,说明这里的颛顼陵和帝喾陵是历代帝王所认可的。应该说这种认可是有根据的,因为中国古代皇帝是依靠国家最有学问的人从古籍的研究与探索中认定的。

现在,在遗址内还保存有清代石碑,记述该地为颛顼城。据说1949年前这里还有颛顼庙,当地流传下来的地名,如城角地、南城头地、东郭集等,经过钻探发现的确是城墙所在之处。因此,前面所引文献记述和传说中的帝丘、卫国都城,应当就是现今所发现的高城遗址。它的发现不仅为研究卫国历史提供了可靠的资料,同时也为研究五帝之一的颛顼以及夏商历史提供了重要线索。①

陵区北侧发现仰韶、龙山时期文化陶片、烧结土、贝壳、灰坑。在颛顼帝喾故都顿丘,即"颛顼帝喾陵"东南2公里的大城村,保存有夯筑城墙和载有"卫

---

① 河南省文物考古研究所、首都师范大学历史学院、濮阳市文物保护管理所:《河南濮阳县高城遗址发掘简报》,《考古》2008年第3期,第19、22、30页。

邑顿邱""颛顼之墟"的碑刻。那么，这座龙山文化的古城有可能是颛顼时期的古城。

河南内黄县梁庄镇有颛顼、帝喾两座陵墓。河南内黄县梁庄镇，历史上分别被划归濮阳市和滑县。河南濮阳西水坡遗址距离河南内黄县梁庄镇的颛顼、帝喾两座陵墓约25公里，不是太远，有人认为这个遗址的主人是颛顼族人或者就是颛顼本人。

七、颛顼氏后裔祝融氏

《山海经·大荒西经》云："颛顼生老童，老童生祝融。"颛顼，就是高阳氏。由此来看，卷章，即老童，系祝融之父。老童之子重黎、吴回皆为火正祝融。祝融是颛顼氏的后裔，这个当是没有异议的。

祝融氏是颛顼之苗裔，是华夏部族中的重要一支，曾立下非常大的战功。《国语·郑语》云："夫黎为高辛氏火正，以淳耀敦大，天明地德，光照四海，故命之曰祝融。其功大矣……祝融亦能昭显天地之光明，以生柔嘉材者也。"①

夏朝时期，祝融氏是夏王朝的同盟国。《国语·周语上》云："昔夏之兴也，融降于崇山。"韦昭注："融，祝融也。崇，崇高山也；夏居阳城，崇高所近。"崇，当是夏王朝所都的阳城附近的嵩山。《国语·周语上》云：（夏）"其亡也，回禄信于耹隧。"韦昭注："回禄，火神；再宿为信。耹隧，地名。"回禄，当是吴回的后裔。

当夏王朝灭亡的时候，祝融部族也向南方迁徙，来到江汉流域。《淮南子·时则训》云："南方之极，自北户孙之外，贯颛顼之国。南至委火炎风之野，赤帝祝融之所司者，万二千里。"汉高诱注："北户孙，国名；日在其北，皆为北向户以日，故北户。""祝融，颛顼之孙，老童之子吴回也；一名黎，为高辛氏火正，号为祝融，死为火神。"②

自远古女娲时期，祝融氏就参与华夏部族打击异己共工氏的战争。共工氏部族自与帝舜部族战争失败之后，被流于幽陵，与华夏部族之间的冲突战争不断。根据古史的记载，共工氏与颛顼氏、高辛氏、祝融氏皆发生过战争。

司马贞《补史记·三皇本纪》云："诸侯有共工氏，任智刑以强霸而不王。

---

① 上海师范学院古籍整理组点校：《国语》，上海：上海古籍出版社，1978年版，第510页。
② 《淮南子》卷五《时则训》，转引自《诸子集成》（七），北京：中华书局，1983年版，第84页。

以水乘木，乃与祝融战，不胜而怒，乃头触不周山，崩。天柱折，地维缺。女娲乃炼五色石以补天，断鳌足以立四极，聚芦灰以止淫水，以济冀州。于是地平天成，不改旧物。"

祝融氏被认为是颛顼氏之子或者之孙。祝融氏是颛顼氏的嫡系与同盟部族。在高辛氏时期，祝融氏的部族首领重黎被任命为火正祝融。

祝融曾为帝喾之师。《潜夫论·赞学》云："帝喾师祝融。"这里所说的"帝喾之师"当是祝融为帝喾的军事将领。

祝融还为帝舜"殛鲧于羽山"。也就说，帝舜对鲧的惩罚就是由祝融去执行的，可见祝融氏在华夏集团的重要地位。《山海经·海内经》云：尧时，"洪水滔天。鲧窃帝之息壤以堙洪水，不待帝命。帝令祝融杀鲧于羽郊。鲧复生禹。帝乃命禹卒布土，以定九州"。

《水经注》卷四十云："羽山在东海，祝其县南也。县，即王莽之犹亭也。《尚书》：殛鲧于羽山，谓是山也。山西有羽渊，禹父之所化，其神为黄熊，以入渊矣。故《山海经》曰：洪水滔天。鲧窃帝之息壤以堙洪水，不待帝命。帝令祝融杀鲧于羽郊。"

之后，颛顼氏后裔直至尧、舜、禹时期，祝融氏一直是北方重要的部族。在漫长的历史岁月中，祝融部族繁衍了许多分支。这些分支根据它们所居的地区有了不同的姓氏。祝融部族的分支称为"祝融八姓"。

《国语·郑语》云："祝融亦能昭显天地之光明，以生柔嘉材者也。其后八姓，于周未有侯伯。佐制物于前代者，昆吾为夏伯矣，大彭、豕韦为商伯矣。当周未有。己姓昆吾、苏、顾、温、董。董姓鬷夷、豢龙，则夏灭之矣。彭姓彭祖、豕韦、诸稽，则商灭之矣。秃姓舟人，则周灭之矣。妘姓邬、郐、路、偪阳，曹姓邹、莒，皆为采卫，或在王室，或在夷、狄，莫之数也。而又无令闻，必不兴矣。斟姓无后。"韦昭注："五国皆昆吾之后别封者，莒其后。"①"祝融八姓"主要分布在中原一带。

昆吾为己姓国家，属于"祝融八姓"之一。宋王应麟《诗地理考》卷五《周颂》引《括地志》云："濮阳县，古昆吾国。故城县西三十里，昆吾台在县西百步在颛帝城内，周回五十步，高二丈，即昆吾虚也。《郑语》昆吾为夏伯。"《左传·哀公十七年》载卫国有"昆吾之墟"，在今河南濮阳东。

《吕氏春秋·君守》云："昆吾作陶，夏鲧作城。"昆吾是最早制造陶器的部

---

① 上海师范学院古籍整理组点校：《国语》，上海：上海古籍出版社，1978年版，第511页。

族。《墨子·耕柱》云："昔者夏后开（启）使蜚廉折金于山川，而陶铸之于昆吾。"昆吾在夏初已经存在，称为夏伯。伯，大也。昆吾是夏王朝最重要的也是最大的诸侯国。宋王应麟《诗地理考》卷六云："五霸，《左传》五伯之霸也。"王应麟自注："夏伯昆吾，商伯大彭、豕韦，周伯齐桓、晋文；或曰齐桓、晋文、宋襄、秦穆、楚庄。"昆吾为夏伯是有先儒之说的。《左传·昭公十二年》楚灵王曰："昔我皇祖伯父昆吾，旧许是宅。"昆吾之祖樊是楚祖季连之兄，故楚灵王称之为皇祖伯父。许即今河南许昌。昆吾当先处濮阳，后迁许昌。

明来知德《周易集注》卷十二云："夏曰昆吾，商曰鬼方，周曰猃狁，汉曰匈奴，魏曰鲜卑。"

苏、顾、温、董，韦昭解释："皆昆吾之后别封者。"即从昆吾部落中分化出来的新部族。苏，据《路史·国名纪丙》的记载，苏是昆吾氏的一支后裔所居之地，即苏国之地，商朝有纣王宠妃苏妲己，春秋时期有苏忿生。苏在今河南省温县一带。

顾，《通志·氏族略》云："顾氏，己姓，伯爵，夏商之诸侯；今濮州范县东南二十八里有故顾城，是其地也；子孙以国为氏。又《顾氏谱》云：'越王勾践七代孙闽君摇，汉封东瓯摇，别封其子为顾余侯，汉初居会稽亦为顾氏。'汉有荆州刺史顾容，晋有顾悦之、恺之。"顾，在今河南范县旧治东南五十里有顾城。春秋时属齐地。顾，《诗·商颂·长发》云："韦顾既伐，昆吾夏桀。"郑玄《笺》曰："韦，豕韦，彭姓也。顾、昆吾，皆己姓也。三国党与桀恶，汤先伐韦、顾，克之；昆吾、夏桀则同时诛也。"顾与韦、昆吾皆夏之同盟国，灭于商。

温，《通志·氏族略第三》云："温氏，姬姓，唐叔虞之后。晋郤至为温大夫，号温季，因以为氏。按，《姓纂·唐表》：皆言唐叔虞之后，以公族封于河内，此即郤至之封；言郤至食采于温，亦号温季。一事分而为二，误矣。温，今河内温县是也。汉《功臣表》：温疥封椽侯，疥孙何始居太原，又有温忿氏，改为温氏。"温，即今河南温县西南三十里处。

董，《左传·昭公二十九年》载，晋国蔡墨说："昔有飂叔安，有裔子曰董父，实甚好龙，能求其耆（嗜）欲以饮食之，龙多归之，乃扰畜龙，以服事帝舜。帝赐之姓曰董，氏曰豢龙，封诸鬷川，鬷夷氏其后也。"《国语·郑语》韦昭注文，《潜夫论·志氏姓》认为董姓，"己姓之别受氏为国也"。《通志·氏族略第三》云："董氏，己姓；或言姬姓，黄帝之裔孙，有飂叔安生董父，其后遂为董氏。又有陆终之子参，故姓董；周时为故国，其后亦为董氏。晋有董狐董安于。"

飂，《风俗通义》《元和姓纂》等书作"廖"。《左传·昭公二十九年》记载："昔有飂叔安，有裔子曰董父。……封于鬷川，鬷夷氏其后也。"飂叔安之后裔有董姓，封于鬷川，则成为鬷夷之祖。杜预曰："鬷水上夷皆董姓。"鬷地在今山东定陶西北，后被商伐灭。

斟，斟氏是大禹之后。《史记·夏本纪》记载："禹为姒姓，其后分封用国为姓。故有夏后氏、有扈氏、有男氏、斟寻氏、彤城氏、褒氏、费氏、杞氏、缯氏、辛氏、冥氏、斟氏、戈氏。"姓参胡，即惠连。《通志·氏族略第二》云："斟氏，曹姓，亦作斟寻氏，亦作斟灌氏，亦作斟戈氏，亦作介斟氏，并夏诸侯，以国为氏，皆祝融之裔。《国语》注曰：'曹姓之别也'。《姓纂》云：'斟寻、斟灌，并姒姓；斟戈，禹后，亦姒姓。'介斟，杜预云：'夏同姓'。"《史记·楚世家》"索隐"引宋忠曰："参胡，国名，斟姓，无后。"斟姓，被商所灭无后。

彭，《通志·氏族略第二》云："彭氏，即大彭之国，在商时为诸侯伯。古祝融氏之后，有陆终氏六子。第三子彭祖，建国于彭，子孙以国为氏。又彭，亦为姓。《国语》云：'祝融之后八姓，己、董、彭、秃、妘、斟、曹、芈，周灭之。'楚有大夫彭仲爽、彭名。汉有梁王彭越、大司马彭宣，后汉有彭宠，望出宜春。"彭姓，有彭祖，终氏之第三子，商代为侯伯。《史记·楚世家》"索隐"引《世本》曰："三曰钱铿，是为彭祖。彭祖者，彭城是。"彭城，即今江苏徐州境内。大彭曾为商伯，殷末世为商所灭。

豕韦，《通志·氏族略第二》云："韦氏，亦曰豕韦氏，风姓。杜预云：'彭，商之伯国，今滑州韦城即其地，能豢龙。'故韦城，古城内有豢龙井尚存。按唐表云：颛帝孙，大彭为夏诸侯，少康之世封其别孙元哲于豕韦。大彭、豕韦，迭为商伯。周赧王时始失国，徙居彭城，以国为氏。"豕韦，亦称韦，今河南滑县东南。夏末，豕韦为商汤所灭，一部分迁移到了东北地区。

诸稽，为豕韦之后别封者，为商所灭。

秃姓舟人，是彭姓分支，为周所灭。《国语·郑语》记郑桓公"东寄帑与贿，虢、郐受之，十邑皆有寄地"。十邑即东虢、郐、鄢、蔽、补、丹、依、𬤊、历、莘。

舟可能是周人故地，在今河南新郑一带。

妘姓的主要国是郐，或作桧，在今河南新密东北五十里。妘姓活动的中心在新郑一带，鄢在其中。《史记·楚世家》"集解"引《世本》云："郐人者，郑是也。"《括地志》云："故郐城在郑州新郑县东北二十二里。"《毛诗谱》云："昔高辛之土，祝融之墟，历唐至周，重黎之后妘姓处其地，是为郐国，为郑武公所灭也。"

曹姓的主要国是邾，又称为邾氏。《大戴礼记·五帝德》云："曹姓者，邾氏也。"据《史记集解》引《世本》云："曹姓者，邾是也。"《正义》又引《括地志》云："故邾国在黄州黄冈县东南百二十一里"，后迁至山东邹县东南二十六里。《通志·氏族略第二》云："邾氏，颛帝元孙陆终第五子，曰安，赐姓为曹。其子孙亦以姓为氏。周武王时，封安之苗裔，曰邾挟，为附庸，居于邾；今兖州仙源东南四十里古邾城是也。挟以下至仪父，名字始见春秋。齐桓公霸，仪父附从进爵称子，十四代孙文公，徙于绎，今兖州邹县北峄山是也。邾自桓公革以下春秋后八世，而楚灭之。又小邾国亦出邾挟之后，姓曹；其子孙亦以姓为氏。挟七世孙夷父颜，有功于周，其子友别封为附庸，居郳；曾孙黎邾始见春秋，附从齐桓以尊周室，命为小邾子。晋志云：蕃县，古小邾国。按：蕃县，隋改曰滕，今隶沂州县之东南郳城是。乐史云：'郳城在承县，自小邾子穆公之孙，惠公以下春秋后六世，而楚灭之'。"

随着部落间的融合与发展，夏朝末年，东方商族开始兴起。祝融部落的分支韦、顾、昆吾相继为商所灭，如《诗·商颂·长发》云："苞有三蘖，莫遂莫达。九有有截，韦顾既伐，昆吾夏桀。"在夏的同盟者被伐灭以后，夏朝也随之灭亡了。

除"祝融八姓"之外，《路史·前纪八·禅通纪》"祝诵氏"条下还记载有"后有祝氏、融氏、祝宗氏、祝龢氏"，皆是祝融之后裔。

以上"祝融八姓"，或为夏王朝所灭，或为商王朝所灭，或为周王朝所灭，或被某些诸侯国所灭。它们或在中原，或在少数民族地区，除个别的诸侯国，如昆吾在夏代大显为夏伯，彭祖在商代大显为商伯（后又被商王朝所灭）之外，无大显于世者。

第二节　黄帝的帝系后裔帝喾氏

据说，高辛氏帝喾是黄帝之曾孙。帝喾时期，人们已经会认识天象星辰的位置，懂得了较多的天文历法知识。据说帝喾能序日月星三辰，对天上的星象有了初步的了解，帝喾时期还发明了"五英"之曲。帝喾打败了犬戎，把疆域扩展到南方长沙武陵蛮地区。帝喾的后裔有一儿子或在今商丘管理辰星，为火神阏伯；有一儿子实沈在大夏（今山西晋阳）管理参星。帝喾的陵墓在今河南省内黄县，与颛顼的陵墓相邻。民国时期，内黄县改名为高陵县，就是为了纪念颛顼和帝喾。

一、帝喾氏之都

《史记·五帝本纪》云："帝颛顼生子，曰穷蝉。颛顼崩，而玄嚣之孙高辛立，是为帝喾。帝喾，高辛者，黄帝之曾孙也。高辛父曰蟜极，蟜极父曰玄嚣，玄嚣父曰黄帝。自玄嚣与蟜极皆不得在位，至高辛即帝位。高辛于颛顼为族子，高辛生而神灵，自言其名。"帝喾是黄帝的曾孙，是颛顼血缘较远的侄子。

《史记·五帝本纪》"集解"引张晏曰："少暤之前，天下之号象其德；颛顼以来，天下之号因其名。高阳、高辛，皆所兴之地名。颛顼与喾，皆以字为号。"《索隐》引宋衷曰："高辛，地名，因以为号。喾，名也。皇甫谧云：帝喾，名夋也。"

也就是说，在少暤之前，天下皆以古帝王之德命古帝王之号或名；自颛顼以来，天下皆因古帝王所兴之地名，命古帝王之号或名。高阳、高辛皆是帝王所兴之地；颛顼与喾，皆以帝王之字为号。

帝喾是蟜极之子，当颛顼死后即位，是为帝喾。《帝王世纪》卷一云："帝喾高辛氏，姬姓也。其母不见，生而神异，自言其名曰'夋'；骈齿，有圣德，年十五而佐颛顼，三十而登帝位，都亳。以木承水，以五行名官……在位七十五年。年百五岁而崩。"①有学者认为帝喾就是帝俊。如袁珂先生认为："帝喾自言其名曰'夋'，即为最直接最有力之证据。"②不过，帝喾如果"自言其名曰'夋'"，也未必就是《山海经》中的帝俊。

帝喾氏是远古时期一个很有天分的少年帝王，关于帝喾氏之都，历史上主要有两种说法，即商丘说和偃师说。

1. 商丘说

商丘谷熟说，《竹书纪年》卷上："元年，帝即位，居亳。"这个"亳"在何

---

① （晋）皇甫谧等撰，陆吉等点校：《帝王世纪 世本 逸周书 古本竹书纪年》，济南：齐鲁书社，2010年版，第11~12页。

② 袁珂：《山海经校注》，上海：上海古籍出版社，1980年版，第371页小注。

处？郦道元《水经注》认为，亳在今河南省商丘市谷熟集，即南亳。

《水经注》卷二十三云："亳，本帝喾之墟，在《禹贡》豫州河、洛之间，今河南偃师城西二十里尸乡亭是也。皇甫谧以为考之事实，学者失之。如孟子之言：汤居亳，与葛为邻，是即亳与葛比也。汤地七十里，葛又伯耳，封域有限，而宁陵去偃师八百里，不得童子馈饷而为之耕。今梁国，自有二亳：南亳在谷熟，北亳在蒙，非偃师也。"①

唐李吉甫《元和郡县志·河南道三》云："谷熟县，本汉薄县地，置于古谷城。春秋时为谷丘，亦殷之所都，谓之南亳。汉于此置薄县，属山阳郡。薄与亳，义同字异。后汉改置谷熟县，属梁国。隋开皇十六年属宋州，上西北至州五十七里。……高辛故城在县西南四十五里，帝喾初封于此。"

宋乐史《太平寰宇记·河南道十二》也曾质疑"偃师说"："亳城在县西南三十五里，春秋庄公十二年宋御说奔亳。孟子云：汤居亳，与葛伯为邻。今宁陵县界有葛城相去八十里，龙元城在县西南五十里。春秋隐公二年，莒人入向。注云：谯国龙元县东南有向城也。故高莘城在县西南四十五里。《地理志》云：梁国谷熟县西南有高辛城。《帝系谱》：帝喾年十五佐颛顼有功，封为诸侯，邑于高辛，即此城也。"

李吉甫在这里记载了亳在商丘市谷熟集，但他在同一本书中又记述了偃师说（后面将述）。

2. 偃师说

《帝王世纪》卷四云："殷有三亳，二亳在梁国，一亳在河、洛之间。谷熟为南亳，即汤都也。蒙为北亳，即景亳，汤所盟地。偃师为西亳，即盘庚所徙者也。"②《汉书·地理志》又云："偃师，尸乡，殷汤所都。"偃师尸乡，当是殷汤所迁徙之都。《白虎通义·德论上·爵》云："谓之帝喾者，何也？喾者，极也，言其能施行穷极道德也。"

《索隐》引宋衷曰："高辛，地名，因以为号。喾，名也。皇甫谧云：帝喾，名夋也。"

唐李吉甫《元和郡县志·河南道一》云："偃师县，本汉旧县，帝喾及汤盘庚并都之。商有二亳：成汤居西亳，即此是也。至盘庚又自河北徙于亳，商家从

---

① 王国维校：《水经注笺》，上海：上海人民出版社，1984年版，第752~753页。
② 皇甫谧等撰，陆吉等点校：《帝王世纪世本 逸周书 古本竹书纪年》，济南：齐鲁书社，2010年版，第36页。

此而改号曰殷。"高辛之名当是与其所处的地名有关，但是高辛氏与偃师西亳有何关系，这里似乎还看不出。

综上所述，笔者也认为，高辛氏帝喾所居之亳在"梁国谷熟县西南有高辛城"，即今商丘市谷熟集。当然高辛氏迁徙多处而留下多处遗迹，也是不可否认的。

二、帝喾氏的战争与族属

帝喾居亳。从其活动地域与故里来看，帝喾之前的帝王颛顼当与少暤有很大的关系，当少暤部族之后裔。帝喾应不是黄帝的后裔，那帝喾来自何族呢？如前所述，帝喾氏早期居于商丘一带。《帝王世纪》卷一云：帝喾高辛氏"三十而登帝位，都亳"。《帝王世纪》卷一又云：帝喾"年十五而佐颛顼"。颛顼最初所都之地就是在河南省商丘市，那么帝喾所"都亳"之"亳"在商丘之南的谷熟集，也应是合乎情理的。

帝喾"年十五而佐颛顼"，应该是在颛顼的栽培之下成长起来的一代帝王，也当是与颛顼同一个部族的成员。当帝喾即位帝王之时，也来到颛顼所都之处——帝丘，今河南省濮阳，并且在其死后，与颛顼一起埋葬在这里。濮阳东北约 15 公里的内黄南的三杨庄境内有颛顼陵。这里共有两座陵墓，即颛顼陵和帝喾陵。明嘉靖七年在帝喾陵前墙镶嵌"帝喾陵"标志碑（见本章第一节）。

晋代王嘉《拾遗记》卷一《高辛》曰："帝喾之妃，邹屠氏之女也。轩辕去蚩尤之凶，迁其民善者于邹屠之地，迁恶者于有北之乡。其先以地命族，后分为邹氏、屠氏。女行不践地，常履风云，游于伊、洛。帝乃期焉，纳以为妃。妃常梦吞日，则生一子，凡经八梦，则生八子。世谓为'八神'，亦谓'八翌'，翌，明也，亦谓'八英'，亦谓'八力'，言其神力英明，翌成万象，亿兆流其神睿焉。"①

很明显，帝喾娶的是"邹屠氏之女"。邹氏、屠氏，则是蚩尤之后裔。从帝喾时期的战争也可以看出，帝喾当与颛顼是同一部族。颛顼、帝喾当与蚩尤之后裔有密切的关系，至少是联姻部族，而且这个"邹屠氏之女"又"常履风云，游于伊、洛。帝乃期焉，纳以为妃"。这些都与炎帝蚩尤部族活动的

---

① （晋）王嘉等：《拾遗记》，上海：上海古籍出版社，2012 年版，第 12 页。

地域有关。

帝喾有许多战争,皆是由颛顼的敌友关系所决定的,表现出帝喾与颛顼的继承关系。

《竹书纪年》卷上曰:帝喾十六年,"帝使重帅师灭有郐。四十五年,帝锡唐侯命。六十三年,帝陟"。

帝喾十六年时,帝喾命重帅师灭"有郐"。《逸周书·史记解》云:"斧小不胜柯者亡。昔有郐君啬俭,灭爵损禄,群臣卑让,上下不临。后□小弱,禁罚不行,重氏伐之,郐君以亡。"晋人孔晁注:"柯秉,所以喻君;斧,所以用喻臣。臣无爵禄,君所在不临,言不相承奉也。"清人徐文靖《笺》:"按《山海经》:'颛顼生老童'。《世本》:'老童娶于根水氏,谓之骄福,产重及黎。'昭二十九年左传蔡墨曰:'少暭氏使重为勾芒,世不失职。'《楚语》观射父曰:'颛顼命南正重以司天',即是人也。"

郐,晋人杜预《春秋释例》卷五《土地名》云:"郐城,荥阳密县东北有郐城,故郐国。"清人惠栋《九经古义》卷五《毛诗古义》云:"《周书》史记:此高辛时,有郐之君非外传桧仲也。是以《汲郡古文》云:'帝高辛十六年,帝使重帅师灭有郐',左史戎夫所云'重氏伐之,郐君以亡'是也。《世本》云:'陆终娶鬼方氏妹曰女嬇,生子六人;四曰求言,是为郐人。'郐人者,郑是也。陆终在高辛之后,或因有郐之墟而封之,后为郑武公所灭耳。宋衷曰:'求言,名;妘姓,所出郐国。'"有郐,即郐国,妘姓,在今河南省新密市境内。郐国先被重所灭,后又兴起,春秋初年被郑武公所灭。

重,就是颛顼氏时期曾"南正重司天以属神,命火正黎司地以属民"之"重"。重、黎,为颛顼氏之臣。而帝喾"使重帅师灭有郐",说明重也是帝喾之臣。

帝喾"年十五而佐颛顼",曾为颛顼之臣;即位之后,与颛顼同在商丘,从商丘迁至帝丘,重即颛顼氏之臣,也是帝喾之臣。颛顼与帝喾死后皆葬在帝丘。这些都说明帝喾是直接继承颛顼的古代帝王,帝喾当与颛顼同一族属。帝喾与颛顼是同一部族,当皆为少暭之后裔。

三、帝喾氏的贡献

帝喾氏在位时期,以勾芒为木正,祝融为火正,蓐收为金正,玄冥为水正,后土为土正，即五行。以五行之官分职而治诸侯，化被天下。在帝喾时期，金、木、水、火、土的五行观念已经出现。

高辛氏时期，人们已经会认识天象星辰的位置，懂得了较多的天文历法知识。《国语·鲁语上》云："帝喾能序三辰以固民。"韦昭注曰："三辰，日月星也，谓能次序。三辰以治历明时，教民稼穑，以安之。"

高辛氏时期，人们已经懂得了较多的天文历法知识，并且会看天象星辰与气候的关系；可能已经有了较为先进的历法知识，认识了天上的星辰及其在天空中的位置。在很多古籍上都记载了高辛氏"能序三辰"的故事。《国语·周语下》云："星与日辰之位皆在北维。颛顼之所建也，帝喾受之。"韦昭注："建，立也。颛顼帝，喾所代也。帝喾，周之先祖后稷所出也。《礼·祭法》曰：周人禘喾而郊稷。颛顼，水德之王，立于北方。帝喾木德，故受之于水。今周亦木德，当受殷之水，犹帝喾之受颛顼也。"

汉王充《论衡·祭意》云："帝喾能序星辰，以著众。"

根据《国语》和《论衡》的记载，说明高辛氏在颛顼对天象历法的基础上，又进一步掌握了天象历法的知识，"能序星辰"；并用这些知识以教民稼穑，使民众安心地从事农业生产，即"以固民""以著众"。

《左传·昭公元年》记载："昔高辛氏有二子，伯曰阏伯，季曰实沈……迁阏伯于商丘主辰，商人是因，故辰为商星。迁实沈于大夏主参，唐人是因，以服事夏商。"

关于"迁阏伯于商丘主辰"，杜预注曰："商丘，宋地；主祀辰星。辰，大火也。"孔颖达疏云："阏伯居商丘，祀大火，相土因之。故商主大火。辰即大火星也。故商人祀辰星。商，谓宋也。宋，商后故称商人也。"

关于"迁实沈于大夏主参"，杜预注曰："大夏，今晋阳县。""唐属诸参。"参，就是参星，在今山西晋阳县，三代时期是唐人故地。

高辛氏时期已经有了鞀鼓钟磬之乐，有"五英"之曲，当实有其事。《吕氏春秋·古乐》云："帝喾命咸黑作为声，歌九招、六列、六英。有倕作为鼙鼓、钟磬、吹苓、管、埙、篪、鼗、椎、钟。帝喾乃令人抃或鼓鼙、击钟磬、吹苓、展管篪。因令凤鸟天翟舞之。帝喾大喜，乃以康帝德。"

高辛氏时期是否已经有那么齐全的乐器，还需再研究，但高辛氏时期已经有了鞀鼓钟磬之乐，有"五英"之曲，当实有其事。

四、帝喾氏的后裔与冢墓

"高辛氏有才子八人,伯奋、仲堪、叔献、季仲、伯虎、仲熊、叔豹、季狸,忠、肃、共、懿、宣、慈、惠、和,天下之民谓之八元。……(舜)举八元,使布五教于四方,父义、母慈、兄友、弟共、子孝,内平外成。"杜预注:"内,诸夏;外,夷狄。"高辛氏帝喾后裔伯奋等的八个分支部族,皆有忠、肃、共、懿、宣、慈、惠、和之美德,被帝舜所举任,"布五教于四方",教化天下,社会风气得到极大的改善,受到"内平外成"之功,诸夏夷狄也能和睦相处。

高辛氏的两个儿子——阏伯与实沈,关系不好,彼此之间互相攻打。《左传·昭公元年》记载:"迁阏伯于商丘主辰,商人是因,故辰为商星。迁实沈于大夏主参,唐人是因,以服事夏商。"商主祀辰星和大火者是高辛氏的长子阏伯,在今河南省商丘境;在晋阳境内主祀参星者是高辛氏的次子实沈,在今山西太原。

高辛氏晚年与犬戎部落发生一场战争。《太平寰宇记》卷一百七十八云:"昔帝喾时患犬戎之寇,及访募天下,有能得犬戎之将吴将军之头者,妻以少女。时帝有畜犬,名曰盘瓠,衔吴将军首而至。帝乃以女配之。盘瓠得女,负走入南山,今五溪中山也,止石穴中,所处险绝,生六男六女,因自相夫妻,织绩木皮,染以草实,好五色衣服,裁制皆有尾形。衣裳班兰,言语侏离,其后滋蔓,号曰蛮夷。有邑君长,名渠帅曰精夫,相号姎徒。《说文解字》曰:'姎,女人自称我也。'所居皆深山重阻,人迹罕到,今长沙、黔中,五溪蛮是也。一曰辰溪、二曰酉溪、三曰巫溪、四曰武溪、五曰沅溪。"

《后汉书·南蛮传》又云:"盘瓠死后,因自相夫妻,织绩木皮,染以草实,好五色衣服,制裁皆有尾形。……今长沙武陵蛮是也。"这里所说的帝喾的五彩犬,当是犬戎部族的一支——盘瓠氏,因亲高辛氏部族,而背叛犬戎部族,才使高辛氏部族取得了胜利。

犬戎部族当是黄帝的一支后裔部族,说明后代战争是因为利益而发生的,亲缘关系愈来愈远。利益相左就有发生战争的可能。

盘瓠的传说是南方少数民族关于狗王创世的传说。盘瓠死后,他的儿女"因自相夫妻",而以后的长沙武陵蛮就是狗王盘瓠的后裔,当然也是高辛氏的后裔。

关于高辛氏的陵墓在何处，历史上也有好几种说法，如开封、内黄、商丘、旬阳、衡阳等。《明一统志·开封府下》云："归德卫：祠庙帝喾庙在府城东南四十五里，祀帝喾高辛氏。……帝喾陵在府城东南四十五里。"《明一统志·陕西布政司》云："帝喾陵在合阳县东四十里，葬帝喾高辛氏。"《大清一统志》一百八十八云："兴安府在陕西省治南，帝喾庙在洵阳县南。"《大清一统志·衡州府》云："帝喾庙在衡阳县西南二十里雨母山。《湘中记》：雨母山上有帝喾祠，每祭尝有云气。"

但是学界认可帝喾陵在今河南省内黄县。

《山海经·海外南经》云："帝喾葬于阴。"晋郭璞注："喾，尧父，号高辛。今冢在顿丘县城南台阴野中也。"

《水经注》卷九云："淇水又北径其城东，东北径同山东，又东北径帝喾冢西，世谓之顿丘台，非也。《皇览》曰：帝喾冢在东郡濮阳顿丘城南台阴野中者也。又北径白祀山东，历广阳里，径颛顼冢西。俗谓之殷王陵，非也。《帝王世纪》曰：颛顼葬东郡顿丘城南，广阳里大冢者是也。"①

以上所说的顿丘县在今河南省内黄县。笔者也曾到内黄县参加祭祀二帝的祭典，目睹了宋元时期在这里所建筑的二帝陵墓。

《元和郡县志·河北道一》云："顿丘县，颛顼陵在县西北三十五里，帝喾陵在县北三十里。"《大清一统志·顺德府》云："陵墓：颛顼陵、帝喾陵，俱在滑县东北七十里。"

《大清一统志·卫辉府》云："帝喾陵在滑县东北。《水经注·淇水》：径帝喾冢西。《皇览》曰：帝喾冢在东郡濮阳顿邱城南台阴野中。《元和志》：秋山在顿邱城西北三十五里，帝喾陵在焉。按：直隶高阳县亦有颛顼陵，陕西合阳县亦有帝喾陵。"

高辛氏的陵墓与颛顼陵相近相邻，在汉唐时期的顿丘，即今河南省内黄县。民国时期，因这里有高阳氏、高辛氏两个古帝王的陵墓，把这个县命名为高陵县。

历史上有多种说法，这可能是高辛氏部族四处迁徙的原因，或者高辛氏的后裔子孙部族也广布天下，所以很多地区都有高辛氏的陵墓。另外，各地大概出于对高辛氏的尊崇和景仰，也建筑高辛氏的陵墓，以供后人祭奠。

---

① 王国维校：《水经注笺》，上海：上海人民出版社，1984年版，第324页。

第三节 黄帝的帝系后裔帝挚氏

帝挚是帝喾之子,帝喾死后,帝挚立。而根据《帝王世纪》的记载,帝尧也是帝喾之子,封为唐侯。由于帝挚不善、不肖,"政软弱",诸侯皆归唐侯。帝挚自觉德不如唐侯,于是率群臣到唐,把帝位禅让给唐侯。但是帝挚留下的资料太少,这件事引起后代的许多猜测和质疑,也成为千古疑团。

一、帝挚氏禅让的疑点

根据《帝王世纪》的记载,帝挚是帝喾之子,帝尧之兄。当帝喾崩之后,帝挚即位,尧辅佐帝挚。

《史记·五帝本纪》曰:"帝喾娶陈锋氏女,生放勋;娶娵訾氏女,生挚。"《史记正义》引《帝王纪》云:"帝喾有四妃,卜其子皆有天下。元妃有邰氏女,曰姜嫄,生后稷;次妃有娀氏女,曰简狄,生契;次妃陈丰氏女,曰庆都,生放勋;次妃娵訾氏女,曰常仪,生帝挚也。"根据《史记·殷本纪》云:"有娀氏之女为帝喾次妃,三人行浴,见玄鸟堕其卵。简狄取吞之,因孕生契。"《史记正义》曰:"有娀之墟,有娀当在蒲州也。"《史记·周本纪》云:"姜原为帝喾元妃。姜原出野见巨人迹,心忻然说,欲践之。践之而身动如孕者,居期而生子,以为不祥,弃之隘巷。马牛过者,皆辟不践;徙置之林中,适会山林多人,迁之;而弃渠中,水上飞鸟以其翼覆荐之。姜原以为神,遂收养,长之。初欲弃之,因名曰弃。"

《史记·殷本纪》说其女性祖先简狄是帝喾次妃,吞玄鸟卵而生先祖契。《周本纪》也说其女性祖先姜原是帝喾次妃,但步大人脚迹而生先祖弃。殷商之先祖契、周人之先祖弃,是否就是帝喾之子就很难说。说他们是"帝喾之子",当是传说之误,或者是后人的杜撰。那么陈锋氏女庆都所生的放勋、娵訾氏女常仪所生的帝挚当也不是亲兄弟。

《史记正义》所引《帝王纪》记载,当有不确之处。

《帝王世纪》卷一云:"帝挚之母,于四人之中其班最下,而挚年兄弟最长,故得登帝位。封异母弟放勋为唐侯。"放勋,就是后来的帝尧,是帝挚的异母弟。因为挚的年龄最长,故让挚继承帝位;而尧,当时则为唐侯。

《帝王世纪》卷一又云:"挚在位九年,政软弱,而唐侯德盛,诸侯归之。挚服其义，乃率其群臣造唐朝而至禅，因委心愿为臣。唐侯于是知有天命，乃受帝禅，而封挚于高辛氏。"①高辛，今河北省保定市唐县。

《帝王世纪》还曰："（帝喾崩，）子帝挚立，在位九年。挚立不肖，而崩，帝放勋代立，是为帝尧。"

今本《竹书纪年》卷一云："（帝喾崩，）子帝挚立，在位九年。挚立不肖，而崩。"

《史记·五帝本纪》曰："帝喾崩，而挚代立。帝挚立，不善，崩。而弟放勋立，是为帝尧。"

《帝王世纪》就有两种说法：一种是"挚立不肖，而崩"，与今本《竹书纪年》、《史记·五帝本纪》"挚立不肖，而崩""帝挚立，不善，崩"的说法是相同的。但皆是在帝挚崩之后，"放勋立，是为帝尧"。

《帝王世纪》又一说法是，挚在位九年，没有能力。唐侯有德，诸侯皆归之。帝挚自愧不如，乃率群臣到唐，愿为臣，于是把帝位禅让给唐侯。唐侯认为这是天命，乃受帝禅，而把帝挚封于高辛氏。高辛，今保定市唐县。

根据《帝王世纪》的记载，帝挚之母在其父帝喾的四个妃子之中，地位最低，仅因为帝挚的年龄最大而继位帝喾的。帝挚属于庶出，他的继位不合礼法。尧的母亲在四妃中间地位如何，此处并没有说明。

如果说挚在位九年，"政软弱"，他认识到自己不善、不肖，率群臣到唐国去，把政权交给唐侯，自愿为臣，那么帝挚就很有自知之明，能正确地认识自己，是人的一大优长之处，不能说他不肖、不善。

当然也许帝挚看到"唐侯德盛，诸侯归之"，自己没有能力控制天下，自动禅位也是可能的。

唐侯得禅让之位为帝尧，而把帝挚封于高辛氏之墟，这个记载倒是很真实。帝挚可能就是高辛氏之子。

二、后人对帝尧氏的质疑

后代所说的帝挚是否真把帝位禅让给尧，历史的真实原因已经无法弄清楚了，但是当时禅让的可能性已经很小。帝挚留下的资料寥寥无几，我们很难探研

---

① （晋）皇甫谧等撰，陆吉等点校：《帝王世纪 世本 逸周书 古本竹书纪年》，济南：齐鲁书社，2010年版，第12页。

当时的历史情况，这也给后世留下了丰富的想象和猜测空间。

清人马骕《绎史》卷八"高辛纪"条下曰："帝挚嗣立未久而崩，而陶唐氏作矣。然窃有疑焉，记称帝喾四妃之子，以嫡也，则莫如立后稷；以贤则尧、稷、契，皆其人也；不立嫡与贤，而立挚，岂喾无知子之明，有爱憎之私乎？"

马骕《绎史》质疑帝喾立帝挚，认为立嫡，当立后稷；立贤，当立尧、稷、契；无论如何也不应立挚。笔者认为，只有挚可能是帝喾之子，尧、稷、契、后稷皆附会为帝喾之子。如果认识到这点则可以理解，帝尧之得帝位，帝挚不是禅让，至少不是心甘情愿，而是被逼不得已地禅让。

其实我国古代也有人认为帝尧之位是篡夺而得的。

宋人高似孙《子略》卷一《黄帝阴符经》"皮日休读阴符经诗"条下云：

> 自颛顼以降，贼为圣人轨。
> 尧乃一庶人，得之贼帝挚。
> 挚见其德尊，脱身授其位。
> 舜惟一鳏民，冗冗作什器。
> 得之贼帝尧，白丁作天子。
> 禹本刑人后，以功继其嗣。
> 得之贼帝舜，用以平浲水。
> 自禹及文武，天机□然弛。
> 姬公树其纲，贼之为圣智。

清顾栋高《春秋大事表·读春秋偶笔》云："夫弑君大恶，岂有可改过自新之理？尧帝篡挚。"顾栋高也认为，尧是篡夺了帝挚之位。

《鹖冠子》卷下《世兵》第十二曰："尧伐有唐。"传云："尧佐帝挚，受封于唐。二十而登帝位。今此云'尧伐有唐'未详闻也。伐或作代。"

《鹖冠子》似乎对"尧伐有唐"不理解。如前所述，《史记·五帝本纪》"正义"云："唐侯德盛，诸侯归之。挚服其义，乃率群臣造唐而致禅。唐侯自知有天命，乃受帝禅。乃封挚于高辛，今定州唐县也。"《正义》说，尧原为唐侯，这个唐侯当是在帝挚的管辖之下。尧得帝位之后，把高辛氏之墟封给挚，这个地方后成为唐。之所以称此地为唐，当与唐有关。"尧伐有唐"，当是尧对帝挚的最终出击，以至于帝挚"崩"，为尧的帝位扫清了最后的障碍和潜在的威胁。

第四节　黄帝的帝系分支帝尧

尧，是谥号，其名字曰放勋，是我国古代最负盛名的圣王之一。帝喾崩殂之后，其子帝挚立。放勋曾为帝挚之佐，即辅助帝挚。当帝挚在位九年之后，挚立不肖，而死；也有说帝挚认为自己"德不如放勋"，放弃帝位，于是帝尧即位。《史记·五帝本纪》记载："帝尧者，放勋。"《索隐》："尧，谥也；放勋，名。帝喾之子，姓伊祁氏。"伊祁氏，即伊耆氏。如前所述，如果本书所论蚩尤就是伊耆氏的论点成立，那么帝尧就是伊耆氏蚩尤之后裔。更重要的是，帝尧姓伊祁氏；即位之后，以山西平阳为都，建立唐国，称为陶唐氏。

帝尧即位之后，任用共工氏、驩兜氏、三苗氏、鲧为"四岳"，即四个辅助尧的大臣。帝尧之"四岳"，基本都是炎帝蚩尤之后裔。故笔者认为帝尧的出身可能与蚩尤有联系。

在我国古代传说中，尧"其仁如天，其知如神，就之如日，望之如云。富而不骄，贵而不舒，黄收（夏代冕称为收）、纯衣、彤车，乘白马。能明驯德，以亲九族"[①]。又说："帝尧，曰放勋，钦明文思安安，允恭克让，光被四表，格于上下，克明俊德，以亲九族。九族既睦，平章百姓。百姓昭明，协和万邦，黎民于变时雍。"[②]"不偏不党，王道荡荡，言至公也。古有行大公者，帝尧是也，贵为天子，富有天下，得舜而传之，不私于其子孙也。去天下若遗躧，于天下犹然，况其细于天下乎。非帝尧孰能行之。"[③]孔子认为尧是像天一样的伟大君主。孔子说："大哉！尧之为君也。巍巍乎！唯天为大，唯尧则之。"[④]有关尧的传说还有很多，总之，都认为尧是则天而行之的圣君明主。

一、帝尧氏当是炎帝伊耆氏之裔

帝尧是帝喾之子。《史记·五帝本纪》记载：帝喾崩，而挚代立。帝挚立，不善，崩。而弟放勋立，是为帝尧。

《帝王世纪》卷一云："挚在位九年，政软弱，而唐侯德盛，诸侯归之。挚服

---

① （汉）司马迁撰：《史记》，北京：中华书局，1982年版，第15页。
② （清）阮元校刻：《尚书·尧典》，转引自《十三经注疏》，北京：中华书局，1980年版，第7页。
③ 《百子全书》（扫叶山房本），杭州：浙江人民出版社，1984年版。
④ 杨伯峻译注：《论语译注》，北京：中华书局，1980年版，第12页。

其义，乃率其群臣造唐朝而至禅，因委心愿为臣。唐侯于是知有天命，乃受帝禅，而封挚于高辛。"①高辛，今保定市唐县也。

帝尧是在帝挚死后即位，还是帝挚"愿为臣"，把江山禅让给帝尧，帝尧从而得到天下。这是今所见流传史籍的第一个疑点。

《帝王世纪》卷一："帝尧，陶唐氏，祁姓也。母曰庆都，出洛渚，遇赤龙，感孕十四月而生尧于丹陵，名曰放勋，鸟庭荷胜，眉有八采，丰下锐上。或从母姓，伊耆氏。年十五而佐帝挚，受封于唐，为诸侯。"又云："帝尧，陶唐氏，伊祈姓也。"②

帝尧的母亲庆都，"出洛渚，遇赤龙，感孕十四月而生尧于丹陵"。也就是说，帝尧的母亲庆都在洛水的一个小渚上，感于"赤龙"而孕，生下尧。那么尧的父亲不是帝喾，而当是"赤龙"。这个"赤龙"当为"赤帝"，是否可以认为是失去政权的一代炎帝，即蚩尤氏的后裔。中国一向把龙称为帝王，"赤龙"当是赤帝、炎帝。

《史记·五帝本纪》认为，帝尧就是帝喾之子。帝尧当是假托自己是帝喾之子，以表示自己即位为帝的合法性。

而且《帝王世纪》又云："帝尧，陶唐氏，伊祈姓。"伊祁氏当与"伊耆氏"完全同音，当是同一部族。帝尧既称为伊祁氏，也是蚩尤氏被灭之前的部族伊耆氏。帝尧当是炎帝伊耆氏蚩尤氏之后裔。

《史记·五帝本纪》云："帝尧者，放勋。"《索隐》："尧，谥也；放勋，名。帝喾之子，姓伊祁氏。案：皇甫谧云：'尧初生时，其母在三阿之南，寄于伊长孺之家'，故从母所居为姓也。"《正义》引徐广云："号陶唐。《帝王纪》云：'尧都平阳，于诗为唐国'。"徐才宗《国都城记》云："唐国，帝尧之裔子所封，其北帝夏禹都。汉曰太原郡在古冀州太行恒山之西，其南有晋水。《括地志》云：'今晋州所理平阳故城是也'。平阳河水，一名晋水也。"

根据《史记·五帝本纪》，尧的母亲在生尧的时候，在"三阿之南"。"三阿之南"在何处？魏郦道元《水经注》记载，尧陵在成阳。成阳，即城阳，西周时期为郕国国都，今山东省菏泽市东北胡集镇。《水经注》卷二十四《瓠子河》云："《地理志》曰：成阳有尧冢灵台。今成阳城西二里有尧陵，陵南一

---

① (晋)皇甫谧等撰，陆吉等点校：《帝王世纪 世本 逸周书 古本竹书纪年》，济南：齐鲁书社，2010年版，第12页。

② (晋)皇甫谧等撰，陆吉等点校：《帝王世纪 世本 逸周书 古本竹书纪年》，济南：齐鲁书社，2010年版，第12页。

里有尧母庆都陵，于城为西南，称曰灵台。""又言尧陵在城南九里，中山夫人祠在城南二里，东南六里尧母庆都冢。"

在成阳之北有"三阿"。《水经注》卷二十四《瓠子河》云：瓠子河"又东北过东阿县东……又东北过祝阿县"。

《春秋经·庄公十三年》云："冬，公会齐侯盟于柯。"杜预注："此柯，今济北东阿齐之阿邑，犹祝柯，今为祝阿。"《音义》："柯，古何反。"柯，亦可读作"阿"。

从《水经注》及《春秋经》看，在成阳之北有东阿、祝阿、阿邑，那么成阳当在"三阿之南"。

尧出生之后，"寄于伊，长孺之家"，当是寄居在伊河流域，被抚育长大的。伊河流域就是伊耆氏、蚩尤氏活动的地域。帝尧之所以生长在这里，当是生活在遗留在伊水流域的伊耆氏、蚩尤氏部族之中。

帝尧是炎帝伊耆氏的论点早在东汉时期就有人提出过。

东汉王符《潜夫论·五德志》说："有神龙首出，常感姙姒，生赤帝，魁隗身（氏），号炎帝，世号神农。……后嗣庆都、兴龙合婚，生伊尧。"

王符在《潜夫论·五德志》中说：姙姒所生的第一代赤帝就是魁隗氏，号炎帝，世号神农。

王符认为，赤帝魁隗氏的后嗣"庆都、兴龙合婚，生伊尧"。

宋代人有收集古代金石碑刻之雅兴。宋人洪适辑汉代碑刻"凡汉隶碑碣二百五十有八"，并对其进行解释，辑成《隶释》一书。洪适《隶释》卷一"帝尧碑"云："帝尧者，盖昔世之圣王也。其先出自块隗，翼火之精，有神龙首出于常羊，生赤□（帝）也。名纪，见乎河雒。爰嗣八九，庆都与赤龙交而生伊尧。""块隗"当"魁隗"。

自元代开始，"伊耆氏就是尧"的论点开始出现。元人陈澔（1260—1341）《礼记集说》云："蜡祭八神：先啬一、司啬二、农三、邮表畷四、猫虎五、坊六、水庸七、昆虫八。伊耆氏，尧也；索，求索其神也。"

之后，元代刘玉汝《诗缵绪》卷七"唐"、方回续《古今考》卷十一"令民除秦社稷立汉社稷"，明代胡广《礼记大全·郊特牲》、蔡清《四书蒙·尽心章句上》、彭大翼《山堂肆考·时令》，清代秦蕙田《五礼通考·吉礼》、李光坡《礼记述注·郊特牲》、孙承泽《春明梦余录·三皇庙》皆云："伊耆氏，尧也。"

虽然东汉王符、宋代洪适也发现有汉代碑刻，但要认为伊耆氏就是尧，似乎不能令人接受，但尧有可能是伊耆氏之后裔。

伊耆氏炎帝族是非常强大的分支，对当时和后世都做出了重要的贡献。

二、帝尧氏"尧都平阳"

帝尧，建立唐国，都平阳，故又称唐尧。平阳，在今山西省临汾市，距离炎帝氏被灭后迁徙之地的黎城不远。

《左传·哀公四年》引夏书曰："唯彼陶唐，帅彼天常，有此冀方。"杜预注引《逸书》言："尧循天之常道。灭亡，谓夏桀也。唐虞及夏同都冀州。"尧与夏皆曾以古冀州为都。冀州，即今晋南、豫西北一带地区。尧在今山西境内，即晋南地区，建立唐国。

《史记·五帝本纪》"正义"引徐广云："号陶唐。《帝王纪》云：尧都平阳，于诗为唐国。""尧都平阳"是学术界认可的。

《汉书·地理志》云："河东土地平易，有盐铁之饶，本唐尧所居。《诗·风》：唐、魏之国也。周武王子唐叔在母未生，武王梦帝谓己曰：余名而子曰'虞'，将与之唐，属之参。及生名之曰'虞'，至成王灭唐，而封叔虞唐，有晋水，及叔虞子燮为晋侯。云：故参为晋星。"①

汉代郑玄《毛诗谱·唐谱》云："唐者，帝尧旧都之地。今曰太原晋阳，是尧始居此，后乃迁河东平阳。成王封母弟叔虞于尧之故墟，曰唐侯。南有晋水，至子燮改为晋侯。"唐孔颖达疏曰："《正义》曰：以序云，有尧之遗风，则尧都之也。《汉书·地理志》云：'太原，晋阳县。'故《诗》：唐国，晋水所出，东入汾，是汉时为太原晋阳也。《史记·晋世家》云：'唐在河汾之东，方百里。'言百里，则尧为诸侯所居；故云尧始居此。《地理志》：'河东郡平阳县'。应劭云：'尧都也，则是尧为天子，乃都平阳。'故云后迁河东平阳也。皇甫谧云：'尧为天子都平阳，禹受舜禅，都平阳。'或于安邑，或于晋阳，则夏都亦在晋境，故定四年《左传》云：'命以唐诰，而封于夏墟'，是也。此不言有夏都者，因《序》云，'有尧之遗风'，故指述尧事而已。《论语》注云：'未知六百里者，晋与卫与，则晋初六百里矣。'而《世家》云：'百里者，言古唐国之大耳。'非谓晋初惟方百里也。"

宋王应麟《诗地理考》卷五《商邑》云："《周礼》疏：'尧治平阳，舜治安邑'；唯汤居亳，得地中。"

---

① （汉）班固撰，（唐）颜师古注：《汉书》，北京：中华书局，1962年版，第1648～1649页。

清人阎若璩《四书释地续》"南河之南"条下云："古帝王之都皆在冀州。尧治平阳，舜治蒲阪，禹治安邑。安邑在今夏县西北十五里。三都相去各二百余里，在大河之北。其河之南，则豫州地，非帝畿矣。舜避尧之子于此，得母；亦如左氏所云，越竟乃免乎。禹避于阳城，益避于箕山之阴，皆此意。"

帝尧建都的地方在今山西地区。故帝尧的母亲"感于赤龙"而生尧，母家伊耆氏，长于伊耆氏，所建都城在距蚩尤氏失败后迁徙地黎城不远的平阳。

三、帝尧氏的对外战争

据说帝尧时期，"十日并出"，鬼怪虫蛇作怪，草木禾稼焦枯。《淮南子·本经训》云："逮至尧之时，十日并出，焦禾稼，杀草木，而民无所食。猰貐、凿齿、九婴、大风、封豨、修蛇，皆为民害。尧乃使羿诛凿齿于畴华之野，杀九婴于凶水之上，缴大风于青邱之泽，上射十日而下杀猰貐，断修蛇于洞庭，擒封豨于桑林。万民皆喜，置尧以为天子。于是天下广狭、险易、远近，始有道里。"高诱注："畴华，南方泽名。北狄之地有凶水。缴遮使不为害也，一曰以缴系矢射杀之。青邱，东方之泽名。洞庭，南方泽名；桑林，汤所祷旱桑山之林。"①《淮南子》所说的后羿为帝尧所诛杀的是四方之敌，如凿齿、九婴、大风、猰貐、修蛇、封豨等。帝尧乃命后羿上射十日，下杀虫怪，镇压了这些作乱的部族，万民才得以安宁。

《淮南子》所说的"猰貐、凿齿、九婴、大风、封豨、修蛇"，当是一些作乱的部族。如"猰貐"，《山海经·北山经》记载："少咸之山，无草木，多青碧。有兽焉，其状如牛，而赤身、人面、马足，名曰窫窳。"这个"赤身、人面、马足"的"窫窳"，与"猰貐"音相同，当就是"猰貐"。

"凿齿"，就是凿掉牙齿的民族。在山东大汶口文化中，从早到晚，从苏北鲁南到胶东沿海，各地墓葬均发现成年人有拔除上侧门齿的习俗。②我国古代文献中把具有拔牙风俗的人民称为"凿齿民"或"凿齿"。《山海经·海外南经》载："羿与凿齿战于寿华之野，羿射杀之。在昆墟东，羿持弓矢，凿齿持盾。"《大荒南经》载："大荒之中，有山名曰融天，海水南入焉。有人曰凿齿，羿杀之。"这里所说的"凿齿"，很明显是一个部族。后羿是我国古代传说中东夷族的首领，

---

① 《淮南子》卷八《本经训》，转引自《诸子集成》（七），北京：中华书局，1983年版，第117~118页。
② 中国社会科学院考古研究所：《新中国的考古发现和研究》，北京：文物出版社，1984年版，第93页。

因此可能以羿为首的民族战胜了大汶口文化地区的凿齿民族，迫使凿齿民族迁徙，龙山文化的墓葬中，拔牙风俗已远不如大汶口文化那样兴盛，拔牙风俗似乎只是大汶口文化习俗的遗风。《淮南鸿烈解》所说的"凿齿"是一个部族。

"九婴"，《淮南鸿烈解》卷十三云："九婴，窾窳之属。"卷二十一高诱注："九婴，水货之怪，为人害。"

"大风"，《北山经》记载的"有兽焉，其状如犬而人面，善投。见人则笑。其名山𤟤，其行如风，见则天下大风"，当是"大风"部族。

"修蛇"，《北山经》记载的"有蛇一首两身，名曰肥遗，见则其国大旱"，当是"修蛇"。

猰貐、凿齿、九婴、大风、封豨、修蛇，当是南、北、东、西四方反对帝尧的部族。这些反对帝尧的部族被后羿打败，从而奠定了帝尧的天子之位。帝尧的权力大大增强，有诛杀之大权。又说："帝尧，曰放勋，钦明文思安安，允恭克让，光被四表，格于上下，克明俊德，以亲九族。九族既睦，平章百姓。百姓昭明，协和万邦，黎民于变时雍。"① "不偏不党，王道荡荡，言至公也。古有行大公者，帝尧是也，贵为天子，富有天下，得舜而传之，不私于其子孙也。去天下若遗躧，于天下犹然，况其细于天下乎。非帝尧孰能行之。"② 孔子说："大哉！尧之为君也。巍巍乎！唯天为大，唯尧则之。"③ 孔子认为尧是像天一样的伟大君主。

四、帝尧"四岳"与禅让制

尧、舜、禹时期王位继承制度的特点是禅让制。中国古代部族实行禅让制，其领袖是通过禅让选举而产生的。被推举的人一般是能力强、有勇力、德才兼备的人。很多古文献中都记载了中国的禅让制。《尚书·尧典》序曰："昔在帝尧，聪明文思，光宅天下，将逊于位，让于虞舜，作《尧典》。"禅让制是中国早期国家的一个重要特征。

《说苑·至公》云："《书》曰：'不偏不党，王道荡荡。'言至公也。古有行大公者，帝尧是也，贵为天子，富有天下，得舜而传之，不私于其子孙也。去天

---

① （清）阮元校刻：《十三经注疏》，北京：中华书局，1980年版，第118页。
② 程翔评注：《说苑》，北京：商务印书馆，2018年版，第634页。
③ 杨伯峻译注：《论语译注》，北京：中华书局，1980年版，第83页。

下若遗躐，于天下犹然，况其细于天下乎！非帝尧孰能行之？孔子曰：巍巍乎惟天为大，惟尧则之。"这是说，帝尧不把天下传给自己的儿子，而是传给了贤能的舜帝，这是多么至公的圣贤之君。

《论语·尧曰》载：尧曰"咨，尔舜，天之历数在尔躬，允执其中，四海困穷，天禄永终"。舜在传位给禹的时候也说了同样的话。

尧、舜时期，部落除酋长以外，有"四岳""十二牧"之职。帝尧所任用的"四岳"是共工氏、鹳兜氏、三苗氏、鲧等。这些部族基本都是炎帝、蚩尤部族的后裔，也从侧面说明帝尧不是黄帝的后裔。

从文献记载来看，"四岳"是处在部落酋长身边的谋臣，类似后代的朝廷官员。"十二牧"当是地方的部族酋长。帝尧在谋求继承人或官职的设置时都要征求"四岳"的意见。《史记·五帝本纪》记载：当尧年老时，询问部下谁可为继承人时，部下放齐推荐丹朱。尧认为，丹朱"顽凶，不用"。鹳兜又推荐了共工。尧认为，"共工善言，其用僻，似恭漫天，不可"。一直到最后，"四岳"推荐了舜。尧让舜试行政务，"乃使舜慎和五典，五典能从。乃遍入百官，百官时序。宾于四门，四门穆穆，诸侯远方宾客皆敬"。这样尧才同意舜做其继承人。当舜年老，"四岳"推荐禹，亦是在舜同意的情况下，禹才成为接任者的。由此可见，"四岳"部落酋长身边的谋臣。他们可以向酋长举荐某人任某职，亦可推荐部落酋长的继承人，但决定权在酋长。部落酋长在处理部落的战争或者推选继承人等大事方面，具有否决权。

《荀子·议兵》云："古者帝尧之治天下也，盖杀一人，刑二人，而天下治。"唐杨倞注："传曰：'威厉而不试，刑措而不用'，此之谓也。杀一人，谓殛鲧于羽山；刑二人，谓流共工于幽州，放鹳兜于崇山。"①

《韩非子·外储说右上》云："尧欲传天下于舜。鲧谏曰：'不祥哉！孰以天下而传之于匹夫乎？'尧不听，举兵而诛，杀鲧于羽山之郊。共工又谏曰：'孰以天下而传之于匹夫乎？'尧不听，又举兵而诛共工于幽州之都。于是天下莫敢言：'无传天下于舜。'"②

《吕氏春秋·行论》云："尧以天下让舜。鲧为诸侯，怒于尧曰：'得天之道者为帝，得地之道者为三公。今我得地之道，而不以我为三公。'以尧为失论，欲得三公，怒甚猛兽。欲以为乱，比兽之角，能以为城；举其尾，能以为旌，召

---

① 《荀子》卷十《议兵》，转引自《诸子集成》（二），北京：中华书局，1983年版，第188~189页。
② 《韩非子》卷十三《外储说右上》，转引自《诸子集成》（五），北京：中华书局，1983年版，第243页。

之不来，仿佯于野，以患帝。舜于是殛之于羽山，副之以吴刀。禹不敢怨，而反事之，官为司空，以通水潦，颜色黎黑，步不相过，窍气不通，以中帝心。"①

《荀子》《韩非子》《吕氏春秋》所说的是尧不听，举兵而诛鲧、共工、驩兜、三苗，但是《史记·五帝本纪》云："驩兜进言共工。尧曰：不可而试之工师。共工果淫辟。四岳举鲧治鸿水，尧以为不可。岳强请试之，试之而无功。故百姓不便。三苗在江淮、荆州数为乱，于是舜归而言于帝，请流共工于幽陵，以变北狄；放驩兜于崇山，以变南蛮；迁三苗于三危，以变西戎；殛鲧于羽山，以变东夷。四辠（罪）而天下咸服。"②这里很明显，流共工、放驩兜、迁三苗、殛鲧，是帝舜，而不是帝尧。也许在流放四凶时，尧已经被舜囚禁起来了。

《史记正义》引《竹书纪年》云："舜囚尧，复偃塞丹朱，使不与父相见也。"丹朱，为尧之子。就是说舜在尧病危时囚禁了尧，并为难丹朱，使丹朱不能见到其父。

《韩非子·说疑》云："舜逼尧，禹逼舜，汤放桀，武王伐纣，此四王者，人臣弑其君者也。"

《孟子·万章》记载："万章曰，尧以天下为舜，有诸？孟子曰：否，天子不能以天下与人。"

从以上《竹书纪年》《孟子·万章》《韩非子·外储说右上》《吕氏春秋·行论》《韩非子·说疑》的记载中可以看出，尧的帝王之位并不是禅让给舜的，而是舜逼帝尧禅让的。而且，舜在接替帝尧的王位时，遭到了鲧、共工氏的反对。为此，鲧与共工氏遭到了诛杀。

笔者认为，中国早期的历史上确实存在着一个部族首领的禅让制，但那可能是更远古时期，如伏羲、神农时期。中国古代部落的禅让制是可信的。而到了尧、舜、禹时期，虽然还保留着禅让制的形式，但已经不完全是远古时期禅让制的内涵了。根据史籍记载，诛杀鲧、流放共工氏的历史事件，发生在舜代替帝尧执政、行使权力的时期，而不是帝尧所为。

战国以后，各诸侯国尔虞我诈，争权夺利，因此战国人不相信古代的禅让制，认为尧、舜、禹的禅让是不存在的。尧、舜、禹的帝位转换是用阴谋或者武力而取得的。

这个时期还应是"君民并耕"的时期，部落酋长的至高特权没有形成，还保

---

① 陈奇猷校释：《吕氏春秋校释》，上海：学林出版社，1984年版，第1389页。
② （汉）司马迁撰：《史记》，北京：中华书局，1982年版，第28页。

留着原始部落时期人们的相互平等。但帝王高高在上的权力已经出现形成，因此这个时期虽然还保留着禅让制的形式，但当是在武力控制下的禅让制。帝王之位处于禅让与武力争夺的过渡时期。

五、帝尧氏的考古学依据

山西临汾陶寺遗址中发现了规模宏大的古城址，由早期小城、中期大城两部分组成。中期大城之内套有一座宫城。

早期小城的南北长约 1000 米，宽约 560 米，面积约 56 万平方米。夯土版块墙体外侧用碎石索填上，填埋夯打成墙，其时代较夯土墙体略晚。小城东区的西半部发现较高等级建筑遗迹，中心建筑有两层表面平整的长方形台基，面向西北，背靠东南。

陶寺城址内早期小城的中南部是一处奢华的建筑宫殿区，其三面有围壕，面积约 5 万平方米。在遗址中清理出观象台遗迹。观象台位于中期小城内祭祀区。此座以观象授时功能为核心的、兼有观象台功能的复合建筑，至迟营建和使用在陶寺文化中期，毁于陶寺文化晚期。其使用的绝对年代根据碳十四测年，估计当在公元前 2300～前 2150 年，距今 4200 年左右。①

陶寺大城址当始于陶寺文化中期，长约 1800 米，宽约 1500 米，总面积约为 270 万平方米。陶寺大城的宫城位于大城的东南部，呈封闭状。宫城面积约 10 万平方米。

陶寺中期遗址发现有高规格的宫殿建筑。IFJT3 夯土建筑基址 ITG29 是陶寺中期遗址的主体殿堂。这是一个单元的柱网遗存。通过探沟 ITG29 的发掘，柱网东西长 23.5 米、南北宽 12.2 米，面积为 286.7 平方米。殿堂柱洞有 3 排，总计 18 个柱洞，南排 7 个，中排 3 个，北排 8 个。柱洞南排自西向东柱间距为一窄一宽分布，窄者间距约 2.5 米，宽者约 3 米，中央最宽者达 5 米。除北排中间 2 个柱洞间距约为 5 米外，其余皆约 3 米。殿堂中央的两柱间距为 5 米，东侧两柱间距为 10 米。南排柱与中排柱的间距约 5 米，中排柱与北排柱的间距约 6 米。IFJT2 是陶寺城址早中期宫殿核心建筑区北出入口的一处建筑，与路面、壕沟和小板桥的桥墩一起构成了宫殿建筑核心区的北出入口。IFJT2 的台阶夯土被

---

① 王晓毅：《古城·宫殿·大墓·观象台——唐尧帝都考古新进展》，《文物世界》，2004 年第 3 期，第 47 页。

陶寺文化早中期的灰坑和陶寺文化早期的文化层所叠压。①在主体殿堂柱网分布区内的夯土基础版块中，有5处人骨遗存，散乱的人骨被置于夯土版块里，有比较明显的奠基性质。②

陶寺城址发现有祭祀与观象授时于一体的台基，还有宫殿基址。祭祀、观象授时建筑基址位于陶寺中期城址南边的中期小城祭祀区内。

陶寺城址清理出了一些宫廷垃圾，有"装饰戳印纹白灰墙皮和一大块带蓝彩的白灰墙皮，还有陶甗人形霎、鸦面盆甕、大玉石璜、陶鼓残片、绿松石片、红彩漆器、建筑材料陶板残片（像板瓦）、尊形簋、圈形灶等"。另外还发现绘有彩色蟠龙的彩绘陶盘、鼍鼓、土鼓、巨磬等礼乐器物，并出土铜铃。陶寺城址晚期的扁壶朱书有"文尧"二字，尧是我国五代时期的远古帝王。陶寺城址出土的奢华遗物，以及这里发现的宗教建筑和与天文历法有关的建筑设施应当是"王都"级都邑所应当具备的标志性建筑要素③。

城址外东南有一片相对独立的窖穴区。核心建筑区以北发现有普通居址。城外东南几米处有陶寺文化早期的墓地，发掘了1300多座墓葬，其中大型墓有6座，中型墓有40多座，时代都为早期。大墓随葬有陶龙盘、陶鼓、鼍鼓、大石磬、玉器、彩绘木器等精美文物，这些墓葬的主人为高级贵族。④

陶寺ⅡM22棺内出土了相当多的兵器，其中有6件玉（石）钺、玉钺、玉钺碎块、骨镞8组；墓东壁南北两侧各倒置3件彩漆柄玉石兵器，其中玉（石）钺5件、玉戚1件。南壁东半部摆放漆杆1根、装在红色箙内的骨镞7组、木弓2张。南三龛出土骨镞1枚。南一龛出土漆木盒1件（已朽坏），内盛玉戚2件。石钺、玉钺、玉戚等的形状是大型的。棺南侧与南壁之间排列青石大厨刀4柄、素面木案板7块；厨刀下均有猪骨以及皮肉块朽灰。这些青石大厨刀虽然不是武器，但也是有杀伤力的器物。另外，该墓还出土玉璧、玉璜、玉琮、白玉管、天河石、绿松石片、10头猪、公猪下颌等。⑤从这些随葬品来看，墓主是一个在政治、军事上有权势的人物。

---

① 何努、严志斌：《山西襄汾陶寺城址发现大型史前观象祭祀与宫殿遗迹》，《中国文物报》，2004年2月20日，第1版。

② 中国社会科学院考古研究所山西队、山西省考古研究所、临汾市文物局：《山西襄汾县陶寺城址发现陶寺文化中期大型夯土建筑基址》，《考古》，2008年第3期，第5~6页。

③ 何努：《陶寺文化遗址：走出尧舜禹"传说时代"的探索》，《中国文化遗产》，2004年版，第61页。

④ 牛世山：《陶寺城址的布局与规划初步研究》，《三代考古》，2013年第1期，第51页。

⑤ 中国社会科学院考古研究所山西队、山西省考古研究所、临汾市文物局：《陶寺城址发现陶寺文化中期墓葬》，《考古》，2003年第9期，第4~6页。

从陶寺城址发现的城址、宫殿遗址、祭祀遗址、贵族墓葬、扁壶朱书有"文尧"二字、属于宫廷建筑的垃圾等，都为尧都平阳说提供了重要的考古学证据。

第五节 黄帝的帝系分支帝舜氏

帝舜也是古代的圣王。帝舜，《史记·陈杞世家》曰："昔舜为庶人时，尧妻之二女，居于妫汭。其后因为氏姓，姓妫氏。"《帝王世纪》卷一云："其先出自颛顼。"如果说颛顼不是黄帝的后代裔孙，那么帝舜可能也不是。《史记·五帝本纪》记载，当尧年老时，欲寻找接班人，"众皆言于尧曰：'有矜在民间曰虞舜。'尧曰：'然朕闻之其何如？'岳曰：'盲者子，父顽、母嚚、弟傲，能和以孝烝。烝治不至奸。'尧曰：'吾其试哉'！"舜经过尧的考验，所以说，帝舜与帝尧肯定没有血缘关系。

一、帝舜的发祥地

帝舜，据说是通过帝尧的考验，帝尧禅让而登上帝位的。《史记·五帝本纪》曰：尧"乃使舜慎和五典，五典能从。乃遍入百官，百官时序。宾于四门，四门穆穆，诸侯远方宾客皆敬。尧使舜入山林川泽，暴风雷雨，舜行不迷。尧以为圣"。舜肯定是一个能力和才能都非常出众的人，才能够接替帝尧而成为新一代的古帝王。

《帝王世纪》卷一云："舜，姚姓也，其先出自颛顼。颛顼生穷蝉，穷蝉有子曰敬康，敬康生勾芒，勾芒有子曰桥牛，桥牛生瞽瞍，妻曰握登，见大虹意感而生舜于姚墟，故姓姚。目重瞳，故名重华，字都君。"①舜，年二十以孝闻，尧以儿女娥皇、女英妻之。

帝舜的后裔亦称妫姓。《史记·陈杞世家》云："昔舜为庶人时，尧妻之二女，居于妫汭。"即舜居住在妫水的弯曲的岸边，其后因以为氏姓，姓妫。舜所出生的母亲部族为姚姓部族，而后来当舜带领自己的族人发展壮大，将要接替尧成为早期国家领袖时，又以自己居住、活动的"妫汭"为名，建立新的妫姓部族。《说文解字》云："妫，虞舜居妫汭，因以为氏。"《集解》引孔安国曰："舜

---

① （晋）皇甫谧等撰，陆吉等点校：《帝王世纪 世本 逸周书 古本竹书纪年》，济南：齐鲁书社，2010 年版，第 16 页。

所居妫水之汭。"《索隐》引皇甫谧云:"妫水在河东虞乡县历山西,汭水涯也。犹洛汭、渭汭然也。"

姚才是舜的姓;而妫是舜之后裔子孙的姓。

关于帝舜的发祥地,主要有山西蒲州平陆,河南虞城、濮州雷泽,浙江余姚等多种说法。

(1)山西平陆说。《索隐》云:"虞,国名,在河东大阳县。舜,谥也。"河东大阳县在今山西省平陆县。山西,就是古代的冀州。

(2)历山蒲州说。《史记·五帝本纪》曰:"舜耕历山。"《集解》引郑玄曰:"在河东。"《正义》引《括地志》云:"蒲州,河东县雷首山,一名中条山,亦名历山,亦名首阳山,亦名蒲山,亦名襄山,亦名甘枣山,亦名猪山,亦名狗头山,亦名薄山,亦名吴山。此山西起雷首山,东至吴坂,凡十一名,随州县分之。历山南有舜井。"

(3)山东定陶说。《史记·五帝本纪》云:"舜耕历山,渔雷泽,陶河滨,作什器于寿丘。"《集解》引郑玄曰:"雷夏,兖州泽,今属济阴。""陶河滨",《集解》引皇甫谧曰:"济阴,定陶西南陶丘亭是也。"舜的发祥地在今山东定陶境内。

(4)河南虞城说。《正义》引"《水经注》云:'軨桥东北有虞城,尧以女嫔于虞之地也。又,宋州虞城,大襄国所封之邑,诸侯也。'杜预云:'舜后诸侯也。'"宋州虞城,即今河南虞城县,原为朱襄氏的活动之地。

(5)浙江余姚说。《史记正义》云:"越州余姚县,舜后支庶所封之地。舜,姚姓,故云余姚。县西七十里有汉上虞故县。"余姚即今浙江余姚市。余姚,当是所余之姚。这里应是舜后代支庶迁徙的地方。

综上所述,其实前三个论点——山西平陆说、冀州说、历山蒲州说,皆属于冀州说。帝舜因居住在虞,又称为有虞氏,虞城,按照地名也有可能,但是帝舜当是活动在山西的部族;那么帝舜当是在今山西蒲州或平陆活动的一支部族。

二、帝舜建立有虞国

帝舜时期已经建立了国家,是一个王朝,这是我国自古就有的说法。帝舜的都城据说在虞,故帝舜又称为有虞氏,其建立的国家又称为有虞国。《左传·襄公二十五》云:周王朝建立时,把虞舜之后胡公"封诸陈以备三恪"。杜预注:

"周得天下，封夏殷二王后，又封舜后，谓之恪；并二王后为三国，其礼转降，示敬而已，故曰三恪。"三恪，就是虞、夏、商三个王朝之后裔的封国，他们于周为客，不算周王朝的臣属国，故云"三恪"。

杨向奎提出："有虞氏是不能忽视的一个历史时代，应当在中国史上给他一个应有的历史地位。在过去缺少太史公一个详细而独立的本纪，是造成后来容易忽视的原因，我们应当弥补这种缺憾！"①

因为帝尧已年老，帝舜在即位之前就已经代替帝尧掌握了权力。《史记·五帝本纪》云："帝尧老，命舜摄行天子之政以观天命。"当尧死后，帝舜乃即位为天子，建立有虞国。

帝舜建立有完整国家机构的有虞国。根据《史记·五帝本纪》记载，帝舜时期已经有了明显的设官分职。帝舜与有虞国的官职主要有以下几种。

（1）"四岳"：当是自帝尧才开始有的官职，即四个诸侯。帝舜时期，"四岳"为帝舜出谋划策，是帝舜经常咨询的谋士，是尧舜时期最重要的官员。

（2）"十二牧"：是舜分别派往九州、外出巡察的使者。"十二牧行，而九州莫敢辟违。"

（3）司空：是管理水土工程的官员。舜以"伯禹作司空"，平水土，以发扬帝尧的功德。

（4）司徒：契为司徒，是管理土地农业的官员。《尚书·舜典》记载：舜对契说："契，百姓不亲，五品不逊。汝作司徒，敬敷五教，在宽。"

（5）士：管理刑罚的官员，故又有古籍称之为"理"或者"李"。帝舜任皋陶为士。《尚书·舜典》云："帝曰：皋陶，蛮夷猾夏，寇贼奸宄。汝作士，五刑有服。"《说苑·君道》云："皋陶为大理。"《管子·法法》云："皋陶为李。"唐房玄龄注："古治狱之官，作此李官。""士""大理""李"等官，皆是管理刑罚的官员。

（6）共工：是管理百工之事的官员。舜"是以垂为共工"，以主百工之事。

（7）虞：是管理山泽草木鸟兽的官员。舜"以益为朕虞"，以主管"川马予上下，草木鸟兽"。《集解》引马融曰："虞，掌山泽之官名。"

（8）秩宗：是管理郊庙祭祀之官。"伯夷以汝为秩宗，夙夜维敬，直哉维静絜。"《集解》引郑玄曰："主次秩尊卑。"《正义》云："若太常也。"孔安国云："秩序，宗尊也，主郊庙之官也。"

---

① 杨向奎：《应当给"有虞氏"一个应有的历史地位》，《文史哲》，1956年7月号，第49页。

（9）典乐：是管理乐舞的官员。舜"以夔为典乐"。古代的乐舞是训练打仗的舞蹈。舞，武也，最初就是学习凶猛动物的训练。

《史记·五帝本纪》云："皋陶为大理，平，民各伏得其实；伯夷主礼，上下咸让；垂主工师，百工致功；益主虞，山泽辟；弃主稷，百谷时茂；契主司徒，百姓亲和；龙主宾客，远人至。十二牧行，而九州莫敢辟违。唯禹之功为大，披九山，通九泽，决九河，定九州，各以其职来贡，不失厥宜。""此二十二人，咸成厥功。"①

舜所任命的官员——"四岳""十二牧"等人，皆得其举。但自帝舜以后，"四岳""十二牧"的地位逐渐不显，新任命的司空、司徒、士、共工、虞、秩宗的作用日益增强。

帝舜还发挥一些有高尚品德且能力很强的人的作用。如《左传·文公十八年》云：舜臣尧，举八恺，使主后土，以揆百事；举八元，使布五教于四方。高阳氏的"八恺"、高辛氏的"八元"，共十六族，在帝舜时得到举荐任用。

帝舜在其代尧行天子政的时候，已经制定了刑罚，如"流宥五刑""鞭作官刑""扑作教刑""金作赎刑""眚灾肆赦""怙终贼刑"。其中"流宥五刑"，孔安国疏曰："宥，宽也。以流放之，法宽五刑。"所谓的五刑就是墨、劓、剕、宫、大辟。"流宥五刑"的意思是，当人犯五刑之法时，要从轻。

《汉书·刑法志》云："闻有虞氏之时，画衣冠，异章服，以为戮，而民弗犯。何治之至也！"这个记载说明虞舜时期的刑罚还很轻，或者说是很人道的。

皋陶作为理官，以羊判案、治狱。《论衡·是应》云："今府廷画皋陶，觟𧣾也。儒者说云觟𧣾者，一角之羊也，性知有罪。皋陶治狱，其罪疑者，令羊触之。有罪则触，无罪则不触。斯盖天生一角圣兽，助狱为验。故皋陶敬羊，起坐事之，此则神奇瑞应之类也。"皋陶治狱，表现了其巫术思想的性质。

三、帝舜时期的战争与"流四凶族"

帝舜时期也有过许多战争，这些战争皆是维护帝舜统治的战争，最重要的就是流四凶族。

帝舜在代替帝尧即位为天子时，曾遭到许多部族、部族领袖的反对。《韩非子·外储说右上》记载：尧对这些封地的部族首领"举兵而诛"，"于是天下莫敢

---

① （汉）司马迁撰：《史记》，北京：中华书局，1982年，第43页。

言：无传天下于舜"①。《淮南子·兵略训》注云："舜伐有苗。"汉高诱注："有苗，三苗也。"鲧、共工、讙兜、三苗皆是舜的反对者。对于这样的反对者，帝舜是绝不宽容的，要对其进行严惩。

《史记·五帝本纪》记载：舜"流共工于幽陵，以变北狄；放驩兜于崇山，以变南蛮；迁三苗于三危，以变西戎；殛鲧于羽山，以变东夷。四辠（罪）而天下咸服"。

"流共工于幽陵，以变北狄"，就是舜把共工氏流放在北方的幽陵，即幽州。《索隐》曰："变，谓变其形及衣服，同于夷狄也"，把共工氏赶出中原，让他们与北狄相同。

"放驩兜于崇山，以变南蛮"，把驩兜氏赶到南方，让他们变成南蛮之人。崇山，在今湖广一带。

"迁三苗于三危，以变西戎"，把三苗氏赶到三危，让他们变成西戎之人。三危，山名，在今甘肃省敦煌市境，在大沙漠中。《正义》引《括地志》云："三危山有峰，故曰三危，俗亦名卑羽山，在沙州燉煌县东南三十里。"

"殛鲧于羽山，以变东夷"，把鲧劈杀在羽山，让他的部族变成东夷之人。《正义》引《括地志》云："羽山在沂州临沂县界"，即今山东省临沂市界。

"四辠（罪）而天下咸服"。四辠，即四罪、四凶；四凶得到惩罚，天下咸服。

除此之外，帝舜还惩罚了一些"不才之子"，《左传·文公十八年》云：帝鸿氏有不才子浑敦，少暤氏有不才子穷奇，颛顼氏有不才子梼杌，缙云氏有不才子饕餮。这四族，帝尧时期，不能黜贬。舜帝舜即位之后，流四凶族：浑敦、穷奇、梼杌、饕餮，投诸四裔，以御魑魅，就是流放到四裔边境。帝舜即位之后，天下同心戴舜以为天子，百揆时序，四门穆穆，无凶人也。

---

① 《韩非子》卷十三《外储说右上》，转引自《诸子集成》（五），北京：中华书局，1983年版，第243页。

第九章　炎帝后裔与华夏族的冲突与融合

黄帝升天,即崩殂之后,能够在中原掌权的,无论黄帝的后裔或者非黄帝的后裔,皆称为华夏族。如前所述,黄帝之后的颛顼、帝喾、尧、舜等,皆是华夏族。而炎帝或黄帝的一些后裔在与华夏族的斗争中失败被赶到边远地区,皆为戎狄。已经成为戎狄的部族与华夏族之间有非常频繁的斗争,发生过很多冲突,也有过很多的交流。在冲突、斗争和交流的过程中,所谓的戎狄部族,其实也多为炎黄之后裔,与华夏族逐渐融合,融为伟大的中华民族。

第一节　炎帝后裔共工氏与华夏族的斗争和融合

共工氏在帝尧时期是尧的"四岳"之一,是活动在共地(即今河南省辉县市)的一支部族。共工氏是"有地之君",其辖地在今三门峡一带。共工氏善于筑城、修筑水利,势力非常强大。共工氏是炎帝部族的后裔分支,也许参加过蚩尤对黄帝的涿鹿之战,帝尧时期又被重用,后被帝舜流放在幽州一带,即"流共工于幽陵,以变北狄",欲使之成为北狄之人。颛顼氏时期,共工氏又逐渐兴起强大,并与颛顼氏发生激烈的冲突。据传说,共工氏"怒而触不周之山","使地东南倾",造成我国西北高、东南低的地势。大禹时期,共工氏又被重创。

黄帝时期,共工氏之子句龙与黄帝族(即华夏族)彻底融合。句龙成为黄帝的土官,平水土,被尊为后土,死后祀以为社神,得到了后世的祭祀。

一、有地之君——共工氏活动的地望

共工氏是炎帝之裔的古代诸侯。《国语·周语》贾逵注曰:"共工诸侯,炎帝

之后，姜姓也。"《山西通志·氏族一》亦云："吕氏出自姜姓，炎帝裔孙为诸侯，号共工氏。有地在弘农之间。"共工氏为炎帝姜姓后裔，而且是"有地"的，即拥有地域的王。

《管子·揆度》云："燧人以来，未有不以轻重为天下也。共工之王，水处什之七，陆处什之三，乘天势以隘制天下。"唐代房玄龄注："共工氏继女娲，有天下。"

共工氏本是在伏羲、神农之间的一个古帝王，或是称"伯""霸"，或者是称"王"。中国古代的"伯""霸""大""王"都有相似的意思。《礼记·祭法》云："共工氏无禄而王，谓之霸。"

《左传·昭公十七年》云："共工氏以水纪，故为水师，而水名。"《礼记·祭法》云："共工氏之霸九州也，其子曰后土，能平九州，故祀以为社……共工氏无禄而王，谓之霸。"汪越《读史记十表》卷一《三代世表》第一云："共工氏，或以为帝，或以为伯，而不王。"

《史记·楚世家》云："共工氏作乱，帝喾使重黎诛之而不尽。帝乃以庚寅日诛重黎，而以其弟吴回为重黎后，复居火正为祝融。"

从以上记载可以看出，共工氏是古代一个非常强大的部族，是拥有自己地盘的有地之君，但共工氏活动的地望在何处呢？

中国古代部族的名字一般与所在地的地名有关，共工氏部族的名字也应如此。共工氏最早活动的地域当在周代的共国，那里因共山而有名。根据古籍记载，共山最初在今河南省辉县市。

关于共山的说法大约有两种：一在今河南省辉县市，二在今河南省济源市。

《水经注》卷七云："济水出河东垣县东王屋山，为沇水。……潜行地下，至共山南，复出于东丘，今原城东北有东丘城。"《明一统志·彰德府》云："共山在辉县东北八里，俗呼九山，以九日登临，故名。昔共伯逍遥得道于共山之首，即此。"《大清一统志·怀庆府》云："共山在济源县北十二里，即蒸川南山。郦道元《水经注》：沇水潜行地下，至共山南复出。"这里所说的"原城东北有东丘城"，是今河南省济源市。

《尚书·禹贡》云："北过降水至于大陆。"宋林之奇《尚书全解》注："河自华阴以至大伾皆东流。自大伾然后折而北流，大伾之西，则南河也。其折而北流，始谓之东河。降水，《汉书·地理志》：水经皆从系，与绛县之'绛'同字。汉孔氏但以为水名，不著所在。唐孔氏以为在信都，郑氏谓泽读为降；下江，反声转为共。河内共县淇水出焉，盖以此为绛水也……水名变易，世失其处，见降水，则以为绛水。今河内共山，淇水、共水出焉。东至魏郡黎阳入河，近所谓降水也。降读如邲，降于齐师之降。周时国于此者，恶言降，改为共。周代读"降"为"共"，"降水"就是"共水"。这里所说的"河内共县"就是今河南省辉县市。

《水经注》卷九云："城在共县故城西北二十里。城南有安阳陂……即共和之故国也。共伯既归帝政，逍遥于共山之上。山在国北，所谓共北山也。"《太平寰宇记·河北道五·卫州》云："共城县东北六十二里旧十二乡，本共伯国也。……共山在县北十里。"惠士奇《礼说·夏官二》云："今河内共山，共水出焉。古音降读为共，今之共水，古之降水。"宋王应麟《诗地理考》序云："《郡县志》：卫州共城县，本周共伯国，共伯奉王子靖立为宣王，共伯复归于国。"《明一统志·彰德府》云："共山在辉县东北八里，俗呼九山，以九日登临，故名。昔共伯逍遥得道于共山之首，即此。""共山在济源县北稍西，原乡之北，㶟水出焉。"《大清一统志·卫辉府》亦云："共山在辉县北九里。"这里所说的"共北山"，就在今河南省辉县市。

《水经注》《明一统志》《大清一统志》都记载了共山的地理位置，但实际上这两处共山是一脉相连的，共山从济源市一直绵延到辉县市。那么共工氏当活动在这一带地方。共工氏活动的主要地区在古共国，即今河南省辉县市。

共工氏在远古时期是非常显赫的古帝王，曾拥有古九州之土。《国语·鲁语上》云："共工氏之伯九有也。"吴韦昭注："共工氏伯者，在戏、农之间有域也。"这个记载说明共工氏是伏羲、神农之间的一个诸侯，占有很广大的地域。当然共工氏是在"戏、农之间"，指的是今辉县至三门峡之间，共工氏为有地之君当是肯定的。

《汉书·郊祀志》云："共工氏以水德，间于木火，与秦同运。"《左传》："郯子曰：太暤氏以龙纪官，故为龙师而龙名。共工氏以水纪，故为水师而水名。"杜预注："伏羲、共工，以诸侯霸有九州者也。"中国古代认为有天下者为德。"共工氏以水德"，"与秦同运"，肯定是有天下的古帝王。

《国语·鲁语上》云："共工氏之伯，九有也。其子曰后土，能平九土，故祀以为社。"共工氏部族曾"霸九州"。他的子部落能"平九土""平九州"，以后被称为"后土"，即管理土地之神。

以上记载各有说法，说明春秋战国时期，人们已经不能尽明古代的故事了。但共工氏在古代是一个非常显赫、拥有强大的势力、能够与其他部族争夺帝位的部族首领。《淮南子·墬形训》云："共工，景风之所生也。"高诱注："共工，天神也；人面蛇身，离为景风。"共工氏被称为天神。

二、共工氏和颛顼氏争为帝与"怒而触不周之山"传说

共工氏与颛顼氏还有过合作,为颛顼氏"平水害",共工氏可能是颛顼氏的臣。《史记·律书》云:"颛顼有共工之陈,以平水害。"《集解》引文颖曰:"共工,主水官也。少暤氏衰,秉作虐,故颛顼伐之。本主水官,因为水行也。"这里所说的"陈",就是"臣"的同音假借字。

《汉书·刑法志》亦云:"颛顼有共工之陈,以定水害。"帝颛顼氏之时,共工氏曾平定水害,立过大功。

之后,共工氏与颛顼氏争为帝,发生了激烈的战争。共工氏"怒而触不周之山"的传说在我国广为传颂,但是史籍记载就有好几种说法。

(1)共工与颛顼氏争为帝,怒触不周山。《淮南子·天文训》云:"昔者共工与颛顼争为帝,怒而触不周之山。"高诱注:"不周山在西北;倾者,高也;原道言地东南倾;倾者,下也。此先言倾西北,明其高也。"

《列子》也记载了共工氏与颛顼争为帝的传说。《列子·汤问》云:"其后共工氏与颛顼争为帝,怒而触不周之山。"晋张湛注:"共工氏兴霸于伏羲、神农之间,其后苗裔恃其强与颛顼争为帝。颛顼,黄帝孙。不周山在西北之极。"

(2)共工与高辛氏争为帝,怒触不周山。《淮南子·原道训》云:"昔共工之力触不周之山,使地东南倾。与高辛争为帝,遂潜于渊。宗族残灭,继嗣绝祀。"高诱注:"共工以水行,霸于伏羲、神农间。不周山,昆仑西北。倾,犹下也;高辛,帝喾。"

记载共工与高辛氏争为帝的史籍还有《吕氏春秋》。《吕氏春秋·孟秋纪·荡兵》云:"共工氏固次作难矣。五帝固相与争矣,递兴废,胜者用事。"高诱注:"共工之治九州也,与高辛氏争为帝,而亡,故曰次作难也。"但这里所说的是高诱的注,《吕氏春秋》没有记载。

(3)共工氏与祝融争为帝。唐司马贞《补史记·三皇本纪》云:"诸侯有共工氏,任智刑以强霸而不王。以水乘木,乃与祝融战,不胜而怒,乃头触不周山,崩。天柱折,地维缺。女娲乃炼五色石以补天,断鳌足以立四极,聚芦灰以止淫水,以济冀州。于是地平天成,不改旧物。"司马贞注云:"按其事出《淮南子》也。"

这些都是共工氏与其他部族领袖争为帝,而怒触不周山的神话故事。共工怒而撞倒不周山,从而造成了我国西北高、东南低的地势。

这里出现的共工氏或与颛顼氏，或与高辛氏，或与祝融争为帝的传说，都当是帝舜在放逐共工氏之后出现的神话传说。

共工因失败而怒，一头碰倒了不周山，致天崩地陷。那么不周山在何处呢？《史记·司马相如列传》"集解"引《汉书·音义》曰"不周山在昆仑东南"，还有人认为在山西蒲州，有人认为是《左传》中记载的济南附近的"华不注"山。

共工氏"怒而触不周之山"，当然是一个神话传说。但其却事出有因，它表现了远古时期共工氏与颛顼氏之间的冲突，表现了这个时期他们对政权的激烈争夺和斗争。这个故事出于《淮南子》，但是记载得比较混乱。至春秋战国或者西汉时期，人们已经不能确知共工氏与哪一个古帝王进行战争了，如欲更深刻地了解这段历史，笔者认为，还需要对史料进行分析，去伪存真，使这段历史更接近历史的实际。

三、帝尧之臣共工氏被帝舜流放

帝尧时期，共工氏还是帝尧的水官，至少说明这个时期，共工氏是华夏部族的一员，尚未因华夏部族"争帝"失败而被流放，被赶到偏远地区。

共工氏被流放当是帝舜时期的事情。根据《淮南子》和一些古籍的记载，共工氏或与颛顼氏，或与高辛氏，或与祝融氏争为帝。

共工氏被华夏部族流放，是因为共工氏不同意帝尧禅位给帝舜，而发生了矛盾。共工氏是被帝舜流放的。

《韩非子·外储说右上》云：尧晚年，欲传天下于舜。帝舜代替帝尧行使权力，"杀鲧""诛共工"。如《史记·五帝本纪》记载：帝舜"五月，南巡狩；八月，西巡狩；十一月，北巡狩"。舜归，而言于帝"请流共工于幽陵，以变北狄"；另外还放讙兜于崇山、窜三苗于三危、殛鲧于羽山。凡是反对帝舜即位的部族或者部族首领，或被放逐，或被杀死，共工氏也从此被流放到名为幽陵的边塞地区。

阎若璩《四书释地·幽州》云："当流共工时此地，已名幽州，即今密云县是。"共工氏被流放的幽陵在今北京市密云区。

从此，共工氏在历史上被丑化，成为一个淫佚无度、"振滔洪水，以祸天下"，造成水灾的恶人。《国语·周语下》云："昔共工弃此道也，虞于湛乐，淫失其身，欲壅防百川、堕高堙庳，以害天下。皇天弗福，庶民弗助，祸乱并兴。共工用灭，其在有虞。"《国语》的记载也是说，共工氏灭亡在"其在有虞"。

《淮南子·本经训》云："舜之时，共工振滔洪水，以薄空桑。龙门未开，吕梁未发，江淮通流，四海溟涬。民皆上邱陵，赴树木。"高诱注："空桑，鲁地名。龙门，河之隘也，在左冯翊夏阳北，禹所凿也。"

《汉书·楚元王传》云："昔者鲧、共工、驩兜与舜、禹杂处尧朝。周公与管、蔡并居周位。当是时，迭进相毁，流言相谤，岂可胜道哉。帝尧、成王能贤舜、禹、周公而消共工、管，故以大治，荣华至今。"

上面记载的是鲧、共工、鹳兜与舜、禹都是帝尧的臣，但帝尧能够容得下贤能，而舜、禹就不能相容，他们消灭了共工氏，享荣华至今。

有传说共工氏是被女娲所戮杀。如《山西通志》卷一百八十一《遗事二》云："上古共工氏，太皞末诸侯，是曰康回，髦身朱发，任智自神，俶乱天常，保据冀方，自谓水德，爰为水纪，官师制度，皆以水名。凭怒触不周山，地维绝、天柱折，壅防百川，堕高堙卑，于是左概介邱，右譬终隆，振滔洪水，以薄空桑。贸兴有无，其取之也，水处十七，而陆处十三，立兵仗铠戟，寇虐诸侯。女娲氏戮之，共工氏以亡。凡四十有五载。"

《路史·禅通纪·女皇氏》云："太皞氏衰，共工为始作乱，振滔洪水以祸天下，隳天纲，绝地纪，覆中冀。人不堪命，于是女皇氏役其神力，以与共工氏较，灭共工氏而迁之。然后四极正，冀州宁，地平天成，万民复生。女娲氏乃立，号曰女皇氏。"

《山西通志》说，共工氏"保据冀方"，《路史》说"共工为始作乱……覆中冀"，当共工氏被灭之后"冀州宁"。这些记载说明，共工氏也是活动在冀州一带的部族。

大禹时期继续发动对共工氏的打击。《战国策·秦一》云："禹伐共工。"

《荀子·议兵》云："禹伐共工。"唐杨倞注："书曰：流共工于幽州，皆尧之事，此云禹伐共工，未详也。"

《山海经·大荒西经》云："禹攻共工国山。"晋郭璞注："言攻其国，杀其臣相柳于此山。启筮曰：共工，人面、蛇身、朱发也。"《荀子·成相》云："禹有功抑下鸿，辟除民害逐共工。"鸿，即洪水也。共工的形象已被丑化成"人面蛇身朱发""民害"的恶魔形象。

共工氏死后，大禹继续对其后人进行打击。

《山海经·海外北经》云："共工之臣曰相柳氏，九首，以食于九山。相柳之所抵，厥为泽溪。禹杀相柳，其血腥，不可以树五谷种。禹厥之，三仞三沮，乃以为众帝之台。在昆仑之北，柔利之东。相柳者，九首人面，蛇身而青。不敢北射，畏共工之台。台在其东。台四方，隅有一蛇，虎色，首冲南方。深目国在其东,为人举一手一目,在共工台东。"①

《山海经·大荒北经》云:"共工臣名曰相繇,九首蛇身,自环,食于九土。其所歍所尼,即为源泽,不辛乃苦,百兽莫能处。禹湮洪水,杀相繇,其血腥臭,不可生谷;其地多水,不可居也。禹湮之,三仞三沮,乃以为池,群帝是因以为台。在昆仑之北。"②

《海外北经》所说的"相柳氏"与《大荒北经》所说的"相繇"当为一人,皆是"九首蛇身""其血腥臭,不可生谷"等,这些记载虽然有被神化的成分,但是表现了共工氏及其后人反抗的激烈及战争的残酷。

共工氏自帝舜时期就已经被丑化,因此后世也很少留下关于祭祀共工氏的庙宇和祠堂,只有《山西通志》卷一百六十七《祠庙四》记载:"大宁县,共工氏祠在县南阿龙村。"大宁县,在今山西隰县境内。

四、共工氏之子与华夏族融合后被称为后土

《山海经·海内经》云:"炎帝之妻,赤水之子听訞,生炎居……祝融降处于江水,生共工。共工生术器,术器首方颠,是复土穰,以处江水。共工生后土,后土生噎鸣。噎鸣生岁十有二,洪水滔天。"③从这些记载来看,炎居、祝融、共工、术器、后土、噎鸣,当皆是与炎帝氏有关系的部族,后土是共工氏之子。

共工氏之子句龙,因为黄帝土官,平水土,被尊为后土,死后祀以为社神,得到了后世的祭祀。《国语·鲁语上》云:"共工氏之伯,九有也。其子曰后土,能平九土,故祀以为社。"韦昭注:"共工氏伯者,在戏、农之间有域也。其子,共工之裔子句龙也,佐黄帝为土官。九土,九州之土也。后,君也,使君土官,故曰后土。社,后土之神也。"

《左传·文公十八年》"舜臣尧,举八恺,使主后土,以揆百事,莫不时序,地平天成。"杜预注:"后土,地官;禹作司空,平水土,即主地之官。"《左传·昭公二十九年》云:"共工氏有子,曰句龙,为后土。"后土是共工氏留在后世最令人尊敬的后裔。《文献通考·郊社考·祀五帝》亦云:"其帝黄帝,其神后土。"注曰:"此黄精之君,土官之神,自古以来著德立功者也。黄帝,轩辕氏

---

① 袁珂:《山海经校注》,上海:上海古籍出版社,1980年版,第233、236页。
② 袁珂:《山海经校注》,上海:上海古籍出版社,1980年版,第428、430页。
③ 袁珂:《山海经校注》,上海:上海古籍出版社,1980年版,第471~472页。

也；后土，亦颛顼氏之子，曰犁，兼为土官。"

后，中国远古的王称为"后"。《说文解字》云："君，后也。"后，就是向全国发布政令的国君。后土是管理天下土地的最高神灵和长官。

中国古代是一个农业国，农业是古代社会的重要部门，作为土地神的后土是受历代王朝祭祀的重要神灵。

蔡邕《独断》卷上云："《汉书》称高帝五年，初置灵官祠后土，祠位在壬地，社神，盖共工氏之子勾龙也，能平水土。帝颛顼之世举以为土正，天下赖其功。尧祠以为社。凡树社者，欲令万民加肃敬也。"

《史记·孝武本纪》云：汉武帝元鼎四年（公元前113年），"祠官宽舒等议，天地牲角茧栗。今陛下亲祀后土。后土宜于泽中，圜丘为五坛，坛一黄犊，太牢具，已祠，尽瘗而从。祠衣上黄。于是天子遂东，始立后土祠汾阴脽上。如宽舒等议，上亲望拜，如上帝礼"。《集解》引如淳曰："河之东岸特堆堁长四五里，广二里余，高十余丈。汾阴县在脽之上，后土祠在县西，汾在脽之北西流与河合也。"这是最早在汾阴立的后土祠，汉武帝亲自进行拜祭。

祭祀后土与祭天都要定期举行。《汉书·郊祀志》："汾阴后土三年亲郊祠，而泰山五年一修封。"皇帝三年要祭祀后土，五年封泰山。汉武帝曾先后七次祭拜后土祠，都用非常隆重的礼仪；祭祀后土与祭天、祭上帝的礼仪是一样的，以拜上帝之礼拜后土。

东汉时期曾在长安立后土祠，但是历朝致祭后土的祭奠基本都在汾阴。古代中国是一个农业国，农业是古代社会的重要部门，作为农业神之一的后土是受历朝祭祀的重要神灵。

《元和姓纂》卷一云："洪，共工氏之后，本姓共氏，因避仇改为洪氏。"洪氏是共工氏的后裔。

梁宗懔《荆楚岁时记》云："冬至，日量日影，作赤豆粥以禳疫。"宗懔自注："按：共工氏有不才之子以冬至死，为疫鬼，畏赤小豆，故冬至日作赤豆粥以禳之。"南梁时期犹有共工氏的不才之子以冬至死为疫鬼的传说。

五、后土形象在后世的演变

句龙在我国先秦古籍中是一个男子，但今汾阴后土祠后土神灵是女性神灵女娲。今试析其演变的原因。

《吕氏春秋·季夏纪》云："其帝黄帝，其神后土。"西汉前期祭祀后土，以汉高祖配享。《史记·孝武本纪》又云：汉武帝元封五年（公元前106年），"修封，则祠泰一、五帝于明堂上坐，令高皇帝祠坐对之。祠后土于下房，以二十太牢"①。汉武帝"祠后土"以"高皇帝祠坐对之"，以高皇帝刘邦配享后土，说明后土是一尊男子神灵。

西汉后期，外戚王莽为了篡夺汉朝政权，祭祀后土以高后吕后配享。梁沈约《宋书·志·礼三》云："汉文帝初祭地祇（祇）于渭阳，以高帝配。武帝立后土社祠于汾阴，亦以高帝配。汉氏以太祖兼配天地，则未以后配地也。王莽作相，引《周礼》享先妣为配北郊。夏至祭后土，以高后配，自此始也。"王莽为祭祀后土时开始用"高后配"。是因为王莽本身就是外戚，巴结太后，是他篡夺政权的需要。

唐朝武则天以女主当政，最终完成了后土神灵从男子到女子的转变。《旧唐书·志四·礼仪四》云："先是，脽上有后土祠，尝为妇人塑像。则天时，移河西梁山神塑像，就祠中配焉。至是，有司送梁山神像于祠外之别室，内出锦绣衣服，以上后土之神，乃更加装饰焉。又于祠堂院外设坛，如皇地祇（祇）之制，及所司起作，获宝鼎三枚以献。十一年二月，上亲祠于坛上，亦如方丘仪。"②

唐朝大臣对女皇献媚讨好，把后土祠的神像附会成妇人塑像。而则天女皇又"移河西梁山神塑像，就祠中配焉"，"内出锦绣衣服，以上后土之神，乃更加装饰焉"③，于是后土祠中的后土神像就变成一个女性神像了。当后土以女性神灵出现在神坛之后，其出身也发生了变化。后土就不能再是共工氏之子句龙，而被附会成补天的女英雄女娲了。

其实，后土祠中神灵后土形象从男神变成女神形象也是有思想基础的。先秦时期，当我国处于男性绝对统治的时期，后土为男性之神灵是必然的；而当阴阳学说形成，天为阳、地为阴，男为阳、女为阴的观念，被我国人民普遍接受之后，后土所主的土地，属于阴；人们对古代的神灵重新进行归类，那么后土被归于女性也是可以被人们接受的。而且其中又经过则天女皇的大力推进，河东后土祠中的后土神像就变成一个女性之神女娲了。

女娲是中华民族最受尊敬的女性人文始祖，以她为后土的神灵，享受香火，

---

① （汉）司马迁撰：《史记》，北京：中华书局，1982年版，第1401页。
② （唐）萧嵩：《大唐开元礼》，清文渊阁四库全书。
③ （后晋）刘昫等撰：《旧唐书》，北京：中华书局，1975年版，第913页。

接受膜拜,是完全能够被世人认可和接受的。今端坐在后土祠中的女神就是女娲,世人向其祈求婚姻、子嗣。女娲还被称为送子娘娘、送子观音,接受后人的祭祀与供奉。

第二节 夸父的传说

夸父是炎帝的后裔,是活动在今河南省灵宝一带的部族。夸父曾参加过蚩尤与黄帝的涿鹿之战,为应龙所杀。夸父是我国历史上非常有名的、与太阳竞走的神话人物,最后"道渴而死。弃其杖,化为邓林"。后代对夸父的看法,是见仁见智。有人认为,夸父"与日逐走",是不自量力的代表;有人认为夸父可能是在大旱灾时期,为治水求雨而死;死后化为邓林,即桃林,滋润乡里、勇于献身的英雄人物。

一、夸父与蚩尤皆死于涿鹿之战

如前所述,《山海经·海内经》云:"炎帝之妻,赤水之子听訞,生炎居……祝融降处于江水,生共工。共工生术器,术器首方颠,是复土穰,以处江水。共工生后土,后土生噎鸣。噎鸣生岁十有二。"《海内经》很明显地说,听訞、炎居、祝融、共工、术器、后土皆炎帝之后裔。

《山海经·大荒北经》又记载:"大荒之中,有山名曰成都载天。有人珥两黄蛇,把两黄蛇,名曰夸父。后土生信,信生夸父。夸父不量力,欲追日景,逮之于禺谷。将饮河而不足也,将走大泽,未至,死于此。"清人吴任臣《山海经广注》云:"句龙为后土,生子二人:曰垂、曰信。信生夸父,善走,为丹朱臣,后有夸氏。"

《大荒北经》云"后土生信,信生夸父",那么夸父当然就是炎帝的后裔。《大荒北经》记载的夸父,是"珥两黄蛇,把两黄蛇"。夸父以黄蛇为耳环,两手又把"黄蛇",当是以黄蛇为图腾的部族。

《山海经·大荒东经》卷十四云:"大荒东北隅中有山,名曰凶犁土丘。应龙处南极,杀蚩尤与夸父,不得复上,故下数旱。旱而为应龙之状,乃得大雨。"晋郭璞注:"应龙,龙有翼者也。蚩尤,作兵者。应龙,遂住地下,上无复作雨者,故也。今之土龙,本此气,应自然冥感,非人所能为也。"

《大荒东经》的这段话给了我们一个启示，那就是黄帝与蚩尤的涿鹿之战中，派应龙在"凶犁土丘"，先杀死蚩尤，又杀死夸父。夸父与蚩尤当同时被杀，也是同一部族分支的盟友。据说当是参与蚩尤与黄帝作战的有八十一个部族，其中当有夸父部族。

夸父是活动在豫西灵宝一带的部族，与炎帝蚩尤不仅在地缘上相邻相近，在族源上也应该有密切的关系。夸父与蚩尤同时被应龙杀死，说明夸父是参加对黄帝作战的部族之一。夸父的后人为夸氏。后土、夸父及夸氏等皆共工氏之后裔。再往上追溯，夸父是炎帝蚩尤的后裔分支。

二、"夸父追日"的传说

夸父，是传说中与太阳竞走的一个巨人，是我国古代著名的"夸父追日"神话传说中的英雄。据说夸父与日竞走，一直走到晚上太阳落下，口渴欲饮水，喝干了黄河水和渭水，又向北饮于大泽，没有到日落处而死于路上。《山海经》与《列子》皆记载了这个神话传说。

《山海经·海外北经》亦云："夸父与日逐走，入日。渴，欲得饮，饮于河渭。河渭不足，北饮大泽。未至，道渴而死。弃其杖，化为邓林。"郭璞注："言及日于将入也；逐音胄；夸父者，盖神人之名也。"①

《列子·汤问》卷五云："夸父不量力，欲追日影。逐之于隅谷之际。渴欲得饮。赴饮河渭，河渭不足，将走北饮大泽。未至，道渴而死。弃其杖，尸膏肉所浸生邓林。邓林弥广数千里焉。"②

这个神话在我国流传得非常广泛，有人认为是当时中国大地出现了旱灾，夸父欲把太阳摘下，引来河水。《山海经》说，夸父最后把手杖抛出，化为邓林。《列子》说，夸父把手杖抛出，用自己的血肉浸润生出滋养一片邓林。邓林即桃林。夸父手杖当是权力的象征，他当是一个部族首领。夸父的"尸膏肉所浸生邓林"，他当是一个为民除害、为民造福的英雄。

夸父是活动在今河南省灵宝市一带的部族首领。晋代杜预《春秋释例》卷七《土地名》第四十四之三云："桃林，《括地象》云：在陕州桃林县。《西山海经》云：夸父之山，其北有林，名桃林，广三百里。"《四库全书》编者案："陕州，

---

① 袁珂：《山海经校注》，上海：上海古籍出版社，1980年版，第238页。
②《列子》卷五《汤问》，转引自《诸子集成》（三），北京：中华书局，1983年版，第56页。

后魏置；桃林县，隋开皇十六年置；而隋时桃林尚属河南郡，其以桃林属陕州，则唐初制也；至天宝中以桃林掘得灵符，改为灵宝县。"

《水经注》卷四云："水出湖县夸父山……湖水出桃林塞之夸父山，广圆三百仞。"湖县，就是汉代的弘农郡，今河南省灵宝市。《大清一统志》卷一百七十五云："夸父山在阌乡县东南。《水经注》：湖水出桃林塞之夸父山，广员三百仞。《山海经》曰：湖县西九十里曰夸父之山，其木多棕楠，多竹箭，其阳多玉，其阴多铁。《元和志》：夸父山在湖城县东南三十五里。"阌乡县，今已并入河南省灵宝市。

宋乐史《太平寰宇记》卷六《河南道六》云："夸父山，其北有桃林。郭注：'桃林，今弘农湖县阌乡南谷中是也。'"宋王存《元丰九域志》卷三云："灵宝州西四十五里三乡有夸父山，黄河稠桑泽，古函谷关。"这里还有夸父庙。

《河南通志·山川下·汝州》云："夸父山在阌乡县东南三十五里，周穆王时夸父善走追日，卒于此，故名。"

根据古代神话的记载，正因为夸父的牺牲，今河南省灵宝市一带才成为风水宝地。《山海经·中山经》云："夸父之山，其木多棕楠，多竹箭，其兽多牸牛、㸲羊，其鸟多鷩，其阳多玉，其阴多铁。其北有林焉，名曰桃林，是广员三百里，其中多马。湖水出焉，而北流注于河，其中多珚玉。"晋郭璞注："桃林，今弘农湖县阌乡南谷中是也；饶，野马、山羊、山牛也。"吴任臣《山海经广注》卷五云："《寰宇记》：夸父山，一名秦山，在阌乡县东南二十五里。谚云：'秦为头，虢为尾'，与太华山相连。"

著名的夸父追日故事在今河南省灵宝市一带流传。

第三节　少皞氏后裔与华夏族融合

少皞氏是东夷地区强大的部族。蚩尤，《逸周书·尝麦解》曾云"蚩尤宇于少皞"，《山海经·大荒东经》亦云"少昊孺帝颛顼于此"。也就是说，蚩尤、颛顼皆曾为少皞部族所扶植，在少皞部族中发展。少皞氏在参加蚩尤与黄帝的涿鹿之战中被杀。少皞氏一部分仍留在东夷地区，如郯国；主体部分向西迁徙至汾、洮流域（今山西闻喜县东南），他们用疏导的手段治服汾、洮二水，筑堤防、兴水利，少皞氏的裔孙台骀，被封为汾水之神。少皞氏的后裔与华夏族融合。

一、少皞与蚩尤部族的关系

如本书第四章第一节所述，太皞氏、少皞氏在我国古文献中是被列为"五帝"的部族首领。《世本》以"少皞、高阳、高辛、唐、虞为五帝"。《周礼》和《礼记》所记的五帝是太皞、炎帝、黄帝、少皞、颛顼。《史记·五帝本纪》所指的五帝是黄帝、颛顼、帝喾、帝尧、帝舜。特别是少皞在《世本》《周礼》《礼记》之中皆被列为"五帝"，应该是非常显赫的部族。

太皞，风姓；少皞，嬴姓。他们皆属于东夷部族。蚩尤曾经宇于少皞，故少皞氏与蚩尤部族有非常密切的关系。如前所述，《逸周书·尝麦解》云："命蚩尤宇于少皞，以临四方。"《尝麦解》只说蚩尤逐炎帝，并没有说少皞站在哪边。而且如笔者前面所说的，蚩尤并没有背叛炎帝，应该说蚩尤和少皞的关系还是很好的。

炎帝末年，炎帝与黄帝发生了阪泉之战，炎帝被赶走；蚩尤与黄帝发生了涿鹿之战，蚩尤被杀。太皞、少皞应该是参加对黄帝作战的部族。如《盐铁论·结和》云："轩辕战涿鹿，杀两皞、蚩尤，而为帝。"两皞，即太皞、少皞。蚩尤与黄帝作战时曾有"蚩尤兄弟八十一人"，这八十一人当是八十一个部族。当然今天已经无从查证这八十一个部族都是哪些部族了；但是两皞当是太皞氏、少皞氏部族无疑。蚩尤失败之后，太皞氏、少皞氏也受到极大的影响。

在黄帝与蚩尤的涿鹿之战中，少皞、太皞作为东夷部族的一方，参加了对轩辕氏的斗争。这场战争蚩尤被歼灭，太皞迁徙于陈，可能一部分还留在东夷地区。

《国语·楚语下》云："及少皞之衰也，九黎乱德，民神杂糅，不可方物。……颛顼受之，乃命南正重司天以属神，命火正黎司地以属民，使复旧常，无相侵渎，是谓绝地天通。"颛顼氏打败了少皞氏，占据了东夷地区。

二、少皞氏的迁徙及与华夏族的融合

蚩尤失败之后，颛顼氏占领了东夷少皞氏的地盘。少皞氏还有一部分留在东夷地区，如郯国等。《左传·昭公十七年》载，郯国国君郯子到鲁国朝见鲁昭公。鲁大夫昭子询问郯子："少皞氏以鸟名官，何故也？"郯子曰："我高祖少皞挚之立也，凤鸟适至，故纪于鸟，为鸟师而鸟名：凤鸟氏，历正也；玄鸟氏，司分者也；伯赵氏，司至者也；青鸟氏，司启者也；丹鸟氏，司闭者也；祝鸠氏，司徒也；鴡鸠氏，司马也；鸤鸠氏，司空也；爽鸠氏，司寇也；鹘鸠氏，司事也。五鸠，鸠民者也。五雉为五工正，利器用，正度量，夷民者也。九扈为九农正，扈民无淫者也。自颛顼以来，不能纪远，乃纪于近。为民师而命以民事，则不能故也。"这段记载说明少皞部落崇拜的图腾是凤鸟。他们"以鸟名官"，已经有了管理天文历法的专职部落和人员，并且有了司徒以管理教化人民，司空以平水土，司寇以主刑罚盗贼之事，司事以主春种秋收之事。

自颛顼以来，改革了东夷地区的官制，"以鸟名官"的制度从此在东夷地区消失。所以至鲁昭公十七年（公元前525年），少皞氏"以鸟名官"几乎无人知晓。东夷地区少皞氏遗留部族已经与华夏族融合。

东夷部族失败后，少皞氏的主要力量被流放到山西地区，之后亦与颛顼氏融合。《左传·昭公元年》曰："昔金天氏有裔子曰昧，为玄冥师。生允格、台骀。台骀能业其官，宣汾、洮，障大泽，以处大原。帝用嘉之，封诸汾川，沈、姒、蓐、黄实守其祀。今晋主汾灭之矣。由是观之，则台骀，汾神也。"①杜预注："金天氏，少皞。"沈、姒、蓐、黄，杜注曰："四国，台骀之后。"大原，杜预注："大原，晋阳也；台骀之所居。"由《左传》经文及杜预注释可知，台骀是少皞氏的裔孙，迁至汾、洮流域。他们用疏导的手段制服了汾、洮二水，筑起了堤防，定居于此，生活在晋阳这块大原上。沈、姒、蓐、黄四国，皆台骀之后裔建立的方国。这些小国世代奉守太皞金天氏、台骀等祖先之祀。西周以后，周王朝分唐叔虞于此，才逐渐灭了台骀裔孙所建的沈、姒、蓐、黄等国，扩大晋国辖地。台骀，就是汾水之神。少皞氏在东夷失败以后，迁徙至今山西晋阳一带。其后裔台骀治服汾、洮二水，从而占据了大原一带，并得到颛顼氏的认可，"帝用嘉之"。台骀是少皞氏的直系裔孙。少皞氏的主要力量迁到汾水流域。

少皞氏部族在部落冲突中失败后，他们的一些分支，如穷奇族，被"投诸四裔"，赶到偏远之地。《左传·文公十八年》载："少皞氏有不才子，毁信废忠，崇饰恶言，靖谮庸回，服谗蒐慝，以诬盛德，天下之民谓之穷奇。……流四凶族，浑敦、穷奇、梼杌、饕餮，投诸四裔，以御螭魅。"②少皞氏的分支穷奇族被"投诸四裔"，赶到了偏远之地。

---

① 杨伯峻：《春秋左传注》，北京：中华书局，1983年版，第1218~1219页。
② 杨伯峻：《春秋左传注》，北京：中华书局，1983年版，第639页。

三、《路史·小昊》记载的少暤后裔与姓氏

根据《路史·小昊》记载，小昊是黄帝后裔，"黄帝之第五子，方儽氏之生也"。笔者认为，这里当有错误之处。与黄帝打过五十二战的蚩尤，曾"字于少暤"，怎么会是黄帝第五子呢？小昊，即少暤也，《路史·小昊》记载的姓氏，当是少暤之后裔的姓氏。

（1）少暤之后"允格、台骀，俱臣高阳。骀宣汾洮，障大泽，封于汾川；沈、姒、蓐、黄，实守其祀。有台氏、沈、姒、蓐、辱之氏。允格封都，有子都姓，虞帝投之幽州，是为阴戎之祖。巳氏、格氏、戎氏、允戎氏、戎州氏，皆允类也"。

（2）至帝舜时，皋陶"有子三人，长伯翳、次仲甄、次封偃，为偃姓。偃匽之后，有州绞、贰、轸、谣、皖、参、会、阮、桒、鬲、郦、鄝、止、舒庸、舒鸠、舒龙、舒蓼、舒鲍、舒龚州，则卤灭之。绞佼，则朱灭之舒、皖、贰、轸、鸠、庸、龙、蓼，则食于楚矣。后各以国命氏"。

（3）"甄氏六氏：皋、咎、繇、罨、英、黳之氏。"

（4）后裔有赵氏，世居天水；"有张氏、狼氏、屏氏、訾辱氏、楼季氏、主氏、主父氏、康氏、马服氏、马氏、马矢氏、马适氏、莽氏、武成氏、周阳氏、邯氏、邯郸氏，及叔带、中衍、戎胥、冬日之氏，采于眭者，又为眭氏。革五世曰非，子孝王封之秦谷，使复嬴氏"。

（5）嬴氏之后"有秦氏、非氏、扉氏、处氏、房氏、旁氏、蜚氏、飞廉氏、廉氏、征氏、宁氏、子桑氏、子车氏、车氏、仲行氏、针氏、侯丽氏、缪氏、谬氏、紫氏、整氏、庶长氏、不更氏、稻氏、谷氏、绕氏、将闾氏。王功秦仲既国，襄而复录，其少子康使有夏阳，为梁伯，秦溢之。有梁氏、梁余氏、梁于氏、将氏、将良氏"。

（6）"汉莽以梁攘为修远伯，奉小昊祀。而又有运期氏，其食于运者，为运氏。自运采掩为奄氏、掩氏、运奄氏；采钟离者，吴灭之，为钟氏、离氏、钟离氏、终黎氏。寻、筍、汪、良、蒐、裘、不羹、灌东、东间、修鱼、橾里、密如、高陵、附庸氏也。秦针奔晋，封裴中，曰裴君。六世陵迁解，为解君，有裴氏、解氏、垒氏、履氏。"

（7）嬴氏在淮者仍为嬴氏，其后"有徐氏、虫氏、取虑氏、李氏，恩成之佃世为理，以命族。至纣时，理征为翼肄中。吴伯弗合，以死取契，和氏遭难伊虚，为李氏"。

（8）"有理氏、里氏、相里氏、京氏、恩氏、利氏、儋氏、聃氏、耽氏、征氏、崇氏、段氏、段干氏、老氏、老阳氏、柱氏、丙氏、及广武、老莱、贺兰、坚吾、大野、徒何之氏，江、黄、耿、弦、兹、蒲、时、白、郯、复、巴、寘、谷、麋、邳、葛、祁、谭，皆嬴国也。郯则越灭之，寘则徐灭之，兹蒲周灭之，沈、耿、晋灭之。谭谷入于齐，巴复入于夔，而江、黄、邳、弦、时、麋、白、灭于楚矣，后各以国令氏。沈逞奔楚，曾孙诸梁为右司马，采于叶，为叶氏、尹氏、诸梁氏、□氏。周兴，封帝之后于祁，而置莒，后舆期于始都计。二世兹丕归莒，至纪公复纪姓。历世三十，楚、简并之。有莒氏、万氏、莒子氏、兹丕氏、展舆氏、庶其氏、郊氏、捷氏、裂氏、若犁、比、林、闾、渠丘、着丘、安丘、且于、务娄、无娄、菟羊之氏，与林氏、挐氏，氏以邑也。嬴之后又有盈氏、郯氏，黄之后又有胡氏。若巴后之巴公，白后之白侯武安，蒲后之蒲侯、蒲余与符。江后之析，谭后之覃、谈、佼、耿后之简、谏、东，其衍也。又有昊、皓、星、金、桑、雉、芈、勾、瞳、皞、秋伯，及西方桑丘、空桑、龙丘、五鸠，有偃之氏。"

第四节　驩兜氏与华夏族的斗争与融合

根据考古学的研究，驩兜最早当是活动在今河南省伊、汝水流域，即汝州一带的部族。帝尧时期，为尧的"四岳"之一。帝尧晚年，向驩兜询问谁可为继承人时，驩兜等皆举荐共工。这种建议当时惹恼了虞舜。之后，驩兜被帝舜流放于崇山。春秋时期，驩兜当活动在山东地区，如齐国有讙地，当曾是驩兜所居之地。驩兜已经与华夏族融合。

一、驩兜部族对共工氏的支持

驩兜，又称为讙兜、讙头、讙朱等，是活动在山东地区的一个部族。春秋时期的齐国有讙地，即曾是驩兜所居之地。《左传·哀公八年》云"齐人归讙"。"讙"，就是驩兜原居之地。春秋时期，讙兜国成为齐国的辖地。《路史·国名纪六·古国》云："讙，济之乘丘有讙亭，或云讙兜国。今济治巨野，齐人归讙。预云济北蚰丘西有下讙亭。说文作鄼。"

驩兜与共工、鲧、三苗氏一样是帝尧时期的臣。他们辅助帝尧执政很长时间，大约与三苗氏有很深的渊源关系。

驩兜可能就是帝尧的"四岳"之一。驩兜在帝尧历次咨询贤臣时，皆举荐共工，当是与共工关系非常好的一个部族。

《尚书·虞书·尧典》云："帝曰：'畴咨若予采？'驩兜曰：'都！共工方鸠僝功。'帝曰：'吁，静言庸违，象恭滔天。'"又《史记·五帝本纪》云："尧又曰：'谁可者？'讙兜曰：'共工旁聚布功可用。'尧曰：'共工善言，其用僻，似恭漫天，不可。'"《集解》引孔安国曰："讙兜，臣名。郑玄曰：共工，水官名。"

《史记·五帝本纪》云："讙兜进言共工。尧曰：不可而试之工师。共工果淫辟。四岳举鲧治鸿水，尧以为不可。岳强请试之，试之而无功。"①

这里所说的是驩兜作为帝尧的臣，每当帝尧询问贤臣之时，驩兜皆举荐共工。这种建议其实符合帝尧的意思，却是惹恼了虞舜：帝舜正准备继承尧而将成为新一代的帝王。《论衡·恢国》云："讙兜之行，靖言庸回，共工私立，称荐于尧。"驩兜推荐共工，而没有推荐虞舜，其实也是反对虞舜。清人纳喇性德编《合订删补大易集义粹言》卷十三云："尧朝旧臣，如共工、讙兜、伯鲧，佐尧治天下，其执权利之日久矣。舜，江海陶渔之人也，虽以尧命，听居其上，其志未尝不欲专命，使舜不得有为于天下也。"

由于驩兜、共工、鲧、三苗皆反对虞舜的即位，因此虞舜掌握权力之时，就发动对这四个部族的打击。《史记·五帝本纪》云："舜归而言于帝，请流共工于幽陵，以变北狄；放驩兜于崇山，以变南蛮；迁三苗于三危，以变西戎；殛鲧于羽山，以变东夷。四辠（罪）而天下咸服。"帝舜打击放逐了"四凶族"，从而顺利地接替了帝位。

二、驩兜部族被放逐崇山

《史记·五帝本纪》云："放驩兜于崇山。"崇山，《集解》引马融曰："崇山，南裔也。"《淮南子·修务训》："放驩兜于崇山"，高诱注："放，弃也。驩兜，尧佞臣；崇，南极之山。"驩兜被放逐的"崇山"，今已不知在何处了，但是崇山在南方是可以肯定的。那么，被放逐之后的驩兜的情况又是怎样呢？

有文献说，驩兜被放逐到崇山之后，生活非常艰苦，在南海中以捕鱼为生。如《史记·五帝本纪》"正义"引《神异经》云："南方荒中有人焉，人面鸟喙而有翼，两手足扶翼而行，食海中鱼，为人很恶，不畏风雨禽兽，犯死乃休，名曰驩兜也。"

---

① （汉）司马迁撰：《史记》，北京：中华书局，1982年版，第28页。

晋人张华《博物志》卷二《外国》云："驩兜国，其民尽似仙人。帝尧司徒，驩兜之后。民常捕海岛中，人面鸟口。去南国万六千里，尽似仙人也。"

《太平御览·四夷部·南蛮六》亦云："讙兜，尧臣，有罪，自投南海而死。帝矜之，使其子居南海而祠之也，虽有翼，不足以飞，倚为径行，势也。"

但也有文献说，讙兜被放逐南海之后，靠捕鱼为生，成为化外之民，他们没有君主。有人说，"讙兜国其民尽是仙人"。也就是说讙兜国之民保持远古时代的质朴之风，没有战争，过着像神仙一样的生活。

《山海经·海外南经》云："讙头国在其南。其为人，人面、有翼、鸟喙，方捕鱼。一曰在毕方东，或曰讙朱国。"郭璞注："讙兜，尧臣，有罪，自投南海而死。帝怜之，使其子居南海而祠之，画亦似仙人也。"

清人吴任臣《山海经广注》云："《神异经》曰：驩兜氏，鸟足，仗翼而行，食鱼，不畏风雨，有所触死乃已。……《吕氏春秋》云：缚娄之阳禺，驩兜之国，多无君。《图赞》曰：讙国，鸟喙，行则仗羽，潜于海滨，维食杞柜，实维嘉谷，所谓濡黍。"

驩兜国民在南海，成为化外之民，以捕鱼为生，虽然很苦，但没有什么约束，过着像神仙一样的生活。

第五节　炎帝蚩尤的后裔分支三苗氏

三苗氏最早当是活动在今河南省济源一带的部族，是蚩尤部族最强悍的分支。蚩尤是九黎之君；三苗是"九黎之后"，当然三苗也是蚩尤之后裔。古史记载，自蚩尤与黄帝的阪泉之战后，蚩尤的后人特别是三苗氏曾与黄帝族后人发生过多次激烈的战争。三苗氏曾三次被迫迁徙。第一次被放逐到今长江中下游及江淮一带。第二次被帝舜迁"于三危，以变西戎"，被赶到西部的大沙漠之中，与我国西部的戎人融合。第三次被大禹放逐，继续南迁至今湘西、贵州、云南等地，即今我国苗族所居的西南地区。可能有一支到海南，当为黎族。还有留在中原地区的一些部族成员与华夏族融合，成为黎民百姓。

一、三苗氏的族属发祥及其第一迁徙洞庭彭蠡一带

三苗氏是九黎之后裔，蚩尤曾为九黎之君，是东夷部族的首领。那么三苗氏

是东夷地区的蚩尤部族的后裔。

《国语·楚语下》曰："其后，三苗复九黎之德。"吴韦昭注："三苗，九黎之后也。"三苗是九黎直系后裔。《尚书·周书·吕刑》云："王曰：若古有训，蚩尤惟始作乱，延及于平民。"孔安国疏曰："顺古有遗训，言蚩尤造始作乱，恶化相易，延及于平善之人。九黎之君，号曰蚩尤。"

《战国策·魏二》云："黄帝战于涿鹿之野，而西戎之兵不至。禹攻三苗，而东夷之民不赴。"这段话的意思是，黄帝与炎帝战于涿鹿之野，西戎之兵不来帮助蚩尤，因为黄帝是西方发祥的部族，西戎之兵与黄帝关系密切。而当禹攻伐三苗之时，东夷之民也不来帮助后禹，因为三苗与东夷部族太密切了。这样我们就可以理解为什么华夏部族在与东夷部族的斗争中，三苗是蚩尤之后裔，与东夷部族属于同一阵线。

三苗部族活动的地区在江淮、荆州，与东夷地区地域相接，同气共俗，往来频繁，有密切的婚姻关系，或者是东夷部族的分支部族。

1. 三苗氏原居之地当在今河南省济源市一带

三苗氏原来所居之地当在今河南省济源市一带。《左传·宣公十七年》云："苗贲皇使见晏桓子。"杜预注："贲皇，楚斗椒之子；楚灭斗氏而奔晋食邑于苗地。晏弱时在野王，故因使而见之。"晋杜预《春秋释例》卷六《土地名》第四十四之二云："苗，河内轵县南有苗亭。"轵县，今河南省济源市。

春秋时期，若敖氏之族在楚国受到迫害，斗椒死，斗椒之子贲皇逃到晋国。晋国把苗地封给贲皇，故贲皇被称为苗贲皇。贲皇所封的苗地，当是原来三苗氏所居之地。三苗原来所居的济源市在太行山口，处于晋豫之间"表里山河"的咽喉之地。

2. 三苗第一次被放逐之地

三苗氏是一支非常古老而且强大的部族。随着蚩尤氏在涿鹿战败，三苗氏被放逐到今长江中下游及江淮一带，说是被放逐，其实是被赶到江淮、荆州一带。《史记·五帝本纪》云："三苗在江淮、荆州。"《集解》引马融曰："三苗，国名也。"《战国策·魏策一》记载：吴起云"三苗之居，左彭蠡之波，右有洞庭之水；文山在其南，而衡山在其北"。吴起所说的三苗氏活动的地域，当是三苗族像炎帝部族一样，被迫向南迁徙之地；但是战国时人已经不甚明白，以为三苗氏就是长江流域的一支古老部族。

洞庭，《史记·五帝本纪》"正义"引"孔安国曰：'吴起云：三苗之国，左洞庭，而右彭蠡。'按：洞庭，湖名，在岳州巴陵西南一里，南与青草湖连。彭蠡，湖名，在江州浔阳县东南五十二里。以天子在北，故洞庭在西为左，彭蠡在东为右。今江州、鄂州、岳州，三苗之地也。"《尚书·禹贡》云："淮海惟扬州，彭蠡既豬，阳鸟攸居。"孔安国疏云："北据淮，南距海。彭蠡，泽名；随阳之鸟，鸿雁之属。冬月所居于此泽。"

蒋廷锡《尚书地理今释》云："三苗，今湖广武昌、岳州二府，江西九江府地。《史记正义》曰：吴起云：三苗之国，左洞庭，而右彭蠡，今江州、鄂州、岳州也。"

如果根据吴起、孔安国、蒋廷锡等人的所说和注释，洞庭指的就是今湖南之洞庭；彭蠡，即今江西北部的鄱阳湖；鄱阳湖又称彭蠡泽，当是淮河以南、长江以北，即洪泽湖一带的地方。

文山，今已不可考。衡山指的是今河南南阳附近的雉衡山。《水经注》卷二十一云："汝水出河南梁县勉乡西天息山……汝水又东南流，径郾县故城北，故魏下邑也。《史记》：楚昭阳伐魏，取郾，是也。汝水又东，得醴水口，水出南阳雉县，亦云，导源雉衡山，即《山海经》云衡山也。郭景纯以为南岳，非也。马融《广成颂》曰：面据衡阴，指谓是山，在雉县界，故世谓之雉衡山。"①

由此可见，三苗所处江淮、荆州，就是今鄂、湘、赣以及豫南一带。

三苗，徐旭生认为应属苗蛮集团，在地域范围上应以"湖北、湖南、江西等地为中心，迤北到河南西部熊耳、外方、伏牛诸山脉间"②。

古籍记载的苗民是居住在东南方，长着翅膀但不能飞的人。因三苗之祖蚩尤被黄帝打败，三苗氏又被帝舜征伐打败，后又被放逐到遥远的边邑之地，故苗民的形象在我国古籍中被丑化。《山海经·大荒北经》云："西北海外，黑水之北，有人有翼，名曰苗民。颛顼生驩头，驩头生苗民。苗民厘姓，食肉。有山名曰章山。"③郭璞注曰："三苗之民。"清人吴任臣《山海经广注》引《神异经》云："苗民人形而腋翼，不能飞。为人饕餮，淫佚而无度；居西北荒。"《述异记》云："苗氏长齿，上下相冒。"

《淮南子·墬形训》云："自西南至东南方，结胸民、羽民、讙头国民、裸国民、三苗民、交股民、不死民、穿胸民、反舌民、豕喙民、凿齿民、三头民、修臂民。"高诱注："三苗，国名，在豫章之彭蠡。交股民，脚相交切。不死民，不食

---

① 王国维校：《水经注笺》，上海：上海人民出版社，1984年版，第663、675页。
② 徐旭生：《中国古史的传说时代》（增订本），北京：科学出版社，1960年版，第57页。
③ 袁珂：《山海经校注》，上海：上海古籍出版社，1980年版，第436~437页。

也。穿胸，胸前穿孔违背。反舌民，语不可知，而自相晓；一说舌本在前不向喉，故曰反舌也。南方之国名。豕喙民，其喙如豕。凿齿民，吐一齿出口，下长三尺。三头民，身有三头也。修臂民，一国民皆长臂，臂长于身。皆南方之国。"①

二、帝舜"窜三苗于三危"

帝尧时期，三苗、鲧、共工等部族与帝尧的关系大大改善，是同盟关系或者是臣属部族。《广东通志·外番志》云："唐尧南抚交阯，三苗来宾。"这个记载至少说明，在帝尧时期，尧与三苗的关系还是很好的。

《国语·楚语下》云："其后，三苗复九黎之德，尧复育重、黎之后，不忘旧者，使复典之。以至夏、商，故重、黎氏世叙天地，而别其分主者也。"韦昭注曰："其后，高辛氏之季年。三苗，九黎之后，高辛氏衰，三苗为乱，行其凶德，如九黎之为也。尧兴而诛之。"②《国语·楚语下》所记载的是说，"尧复育重、黎之后"，就是又重新支持重黎氏的兴起。韦昭注说，高辛氏晚年衰弱，三苗为乱，"尧兴而诛之"，诛灭作乱之人；但对于没有作乱的三苗氏之民还是采取了抚慰怀柔的政策。

帝尧在位时期，老将求代，准备让帝舜即位为天子，结果遭到许多部族、部族领袖的反对。

《山海经·海外南经》云："三苗国"。郭璞注："昔尧以天下让舜，三苗之君非之。帝杀之，有苗之民叛，入南海为三苗国。"

东汉王符《潜夫论·明暗》云："尧为天子，求索贤人，访于群后。群后不肯荐舜，而反称共、鲧之徒。赖尧之圣，后乃举舜而放四子。"

但是鲧、共工、鹳兜、三苗皆能够在部族领袖接班人的选任方面，发表自己的意见，说明他们在帝尧的政权集团中是有一定的权力的。

《韩非子·外储说右上》云："尧欲传天下于舜。鲧谏曰：'不祥哉！孰以天下而传之于匹夫乎？'尧不听，举兵而诛，杀鲧于羽山之郊。共工又谏曰：'孰以天下而传之于匹夫乎？'尧不听，又举兵而诛共工于幽州之都。于是天下莫敢言：无传天下于舜。"

鲧、共工、鹳兜、三苗皆是舜的反对者，这些人就是所谓的恶人。《淮南子·兵略训》注云："舜伐有苗。"汉高诱注："有苗，三苗也。"《韩非子》说是

---

① 《淮南子》卷四《坠形训》，转引自《诸子集成》（七），北京：中华书局，1983年版，第62～63页。
② 上海师范学院古籍整理组点校：《国语》，上海：上海古籍出版社，1983年版，第563页。

"尧举兵而诛"。

帝尧晚期，舜实际已经掌握了刑罚的权力，而流共工于幽陵、放驩兜于崇山、迁三苗于三危、殛鲧于羽山，就是在舜帝的策划下实施的。对于这样的反对者，帝舜是绝不宽容的，要对其进行严惩。《史记·五帝本纪》云：舜在外巡守时，发现"三苗在江淮荆州，数为乱。于是舜归而言于帝，请流共工于幽陵，以变北狄；放驩兜于崇山，以变南蛮；迁三苗于三危，以变西戎；殛鲧于羽山，以变东夷。四辠（罪）而天下咸服"。

共工被流放的幽陵，《正义》《尚书》及《大戴礼》皆作幽洲（今北京市密云区）。《括地志》云："故龚城在檀州燕乐县界，故老传云：舜流共工幽洲，居此城。""流共工于幽陵，以变北狄。"《索隐》："变，谓变其形及衣服，同于夷狄也。"

驩兜被流放于崇山，蒋廷锡《尚书地理今释》云："崇山在今湖广永定卫西大庸所东。"

三苗氏被帝舜赶到三危山，即今甘肃省敦煌一带。

三苗第二次被迁徙到三危。《史记·五帝本纪》"正义"引《括地志》云："三危山有峰，故曰三危，俗亦名卑羽山，在沙州燉煌县东南三十里。"三危，山名，在今甘肃省敦煌市境。"迁三苗于三危，以变西戎"，就是把三苗部族赶到西部的大沙漠之中。

鲧被殛死的羽山，在东夷之地。《正义》引《括地志》云："羽山在沂州临沂县界"，即今山东省临沂市界。

幽陵、崇山、三危、羽山皆当时的四裔之地，一般来说战败的部族会被赶到边境荒僻之地。他们从而成为边区少数民族。帝舜把那些"恶人"，即在与虞舜部族战争中失败的部族赶到边远"四裔"之地。

《楚辞·忧苦》云："三苗之徒以放逐兮。"洪兴祖《楚辞补注》曰："三苗，尧之佞臣也。《尚书》曰：'窜三苗于三危'。"也就是说，帝尧时期，三苗还是尧之"佞臣"，即三苗还是帝尧的臣属部族。

我国古史记载，帝尧晚年将把部族的领导权传给帝舜。而当时三苗、鲧、驩兜、共工等部族不能接受，纷纷提出反对意见，这就成为日后帝舜征伐、流放这些部族的原因和导火索。

《潜夫论·明暗》与《山海经·海外南经》郭璞注的记载说明，鲧、共工、三苗对帝尧禅让帝位于舜不满，那么三苗与鲧、共工的下场也是同样地被帝舜流放，"投诸四裔"。

帝尧晚年把权力移交给帝舜，帝舜"奏请"帝尧，对"四辠（罪）"的"流"

"放""迁""殛",对"四皋(罪)"进行残酷的惩罚。

宋胡宏《皇王大纪》云:"三苗之君,贪于饮食,冒于货贿,侵欲崇侈,不可盈厌;聚敛积实,不知纪极;不分孤寡,不恤穷匮,天下谓之饕餮。舜西窜之三危。"

舜"窜三苗于三危"。三危,《史记·五帝本纪》"正义"引《括地志》云:"三危山有峰,故曰三危,俗亦名卑羽山,在沙州燉煌县东南三十里。《神异经》云:西荒中有人焉,面目手足皆人形,而胳下有翼,不能飞;为人饕餮,淫逸无理,名曰苗民。"① 三危,就是今甘肃省敦煌,古称瓜州。舜"窜三苗于三危",就是把三苗赶到大沙漠中的敦煌。

《尚书·周书·吕刑》云:"王曰:若古有训,蚩尤惟始作乱,延及于平民。"又云:"苗民弗用灵,制以刑,惟作五虐之刑,曰法。杀戮无辜,爰始淫,为劓、刵、椓、黥,越兹丽刑并制。"帝舜"哀矜,庶戮之不辜。报虐以威,遏绝苗民,无世在下。乃命重黎,绝地天通,罔有降格"。这里是说,帝舜认为,苗民杀戮无辜,制造酷刑,要对其进行惩罚。

《尚书·虞书·益稷》云:"各迪有功,苗顽,弗即工。帝其念哉。"传曰:"九州五长各蹈为有功,惟三苗顽凶,不得就官,善恶分别。"帝舜认为,其罪应当诛之。

帝尧和帝舜所任用的部族及所打击放逐的部族是不一样的。如《左传·文公十八年》记载:高阳氏后裔的八恺、高辛氏后裔的八元,"以至于尧,尧不能举。舜臣尧,举八恺,使主后土;以揆百事。莫不时序,地平天成;举八元,使布五教于四方"。而对于浑敦、穷奇、梼杌、饕餮"以至于尧,尧不能去……舜臣尧,宾于四门,流四凶族,浑敦、穷奇、梼杌、饕餮,投诸四裔,以御螭魅"。② 《左传·昭公元年》云:"于是乎虞有三苗。"所谓"虞有三苗",就是虞舜时有与三苗的战争。杜预注:"三苗,饕餮,放三危者。"《左传·文公十八年》杜预注曰:饕餮,"贪财为饕,贪食为餮"。帝舜把三苗丑化为贪财、贪食的饕餮,为打击三苗找理由。其实帝尧时期并未征伐、讨伐三苗,窜三苗于三危是发生在帝舜时期的事件。

三、三苗族第三次被迁徙至大西南

《尚书·禹贡》云:"三危既宅,三苗丕叙。"孔安国疏:"西裔之山已可居三苗之族,大有次叙美禹之功。"孔颖达疏曰:《左传》称,舜去四凶,投之四裔。

---

① (汉)司马迁撰:《史记》,北京:中华书局,1982年版,第29页。
② 杨伯峻:《春秋左传注》,北京:中华书局,1983年版,第638、640页。

《舜典》云：'窜三苗于三危。'是三危为西裔之山也。其山必是西裔，未知山之所在。《地理志》杜林以为敦煌郡，即古瓜州也。昭九年《左传》云：先王居梼杌于四裔，故允姓之奸，居于瓜州。杜预云：允姓之祖与三苗，俱放于三危。瓜州，今敦煌也。郑玄引《地记书》云：三危之山在鸟鼠之西南，当岷山，则在积石之西南。《地记》乃妄，书其言未必可信。要知三危之山，必在河之南也。禹治水末，已窜三苗。水灾既除，彼得安定。故云：三危之山，已可居三苗之族，大有次叙。记此事以美禹治之功也。"①

宋人蔡沈注"三危既宅，三苗丕叙"曰："三危，即舜窜三苗之地，或以为炖煌，未详其地。三苗之窜在洪水未平之前，及是，三危已既可居。三苗于是大有功叙。今按舜窜三苗，以其恶之尤甚者迁之；而立其次者于旧都。今既窜者已丕叙，而居于旧都者尚桀骜不服。盖三苗旧都，山川险阻气习使然。"

也就是说，大禹之时，被窜于三危的三苗已经基本安定，而仍留在江淮之间的三苗仍然作乱不止。如《史记·吴起列传》吴起曰："三苗氏，左洞庭，右彭蠡，德义不修，禹灭之。"②也就是说，大禹时期的三苗氏还是处在左洞庭、右彭蠡的地理位置，在南方仍然有很强的势力。禹接替王位后，接着讨伐三苗，对三苗进行了大规模的征伐和打击。夏后禹为扩大自己的领导权和统治地域，继续与三苗进行战争。《尚书·大禹谟》或许是战国人利用旧史料进行整理而写定，其中可能夹杂有战国人的臆造，但所记载的史实应有可信之处，那就是大禹曾与三苗发生过长期的战争，而且以大禹取胜为终。

《墨子·非攻下》云："昔者有三苗大乱，天命殛之。日妖宵出，雨血三朝，龙生于庙，大哭乎市。夏冰，地坼及泉，五谷变化，民乃大振。高阳乃命玄宫，禹亲把天之瑞令，以征有苗。四电诱祇，有神人面鸟身，若瑾以侍，搤矢有苗之祥。苗师大乱，后乃遂几。禹既已克有三苗焉，磨为山川，别物上下，卿制大极，而神民不违，天下乃静。则此禹之所以征有苗也。"③《墨子·非攻下》所记载的禹伐三苗的战争是很残酷的。

《尚书·大禹谟》也记载了禹伐三苗的较详细的过程。《大禹谟》云："禹乃会群后，誓于师曰：'济济有众，咸听朕命。蠢兹有苗，昏迷不恭。侮慢自贤，反道败德。君子在野，小人在位，民弃不保，天降之咎。肆予以尔众士，奉辞伐

---

① 《尚书正义》卷六《禹贡》第 38 页，转引自《十三经注疏》第 150 页，北京：中华书局，1980 年。
② （汉）司马迁撰：《史记》，北京：中华书局，1982 年版，第 2166 页。
③ 《墨子》卷五《非攻下》，转引自《诸子集成》（四），北京：中华书局，1983 年版，第 92 页。

罪，尔尚一乃心力，其克有勋。'三旬，苗民逆命。益赞于禹曰：'惟德动天，无远弗届。满招损，谦受益，时乃天道。帝初于历山往于田，日号泣于旻天、于父母，负罪引慝，祇载见瞽瞍。夔夔齐栗，瞽亦允若，至诚感神，矧兹有苗。'禹拜昌言曰：'俞，班师振旅，帝乃诞敷文德，舞干羽于两阶。'七旬，有苗格。"[1]

《大禹谟》或许是战国人利用旧史料进行整理而写定的，其中可能夹杂有战国人的臆造，但是所记载的史实应有可信之处，那就是大禹时曾与三苗发生过长期的战争，而且以大禹取胜告终。"三苗格"，"天下乃静"。大禹在战争中势力大大增加。

禹为了南征三苗，进行誓师，称之为"奉辞伐罪"。但是由于禹对三苗的战争进行得不太顺利，所以在禹的大臣益的谏议下，禹采取了以文德攻心的战略。

禹伐三苗的战争已有三旬（30 日），但苗民仍然不服从天命，即不服从禹的命令。益（禹的大臣）说：以德才能服人，不要太骄横。如当年帝舜对他的父亲瞽瞍谦恭有礼，终于感动了瞽瞍和上天，成就了虞舜的帝业。用这种态度对待有苗，也许会成功。禹认为这个意见很好，于是班师振旅，用文德去感化三苗之民。七旬（70 天）以后，三苗之民停止了反抗，即"有苗格"。

禹征三苗取得了完全的胜利。大禹征伐三苗以后，天下有一个安定的时期。大禹基本控制了南方地区。三苗在遭受大禹的沉重打击后衰微。

三苗氏"左彭蠡之波，右有洞庭之水"。徐旭生认为应属苗蛮集团，在地域范围上应以"湖北、湖南、江西等地为中心，迤北到河南西部熊耳、外方、伏牛诸山脉间"，是禹伐三苗之前，三苗氏之居处；而在禹伐三苗之后，三苗又一次被"禹放逐之"，继续南迁至今湘西、贵州、云南等地，即今我国苗族所居的西南地区。三苗在遭受大禹的沉重打击后衰微，大禹基本控制了南方地区。

三苗与中原华夏族有过长期的激烈的冲突。这种战争大约自尧、舜一直到禹。

大禹率领着众多的邦国君长，进行了讨伐共工氏、三苗氏的战争，以"济济有众，咸听朕命"，与"群后"誓师，这表明禹的势力与地位已大大增强。大禹在治理洪水的过程中，在不断的部族冲突与斗争中，扩大了实力，攫取了大量的财富，权力逐渐膨胀起来，为大禹的传子打下了雄厚基础。

四、三苗之后裔

三苗经过黄帝、帝舜、大禹的征伐和打击，从原来所居的今河南省济源市迁

---

[1]《尚书正义》卷四《大禹谟》第 25 页，转引自《十三经注疏》第 137 页，北京：中华书局，1980 年版。

徙到彭蠡、洞庭之间，被赶到边邑之地。帝舜"窜三苗于三危"，将一部分苗民赶到今甘肃省敦煌一带，羌族是其苗裔；而在大禹时期，留下的那些苗民则被赶到今湘西、贵州、云南一带，苗族是其后裔。他们的后裔是中华民族的重要成员。

1. 西南地区的苗族是古三苗的后裔

《山海经·海外南经》记载："三苗国在赤水东，其为人相随。一曰三毛国。"①即"三苗"亦可称为"三毛"。"苗""毛"在古代亦称为"髦""髳"等。

《诗经·小雅·角弓》云："如蛮如髦，我是用忧。"汉毛亨《传》云："蛮，南蛮也；髦，夷髦也。"郑玄《笺》云："今小人之行如夷狄，而王不能变化之，我用是为大忧也。髦，西夷别名，武王伐纣其等，有八国从焉。"②这里所说的蛮、髦，就是《尚书·牧誓》中所说的八国，即"庸、蜀、羌、髳、微、卢、彭、濮"，其中的"髳"，与古代所说的"苗""毛"是同一个意思。1941 年《贵州通志》中认为"髳乃苗族"。

明代田汝成《炎徼纪闻·云南·蛮夷》云："苗人，古三苗之裔也。自长沙沅辰以南尽夜郎之境，往往有之与氐夷混杂，通曰南蛮。其种甚伙，散处山间，聚而成村者曰寨。其人有名无姓，有族属无君长。近省界者为熟苗，输租服役稍同良家，十年则官司籍其户口，息耗登于天府；不与是籍者，谓之生苗。生苗多而熟苗寡，其俗各以其党，自相沿袭。大抵懻忮猜祸，绝礼让而昧彝伦；惟利所在，不顾廉耻；喜则人，怒则兽，睚眦之隙遂至杀人。被杀之家，举族为仇，必报当而后已。否则亲戚亦断，断助之即，抗到不悔。谚云：苗家仇九世，休言其不可居解也。"

宋代蔡沈《书经集传》卷二注释"三危既宅，三苗丕叙"曰："今湖南猺洞时，犹窃发俘而询之，多为猫姓，岂其遗种欤。"猫姓，当是毛姓、苗姓的同音字。湖南猺洞的少数民族当是三苗的后裔。《皇清职贡图》卷三云：（湖南）"永绥等处之红苗，历代不通声教。雍正八年，六里红苗归诚，特分设永绥同知，以理之。苗居多依山岭，刀耕火种，男蓄发去须，衣缀锡片，领带俱尚红，故名红苗，出入佩刀。妇髻插银梳，衣短衫系绣裙，俗尚鬼。每亥子两月，杀牛祭神，婚姻以唱歌相悦，而成嫁时母送女往，索银始归，谓之娘钱。赋税有秋粮、杂粮，按户均输。"如《湖广通志·关隘志》云："惟红苗僻处南服，虞夏以来，未闻向化。"红苗是三苗的后裔。

---

① 袁珂：《山海经校注》，上海：上海古籍出版社，1980 年版，第 193 页。
②《毛诗正义》卷十五《小雅·角弓》第 223 页，转引自《十三经注疏》第 491 页，北京：中华书局，1980 年版。

《贵州通志·地理·风俗》云："有土司者为熟苗，无管者为生苗。"贵州有红苗、白苗、青苗、黑苗、花苗、九股苗（与黑苗同类）、东苗、西苗、克孟牯羊苗、夭苗（姬姓，相传为周后）、平伐苗、紫姜苗、阳洞罗汉苗等。《皇清职贡图》卷三引《文献通考》云："苗，古三苗之裔。"这些苗人大多是古苗民，即三苗的苗裔。但其中"长沙黔中五溪蛮，皆盘瓠种"，即西南苗族也是盘瓠之后裔，有些地区的苗人敬盘瓠为祖。另外，根据《皇清职贡图》卷八记载：还有许多逃到深山之中的汉人，也入乡随俗，成为苗族。如蔡家苗，本春秋蔡人之裔；宋家苗本春秋宋人之裔，独家苗亦五代戍兵之后，罗汉苗在黎平府属，其部落沿革俱与黑苗相同。苗有不留髭须，而谓之罗汉者，故即以此为名。杨保苗系播州杨氏之裔，克孟牯羊苗，盖亦苗之一种在广顺州深山中。

苗族的种类来源不一，但多是三苗之后裔，而且其苗族的名字也当源于古三苗之族。

2. 西北地区羌族是被放逐到三危的三苗之后裔

帝舜所放逐到三危的三苗，在西部定居。在以后的发展中，三苗成为一个新的民族——羌戎。西羌就是三苗部族的后裔。宋代乐史《太平寰宇记·陇右道四·沙州》云："沙州，炖煌郡。今理炖煌县，《禹贡》：雍州之域，亦西羌所居。古流沙之地，黑水所经。《书》谓舜窜三苗于三危。三危既宅，即此地。其后子孙为羌戎，代有其地。《左氏传》谓允氏之戎是也。"三苗被放逐于三危之地，其后子孙为羌戎，代有其地。允氏之戎，就是羌戎，三苗之裔。

春秋时期的"允姓之奸"就是谪居在敦煌的三苗的一支的后裔。"允姓之奸"在春秋时期由于受到秦国的威逼，已经内服于晋国，成为晋国的"不侵不叛之臣"。《左传·昭公九年》云："先王居梼杌于四裔，以御螭魅；故允姓之奸居于瓜州。"①

《左传·襄公十四年》记载："范宣子亲数诸朝曰：'来，姜戎氏！昔秦人迫逐乃祖吾离于瓜州。乃祖吾离被苫盖、荆棘以来归我先君。我先君惠公有不腆之田，与女剖分而食之。'……对曰：'昔秦人负恃其众，贪于土地，逐我诸戎。惠公蠲其大德，谓我诸戎是四岳之裔胄也。赐我南鄙之田，狐狸所居，豺狼所嗥，

---

① 杨伯峻：《春秋左传注》，北京：中华书局，1983年版，第1309页。

我诸戎除翦其荆棘，驱其狐狸豺狼，以为先君不侵不叛之臣，至于今不贰。'"①
杜预注："四岳，尧时方伯，姜姓也。裔，远也；胄，后也。四岳之后，皆姓姜，又别为允姓。瓜州，地在今敦煌。"

戎狄之种类不一，戎狄在西方者曰犬戎，最强盛；在北方者曰山戎，亦曰北戎；在南方者，曰徐戎。春秋以后，由于西周王室的衰微，蛮夷戎狄相继进入中原。其中的姜戎，即春秋所说的陆浑之戎，是三苗之后裔。姜戎进入中原以后，逐渐与华夏民族融合，成为定居的农耕民族。

《北史·宕昌列传》云："宕昌羌者，其先盖三苗之胤，周时与庸、蜀、微、卢等八国。从武王灭商，汉有先零、烧当等，世为边患。其地东接中华，西通西域，南北数千里，姓别自为部落，酋帅皆有地，分不相统摄。宕昌即其一也，俗皆土著，居有屋宇。其屋织牦牛尾及羖羊毛覆之国，无法令又无徭赋，唯战伐之时，乃相屯聚；不然则各事生业，不相往来；皆衣裘褐，收养牦牛羊豕以供其食，父子伯叔兄弟死者，即以继母、世叔母及嫂弟妇等为妻。俗无文字，但候草木荣落记其岁时。三年一相聚，杀牛羊以祭天。有梁勤者，世为酋帅，得羌豪心，乃自称王焉。"②

《北史·党项列传》云："党项羌者，三苗之后也。其种有宕昌、白狼，皆自称狝猴种。东接临洮、西平，西拒叶护，南北数千里，处山谷间。每姓别为部落，大者五千余骑，小者千余骑，织牦牛尾及羖羰毛为屋，服裘褐披毡为上饰。俗尚武力，无法令，各为生业；有战阵则屯聚，无徭役，不相往来，养牦牛羊猪以供食，不知稼穑。其俗淫秽蒸报，于诸夷中为甚。无文字，但候草木以记岁时。三年一聚会，杀牛羊以祭天。人年八十以上死者以为令终，亲戚不哭。少死者则云夭枉，共悲哭之。有琵琶横吹，击缶为节。魏周之际，数来扰边。"③

唐代杜佑《通典·边防五·西戎一·序略》云："西羌本出三苗，盖姜姓也。其国近衡山及舜徙之三危，汉金城之西南羌地是也；滨于赐支，至于河首，绵地千里，南接蜀汉，徼外蛮夷，西北鄯善、车师诸国。所居无常，依随水草，地少五谷，产牧为业。其俗，氏族无定或以父名母姓为种号，妻后母，纳釐嫂，如北狄之俗。故国无鳏寡，种类繁炽，自古不立君臣，无相统一，强则分种为酋豪，弱则为人附落；更相抄掠，以力为雄，杀人偿死，无他禁令。其兵长在山谷，短

---

① 杨伯峻：《春秋左传注》，北京：中华书局，1983年版，第1005、1006页。
② （唐）李延寿撰：《北史》，北京：中华书局，1974年版，第3190页。
③ （唐）李延寿撰：《北史》，北京：中华书局，1974年版，第3192页。

于平地，不能持久，而果于触突，以战死为吉利，病终为不祥；甚耐寒苦，同之禽兽。"金城，今甘肃省兰州市境。

马端临《文献通考·封建考五·春秋列国传授本末事迹》记载："其在伊雒之间者曰姜戎，亦曰陆浑之戎，本三苗之裔，出自太岳，世居瓜州。僖公二十二年，秦晋迁其族于伊川，自是世服属于晋，戎子支驹之属是也。其姓氏史所不载，惟姜戎姜姓，骊戎姬姓，犬戎亦姬姓，小戎子姓仅可考，而他则未详。狄之种亦不一，有赤狄、有白狄。曰皋落氏、曰潞、曰甲氏留吁，皆赤狄之类也；曰鼓、曰鲜虞、曰肥，皆白狄之类也。其姓曰隗氏，而潞为潞氏，余未之详然。戎狄与春秋相为始终。而齐、晋之伯也，亦必先能制戎狄而后可以为盟主。……古称西戎北狄，今考春秋之时，戎散居于四方，惟狄独倔强于北。散居故其势易弱，聚在一方，并力倔强，故其慓悍飘忽之势，虽诛锄之，未易帖服。两汉以来，匈奴常盛于羌戎，盖有由来矣。"

甘肃境内的羌人称为西羌。其中包括宕昌羌、党项羌，以及白狼、先零、烧当等部，皆系三苗之后裔。

西羌居住在西北地区，过着逐水草而居的游牧生活。恶劣的自然环境，使他们养成了彪悍的性格。他们"俗尚武力，无法令"，魏晋唐宋时期，对汉族边境造成了巨大的威胁。

五、苗族服饰图形与洛书河图

苗族是三苗氏的后裔。明代田汝成《炎徼纪闻·云南·蛮夷》云："苗人，古三苗之裔也。自长沙沅辰以南尽夜郎之境，往往有之与氐夷混杂，通曰南蛮。"三苗氏又是蚩尤之裔。大禹时期，三苗氏又一次被打败，进入湘西、贵州境内。是时，被窜于三危的三苗已经基本安定，而仍留在江淮之间的三苗仍然作乱不止。如《史记·吴起列传》吴起曰："三苗氏，左洞庭，右彭蠡，德义不修，禹灭之。"

自蚩尤被灭之后，三苗氏是蚩尤部族后裔中反抗最顽强的一支。当然由于中原地处平原地区，在当时的农业社会中，有明显的区域优势；又加上中原地区较进步发达的文明基础，三苗氏的数次反抗皆失败。当然如今，苗、汉族皆是中华民族大家庭中的重要成员。

笔者曾到黔东南苗族侗族自治州的苗寨中考察，并参加学术会议。当笔者进入黔东南苗族侗族自治州雷山县西江镇时，就发现这里宫殿以及牌楼建筑的檐角虽然与中原风格相同，但是房檐向上挑的角度大，似牛角；路灯似牛角；装饰性的建筑似牛角；姑娘们的头饰似牛角；孩子的项饰也似牛角。笔者想这当与苗族的祖先炎帝、蚩尤有关。炎帝、蚩尤皆为"人身牛首"，公牛崇拜当是炎帝族、蚩尤部族的图腾崇拜。苗族的建筑、装饰有如此多的牛角饰，表现出他们对祖先的崇拜与怀念（图9-1）。

图 9-1　黔东南苗族侗族自治州雷山县西江镇的苗界标志

当晚，笔者住在西山镇的苗悦驿站，与笔者同寝室的是黔西北毕节的一个苗族女士陶秀勤，她也是来参加学术会议的学者。她带来一身苗装，她说她的苗装是她妈妈用一年时间做成的，也是她的嫁妆。她很爱惜，只有在节日或者重大活动时才穿。她妈妈告诉她，裙子上的花纹是有故事的，她们苗族来自中原。她裙子上的方块图案象征着中原地区的方块田野，横条纹象征着长江与黄河（图9-2）。

阿城在《洛书河图：文明的造型探源》一书中提到，安徽含山县凌家滩遗址发现一件玉版，呈稍长方形，平面略弧，方形玉版四周钻有小圆孔。玉版上刻有大、小两个圆圈。小圆内有一个更小的四方形，每边有斜边相向、长直边在外的两个角，即是一个八角星形。小圆外径有向外圈大圆呈放射形的、等距离的八个箭头形的纹饰，每两个箭头的正中间有一条直线，等距离地将两个箭头分开。大圆圈之外又有四个箭头对准稍长方形玉版的四个对角（图9-3）。

第九章 炎帝后裔与华夏族的冲突与融合 297

图 9-2 贵州毕节的苗族裙子

图 9-3 安徽省含山县凌家滩遗址出土的公元前 3500 年的玉版
资料来源：阿城：《洛书河图：文明的造型探源》，北京：中华书局，2014 年版，第 9 页

冯时认为，这块玉版上的八角形，就是洛书符形，等同我们日常熟悉的九宫图。以五合为河图，九宫为洛书。九宫，即东、南、西、北、东南、西南、西北、东北、中，四面八方，再加一个"中"为九宫。

"将凌家滩玉版上的、疑似太阳崇拜大放光芒的符形，定为洛书符形；确定传说中的洛书其实是表示方位，也就是东、南、西、北、东南、西南、西北、东北，这八个方向的。同时又表示二分、二至，即春分、秋分、春至、秋至的关键。"①

东、南、西、北、东南、西南、西北、东北等八个方向，就是离、坎、坤、乾、兑、巽、艮、震等八卦中的八个方位。

南京博物院收藏的彩陶盆上的八角星纹与凌家滩遗址玉版上的八角星纹完全相同。

凌家滩遗址出土的玉鹰、玉纺轮也有八角形的图案（图9-4）。

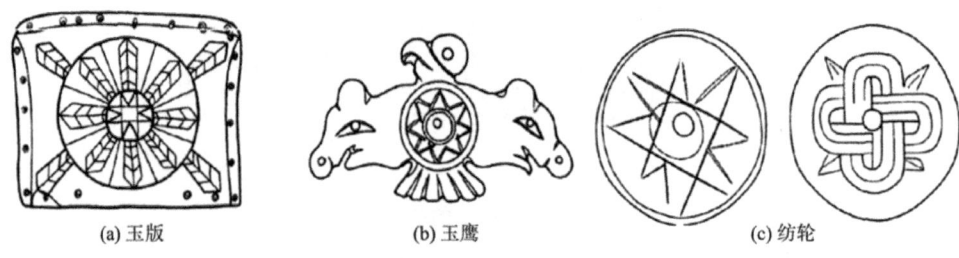

(a) 玉版　　　　　　(b) 玉鹰　　　　　　　　(c) 纺轮

图9-4　凌家滩遗址发现的八角星纹

资料来源：黄苑：《凌家滩出土玉器研究》，山东大学硕士学位论文，2011年，第58~59页

阿城认为，苗族、彝族、壮族、瑶族等女子的服装上很多都有这种纹饰图案。从苗族的刺绣可以找出洛书的符形，从这些苗族服饰、头饰上的纹饰图案可以看出，这是我国古代洛书的演变（图9-5、图9-6）。

图9-5　黑苗婚嫁用包（贵州省黎平县收集）

资料来源：阿城：《洛书河图：文明的造型探源》，北京：中华书局，2014年版，第33页

---

① 阿城：《洛书河图：文明的造型探源》，北京：中华书局，2014年版，第14页。

第九章　炎帝后裔与华夏族的冲突与融合　299

图 9-6　苗族背儿带盖头（湖南省通道侗族自治县收集）
资料来源：阿城：《洛书河图：文明的造型探源》，北京：中华书局，2014 年版，第 44 页

这些图案、纹饰确实与凌家滩遗址玉版上，或者玉鹰、玉纺轮上的图案有相似之处。八卦所示的东、南、西、北、东南、西南、西北、东北等八个方向，以及由方向演绎出的离、坎、坤、乾、兑、巽、艮、震等八卦中的八个方位（图 9-7），象征着天、地、水、火、雷、风、山、泽，其意义是包括整个自然界的规律。

图 9-7　贵州省六盘水市苗族背儿带
资料来源：阿城：《洛书河图：文明的造型探源》，北京：中华书局，2014 年版，第 16 页

苗族在新石器时代离开中原，洛书中的八卦图像在他们头脑中留下深深的烙印。笔者在贵州见到的苗族女士陶秀勤裙子上的花纹当也与此有关，只不过随着时代的变迁，他们已经不记得洛书和八卦，把苗裙上的图案视为中原的田地、长江与黄河。

我国古代曾有太极阴阳图，亦称为八卦图像，也是道教的标志图像。

太极阴阳图的原始图像是《天地自然河图》，被认为是我国解释万事万物之本源的图像。此图相传是北宋陈抟所传，但是《宋史·陈抟传》中没有记载。而有文献记载的是南宋朱熹的弟子兼友人蔡元定得之于川蜀之地。蔡元定，字季通，福建南平市建阳区人，因得罪南宋权臣韩侂胄，与其子蔡沉一起被流放在湖南道州（今湖南省永州市）。蔡元定在道州死去。流放期间，蔡元定在川蜀地区得图三张，认为这是洛书之传。由于蔡元定流放未还，卒于道州，他的儿子蔡沉回来后，只有一张图存于蔡元定的孙子蔡抗处。这幅图经几传到南宋哲学家、永嘉学派创始人薛季宣手中。薛季宣说："尝言洛遗学多在蜀汉间。故士大夫闻是说者，争阴购之。后有二张曰：行成、精象；数曰演，通于玄；最后朱文公属其友蔡季通如荆州，复入峡，始得其三图焉。或言洛书之传，文公不得而见。今蔡氏所传书讫不著，图藏其孙抗，秘不复出。临印魏了翁氏尝疑之欲经纬，而卒不可得。季通家武夷，今彭翁所图，疑出蔡氏；惜彭不具本始，谢先生名字今不著其终也，世能道之。"①

明代《天地自然河图》才现于世间。明代赵撝谦《六书本义》中《六书本义图考》云："天地自然之图，虙羲龙马负图出于荥河，八卦所由以画者也。易曰：'河出图，圣人则之。'书曰：'河图在东序是也。'此图世传蔡元定得于蜀之隐者，秘不传，虽朱子亦莫之见。今得之陈伯敷氏，尝熟玩之，有太极函、阴阳、阴阳函、八卦。自然之妙，实万世文字之本原，造化之枢纽也。呜呼神哉！"②本书所引的《天地自然河图》即出自明代赵撝谦《六书本义》中《六书本义图考》（图9-8）。

《天地自然河图》就是我们今天见到的阴阳太极图，也就是河图（图9-9）。《周易·系辞上》云："河出图，洛出书，圣人则之。"《周易·系辞下》云："古者包牺氏之王天下也，仰则观象于天，俯则观法于地，观鸟兽之文与地之宜，近取诸身，远取诸物；于是始作八卦，以通神明之德，以类万物之情；作结绳而为

---

① （元）袁桷：《清容居士集》卷二十一《易三图序》，文渊阁四库全书。
② （明）赵撝谦：《六书本义》卷二《六书本义图考》，文渊阁四库全书。

罔罟，以佃以渔，盖取诸离。"包牺氏，就是伏羲氏。由《周易·系辞》可知，洛书河图是伏羲氏发现的，又有人认为，河图是伏羲氏发现的，洛书是大禹发现的。但是根据我国古籍的记载，洛书河图皆是圣人伏羲氏在今河南省巩义市河洛镇的黄河、洛水的交汇处受到启示而明白的法则与道理。

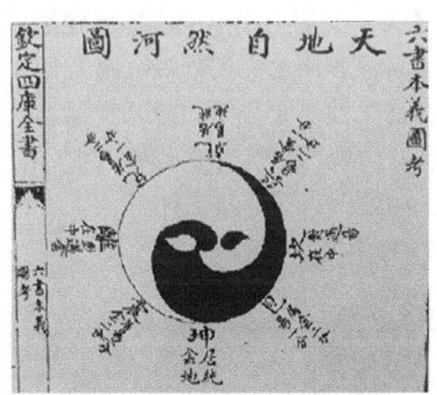

图 9-8 《天地自然河图》
资料来源：（明）赵撝谦：《六书本义》，文渊阁四库全书

图 9-9 流传至今的太极八卦图

"河出图、洛出书"之地点当在今河南省洛阳市孟津区。是时，黄河自孟津向北流，在孟津区境与洛水汇合，形成了一幅壮丽的图画，引起古人对大自然的感慨与探究，形成了我国古代的洛书河图，以及太极、两翼、八卦的理念。在黄河、洛水的交汇处，黄河水黄、洛河水清，由于水的比重不同，不能迅速相融，清水黄流，撞击出激荡澎湃、回旋壮阔的巨浪，形成了一黄一清、天然的太极图形的奇观。

康熙四十七年（1708年）增刻本《孟津县志》"古迹"条下云："龙马负图：伏羲时龙马负图，伏羲则之，以画八卦。□县西五里有图堡、伏羲庙。"①

之后，黄河改道，从孟津北部奔腾向东，有一段地区与洛水平行，在今河南省巩义市与洛水汇合。笔者曾到巩义市北部的河洛镇考察，拍下了"河、洛交汇图"，由于时令正赶上冬天，又加上小浪底水库已经建成，泥沙大量沉淀，因此只是很微弱地显示出黄河、洛水交汇处浊、清的回旋壮阔的形势，陈家沟的图据说是夏天所拍，清、浊更是分明；想来在遥远的七八千年前的古代，黄河上还没有刘家峡、三门峡、小浪底等水库，河、洛交汇处的奇景当会更为鲜明壮观（图9-10～图9-12）。

图9-10　河南省巩义市河洛镇河、洛交汇图

图9-11　河南省洛阳市孟津区陈家沟博物馆河、洛交汇图（一）

---

① 《孟津县志》卷之一清康熙四十七年增刻本，第60页。

第九章　炎帝后裔与华夏族的冲突与融合　303

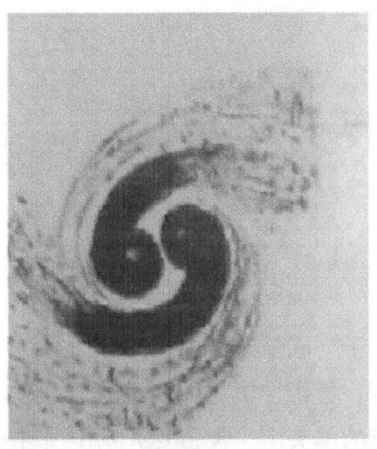

图 9-12　河南省洛阳市孟津区陈家沟博物馆河、洛交汇图（二）

伏羲氏的陵墓如今在河南省周口市淮阳区，但是给伏羲氏启示的洛书河图，六七千年前当在今河南省洛阳市孟津区境的黄河与洛水的汇合处。

虽然今天黄河与洛水汇合处不在一个地点，但是古代孟津境内，今巩义境内的河、洛交汇处的地形、地貌基本相同，皆是宽广平坦的黄土高原的东端，河、洛交汇处的景象基本相似。今天，如果没有上游的水库，其景象当会与古代景象完全一样。

蔡元定在川蜀得之于苗族或者彝族还不可知，但是从大量的苗族背儿带、苗裙等服饰见到的大量的八卦式、漩涡式的纹饰皆可说明苗族服饰与洛书河图的关系之密切，苗族当是从中原迁徙到湘南、贵州一带的，是炎帝、蚩尤的后裔（图 9-13）。

图 9-13　苗族鼓藏衣（局部）

资料来源：阿城：《洛书河图：文明的造型探源》，北京：中华书局，2014 年版，第 48 页

后　记

笔者怀着敬畏的心终于写成了这部书稿。在研究过程中，笔者曾经阅读了大量的古籍文献；并对炎帝、黄帝、蚩尤活动过的地方进行实地考察。笔者考察了炎帝发祥地山西省高平市的羊头山、炎帝女儿精卫所在地发鸠之山、湖北省随州市；蚩尤活动之处——河南省尧山脚下的滍水，以及滍水流域的鲁山县、汝阳县、嵩县、汝州市、伊川县、孟津县等地，考察了今黄河与洛河交汇处的河洛镇。笔者还考察了蚩尤被肢解的地方——山西运城解池；蚩尤肩胛骨所埋之处——山东省阳谷县蚩尤陵，黄帝建立有熊国的新郑、新密等；并考察这些地方考古遗址、文物、地形地貌与风俗人情。在对古文献的阅读，或者实地的考察中，笔者似乎看到了我们民族的祖先在通向文明的道路上前进的脚印，每一步都付出了艰辛的劳动和汗水，彰显了祖先的勇敢和智慧。

为了研究蚩尤氏后裔的苗族，笔者又到贵州省黔东南雷山县的苗寨进行实地考察，考察苗族的文化、风俗。笔者发现苗族建筑、姑娘们的头饰、街上的灯饰皆是牛角的样式。这些当与炎帝、蚩尤的"牛首人身"形象有关。苗族的服饰花纹也带有中原的痕迹，甚至是洛书河图符形的变异形式，这些也给笔者很大的震撼和启发。

当年涿鹿之战中，蚩尤被黄帝诛杀，同时被杀的还有太皞、少皞。《盐铁论·结和》记载："轩辕战涿鹿，杀两皞、蚩尤，而为帝。"轩辕，即黄帝；两皞，即太皞、少皞。

在调查研究过程中，笔者有一点想法，认为彝族当是太皞、少皞之后裔，即"两皞之裔"。彝族，原名为夷族，《史记》《汉书》称之为"西南夷"。西南夷之"夷"，当为东夷之夷。1956年毛泽东建议把夷族改名为彝族，意为有米、有衣，寄托美好的愿望。

蚩尤与两皞失败后，极有可能，两皞之裔与蚩尤之裔一起离开中原，来到西南地区。蚩尤之裔的三苗氏主要来到贵州，以及云南、四川等地；两皞之裔的夷族主要在四川，也有在云南、贵州等地。笔者见到，彝族女子的服饰上与苗族一样闪烁洛书河图符形的变异形式，而且据说我国古代文化极有代表意义的《天地自然河图》（即太极阴阳图）竟然是南宋时期朱熹的门人蔡元定从川蜀的苗、夷族的隐者那里收集所得的。苗族、彝族、壮族与汉族的姓氏完全一样，这些都说明苗族、彝族、壮族与汉族是同根同源的中华民族大家庭中的一员。

彝族当是两皞之裔，只是笔者的推测，目前还没有更坚实的史料为根据，愿有更多的学者投入研究。

在漫长的历史长河中，我国古代把胜利的能够占据中原的部族称为华夏族，而失败被赶到边区的部族就被称为夷狄；但是只根据战争的成败，夷、夏是经常互换的。如炎帝部族在阪泉之战失败后，进入今山西北部。"长狄"、鼓、"隗氏"等，这些被认为是夷狄，当是炎帝后裔。通过这次对炎帝、黄帝、蚩尤部族的研究，笔者进一步认识到，中华大地上生活繁衍的各个民族，共同形成伟大的中华民族。中华民族是同一个祖先。

这部书稿今即将付梓，希望本书能够为研究中华民族祖先的历史尽一点绵薄之力。

李玉洁

2022 年 2 月 26 日

于河南大学闲云书屋